■2025年度高等学校受験用

十文字高等学校

収録内容一覧

★この問題集は以下の収録内容となっています。また、編集の都合上、解説、解答用紙を省略させていただいている場合もございますのでご了承ください。

（○印は収録、－印は未収録）

入試問題と解説・解答の収録内容			解答用紙
2024年度	推薦（A・B）	英語・数学・国語	○
	一般	英語・数学・国語	○
2023年度	推薦（A・B）	英語・数学・国語	○
	一般	英語・数学・国語	○
2022年度	推薦（A・B）	英語・数学・国語	○
	一般	英語・数学・国語	○
2021年度	推薦（A・B・C）	英語・数学・国語	○
	一般	英語・数学・国語	○

★当問題集のバックナンバーは在庫がございません。あらかじめご了承ください。

●凡例●

【英語】

≪解答≫

〔　〕　①別解
②置き換え可能な語句（なお下線は置き換える箇所が2語以上の場合）
（例）<u>I am</u>〔I'm〕glad〔happy〕to～

（　）　省略可能な言葉

≪解説≫

1，2…　本文の段落（ただし本文が会話文の場合は話者の１つの発言）

〔　〕　置き換え可能な語句（なお〔　〕の前の下線は置き換える箇所が２語以上の場合）

（　）　①省略が可能な言葉
（例）「（数が）いくつかの」
②単語・代名詞の意味
（例）「彼（＝警察官）が叫んだ」
③言い換え可能な言葉
（例）「いやなにおいがするなべにはふたをするべきだ（＝くさいものにはふたをしろ）」

//　訳文と解説の区切り

cf.　比較・参照

≒　ほぼ同じ意味

【数学】

≪解答≫

〔　〕　別解

≪解説≫

（　）　補足的指示
（例）（右図１参照）など

〔　〕　①公式の文字部分
（例）〔長方形の面積〕＝〔縦〕×〔横〕
②面積・体積を表す場合
（例）〔立方体ABCDEFGH〕

∴　ゆえに

≒　約、およそ

【社会】

≪解答≫

〔　〕　別解

（　）　省略可能な語

＿＿　使用を指示された語句

≪解説≫

〔　〕　別称・略称
（例）政府開発援助〔ODA〕

（　）　①年号
（例）壬申の乱が起きた（672年）。
②意味・補足的説明
（例）資本収支（海外への投資など）

【理科】

≪解答≫

〔　〕　別解

（　）　省略可能な語

＿＿　使用を指示された語句

≪解説≫

〔　〕　公式の文字部分

（　）　①単位
②補足的説明
③同義・言い換え可能な言葉
（例）カエルの子（オタマジャクシ）

≒　約、およそ

【国語】

≪解答≫

〔　〕　別解

（　）　省略してもよい言葉

＿＿　使用を指示された語句

≪解説≫

〈　〉　課題文中の空所部分（現代語訳・通釈・書き下し文）

（　）　①引用文の指示語の内容
（例）「それ（＝過去の経験）が～」
②選択肢の正誤を示す場合
（例）（ア，ウ…×）
③現代語訳で主語などを補った部分
（例）（女は）出てきた。

／　漢詩の書き下し文・現代語訳の改行部分

十文字高等学校

所在地	〒170-0004 東京都豊島区北大塚1-10-33
電　話	03-3918-0511(代)　03-3918-3977(入試広報部)
ホームページ	https://js.jumonji-u.ac.jp/
交通案内	JR山手線 巣鴨駅・大塚駅より徒歩５分 都営地下鉄三田線 巣鴨駅より徒歩５分　都電荒川線 大塚駅前より徒歩５分

普通科

女子

くわしい情報は
ホームページへ

▌応募状況

年度	募集数		受験数	合格数	倍率
2024	自己	100名	8名	8名	1.0倍
	特選・人		26名	17名	1.5倍
	特選・理		39名	27名	1.4倍
	リベラル		82名	77名	1.1倍
2023	自己	20名	7名	7名	1.0倍
	特選・人	40名	25名	21名	1.2倍
	特選・理		32名	31名	1.0倍
	リベラル	40名	65名	64名	1.0倍
2022	自己	20名	11名	8名	1.4倍
	特選・人	40名	29名	23名	1.3倍
	特選・理		48名	31名	1.5倍
	リベラル	40名	71名	64名	1.1倍

＊推薦・一般の合計(スライド合格含む)。

▌試験科目　(参考用：2024年度入試)

推薦・一般：国語・数学・英語，面接

※各教科，推薦は45分，一般は50分

▌教育の特色

［３コース制］

主体性の伸長・基礎学力の徹底・社会性の涵養を教育目標に，生徒の個性を最大限に伸ばす３コースを設定。

自己発信コースは，探究の実践を多く取り入れ，英語でも発信できる力の獲得を目指す。**特選コース**は，１年次より人文と理数に分かれ(出願時に選択)，難関大学進学を目標に自己の学びを深めていく。**リベラルアーツコース**は，幅広い知識と教養を身につけ，文系・理系のほか，芸術系・看護栄養系など多様な進路選択を可能にする。

［グローバル教育］

スピーチコンテストを行うなど，技能の取得にとどまらない発信型のスキルを育成する。また，海外ホームステイや短期・長期留学制度も用意している。

［理数教育］

数学では，理解度に応じた個別学習プログラムを導入し，楽しみながら学べるよう工夫している。また，東京薬科大学との連携講座や量子科学研究所での研修なども実施している。さらに校内には，実際に見てふれて楽しみながら自然科学を学べるサイエンスパークを設けている。

▌近年の主な大学合格実績

北海道大，筑波大，東京外国語大，東京医科歯科大，横浜国立大，千葉大，東京農工大，電気通信大，埼玉大，東京都立大，埼玉県立大，早稲田大，慶應義塾大，上智大，東京理科大，明治大，青山学院大，立教大，中央大，法政大，学習院大ほか。

▌イベント日程(予定・要申込)

学校説明会＋授業体験会…６/15(土) 10：00～

生徒案内見学会…６/８(土) 14：00～

桐輝祭(体育祭)…６/24(月)

十文字祭(文化祭)…９/21(土)，22(日)

自己発信コース研究発表会…７/20(土)

※上記は2024年４月現在の予定です。夏休み以降の学校説明会等の日程は，学校ホームページでご確認ください。

※放課後に個別の学校見学・個別相談を随時受付しています(要予約)。学校ホームページでご確認ください。

編集部注一本書の内容は2024年4月現在のものであり，変更されている場合があります。正確な情報は，学校のホームページ等で必ずご確認ください。

出題傾向と今後への対策 英語

出題内容

	2024		2023		2022	
	推薦	一般	推薦	一般	推薦	一般
大問数	6	6	6	6	6	6
小問数	43	41	40	38	44	40
リスニング	×	×	×	×	×	×

◎大問６題で，小問数は40問前後である。出題構成は長文読解問題４題前後，対話文完成０～１題，整序結合１題である。

2024年度の出題状況

《推　薦》

1 長文読解総合―ホームページ
2 長文読解―適語補充―説明文
3 対話文完成―適文選択
4 長文読解―内容真偽―物語
5 長文読解総合―説明文
6 整序結合

《一　般》

1 長文読解―英問英答―Ｅメール
2 長文読解―適語補充―説明文
3 長文読解―適文選択―物語
4 長文読解―内容真偽―説明文
5 長文読解総合―説明文
6 整序結合

解答形式

《推　薦》	記　述／マーク／併　用
《一　般》	記　述／マーク／併　用

出題傾向

長文は説明文やノンフィクション，エッセー，物語など幅広いジャンルから出題され，分量はやや多めである。設問は内容真偽，英文・語句解釈，要旨把握，適語補充など読解問題が中心であるが，文法問題もいくつか出題されている。対話文完成は適文選択である。整序結合は５～10の語句を並べかえる問題である。

今後への対策

中学校で学習した範囲を超えるものではなく総合的な力を試す問題が中心なので教科書を中心に基礎事項をしっかり復習しておくことが前提となる。文法問題は１冊問題集を決めて何度も繰り返し解こう。長文問題はあまり難解ではない英文を何度も読んで英文に慣れよう。最後に過去問題集で問題形式と時間配分を確認しよう。

◆◆◆◆◆ 英語出題分野一覧表 ◆◆◆◆◆

分野 ＼ 年度			2022		2023		2024		2025予想※	
			推薦	一般	推薦	一般	推薦	一般	推薦	一般
音声	放送問題									
	単語の発音・アクセント									
	文の区切り・強勢・抑揚									
語彙・文法	単語の意味・綴り・関連知識									
	適語(句)選択・補充									
	書き換え・同意文完成									
	語形変化		●	●		●			△	◎
	用法選択									
	正誤問題・誤文訂正									
	その他									
作文	整序結合		●	■	●	■	■	■	◎	◎
	日本語英訳	適語(句)・適文選択								
		部分・完全記述								
	条件作文									
	テーマ作文									
会話文	適文選択		●	●	●	●	■		◎	◎
	適語(句)選択・補充									
	その他									
長文読解	内容把握	主題・表題	●	●	●		●		◎	△
		内容真偽	★	★	★	●	★	★	◎	◎
		内容一致・要約文完成				●				△
		文脈・要旨把握	★		■	●	■		◎	△
		英問英答		●		■		●		◎
	適語(句)選択・補充		■	★	■	■	■	■	◎	◎
	適文選択・補充							■		△
	文(章)整序									
	英文・語句解釈(指示語など)		●	●	●			●	◎	◎
	その他									

●印：１～５問出題，■印：６～10問出題，★印：11問以上出題。
※予想欄　◎印：出題されると思われるもの。　△印：出題されるかもしれないもの。

出題傾向と今後への対策 数学

出題内容

2024年度

《推薦》

1は小間集合で，7問。2，3は関数で，それぞれ，比例・反比例のグラフ，放物線と直線に関するもの。4は平面図形で，三角形について問うもの。5は空間図形で，回転体について問うもの。6は方程式の応用問題。

《一般》

1は小間集合で，8問。2，3は関数で，それぞれ，一次関数のグラフ，放物線と直線に関するもの。4は平面図形で，正方形を利用した問題。5は空間図形で，円錐と円柱を利用した問題。6は方程式の応用問題。

2023年度

《推薦》

1は小間集合で8問。計算を主とする問題のほか，関数や図形などから出題。2は場合の数を求める問題。3は関数で，放物線と直線に関するもの。4は関数で，比例のグラフを利用した問題。5，6はそれぞれ空間図形，平面図形の計量題。

《一般》

1は小間集合で8問。2は平面図形で，会話文形式の出題。3は関数で，一次関数のグラフを利用したもの。4は関数で，放物線と直線に関するもの。5は空間図形で，四面体について問うもの。6は連立方程式の応用問題。

作…作図問題　証…証明問題　グ…グラフ作成問題

解答形式

《推薦》　記　述／マーク／併　用

《一般》　記　述／マーク／併　用

出題傾向

大問6題，設問18問前後となることが多い。1は小問集合で，2以降は，関数，図形が必出で3～4題，これらに方程式の応用や場合の数・確率などが加わる。各分野から偏りのない出題となっている。レベルは基本～標準レベルで，一般の方がややレベルが高い。

今後への対策

まずは教科書や基本問題集で，基礎事項の確認を。定理や公式はしっかり覚え，活用できるようにすること。基礎の確認ができたら，問題に慣れるために標準レベルの問題集で演習を積もう。できるだけ多くの問題にあたること。苦手分野があれば集中的に演習して，早い時期に克服しておこう。

◆◆◆◆◆ 数学出題分野一覧表 ◆◆◆◆◆

分野	年度	2022		2023		2024		2025予想※	
		推薦	一般	推薦	一般	推薦	一般	推薦	一般
数と式	計算，因数分解	■	★	★	★	★	★	◎	◎
	数の性質，数の表し方	●	●	●	●	●		◎	◎
	文字式の利用，等式変形								
	方程式の解法，解の利用	●	●	●	●	●	●	◎	◎
	方程式の応用	■			■	■	■	△	△
関　数	比例・反比例，一次関数		★	★	★	■	■	◎	◎
	関数$y=ax^2$とその他の関数	★	■	■	■	■	★	◎	◎
	関数の利用，図形の移動と関数								
図　形	（平面）計　量	★	★	★	■	★	★	◎	◎
	（平面）証明，作図								
	（平面）その他								
	（空間）計　量	■	■	■	★	■	■	◎	◎
	（空間）頂点・辺・面，展開図	●						△	
	（空間）その他								
データの活用	場合の数，確率	■	●	■	●	●	●	◎	◎
	データの分析・活用，標本調査	●						△	
その他	不等式								
	特殊・新傾向問題など								
	融合問題								

●印：1問出題，■印：2問出題，★印：3問以上出題。
※予想欄　◎印：出題されると思われるもの。　△印：出題されるかもしれないもの。

出題傾向と今後への対策

国語

出題内容

2024年度

《推薦》

漢字　論説文　古文

課題文　二山極寿一
『スマホを捨てたい子どもたち』
三『十訓抄』

《一般》

漢字　論説文　古文

課題文　二榎本博明「思考停止という病理」
三『十訓抄』

2023年度

《推薦》

漢字　論説文　古文

課題文　二山口裕之
『「みんな違ってみんないい」のか？』
三『宇治拾遺物語』

《一般》

漢字　論説文　古文

課題文　二エーリッヒ・ケストナー／高橋健二訳
「ゴルディウスの結び目」
三『伊曾保物語』

解答形式

《推薦》　記述／マーク／併用

《一般》　記述／マーク／併用

出題傾向

設問は，漢字に10問（読み書き５問ずつ），現代文に12問前後，古文に10問前後付されており，全体で30問程度の出題となっている。論説文・古文ともに，全体の７割程度が内容理解の設問になっている。また，現代文では，20～150字程度の記述式解答の設問が出されている。課題文は，現代文・古文とも，内容も分量も標準的である。

今後への対策

現代文については，課題文に論説文が選ばれるため，論旨の展開を把握する力が必要である。古文については，課題文の時代もジャンルも一定していないが，全体の内容をとらえる力が必要である。これらの力を養うためには日頃から記述式の基礎学力を養成するための問題集で訓練しておくのがよい。また，漢字も問題集などを使って練習しておくこと。

◆◆◆◆◆ 国語出題分野一覧表 ◆◆◆◆◆

分野		年度	2022		2023		2024		2025予想※	
			推薦	一般	推薦	一般	推薦	一般	推薦	一般
現代文	論説文 説明文	主題・要旨	●	●			●		◎	△
		文脈・接続語・指示語・段落関係	●	●	●	●	●	●	◎	◎
		文章内容	●	●	●	●	●	●	◎	◎
		表現		●	●	●	●	●	◎	◎
	随筆 日記 手紙	主題・要旨								
		文脈・接続語・指示語・段落関係								
		文章内容								
		表現								
		心情								
	小説	主題・要旨								
		文脈・接続語・指示語・段落関係								
		文章内容								
		表現								
		心情								
		状況・情景								
韻文	詩	内容理解								
		形式・技法								
	俳句 和歌 短歌	内容理解		●						△
		技法	●						△	
古典	古文	古語・内容理解・現代語訳	●	●	●	●	●	●	◎	◎
		古典の知識・古典文法	●	●	●	●	●	●	◎	◎
	漢文	（漢詩を含む）					●		△	
国語の知識	漢字 語句	漢字	●	●	●	●	●	●	◎	◎
		語句・四字熟語	●	●	●	●	●	●	◎	◎
		慣用句・ことわざ・故事成語	●				●	●	◎	△
		熟語の構成・漢字の知識								
	文法	品詞								
		ことばの単位・文の組み立て								
		敬語・表現技法								
		文学史	●					●	△	△
作文・文章の構成・資料										
その他										

※予想欄　◎印：出題されると思われるもの。　△印：出題されるかもしれないもの。

合格を勝ち取るための

本書の使い方

本書に掲載されている過去問をご覧になって，「難しそう」と感じたかもしれません。でも，大丈夫。ほとんどの受験生が同じように感じるのです。高校入試の出題範囲は中学校の定期テストに比べて広いですし，残りの中学校生活で学ぶはずの，まだ習っていない内容からも出題されているかもしれません。

ですから，初めて本書に取り組む際には，点数を気にする必要はありません。点数は本番で取れればいいのです。

過去問で重要なのは「間違えること」です。自分の弱点を知るために，過去問に取り組むのです。当然，間違った問題をそのままにしておいては意味がありません。

本書には，長年にわたって高校受験に関わってきたベテランスタッフによる詳細な解説がついています。間違えた問題は重点的に解説を読み，何度も解きなおしてください。時にはもう一度，教科書で復習するのもよいでしょう。

別冊として，抜き取って使える解答用紙を収録しました。表示してあるように拡大コピーをとれば，実際の入試と同じ条件で，何度でも過去問に取り組むことができます。特に記述問題では解答欄の大きさがヒントになる場合があります。そうした，本番で使える受験テクニックの練習ができるのも，本書の強みです。

前のページにある「出題傾向と今後への対策」もよく読んで，本校の出題傾向に慣れておきましょう。

2025年度 高校受験用

十文字高等学校　4年間スーパー過去問

をご購入の皆様へ

お詫び

本書、十文字高等学校の入試問題につきまして、以下の問題文は著作権上の問題により掲載することができません。誠に申し訳ございません。

記

2024年度　推薦　英語　1, 3の問題文

2024年度　一般　英語　2, 3, 5の問題文

2023年度　一般　英語　4の問題文

2022年度　一般　英語　5の問題文

以上

株式会社　声の教育社　編集部

2024年度 十文字高等学校（推薦）

【英　語】（45分）〈満点：100点〉

1　次の英文を読んで，設問に答えよ。

〔編集部注…課題文は著作権上の問題により掲載しておりません。作品の該当箇所につきましては次の内容を参考にしてください〕

Miles Craven『Breakthrough Plus 2nd Edition』〈Macmillan Education〉
「Do you have a problem ?」

P.69上部の枠囲みの文章全文（一部改変）

［注］ failed ～　～に落ちた　downtown　繁華街で　seems to ～　～らしい

問１　このホームページでSuzieは何をしているか。次のア～エのうちから１つ選び，記号で答えよ。
ア．授業の質問を受け付けている。　イ．アルバイトの紹介をしている。
ウ．悩みごとの相談を受け付けている。　エ．サークル活動を紹介している。

問２　文書の内容が，自分のことではなく他の人のことを書いたのは誰か。次のア～エのうちから１つ選び，記号で答えよ。
ア．Beth　イ．Annie　ウ．Lucy　エ．Jim

問３　学生の中で試験に合格できなかったのは誰か。次のア～エのうちから１つ選び，記号で答えよ。
ア．Beth　イ．Annie　ウ．Lucy　エ．Jim

問４　Jimについて正しいものはどれか。次のア～エのうちから１つ選び，記号で答えよ。
ア．大学生活が10月から始まった。　イ．楽しく大学に通っている。
ウ．大学には友人はいない。　エ．授業は余裕を持って受けている。

問５　学生の中で体調が悪いのは誰か。次のア～エのうちから１つ選び，記号で答えよ。
ア．Beth　イ．Annie　ウ．Jim　エ．Beth, Annie, and Jim

問６　Lucyについて正しいものはどれか。次のア～エのうちから１つ選び，記号で答えよ。
ア．最近，よく授業に遅刻する。　イ．電話をかけても出てくれない。
ウ．ひどい風邪をひいている。　エ．おかしな人たちと付き合っている。

2　①～⑥の(　)内に最も適切な単語を入れよ。ただし，与えられた文字で書き始めること。

What time is it ?　That's a very good question !　From morning until ①(n　　　), clocks help us to plan our day.　They tell us when things begin and when they end.

Before clocks, people told time by *watching the sun move across the ②(s　　　).　They started work when the sun came up in the east.　At ③(n　　　), when the sun was very high, they ate and rested.　When the sun disappeared in the ④(w　　　), they went to bed.

Today, we know that the sun doesn't move around the Earth.　The Earth turns *on an axis.　As the Earth turns, the sun *seems to be moving above us.　The time it takes for the Earth to make one perfect turn is called a day.

A day *is divided into hours, minutes, and seconds. There are 24 hours in a day. There are 60 minutes in an hour. How ⑤(m　　) minutes are there in a day? *Multiply 24 hours and 60 minutes to get the answer. 24×60＝1,440. There are 1,440 minutes in one day!

We measure time by other movements, too. The Earth travels around the sun. The time it takes for the Earth to go around the sun once is called a year. One year has 12 months, or just over 52 ⑥(w　　). *To be very accurate, it takes the Earth 365 days, 5 hours, 49 minutes, and 12 seconds to go around the sun.

Thanks to clocks and calendars, we can measure time very easily. However, the movement of the Earth really allows us to measure time.

［注］ watching the sun move　太陽が移動するのを見ること　　on an axis　地軸を中心に
seems to be moving　動いているように見える　　is divided into ～　～に分けられる
Multiply ～ and…　～と…を掛け算してみましょう　　To be very accurate　非常に正確に言うと

3　次のMaryとVinceとの対話文を読んで，［Ａ］～［Ｆ］の空所に入る最も適切なものを，あとのア～ケの中からそれぞれ１つずつ選び，記号で答えよ。ただし，同じ記号は２度使わないこと。

〔編集部注…課題文は著作権上の問題により掲載しておりません。作品の該当箇所につきましては次の内容を参考にしてください〕

Miles Craven『Breakthrough Plus 2nd Edition』〈Macmillan Education〉

P.56下部のConversationの全文（一部改変）

［注］ got married　結婚した　　ride　乗ること　　Manhattan　ニューヨーク市内の島　　camel　ラクダ

ア．Ah, actually, I've been there, too.
イ．I've never been to New York, and everyone says it's fantastic.
ウ．You've been everywhere with Mike!
エ．I want to go there again with you this time.
オ．Oh, no I haven't.
カ．I went with Mike and his parents . . .
キ．How about you?
ク．How many times have you been there?
ケ．I will go there again with him next month.

4　次の文を読んで，あとの１～10の各文が本文の内容と一致するものにはＴ，一致しないものにはＦの記号を用いて答えよ。

Many people in *Venice knew who Antonio Rossi was. Like his father, Antonio was a very good glassmaker. He made many beautiful glass goods such as vases and water bottles. With his new factory, Antonio now made his popular glass goods faster than before.

Antonio's daughter Clara liked her father's factory. She loved to look at all of the beautiful and colorful glass goods he created. One day, she walked into the factory and her father was standing beside two glass vases.

"Do you like them, Clara ?" he asked. He looked very proud of the two vases. "I have made them for Mr. Lombardi, the great writer here in Venice."

"They're beautiful, Father," Clara said.

"I must go and bring Mr. Lombardi here," said her father.

Then, he left the factory.

Clara looked at the vases. Beside them, there was a note saying "Mr. Rossi, please make two beautiful vases for my wife. —S. Lombardi." Clara read the note and smiled. As she turned, she touched the vases by mistake.

"No !" she shouted.

She tried to catch them, but it was too late. They fell to the ground and broke into many pieces. Only the round *bases at the bottom were not broken.

Clara reached down and picked up one of the round bases. "What will I tell Father ?" she thought. She held the piece in front of her and big wet tears fell down her face.

Then, she saw Mr. Lombardi's note and looked through the glass. The words were . . . BIG !

Clara looked at the base. It was *flat on one side and *curved on the other. She picked up the other base and looked through it. It worked, too ! The words looked bigger !

Clara thought quickly. She found a long *wire and made it flat, then carefully wrapped it around the two glass pieces.

When Clara finished, Mr. Lombardi and her father walked in.

"Now I will show you the . . . Clara !" Clara's father stopped, and looked at the broken vases on the floor.

"I'm so sorry, Father," Clara said in a small voice.

Mr. Lombardi looked at the two pieces of glass in a wire in Clara's hand. "What do you have there ?" he asked.

"I made it from the broken pieces," said Clara. "Look at the note through them, Mr. Lombardi." He did it.

Mr. Lombardi's eyes opened wide. "The words ! They're big !" He looked at Clara's father. "My wife can't read my books because her eyes are weak. This will be my gift to her ! It will be the greatest gift ever !"

Clara's father smiled. "I don't know how you did it, Clara." He said, "But you made something very useful."

Clara made something very useful indeed. She invented eyeglasses.

［注］ Venice ベネチア（イタリアの都市） bases （入れ物などの）底 flat 平らな
curved 曲がった wire 針金

1. Antonio was very famous because he could create glass goods the fastest in Venice.

2. Clara wanted to be a good glassmaker like Antonio in the future.

3. Mr. Lombardi asked Antonio to make two glass vases, and Antonio successfully made beautiful ones.

4. Clara read the note written by Mr. Lombardi while Antonio was not in his factory.
5. The two vases dropped to the ground by mistake, and only one of them was broken into a lot of pieces.
6. Clara found that words on the note became bigger when she looked through the round base.
7. Clara tried to use a wire to connect the two round pieces, but she failed.
8. Clara knew that Mr. Lombardi wanted to give his wife something good for her eyes.
9. When Mr. Lombardi asked Clara "What do you have there?", she had many broken pieces of the two vases in her hand.
10. Mr. Lombardi felt that the glasses which Clara made would not only be useful for his wife's eyes but also a nice gift for her.

5 次の英文を読んで，あとの設問に答えよ。

Paper is very useful. We write on it. We make books with it. We wrap presents in colorful paper to (1) them prettier. Some people can also fold it to make interesting things like birds, flowers, or small pieces of art. But did you know paper *can also be used to make toys, clothes, and even furniture ?

Paper toys are certainly not a new idea. *Origami* paper toys for example have been popular for a long time. They are made *by folding paper into the shape of an animal or something else, for example, a box. Then there are paper dolls ; these have been popular for many years, too. People who do not want to make their own paper doll may want to buy one from (2)Momot Design Studio in Korea. This company makes toy dolls that are about 13 cm tall and cost around $3 each. Some of their *three-dimensional paper dolls are made to look like famous people or superheroes. They are also sold with watches, jewels, hats, and clothes which people can *take off and put back on.

However, paper clothes are not just for dolls. Paper can also be used to make clothes for people. In fact, dresses made from paper were quite popular in the USA during the 1960s. Although people soon became less interested in paper clothes, the idea did not disappear. We continue to use paper to make not only *disposable *diapers for babies but also disposable clothes for doctors and hospital patients.

However, almost nobody seriously considered paper *as a fashionable material to make clothing from — until recently. Today, some fashion companies are making clothes from *rice paper — a traditional kind of Asian paper. Though the clothes made in the 1960s were thrown away after they were *worn once or twice, paper clothes today *can be dry cleaned and worn again and again. These paper clothes are not cheap ; a woman's paper jacket made by a famous company for example sometimes costs more than $200.

Paper is also used to make furniture now. There are companies around the world creating chairs, shelves, and cabinets from paper. The paper is changed into something that looks like a *wooden board. These boards are then cut and put together to make the furniture's shape. And the paper boards are very strong ! A shelf made from paper can *hold 45 kilograms. Moreover, (3)paper furniture is ( ) light ( ) even a child can easily move or carry it.

(4)Paper shelves or cabinets (that / wooden shelves or cabinets / as expensive / you / yourself / make / as / are), so the big *benefit of paper furniture is not the price. Instead, the benefits are health and *conservation. Most paper furniture does not include or release bad chemicals often found in wood furniture. Paper furniture also recycles old paper, so it can help to save trees, and it is a great benefit for people who *care about the environment.

［注］ can also be used 使うことも出来る　by folding ～ ～を折ることによって
three-dimensional 立体的な　take off and put back on ～ ～を着せたり脱がせたりする
disposable 使い捨ての　diapers おむつ　as ～ ～として　rice paper 薄い上質紙
worn wearの過去分詞　can be dry cleaned 水を使わずに汚れを落とすことができる
wooden 木製の　hold ～ ～の重さに耐える　benefit 利点　conservation 環境保護
care about ～ ～を気づかう

問1　（1）に入る最も適切なものを，次のア～エのうちから1つ選び，記号で答えよ。
ア．look　イ．become　ウ．make　エ．want

問2　下線部(2)Momot Design Studioは何を販売しているか。次のア～エのうちから1つ選び，記号で答えよ。
ア．折り紙人形の作り方の本
イ．プレゼントを入れる紙製の箱
ウ．女の子向けの紙製の衣服や宝石
エ．紙製の人形とその付属品

問3　1960年代の紙製の衣服について，本文の内容と合うものはどれか。次のア～エのうちから1つ選び，記号で答えよ。
ア．使い捨てであった。
イ．赤ちゃん用のものしかなかった。
ウ．人気を集めることはまったくなかった。
エ．普通の衣類より高額であった。

問4　下線部(3)が「紙製の家具はとても軽いので，子供でも簡単に動かしたり運ぶことができる。」という意味の英文になるように，空欄に当てはまる英語を書け。

問5　下線部(4)が「紙製の棚や戸棚は，自分で組み立てる木製の棚や戸棚と同じくらい値段が高い」という意味の英文になるように，(　)内の語句を並べかえよ。

問6　本文で触れられていないものはどれか。次のア～エのうちから1つ選び，記号で答えよ。
ア．紙製の赤ちゃん向け用品　イ．子供向けの紙製の衣類
ウ．医者向けの紙製の衣類　エ．女性向けの紙製の衣類

問7　紙製家具について，本文で述べられていないものはどれか。次のア～エのうちから1つ選び，記号で答えよ。
ア．価格が安いこと
イ．一定の重さに耐えられる強度があること
ウ．健康に与える悪い影響がないこと
エ．世界には紙で椅子を作る会社もあること

問8　この文のタイトルとして最も適切なものを，次のア～エのうちから1つ選び，記号で答えよ。
ア．Kids Love Paper Toys　イ．Paper Is Not Cheap
ウ．Things Made with Paper　エ．Use Paper instead of Plastic

問9　次のア～オの文で，本文の内容と一致するものを2つ選び，記号で答えよ。
ア．Both *Origami* paper toys and paper dolls have a long history.
イ．Few people were interested in paper clothes during the 1960s.

ウ．Today paper clothes are cleaned with water.
エ．To make paper furniture, paper is folded like *Origami*.
オ．Paper furniture does not damage the environment.

6　日本文の意味に合う英文になるように，次の１～５の(　)内の語句を並べかえよ。ただし，文頭に来る語もすべて小文字で始めている。

1．あなたに８時までにここに来ていただきたいのですが。
I (come / like / here / you / eight / to / by / would).

2．彼は私たちにスペイン語を教えている先生です。
He (us / to / a / who / Spanish / teacher / is / teaches).

3．東京ドームへの行き方を教えていただけますか。
(to / to / tell / get / me / you / how / could) Tokyo Dome？

4．あなたのような友達がいて幸せだと僕は思うよ。
I (you / have / feel / a / to / like / happy / friend).

5．田中先生は，彼女が今何をしているのかを知りたがっています。
Mr. Tanaka (to / what / know / she / doing / is / wants) now.

【数　学】（45分）〈満点：100点〉

〔注意〕 円周率を使う場合は，π で表すこと。

1　次の各問いに答えよ。

(1)　$2^5 \times \left(-\frac{3}{4}\right)^2 \div \left\{5+(-2)^3\right\}$ を計算せよ。

(2)　$x-2y-\frac{3x-7y}{4}$ を計算せよ。

(3)　$(x-1)(x+1)(x^2+1)+1$ を計算せよ。

(4)　2次方程式 $(2x-3)(x+4)=3x$ を解け。

(5)　大小2つのさいころを振り，出た目の和を a，出た目の積を b とするとき，a，b ともに偶数となる確率を求めよ。

(6)　$\sqrt{\frac{100-n}{6}}$ が自然数となるような自然数 n のうち，2番目に大きいものを求めよ。

(7)　右の図のように，2点A，Bを直径の両端として中心がOの半円がある。この半円上の2点C，Dを結ぶ直線と，直線ABの交点をEとする。図のように角の大きさが与えられているとき，$\angle x$ の大きさを求めよ。

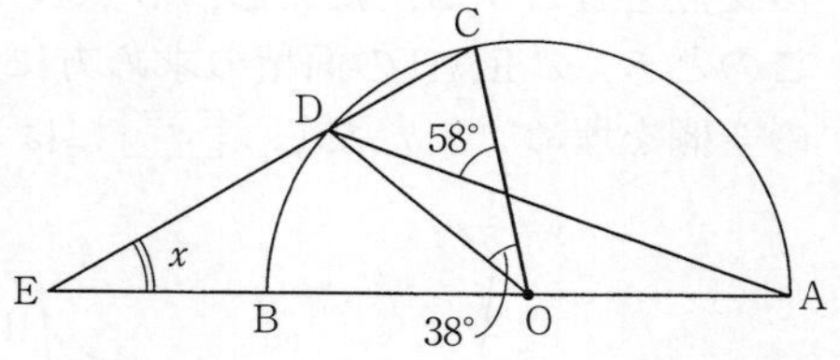

2　下の図のように，直線 $y=2x$ と双曲線 $y=\frac{a}{x}$ $(a>0)$ がある。それらの交点を x 座標の大きい方から順にA，Bとする。また，x 軸に関して点A，Bと対称な点をそれぞれC，Dとして四角形ADBCをつくる。このとき，次の問いに答えよ。

(1)　$a=6$ のとき，点Dの座標を求めよ。

(2)　四角形ADBCの周の長さが36のとき，a の値を求めよ。

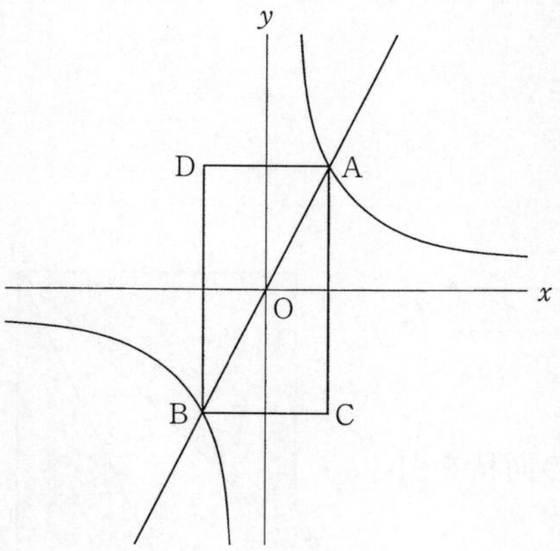

3　関数$y=\frac{1}{2}x^2$について，次の問いに答えよ。

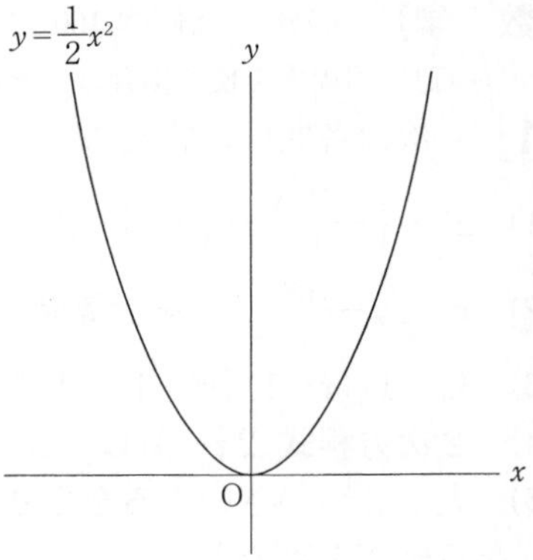

(1)　$-2 \leqq x \leqq a$におけるyの最大値と最小値の差が2であるとき，aの値として適するものを以下の①～④からすべて選び，その番号を答えよ。

①　-1　　②　0　　③　2　　④　$2\sqrt{2}$

(2)　下の図のように，放物線$y=\frac{1}{2}x^2$上の点A$(-2,\ 2)$を1つの頂点として，辺CDがx軸と重なるように正方形ABCDをつくる。
さらに，直線CBと放物線の交点をEとして正方形EFGCをつくり，直線GEと放物線のEと異なる交点をHとする。ただし，3点D，C，Gは原点Oに近い方からこの順に並んでいるものとする。
このとき，△EAHの面積の求め方について2人の生徒が話している後の会話を読み，[ア]～[オ]の空欄を埋めよ。ただし，[エ]には「ABC」のようなアルファベット3文字が入る。

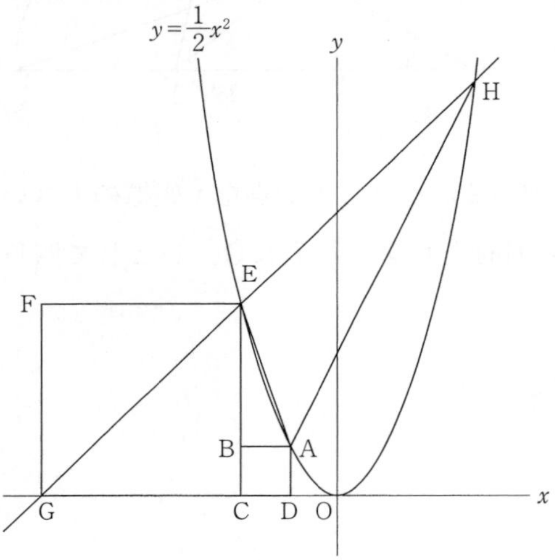

梅子：まず，点Eの座標は[ア]だね。
桜子：正方形の対角線の傾きを考えれば，直線GEの式は[イ]だよね。
梅子：それならば，点Hの座標は[ウ]と求まるね。
桜子：あとは右の図で，長方形IBJHの面積から[　]部分の面積を引くことで△EAHの面積が求められそうだよ。
梅子：あっ，でも直線EHと直線CAが平行だから△EAHの面積が△[エ]の面積と等しいと考えて，△[エ]の面積を求める方が簡単だと思うな。
桜子：どちらの考え方でも△EAHの面積は[オ]と求まるね。答えは一つでも考え方はいろいろあるものなんだね。

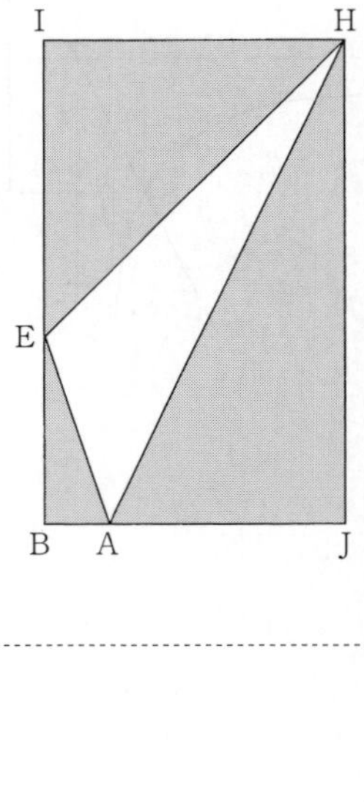

4 下の図のように，△ABCの辺BC，AB上にそれぞれ点D，Eをとり，線分ADと線分CEの交点をFとする。さらに，点Eを通り線分ADと平行な直線と辺BCの交点をGとする。AF：FD＝2：1，CF：FE＝5：4であるとき，次の問いに答えよ。

(1) AD：EGを求めよ。

(2) △ABCの面積が45であるとき，△FDCの面積を求めよ。

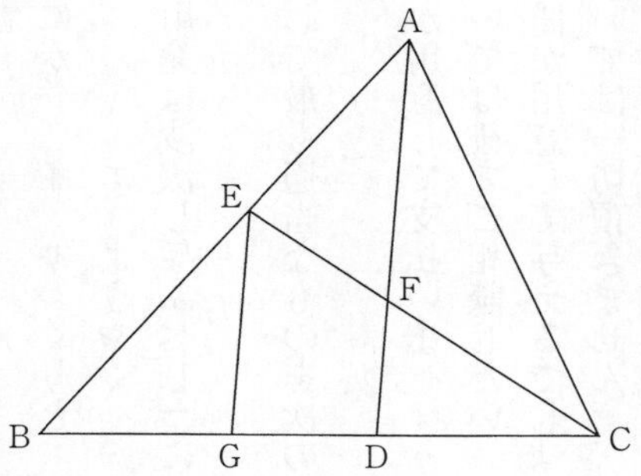

5 右の図のように，中心角90°のおうぎ形OABの半径OB上に点Cをとり，△OACをつくる。おうぎ形OABを直線OBを軸として一回転させてできる立体をV，図の▒部分を直線OBを軸として一回転させてできる立体をWとする。OC＝3cm，AC＝5cmであるとき，次の問いに答えよ。

(1) 立体Vの体積を求めよ。

(2) 立体Wの表面積を求めよ。ただし，立体の凹《へこ》んだ部分の表面積も含めて考えること。

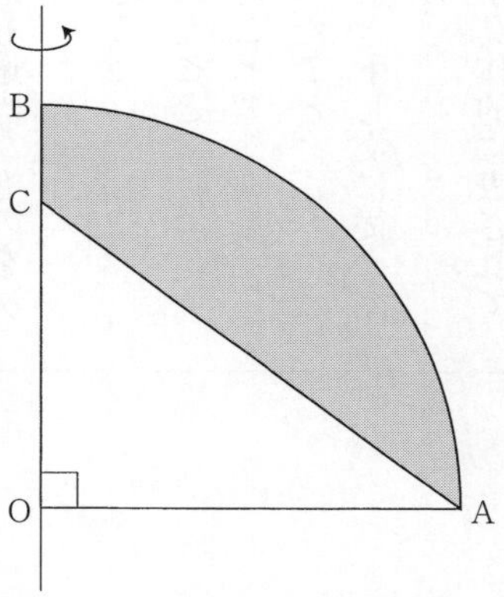

6 松子さんの家はパン屋を営んでいて，忙しい時には松子さんもレジの手伝いをしている。人気商品は1個140円のメロンパンと1個180円のカレーパンで，「メロンパンの美味しい店」として朝のテレビ番組でも紹介された。以下はテレビで紹介された当日の営業終了後の松子さんとお父さんの会話である。

松子：テレビの影響ってすごい！ メロンパンとカレーパンを合わせた売上金額は，昨日より26,800円も増えたよ。

父 ：メロンパンが飛ぶように売れて，昨日はカレーパンより20個少なかったのに，今日はカレーパンの3倍より10個多かったのか。

松子：メロンパンとカレーパンを合わせた販売個数は昨日の2倍より14個多くて，カレーパンだけなら昨日よりも［ ア ］個［ イ ］いるよ。

このとき，次の問いに答えよ。

(1) カレーパンの販売個数について，テレビで紹介された前日の個数をx個，当日の個数をy個として式をつくって考えることで，会話中の［ア］，［イ］の空欄を埋めよ。ただし，［ア］には当てはまる数を答え，［イ］には当てはまる語句を「増えて」または「減って」のいずれかで答えること。

(2) テレビで紹介された当日のメロンパンの販売個数を求めよ。

ⓔ「やうやうに」

ア　いつのまにか　　イ　ゆっくりと
ウ　すぐさま　　エ　ようやく

問四　――線①「用途は沙汰し与ふべし」について、次の(1)・(2)の問いに答えよ。

(1)　その解釈として最も適当なものを次の中から選び、記号で答えよ。

ア　費用は私が用意して支払いましょう。
イ　費用については後でご相談したい。
ウ　費用は仲間が用意して与えるでしょう。
エ　費用については一切頂きません。

(2)　その「費用」とは何のための費用か。本文中から五字で抜き出して答えよ。

問五　――線②「あやしみをなす」について、次の(1)・(2)の問いに答えよ。

(1)　その解釈として最も適当なものを次の中から選び、記号で答えよ。

ア　すばらしいことだと感心する。
イ　許せないことだと憤慨する。
ウ　かわいそうなことだと哀れむ。
エ　奇妙なことだと不思議がる。

(2)　何に対して「あやしみ」をなしたのか。最も適当なものを次の中から選び、記号で答えよ。

ア　つむじ風が突然吹いて経典を巻き上げたこと。
イ　大勢の人を集め盛大な供養が執り行われたこと。
ウ　在庁の長年の願いがやっとかなえられたこと。
エ　肝心の大般若がなくて供養が行えなかったこと。

問六　===線ⓕ「料紙還本土」について、その書き下し文に従って返り点を施せ。（送り仮名をつける必要はない）

問七　――線③「信あらざる」とあるが、これが具体的に表されている部分を本文中より十五字で抜き出して答えよ。

問八　――線④「文字は霊山に留まる」とあるが、それはどのような現象のことを言っているのか。最も適当なものを次の中から選び、記号で答えよ。

ア　住僧の文字が、いつの間にか他人が書いたものにすり替わっていたこと。
イ　聖地を訪れる多くの人が、経典の文字を拝観できるようになったこと。
ウ　吹き上げられた経典が、在庁の元に二度と返ってこなかったこと。
エ　書き写したはずの経典の文字が、すっかり消えてしまったこと。

望ましい。

ウ　文字による情報は容易には訂正できないという緊張感から、その発信内容を慎重に検討することになり、その分対面の情報伝達より信頼できる。

エ　肉声による言語が、利便性に勝る文字にすっかり取って代わられたことで、人と人、国家と国家との間で争いが絶えなくなって久しい。

オ　インターネットはさまざまな情報を得るには優れたツールと言えるが、対面のコミュニケーションに見られる人間らしい温かみは感じられない。

カ　先人たちの経験やそこから生まれた知恵を後世にまで伝えることができたという点で、言葉は人間が手にした技術の中で最大のものと言える。

キ　言葉とはあくまで相互理解のための一手段であったはずだが、文字としての言葉の意味だけが受け止められた場合、誤解を生み出す原因にもなりうる。

三

次の文章を読んで、後の問いに答えよ。

(注1)土佐《とさ》の国、胤間寺《たねまでら》といふ山寺あり。件《くだん》の寺の住僧を、当国《たうごく》の(注2)在庁《ざいちやう》、ⓐあひかたらひていはく、「ⓑ我、(注3)大般若《だいはんにゃ》書写の大願あり。ⓒ汝《なんぢ》、助成、(注4)結縁《けちえん》すべし。①用途《ようど》は沙汰《さた》し与ふべし。(注5)傍輩《はうばい》どもに語らひて書くべし」とⓓ契《ちぎ》りて、年経《へ》けり。

そののち、まつたく用途を沙汰するに及ばず。しかれども、この僧、善縁《ぜんえん》のしからしむることを喜びて、自力《じりき》をはげまして、ⓔやうやうにその功《こう》を終へけり。よつて件の在庁に、「かの御経こそ出《い》で来てましませ。用途は後々にもたまふべし。あつらへ書かせたる輩《はい》多く侍《はべ》り。いまにおきては、まづ(注6)供養《くやう》を遂《と》ぐべし」といひければ、(注7)願主《ぐわんしゅ》喜びて供養をのぶる時、にはかに(注8)辻風《つじかぜ》出で来たりて、かの経を巻きて、ことごとく虚空《こくう》へ吹き上げて、(注9)聴聞《ちやうもん》に来たり集まる(注10)道俗《だうぞく》、②あやしみをなすところに、しばらくありて、経巻、みな白紙となりて落つ。ただ大文字の四句の(注11)偈《げ》ばかり、この紙に顕現せり。

その文にいはく、

(注12)檀那《だんな》不レ信故　　檀那③信あらざる故《ゆゑ》に

ⓕ料紙還本土　　料紙《れうし》本土に還《かへ》る

(注13)経師《きやうじ》有レ信故　　経師信ある故に

文字留二霊山一　　④文字は霊山《りやうぜん》に留《とど》まる

（『十訓抄』）

(注1)　土佐の国…今の高知県。
(注2)　在庁…地方の役所で事務を執る役人。
(注3)　大般若…仏教の経典。
(注4)　結縁…写経することで仏道に入る縁を結ぶこと。
(注5)　傍輩…同僚、仲間。
(注6)　供養…仏や経に物を供え、読経、礼拝すること。
(注7)　願主…神仏に願をかける当人。
(注8)　辻風…つむじ風。
(注9)　聴聞…仏の教えや功徳《くどく》を聞くこと。
(注10)　道俗…すべての人。
(注11)　偈…仏の教えを詩の形で述べたもの。
(注12)　檀那…供養を営む当人。ここでは願主のこと。
(注13)　経師…経典の書写を職業とした人。

問一　══線ⓐ「あひかたらひていはく」を現代仮名遣いに直せ。

問二　══線ⓑ「我」・ⓒ「汝」とは誰のことか。最も適当なものをそれぞれ次の中から選び、記号で答えよ。

ア　住僧　　イ　在庁　　ウ　傍輩　　エ　道俗

問三　══線ⓓ「契りて」・ⓔ「やうやうに」の意味として最も適当なものをそれぞれ後の中から選び、記号で答えよ。

ⓓ「契りて」

ア　命令して　　イ　了承して

ウ　約束して　　エ　相談して

問二　——線ⓒ「行間を読み取る」とあるが、その慣用句の意味として最も適当なものを次の中から選び、記号で答えよ。

ア　文章に直接表現されていない筆者の真意などをくみ取ること。
イ　文字が社会にもたらしてくれた恩恵をきちんと認識すること。
ウ　一行一行に込められた筆者の思いを自分の心に刻みつけること。
エ　何度も繰り返し読むことで難解な文意も分かるようになること。

問三　[A]～[D]に入る語として、最も適当なものをそれぞれ次の中から選び、記号で答えよ。

ア　とりわけ　　イ　さらに　　ウ　もともと
エ　そうそう　　オ　いったん　　カ　ときに
キ　ようやく

問四　——線①「言葉もよい作用をもたらしました」とあるが、言葉がもたらした「よい作用」とは何か。本文中より十字で抜き出して答えよ。

問五　——線②「文字は読み手本位のコミュニケーションツールであって、対話ではありません」とあるが、文字によるコミュニケーションと比較したときに「対話」には、どのような長所があるか。話し手と聞き手、それぞれの立場における長所について説明せよ。

問六　——線③「対話しているかのような使われ方」とあるが、それはラインなどの、どのような機能を用いた使われ方か。その内容として最も適当なものを次の中から選び、記号で答えよ。

ア　気持ちを表す絵文字を言葉に添えて送れる機能
イ　話し手の顔が映像として相手に届けられる機能
ウ　時を置かずに互いの言葉のやり取りができる機能
エ　同一空間にいる複数の人々が会話を楽しめる機能

問七　〰〰線(あ)「それ」・(い)「それ」が指し示すものを、それぞれ本文中から抜き出して答えよ。

問八　——線④「時間的な要素が加わる」とあるが、それによって生じる短所について説明したものとして、最も適当なものを次の中から選び、記号で答えよ。

ア　話す内容を時系列に並べていく間に話し手の感情が変化し、聞き手にうまく伝わらなくなること。
イ　長い時間をかけて発音や仮名遣いが変化してしまうので、後の時代の人が理解できなくなること。
ウ　相手の言葉を聴いた瞬間に生じた感情と、文字化したものとの間に食い違いが生じてしまうこと。
エ　肉声を文字化する間に社会情勢が変わってしまい、発言者の考えが時代遅れになってしまうこと。

問九　——線⑤「身構えがなくなっていきます」とあるが、その説明として最も適当なものを次の中から選び、記号で答えよ。

ア　不特定多数に向けた発言が多くなることによって、社会のグローバル化に拍車がかかるということ。
イ　相手を前にしたときの緊張感や気遣いがなくなり、つい不用意な発言をしてしまったりするということ。
ウ　いつでも簡単に発言内容を訂正することができるので、言いたいことを気楽に発信できるようになること。
エ　礼儀や敬語などを気にする必要がなくなると、言語を通して継承されてきた文化が廃れてしまうということ。

問十　——線⑥「緩衝材の役割」とあるが、その役割について述べている一文を本文中から探し、最初の五字で答えよ。

問十一　本文の内容と合致するものを次の中から二つ選び、記号で答えよ。

ア　人の役に立つものとして使用されてきた言葉ではあるが、その使い方によっては、けっしてプラスの面ばかりではないことを見逃してはならない。
イ　人間の感情を伝え合う言葉は、いわば心と心との間を行き来するものとなるので、出来るだけ直接的な表現を避けることがラインなどのSNSがあたかも③対話しているかのような使われ方をしていますが、それは、あくまでシンボルを使った文字世界の延長です。ラインを利用している人の中には、すぐに返事が来るから対話と同じような信頼関係をつくれていると反論する人もいるかもしれませんが、その論理には二重の意味で誤解があります。

一つは、言葉は抽象化されたものだということ。誰かと話をしていても、それは出来事すべてを表しているわけではなく、出来事を C 言葉という抽象的なシンボルに集約して㋐それを再現しているだけのものです。実際には、言葉だけで相手の感情はわかりません。

もう一つは、文字化したり、肉声ではないものに変換してしまったりした場合、そこにさらに④時間的な要素が加わるということです。言葉を話すということは本来、瞬間の作業でもあります。対話を書き言葉にすると、Aさん「…」、Bさん「…」というように、時系列に並べられることになりますが、実際は、相手が話しているとき、相手の言葉を聴きながら、自分が次に話すことを考えている。それは書き言葉では表現できません。文字は、相手の言葉を受けて考えた結果出てくるものではあるけれど、その瞬間に自分の胸の中に生じた感情とは違うものです。書き文字のⓒ行間を読み取ることはできても、実際に言葉を肉声をもって交わし合っている状況とは違うのです。そこにも(注3)齟齬《そご》が生じます。

ぼくたちは、誰かに会いに行くときには、服装や身だしなみを考えますね。相手によっては敬語も使う。そういうときの緊張感は、身体からほとばしり出るものです。ところが、スマホで言葉を文字でやり取りするだけなら、礼儀も敬語もそれほど気にしなくてもいい。だから相手によって変えることをしなくなります。相手が不特定多数であれば、ますます⑤身構えがなくなっていきます。

さらに、顔も知らない相手から得た情報に対しては、勝手に想像ができる分、実際に会ったときに、文字の情報に裏切られるかもしれないし、㋑それがコミュニケーションのⓓ足かせになるかもしれません。だから行き違いも起こるし、それがときに犯罪に結びつくこともある。言葉はもともと⑥緩衝材の役割を果たしていましたが、今は文字に引きずられて、行動を誘発している。会って「殺してやる」と言われたなら、「バカやろー」と言い返せるし、取っ組み合って解消できることもある。殺すなどという行為は D 実現しません。でも、文字は、読み方次第でいくらでも想像が広がります。それが知らない相手であればなおさらでしょう。「殺される！」と恐怖で身がすくんでしまうかもしれません。

言葉を生み出し、文字を発明し、今、インターネットの世界を介して言葉をやり取りしているぼくたちは、こうした言葉の負の面にもあらためて目を向ける必要があるのではないでしょうか。

（山極寿一《やまぎわじゅいち》『スマホを捨てたい子どもたち』）

（注1）テレックス・ファクス…ともに、文字（ファクスは画像も含む）を電気信号に変換して電送する装置・方法。
（注2）ツール…道具。用具。
（注3）齟齬…意見や物事が食い違うこと。

問一 ――線ⓐ「ネガティブ」・ⓑ「バーチャル」・ⓓ「足かせ」について、ⓐの対義語、ⓑの語意、ⓓの類義語をそれぞれ後の中から選び、記号で答えよ。

ⓐ ネガティブ
ア アクティブ　イ ネイティブ
ウ ポジティブ　エ クリエイティブ

ⓑ バーチャル
ア 現実に即したさま
イ 新たに創造したさま
ウ 誰もが理想とするさま
エ 実体を伴わないさま

ⓓ 足かせ
ア 二の足を踏む　イ 足手まとい
ウ 蛇足　エ 手も足も出ない

二〇二四年度
十文字高等学校（推薦）

【国　語】（四五分）〈満点：一〇〇点〉

◎文中からそのまま抜き出して答える場合、句読点や記号は一字とすること。また、ふりがなのある漢字は、ふりがなをつけなくてよい。

一　次の①～⑩の――線部について、カタカナは漢字に直し、漢字はその読みを平仮名で記せ。

① 各国の技術力をキソう宇宙開発。
② 氷は水がギョウコしたものだ。
③ 映画のソウニュウ歌として作られた楽曲。
④ 地域の人々のイコいの場となる公園。
⑤ 友人の笑顔に何度もナグサめられる。
⑥ 鉄分を多く含有する野菜。
⑦ 花をも欺く美しさ。
⑧ 疫病が全国的に猛威を振るう。
⑨ 怠惰な生活を反省する。
⑩ 式典が厳かに執り行われる。

二　次の文章を読んで、後の問いに答えよ。

科学技術には良い面もあれば悪い面もあります。最初は良い面に注目が集まりますが、ある域を超えると今度はⓐネガティブな面が強調されていきます。ダイナマイトを考えてもそうでしょう。最初は人間の力が及ばない物を壊すために非常に役立ったのに、それがやがて社会を破壊する戦争の道具に使われるようになりました。言葉も同じです。

言葉は、人間が手にした技術の中で最初にして最大のものといってよいと思います。人間の認知能力は、言葉の発明によって一度つくり変えられました。これが、「認知革命」と呼ばれるものです。かつて言葉は人々の間のトラブルを調整するための交渉にも使われていたはずだし、集団間の暴力を鎮めるためにも使われていたでしょう。だから人間は集団を大きくすることができたのも、言葉によってⓑバーチャルな世界をつくり、その物語を共有してみんながまとまれるようになったからです。ダイナマイトと同様、最初は①言葉もよい作用をもたらしました。しかし、やがてその言葉が、暴力をつくり出すために使われるようになると、だんだん人間にとってネガティブな作用をし始めます。

言葉を発達させるうちに、文字も生まれました。最初は、石や木に書いていた文字を、紙に書くようになり、やがてそれを印刷するようになる。　Ａ　技術が進み、（注1）テレックスができ、（注1）ファクスが生まれ、そして今、ぼくたちはインターネットを通じて電子文字でつながるようになりました。

そもそも文字を介した理解には、常に疑いがつきまといます。会って話していれば、発せられた言葉だけの意味ではなく、相手の顔の表情や仕草《しぐさ》、声色《こわいろ》から裏の意味や背景を同時に感じることができます。相手の言葉を聞きながら、「おそらく嘘《うそ》を言っているな」とか「本気みたいだな」と思ったりするのは、人間は言葉を話しているとき、無意識のうちに感情を出すものであり、同時に相手の感情を読み取る能力をもっているからです。話し手は、相手の解釈が間違っていると感じたら訂正することができます。本来、言葉の役割が発揮される場所は、こうしたやり取りが可能な場面でした。

しかし、②文字は読み手本位のコミュニケーション（注2）ツールであって、対話ではありません。書いた人はその場にいないので、読み手の勝手な解釈が許されます。読み手本位であるために、　Ｂ　誤解を生んで書き手が思ってもいなかった結論になったりします。再現する過程で誤解が生じるのは当たり前で、それを避けることはできないのです。

英語解答

1 問1 ウ　問2 イ　問3 ア
問4 ウ　問5 ウ　問6 エ

2 ① night　② sky　③ noon
④ west　⑤ many　⑥ weeks

3 A イ　B カ　C ア　D キ
E エ　F ウ

4 1 F　2 F　3 T　4 T
5 F　6 T　7 F　8 F
9 F　10 T

5 問1 ウ　問2 エ　問3 ア
問4 so, that
問5 are as expensive as wooden shelves or cabinets that you make yourself
問6 イ　問7 ア　問8 ウ
問9 ア，オ

6 1 would like you to come here by eight
2 is a teacher who teaches Spanish to us
3 Could you tell me how to get to
4 feel happy to have a friend like you
5 wants to know what she is doing

1〔長文読解総合―ホームページ〕

≪全訳≫困っていることはありますか？／スージー・ムーアハウス先生がお手伝いします。／スージーへのお問い合わせはこちらをクリック。／親愛なるスージー／2023年12月１日／私は大学１年生です。あまりお金がないので，数か月前にアルバイトを始めました。いい仕事ですが，毎日午後６時から真夜中まで働かなければなりません。授業中とても疲れていると感じるし，今月はいくつか大事な試験に落ちてしまいました。勉強したいのですが，お金が必要なので働かなければなりません。どうしたらいいでしょうか。／ベス（19歳）／親愛なるスージー／2023年11月24日／親友のルーシーが最近授業に出ていません。何度も電話しましたが，彼女はあまり話したがりません。彼女はひどい風邪をひいて具合が悪いと言っていますが，昨日繁華街でおかしな人たちと一緒にいるのを見かけ，彼女は元気そうでした。彼女のことが本当に心配です。／アニー（18歳）／親愛なるスージー／2023年11月10日／僕は２か月前に大学に入ったのですが，大学が嫌です。みんな友達がたくさんいるみたいだけれど，僕は誰一人知りません。授業は本当に難しく，ずっと一生懸命勉強していなければなりません。最近，何度かひどい頭痛がありました。目が痛くて，夜，眠れません。そのせいで病気になっているのではないかと心配です。／ジム（19歳）

問１＜要旨把握＞ホームページのタイトルや，学生たちの投稿内容参照。

問２＜要旨把握＞アニーは親友のルーシーのことを書いている。

問３＜要旨把握＞ベスの投稿の第４文参照。

問４＜内容真偽＞いずれもジムの投稿参照。　ア…×　日時と第１文参照。投稿は11月で，大学に通い始めたのはその２か月前である。　イ…×　第１文参照。　hate「～をひどく嫌う，憎む」　ウ…○　第２文の内容に一致する。　エ…×　第３文参照。

問５＜要旨把握＞ジムは投稿の最後の２文でひどい頭痛と目の痛みを訴えている。

問６＜内容真偽＞いずれもアニーの投稿参照。　ア…×　第１文参照。遅刻ではなく出ていない。　イ…×　第２文参照。口数は少ないが電話には出ている。　ウ…×　第３文参照。‘look＋形容詞’「～(の状態)に見える」　エ…○　第３文の内容に一致する。

2〔長文読解─適語補充─説明文〕

≪全訳≫❶今，何時？　とてもいい質問だ。朝から晩まで，時計は１日の計画を立てるのに役立つ。時計は物事がいつ始まり，いつ終わるかを教えてくれる。❷時計ができる前，人々は太陽が空を移動するのを見て，時間を知った。太陽が東から昇ると，彼らは仕事を始めた。正午に，太陽が非常に高くなると，彼らは食事をし，休息を取った。太陽が西に消えると，彼らは寝た。❸今日，私たちは太陽が地球の周りを動いていないことを知っている。地球は地軸を中心に回転する。地球が回転すると，太陽は私たちの上を動いているように見える。地球が完全に１回転するのにかかる時間は，１日と呼ばれる。❹１日は，時間，分，秒に分けられる。１日は24時間ある。１時間は60分ある。１日は何分だろうか。答えを出すには，24時間と60分を掛け算してみよう。24×60＝1440だ。１日は1440分ある。❺私たちは，他の動きでも時間を計っている。地球は太陽の周りを回っている。地球が太陽の周りを１周するのにかかる時間を，１年という。１年は12か月，つまり52週ちょっとある。正確には，地球が太陽の周りを１周するには，365日５時間49分12秒かかる。❻時計やカレンダーのおかげで，私たちはとても簡単に時間を計ることができる。しかし地球の動きが，時間を計ることを実際可能にしているのだ。

＜解説＞① from morning until night「朝から晩まで」　②太陽は「空」を横切って動く。なお，watching 以下は‘watch＋目的語＋動詞の原形...’の形で「～が…するのを注意して見る」という意味。　③太陽がとても高くなるのは，「正午」。　④太陽が消える方角は「西」である。　⑤次の３文で，１日に何分あるかを計算しているので，‘数’を尋ねる‘how many＋複数名詞’「いくつの～」の形にする。　⑥直前の 12 months「12か月」を「52週ちょっと」と言い換えている。複数形にすることに注意。

3〔対話文完成─適文選択〕

≪全訳≫❶メアリー(Ｍ)：それで，今年の夏はどこに行きたい？　結婚してから初めて一緒に過ごす休暇になるわね。❷ヴィンス(Ｖ)：Aニューヨークは行ったことがないな，みんなすばらしいって言うんだ。君は行ったことある？❸Ｍ：ええと…ええ，あるわ。２年前に行ったの。❹Ｖ：えっ，そうなの？　誰と行ったの？❺Ｍ：Bマイクと彼の両親と行ったのよ…。マンハッタンの上空をヘリコプターで飛んだわ。すばらしかった！　ああ，でもそれはあなたに会う前よ。❻Ｖ：ええと，たぶんエジプトに行ってもいいね。僕はずっとそこに行きたかったんだ。❼Ｍ：Cああ，実は，そこにも行ったことがあるのよ。去年の夏に行ったの。❽Ｖ：何だって？　マイクの家族とかい？❾Ｍ：そうよ。ラクダに乗ってピラミッドに行ったの。❿Ｖ：わかった。じゃあ，パリは？　僕はそこに行ったことがないんだ。D君は？⓫Ｍ：ああ，ええと…。⓬Ｖ：なんてことだ！　本当に？　またマイクと？⓭Ｍ：そうよ。実は２回行ったんだけど…。E今度はあなたともう一度そこへ行きたいわ。⓮Ｖ：忘れてくれ。君とは休暇に行きたくないよ。F君はマイクとどこにでも行ったことがあるんだもの！

＜解説＞Ａ．直後で「そこに行ったことがある？」と尋ねていることから，具体的な場所についてふれる文が入る。　Ｂ．直前の「誰と行ったの？」という質問への答えが入る。　Ｃ．ヴィンスは新たにエジプトを提案したが，この後に続く文から，メアリーはエジプトにも行ったことがあるとわかる。　Ｄ．新たにパリを行き先の候補として挙げたヴィンスの発言。空所の後のメアリーの反応を見て，ヴィンスは「またマイクと？」と尋ねていることから，ヴィンスはメアリーにパリには行ったことがあるかを尋ねたのである。　Ｅ．直前に but があることから，「(パリには) ２回行った」

という前文の内容と‘逆接’の関係になるものを選ぶ。　F．直前で「君とは休暇に出かけたくない」と言っている。ウの内容はこの理由を示したものである。

4〔長文読解―内容真偽―物語〕

≪全訳≫❶ベネチアの多くの人が，アントニオ・ロッシとは誰なのかを知っていた。父親と同様，アントニオはとても腕のいいガラス職人だった。彼は，花瓶や水差しといった美しいガラス製品をたくさんつくった。アントニオは新しい工場で，人気のあるガラス製品を以前よりも速くつくれるようになった。❷アントニオの娘であるクララは，父親の工場が好きだった。彼女は，父親のつくる美しくカラフルなあらゆるガラス製品を見るのが大好きだった。ある日，彼女が工場に入ると，父親は２つのガラスの花瓶のそばに立っていた。❸「クララ，お前はこれらが好きか？」と彼は尋ねた。彼はその２つの花瓶をとても誇りに思っているようだった。「ここベネチアの偉大な作家，ロンバルディ氏のためにつくったんだ」❹「きれいよ，お父さん」とクララは言った。❺「ロンバルディ先生をここにお連れしないと」と父親は言った。❻そして，彼は工場を出ていった。❼クララは花瓶を見た。それらの横に，「ロッシさん，私の妻のために美しい花瓶を２つつくってください。S．ロンバルディ」と書かれたメモがあった。クララはメモを読み，ほほ笑んだ。向きを変えたとき，彼女は誤って花瓶に触れてしまった。❽「だめ！」と彼女は叫んだ。❾彼女は花瓶をつかもうとしたが，遅すぎた。花瓶は地面に落ち，粉々に割れた。底の丸い土台だけが割れなかった。❿クララは手を伸ばし，丸い土台の１つを拾い上げた。「お父さんに何て言おう」と彼女は思った。目の前の破片を握り，彼女は大粒の涙を流した。⓫そのとき，彼女はロンバルディ氏のメモを目にして，それをガラス越しに見た。その文字は…大きかった！⓬クララは土台を見た。それは片面が平らで，もう片面が曲がっていた。彼女はもう１つの土台を手に取り，それを通して見た。それも機能した！　文字が大きく見えたのだ！⓭クララはすばやく考えた。彼女は長い針金を見つけ，それを平らにして，それから２つのガラスの破片の周りに，注意深く巻きつけた。⓮クララが作業を終えたとき，ロンバルディ氏と父親が入ってきた。⓯「さあ，ご覧に入れましょう…クララ！」　クララの父親は立ち止まり，床の上の割れた花瓶を見た。⓰「ごめんなさい，お父さん」　クララは小さな声で言った。⓱ロンバルディ氏はクララの手にある針金の巻かれた２枚のガラス片を見た。「君はそこに何を持っているの？」と彼は尋ねた。⓲「割れた破片でこれをつくったんです」とクララは言った。「ロンバルディさん，これらを通してメモを見てください」　彼はそうした。⓳ロンバルディ氏の目が大きく見開かれた。「文字が！　文字が大きい！」　彼はクララの父親を見た。「妻は目が弱くて私の本が読めないんだ。これは彼女への贈り物になる！　これまでで最高の贈り物になるよ！」⓴クララの父親はほほ笑んだ。「クララ，お前がどうやってそれをやったのかは知らない」　彼は「でも，お前はとても役に立つものをつくったよ」と言った。㉑クララは実際，とても役に立つものをつくった。彼女は眼鏡を発明したのだ。

＜解説＞１.「アントニオはベネチアで最も速くガラス製品をつくることができたので，とても有名だった」…×　第１段落第１，２文参照。腕がいいことで有名だった。　２.「クララは将来，アントニオのような優れたガラス職人になりたかった」…×　そのような記述はない。　３.「ロンバルディ氏はアントニオにガラスの花瓶を２つつくるように頼み，アントニオはうまく美しい花瓶をつくった」…○　第３，４段落および第７段落第２文の内容に一致する。　４.「クララは，アントニオが工場にいない間に，ロンバルディ氏が書いたメモを読んだ」…○　第６，７段落の内容に一致する。　５.「２つの花瓶は誤って地面に落ちてしまい，片方だけが粉々に割れた」…×　第９

段落参照。2つとも粉々になった。　6．「丸い土台を通して見たとき，クララはメモの文字が大きくなることに気づいた」…○　第11，12段落の内容に一致する。　7．「クララは2つの丸い破片をつなぐのに針金を使おうとしたが，失敗した」…×　第13，14段落参照。　8．「クララは，ロンバルディ氏が妻に，何か彼女の目に良いものをあげたがっていることを知っていた」…×　そのような記述はない。　9．「ロンバルディ氏がクララに『君はそこに何を持っているの？』と尋ねたとき，彼女は手に2つの花瓶の割れた破片をたくさん持っていた」…×　第17段落第1文参照。クララの手にあったのは針金の巻かれた2枚のガラス片。　10.「ロンバルディ氏は，クララがつくった眼鏡が妻の目に役立つだけでなく，妻へのすてきな贈り物になると思った」…○　第19段落の内容に一致する。　'not only *A* but also *B*'「*A*だけでなく*B*も」

5〔長文読解総合―説明文〕

≪全訳≫❶紙はとても便利だ。私たちはその上に文字を書く。それで本をつくる。プレゼントをよりかわいくするために，カラフルな紙で包む。紙を折って，鳥や花や小さな芸術作品のようなおもしろいものをつくれる人もいる。しかし，紙がおもちゃや洋服，家具さえつくるのにも使えることを知っていただろうか。❷紙のおもちゃは確かに新しいアイデアではない。例えば，折り紙のおもちゃは長い間人気がある。それらは，紙を動物や何か他の形，例えば箱の形に折ることでつくられる。それから，紙の人形もある。これらも長年人気がある。自分で紙人形をつくりたくない人は，韓国のモモットデザインスタジオから買いたいかもしれない。この会社は，高さ約13センチ，1体につき約3ドルのおもちゃの人形をつくっている。彼らの立体的な紙人形には，有名人やスーパーヒーローのように見えるようにつくられたものもある。それらはまた，着せ替え可能な時計や宝石，帽子，衣服とともに販売されている。❸しかし，紙の服は人形のためだけのものではない。紙は人間の服をつくるのにも使える。実際，1960年代のアメリカでは，紙でつくったドレスが大流行した。やがて人々は紙の服にあまり興味を示さなくなったが，そのアイデアが消えることはなかった。赤ちゃん用の使い捨て紙おむつだけでなく，医師や入院患者用の使い捨ての服をつくるのにも，紙を使い続けている。❹しかし最近まで，紙を，服をつくるためのファッショナブルな素材として真剣に考える人はほとんどいなかった。今日，いくつかのファッション企業は，ライスペーパーというアジアの伝統的な紙の一種から服をつくっている。1960年代につくられた服は1，2回着た後捨てられていたが，今日の紙の服はドライクリーニングして何度も着ることができる。この紙の服は安くはない。例えば，有名な会社がつくった女性用の紙のジャケットは，200ドル以上することもある。❺紙は今や，家具をつくるのにも使われている。紙から椅子や棚，戸棚をつくる会社が世界中にある。紙は木の板のようなものに変えられる。それからこの板はカットされ，家具の形をつくるために組み合わせられる。紙の板はとても丈夫だ。紙でつくられた棚は45キロの重さに耐えることができる。さらに，紙の家具はとても軽いので，子どもでも簡単に動かしたり運んだりできる。❻紙の棚や戸棚は自分で組み立てる木製の棚や戸棚と同じくらいの値段なので，紙の家具の大きな利点は値段ではない。そうではなくて，その利点は健康と環境保護である。ほとんどの紙の家具は，木製の家具によく見られる悪い化学物質を含まず，放出もしない。また，紙の家具は古紙を再利用するため木々の節約に役立ち，それは環境を気づかう人々にとって大きな利点だ。

問1＜適語選択＞'make＋目的語＋形容詞'「～を…(の状態)にする」の形にする(本問では'形容詞'の部分がprettierと比較級になっている)。to 以下は，「プレゼントをよりかわいくするために」とプレゼントをカラフルな紙で包む'目的'を表している(to不定詞の副詞的用法)。

問２＜要旨把握＞下線部については直後の３文で説明されている。

問３＜内容真偽＞ア…○　第４段落第３文の内容に一致する。　イ…×　そのような記述はない。　ウ…×　第３段落第３文参照。　エ…×　そのような記述はない。

問４＜適語補充＞「とても～なので…」は‘so ～ that …’で表せる。

問５＜整序結合＞「～と同じくらい…」は‘as … as ～’で表せるので，主語Paper shelves or cabinets「紙製の棚や戸棚」の後はare as expensive asとする。‘～’に当たる「自分で組み立てる木製の棚や戸棚」は，先行詞wooden shelves or cabinetsの後に目的格の関係代名詞としてthatを置き，‘名詞＋that＋主語＋動詞...’の形でwooden shelves or cabinets that you make yourselfとまとめる。

問６＜要旨把握＞アとウは第３段落最終文，エは第４段落最終文で述べられているが，イの「子ども向けの紙製の衣類」についての記述はない。

問７＜要旨把握＞紙製の家具については第５段落以降で述べられている。最終段落第１文に，「紙の家具の大きな利点は値段ではない」とあるように，アの「価格が安いこと」については書かれていない。

問８＜表題選択＞さまざまな紙製品について紹介した文章。この内容に合うのはウ．「紙でつくられたもの」。

問９＜内容真偽＞ア．「折り紙のおもちゃと紙人形は，どちらも長い歴史を持っている」…○　第２段落第２，４，５文の内容に一致する。　イ．「1960年代には，紙の服に興味を持つ人はほとんどいなかった」…×　第３段落第３文参照。　few ～「～がほとんどない」　ウ．「今日，紙の服は水で洗われる」…×　第４段落第３文参照。ドライクリーニングされる。　エ．「紙の家具をつくるには，折り紙のように紙を折る」…×　第５段落第３，４文参照。木の板のような形に変えた後，カットして組み合わせる。　オ．「紙の家具は環境にダメージを与えない」…○　最終段落最後の２文の内容に一致する。

6〔整序結合〕

1．「あなたに来ていただきたい」は‘would like＋人＋to ～’「〈人〉に～してほしい」の形でI would like you to comeと表せる。「～までに」はby。

2．「彼は先生です」→He is a teacher.が文の骨組み。「先生」を修飾する「私たちにスペイン語を教えている」はwhoを主格の関係代名詞として使い，who teaches Spanish to usとまとめ，a teacherの後に続ける。「〈人〉に〈物事〉を教える」は‘teach＋人＋物事’または‘teach＋物事＋to＋人’で表せるが，ここではtoが与えられているので，後者の形。

3．「～していただけますか」という‘ていねいな依頼’は，Could you ～？で表せる。「～への行き方」はhow to get to ～。これを，‘tell＋人＋物事’「〈人〉に〈物事〉を教える」の‘物事’の位置に入れる。

4．「幸せだと思う」は「幸せだと感じる」と読み換えて，feel happyと表す。「～して幸せだ」といった‘感情の原因’は，感情を表す形容詞の後にto不定詞を置いて表せる(to不定詞の副詞的用法)。「あなたのような友達」はa friend like you。

5．「～を知りたがっています」なのでwants to knowとし，knowの目的語に当たる「彼女が今何をしているのか」を‘疑問詞＋主語＋動詞...’の間接疑問でwhat she is doing nowと表す。

数学解答

1 (1) -6　(2) $\frac{x-y}{4}$　(3) x^4

(4) $x=-3,\ 2$　(5) $\frac{1}{4}$　(6) 76

(7) 31°

2 (1) $(-\sqrt{3},\ 2\sqrt{3})$　(2) 18

3 (1) ②，③

(2) ア…$(-4,\ 8)$　イ…$y=x+12$

ウ…$(6,\ 18)$　エ…ECH　オ…40

4 (1) $5:3$　(2) 5

5 (1) $\frac{128}{3}\pi \mathrm{cm}^3$　(2) $52\pi \mathrm{cm}^2$

6 (1) ア…9　イ…減って

(2) 283個

1〔独立小問集合題〕

(1)<数の計算>与式$=32\times\frac{9}{16}\div\{5+(-8)\}=32\times\frac{9}{16}\div(-3)=32\times\frac{9}{16}\times\left(-\frac{1}{3}\right)=-6$

(2)<式の計算>与式$=\frac{4x-8y-(3x-7y)}{4}=\frac{4x-8y-3x+7y}{4}=\frac{x-y}{4}$

(3)<式の計算>与式$=(x^2-1)(x^2+1)+1=(x^2)^2-1^2+1=x^4-1+1=x^4$

(4)<二次方程式>$2x^2+8x-3x-12=3x,\ 2x^2+2x-12=0,\ x^2+x-6=0,\ (x+3)(x-2)=0$　$\therefore x=-3,\ 2$

(5)<確率―さいころ>大小2つのさいころを振るとき，それぞれ6通りの目の出方があるから，目の出方は全部で$6\times6=36$(通り)ある。また，出た目の和aが偶数となるのは，2つの目がともに偶数のときか，ともに奇数のときであり，出た目の積bが偶数となるのは，少なくとも1つの目が偶数のときだから，a，bがともに偶数となるのは，2つのさいころの目がともに偶数のときである。このようになる目の出方は，(大，小)＝(2，2)，(2，4)，(2，6)，(4，2)，(4，4)，(4，6)，(6，2)，(6，4)，(6，6)の9通りあるから，求める確率は$\frac{9}{36}=\frac{1}{4}$である。

(6)<数の性質>$\frac{100-n}{6}=\frac{100}{6}-\frac{n}{6}=\frac{50}{3}-\frac{n}{6}$だから，$n$が自然数より，$\frac{100-n}{6}$は$\frac{50}{3}$より小さい数である。$\frac{50}{3}=16+\frac{2}{3}$だから，$\sqrt{\frac{100-n}{6}}$が自然数となるとき，$\frac{100-n}{6}$の値として，1，4，9，16が考えられる。$\frac{100-n}{6}=1$のとき，$100-n=6$，$n=94$となる。$\frac{100-n}{6}=4$のとき，$100-n=24$，$n=76$となる。$\frac{100-n}{6}=9$のとき，$100-n=54$，$n=46$となる。$\frac{100-n}{6}=16$のとき，$100-n=96$，$n=4$となる。よって，自然数$n$は，$n=4$，46，76，94であり，2番目に大きいものは$n=76$である。

(7)<平面図形―角度>右図で，ADとOCの交点をFとする。△OFDで内角と外角の関係より，$\angle\mathrm{ODF}=\angle\mathrm{DFC}-\angle\mathrm{DOF}=58°-38°=20°$である。△OADはOA＝ODの二等辺三角形だから，$\angle\mathrm{OAD}=\angle\mathrm{ODF}=20°$となり，$\overset{\frown}{\mathrm{BD}}$に対する円周角と中心角の関係より，$\angle\mathrm{BOD}=2\angle\mathrm{OAD}=2\times20°=40°$となる。また，△ODCはOD＝OCの二等辺三角形だから，$\angle\mathrm{ODC}=(180°-\angle\mathrm{DOC})\div2=(180°-38°)\div2=71°$である。よって，△ODEで内角と外角の関係より，$\angle x=\angle\mathrm{ODC}-\angle\mathrm{BOD}=71°-40°=31°$である。

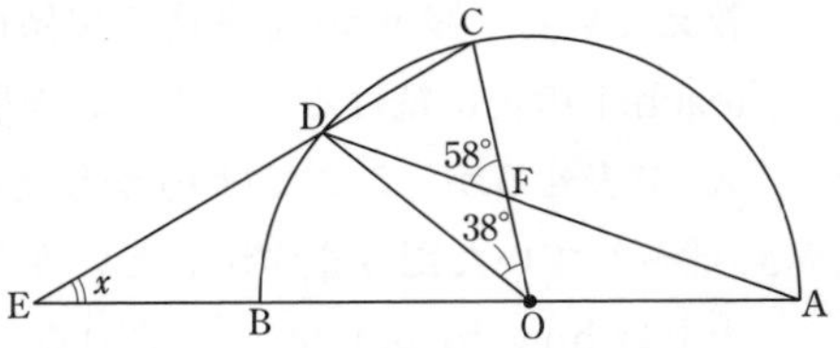

2〔関数―比例・反比例のグラフ〕

(1)<座標>次ページの図で，$a=6$のとき，2点A，Bは直線$y=2x$と双曲線$y=\frac{6}{x}$の交点である。2式からyを消去して，$2x=\frac{6}{x}$より，$x^2=3$　$\therefore x=\pm\sqrt{3}$　よって，点Bのx座標は，小さい方なので

$-\sqrt{3}$ である。y 座標は $y=2\times(-\sqrt{3})=-2\sqrt{3}$ より，B$(-\sqrt{3},\ -2\sqrt{3})$ となる。点Dは点Bと x 軸について対称だから，D$(-\sqrt{3},\ 2\sqrt{3})$ である。

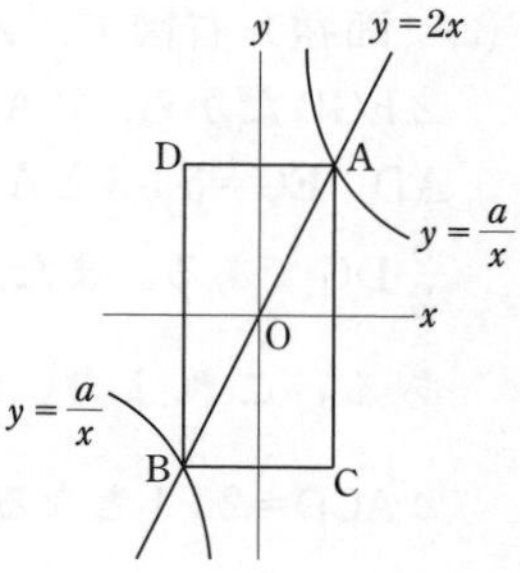

(2)＜比例定数＞右図で，点Aの x 座標を t とする。点Aは直線 $y=2x$ 上にあるから，$y=2t$ より，A$(t,\ 2t)$ と表せる。双曲線 $y=\frac{a}{x}$ は原点Oについて対称であり，直線 $y=2x$ は原点Oを通るから，2点A，Bは原点Oについて対称である。これより，B$(-t,\ -2t)$ となる。2点A，C，2点B，Dはそれぞれ x 軸について対称だから，C$(t,\ -2t)$，D$(-t,\ 2t)$ となる。よって，AD，BCは x 軸に平行，AC，BDは y 軸に平行となるから，四角形ADBCは長方形であり，AD＝BC＝$t-(-t)=2t$，AC＝BD＝$2t-(-2t)=4t$ である。周の長さが36だから，$2t\times2+4t\times2=36$ が成り立つ。これを解くと，$12t=36$，$t=3$ となる。$2t=2\times3=6$ より，A(3，6)であり，点Aは双曲線 $y=\frac{a}{x}$ 上にあるから，$6=\frac{a}{3}$，$a=18$ となる。

3 〔関数―関数 $y=ax^2$ と一次関数のグラフ〕

(1)＜適する a の値＞関数 $y=\frac{1}{2}x^2$ で，$x=-2$ のとき，$y=\frac{1}{2}\times(-2)^2=2$ である。$x\leqq0$ においては，x の値が増加すると y の値は減少し，$x=0$ のとき，$y=0$ となる。$x=-2$ のときと $x=0$ のときの y の値の差は $2-0=2$ となるので，y の最大値と最小値の差が2より，y の最大値は2，最小値は0となる。よって，x の変域には $x=0$ が含まれる。また，y が最大の $y=2$ となるのは，$x=-2$ のときと，絶対値が等しい $x=2$ のときであり，このとき，x の絶対値が最大となる。このことから，$0\leqq a\leqq2$ であればよいから，適する a の値は，$a=0$，2となる。

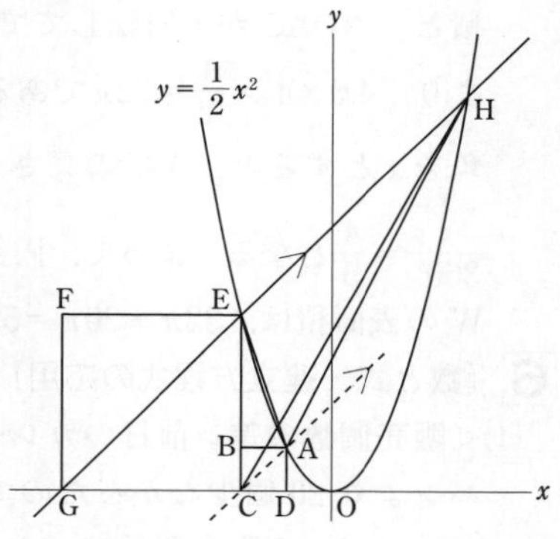

(2)＜座標，直線の式，三角形，面積＞右図で，A(−2，2)であり，四角形ABCDは正方形だから，CD＝AD＝2となる。これより，点Cの x 座標は $-2-2=-4$ だから，点Eの x 座標も−4である。点Eは放物線 $y=\frac{1}{2}x^2$ 上にあるから，$y=\frac{1}{2}\times(-4)^2=8$ となり，E(−4，8)である。四角形EFGCが正方形より，GC＝ECだから，直線GEは，傾きが1である。その式を $y=x+b$ とおくと，点Eを通ることから，$8=-4+b$，$b=12$ となり，直線GEの式は $y=x+12$ である。点Hは放物線 $y=\frac{1}{2}x^2$ と直線 $y=x+12$ の交点であるから，$\frac{1}{2}x^2=x+12$ より，$x^2-2x-24=0$，$(x+4)(x-6)=0$　∴$x=-4$，6　よって，点Hの x 座標は6であり，$y=6+12=18$ より，H(6，18)である。EH∥CAより，△EAHと△ECHは，底辺をEHと見たときの高さが等しいので，△EAH＝△ECHである。EC＝8であり，これを底辺と見ると，△ECHの高さは，2点E，Hの x 座標より，$6-(-4)=10$ となる。△ECH＝$\frac{1}{2}\times8\times10=40$ となるから，△EAH＝40である。

4 〔平面図形―三角形〕

(1)＜長さの比＞次ページの図で，AF：FD＝2：1より，AF＝2FDだから，AD＝AF＋FD＝2FD＋FD＝3FDとなる。また，∠FCD＝∠ECGであり，AD∥EGより，∠FDC＝∠EGCだから，△FDC∽△EGCである。これより，FD：EG＝CF：CE＝5：(5＋4)＝5：9だから，EG＝$\frac{9}{5}$FDとなる。よって，AD：EG＝3FD：$\frac{9}{5}$FD＝5：3である。

(2)＜面積＞右図で，∠ABD＝∠EBG であり，AD∥EG より，∠ADB＝∠EGB だから，△ABD∽△EBG である。よって，(1)より，BD：BG＝AD：EG＝5：3 となるから，BD：DG＝5：(5－3)＝5：2 となり，BD＝$\frac{5}{2}$DG である。また，CD：DG＝CF：FE＝5：4 だから，CD＝$\frac{5}{4}$DG である。これより，BD：CD＝$\frac{5}{2}$DG：$\frac{5}{4}$DG＝2：1 だから，△ABD：△ACD＝2：1 となる。したがって，△ACD＝$\frac{1}{2+1}$△ABC＝$\frac{1}{3}\times 45=15$ となる。さらに，△AFC：△FDC＝AF：FD＝2：1 だから，△FDC＝$\frac{1}{2+1}$△ACD＝$\frac{1}{3}\times 15=5$ となる。

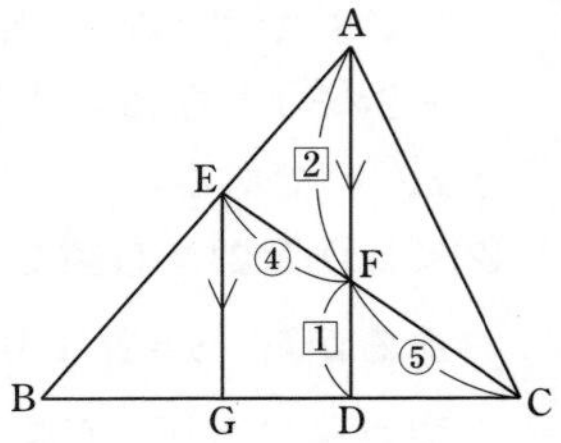

5〔空間図形—回転体〕

(1)＜体積＞右図 1 で，∠AOB＝90° だから，おうぎ形 OAB を直線 OB を軸として 1 回転させてできる立体 V は，半径 OA の半球である。△OAC で三平方の定理より，OA＝$\sqrt{\mathrm{AC}^2-\mathrm{OC}^2}=\sqrt{5^2-3^2}=\sqrt{16}$＝4 となるから，立体 V の体積は $\frac{4}{3}\pi\times 4^3\times\frac{1}{2}=\frac{128}{3}\pi$ (cm³) である。

図 1

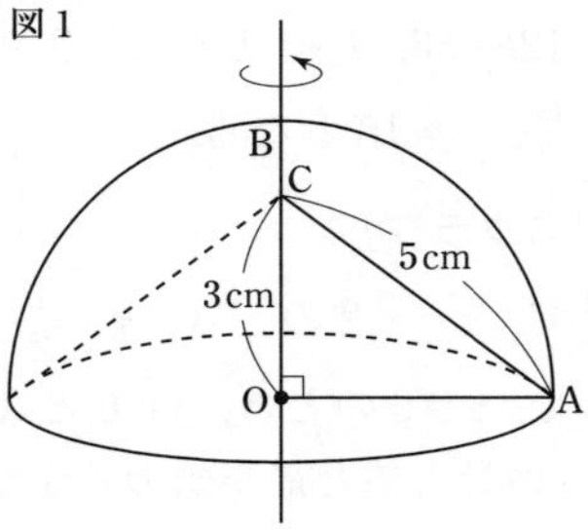

図 2

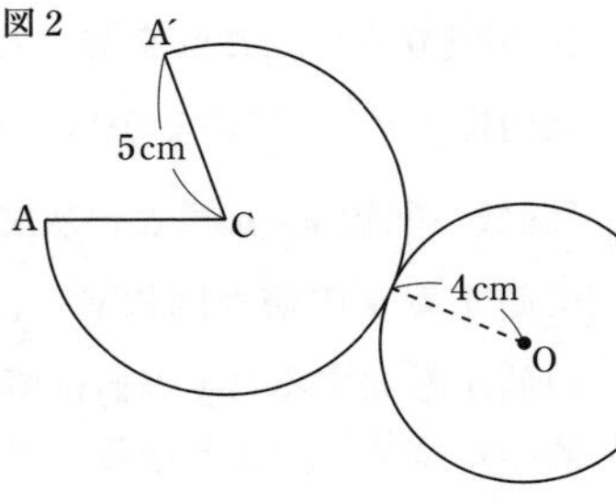

(2)＜面積＞右上図 1 で，図形 ABC を直線 OB を軸として 1 回転させてできる立体 W は，立体 V から，△OAC が 1 回転してできる円錐を除いたものである。これより，表面積は，立体 V の曲面部分の面積と，△OAC が 1 回転してできる円錐の側面積の和となる。立体 V の曲面部分の面積は，OA＝4 より，$4\pi\times 4^2\times\frac{1}{2}=32\pi$ である。また，円錐を展開すると右上図 2 のようになる。おうぎ形の中心角を x とすると，$\overset{\frown}{\mathrm{AA'}}$ の長さと円 O の周の長さは等しいから，$2\pi\times 5\times\frac{x}{360°}=2\pi\times 4$ が成り立ち，$\frac{x}{360°}=\frac{4}{5}$ となる。よって，円錐の側面積は $\pi\times 5^2\times\frac{x}{360°}=\pi\times 5^2\times\frac{4}{5}=20\pi$ である。以上より，立体 W の表面積は，$32\pi+20\pi=52\pi$ (cm²) となる。

6〔数と式—連立方程式の応用〕

(1)＜販売個数の差＞前日のカレーパンの販売個数を x 個とすると，メロンパンの販売個数は，カレーパンより 20 個少なかったので，$x-20$ 個と表せる。当日のカレーパンの販売個数を y 個とすると，メロンパンの販売個数は，カレーパンの 3 倍より 10 個多かったから，$3y+10$ 個となる。当日のメロンパンとカレーパンの販売個数の合計は，前日の 2 倍より 14 個多かったので，$(3y+10)+y=2\{(x-20)+x\}+14$ が成り立つ。これを y について解くと，$4y+10=4x-40+14$，$4y=4x-36$，$y=x-9$ となる。よって，当日のカレーパンの販売個数は，前日より 9 個減っている。

(2)＜連立方程式の応用＞メロンパンは 1 個 140 円，カレーパンは 1 個 180 円だから，前日の売上金額は $140(x-20)+180x=320x-2800$ (円)，当日の売上金額は $140(3y+10)+180y=600y+1400$ (円) である。当日は，前日より 26800 円増えているので，$600y+1400=320x-2800+26800$ が成り立ち，$320x-600y=-22600$，$8x-15y=-565$ ……①となる。(1)より，$y=x-9$，$x=y+9$ ……②とし，②を①に代入すると，$8(y+9)-15y=-565$，$8y+72-15y=-565$，$-7y=-637$，$y=91$ となるので，当日のメロンパンの販売個数は，$3y+10=3\times 91+10=283$ (個) である。

国語解答

一
① 競　② 凝固　③ 挿入
④ 憩　⑤ 慰　⑥ がんゆう
⑦ あざむ　⑧ えきびょう
⑨ たいだ　⑩ おごそ

二
問一 ⓐ…ウ　ⓑ…エ　ⓓ…イ
問二 ア
問三 A…イ　B…カ　C…オ　D…エ
問四 集団を大きくすること
問五 ・話し手にとっての長所は，相手の解釈が間違っていると感じたら，訂正することができるところ。
・聞き手にとっての長所は，相手の顔の表情や仕草，声色から，裏の意味や背景を感じることができるところ。
問六 ウ
問七 あ 出来事　い 文字の情報
問八 ウ　問九 イ
問十 かつて言葉　問十一 ア，キ

三
問一 あいかたらいていわく
問二 ⓑ…イ　ⓒ…ア
問三 ⓓ…ウ　ⓔ…エ
問四 (1)…ア　(2) 大般若書写
問五 (1)…エ　(2)…ア
問六 (右参照)
問七 まつたく用途を沙汰するに及ばず
問八 エ

料紙還㆓本土㆒

一〔漢字〕
①音読みは「競争」などの「キョウ」。　②「凝固」は，液体や気体が固体になること。　③「挿入」は，中に差し込むこと。　④「憩い」は，体や心を休めること。　⑤音読みは「慰問」などの「イ」。　⑥「含有」は，内容や成分として含んでいること。　⑦「～をも欺く」で，～にひけをとらない，という意味。　⑧「疫病」は，伝染性の病気のこと。　⑨「怠惰」は，だらしないこと。　⑩「厳か」は，気持ちが引き締まるほど重々しい様子。

二〔論説文の読解—社会学的分野—コミュニケーション〕出典：山極寿一『スマホを捨てたい子どもたち』。

≪本文の概要≫かつて，言葉は，人々の間のトラブルを調整するための交渉や，集団間の暴力をしずめるために使われるなど，よい作用をもたらしていた。しかし，言葉は，やがて暴力をつくり出すために使われるようになり，ネガティブな作用をし始めた。言葉を発達させるうちに文字が生まれたが，文字を介した理解には，常に疑いがつきまとう。なぜなら，文字は，対話とは違って読み手本位のコミュニケーションツールで，読み手の勝手な解釈が許されるからである。ラインなどのSNSは，対話しているかのような使い方がされるが，それは文字を介したやり取りの延長であって，相手の感情はわからない。また，文字でのやり取りでは，相手の言葉を受け取った瞬間に生じる受け手の感情が表現されない点も，対話とは異なる。文字でのやり取りは，実際に相手と会うときのように身構える必要がない。さらに，未知の相手から得た文字情報は，勝手な想像が可能である分，情報の行き違いも起こりかねない。インターネットの世界を介して言葉をやり取りしている我々は，これらの言葉の負の側面に改めて目を向ける必要がある。

問一＜語句＞ⓐ「ネガティブ」は，後ろ向きで否定的な様子。「ポジティブ」は，前向きで肯定的な様子。「アクティブ」は，活動的な様子。「ネイティブ」は，その土地の人のこと。または，生まれつきの性質や能力が備わっている様子。「クリエイティブ」は，創造的な様子。　ⓑ「バーチャル」は，仮想的で実体を伴わない様子。　ⓓ「足かせ」は，何かをするのに邪魔になるもののこと。「足手まとい」は，自由な活動の妨げになるもののこと。「二の足を踏む」は，思いきれずにためらう，という意味。「蛇足」は，余計なもののこと。「手も足も出ない」は，無力でどうすることもできない様子。

問二＜慣用句＞「行間を読む」は，文章に明示されていない書き手の真意をくみ取る，という意味。

問三＜表現＞Ａ．石や木に書いていた文字も，技術の進歩によって「印刷」されるようになり，そこから一層技術が進み，「テレックス」や「ファクス」ができ，今では「インターネットを通じて電子文字でつながる」ことができる。　Ｂ．文字は，「読み手本位のコミュニケーションツール」なので，場合によっては誤解を生み，「書き手が思ってもいなかった結論」になることもある。　Ｃ．SNS上で話をしていても，それは「出来事すべて」を表してはおらず，出来事をひとまず「言葉という抽象的なシンボル」に集約して再現しているだけである。　Ｄ．会って「殺してやる」と言われても，「殺すなどという行為」は，そう簡単には実現しない。

問四＜文章内容＞人間は，言葉を「人々の間のトラブルを調整するための交渉」や「集団間の暴力を鎮《しず》めるため」に使った。そうすることで，人間は結果的に，「集団を大きくすること」ができた。

問五＜文章内容＞人間は「無意識のうちに感情を出す」ものであり，会って話しているときには，聞き手は，「相手の顔の表情や仕草，声色から裏の意味や背景を同時に感じること」ができる。一方，話し手は，「相手の解釈が間違っていると感じたら訂正すること」ができるのである。

問六＜文章内容＞ラインは「すぐに返事が来る」ため，ラインを使っている人は，対話をしているような感覚になり，「対話と同じような信頼関係をつくれている」と感じるかもしれない。

問七＜指示語＞ⓐ言葉は，「抽象化されたもの」であり，出来事を「抽象的なシンボル」に集約したうえで，その「出来事」を再現しているにすぎない。　ⓘ「顔も知らない相手」から得た文字の情報に対しては，「勝手に想像ができる」ため，「文字の情報」が「コミュニケーションの足かせ」になりうる。

問八＜文章内容＞相手の言葉を受けてから文字にして返すまでに時間がかかるため，文字で書かれた内容は，「相手の言葉を受けて考えた結果出てくるものではあるけれど，その瞬間に自分の胸の中に生じた感情とは違うもの」になってしまう。

問九＜文章内容＞誰かに会いに行くときと比べ，文字でやり取りする場合，「礼儀も敬語もそれほど気にしなくてもいい」ので，「緊張感」もない。そのため，対面の会話では言わないような発言が，されうるのである。

問十＜文章内容＞「緩衝材」は，衝撃を和らげる資材のこと。その昔，言葉は「人々の間のトラブルを調整するための交渉」や，「集団間の暴力を鎮めるため」の道具として使われ，人々の間の衝突の回避や緩和に役立っていたのである。

問十一＜要旨＞言葉は人間に「よい作用」をもたらしたが，「インターネットの世界を介して言葉をやり取りしている」現在の私たちは，「言葉の負の面」にも目を向ける必要がある（ア…○）。会って言葉を話しているとき，話し手は，感情を「無意識のうちに」出し，聞き手はそれを「読み取る」が，文字を介したやり取りのときには，書き手がその場にいないため，「読み手の勝手な解釈」が許される（イ…×）。「緊張感」は，「誰かに会いに行く」とき，服装や身だしなみ，言葉遣いを意識する際に生じるが，文字でやり取りする場合は「礼儀も敬語もそれほど気にしなくてもいい」ために，「身構え」がなくなってしまう（ウ…×）。言葉は，「暴力をつくり出すために使われる」ようになったが，肉声の言語は「文字にすっかり取って代わられた」わけではない（エ…×）。現代は

「インターネットを通じて電子文字でつながる」時代だが，文字情報の理解には「常に疑い」がつきまとう(オ…×)。言葉が「人間が手にした技術の中で最初にして最大のものといってよい」のは，人間の「認知能力」が言葉の発明でつくり変えられたからである(カ…×)。文字を介したやり取りは，読み手が「勝手な解釈」をすることができるため，「行き違い」が起こりうるのである(キ…○)。

三〔古文の読解―説話〕出典：『十訓抄』六ノ二十六。

≪現代語訳≫土佐の国に，胤間寺という山寺がある。その寺に住む僧を(相手に)，国府の役人が，語り合って言うことには，「私は，大般若経を書写するという大願がある。お前は，(これを)助成し，写経することで仏道に入る縁を結ぶのがよい。費用は(私が)用意して支払おう。仲間たちに話して(大般若経を)写すとよい」と言って約束を交わして，年を経た。／その後，(役人は)全く費用を用意しない。そうではあるけれども，この僧は，仏道修行にとってよい因縁がそうさせる(＝僧に大般若経の写経をさせる)ことを喜んで，自らの力を励まして，ようやくその(＝書写の)功を終えた。そこで例の役人に，「あのお経(＝大般若経)はできていらっしゃいます。費用は後々にでもお与えください。頼んで書かせた者も多くおります。今においては，まず(経の)供養を遂げるのがよいでしょう」と言ったので，神仏に願をかける当人(＝役人)が喜んで供養を述べるとき，急につむじ風が出てきて，その経を巻き上げて，ことごとく大空に吹き上げて，仏の教えや功徳を聞きに来て集まる全ての人々が，奇妙なことだと不思議がるところに，しばらくたって，(巻き上げられた)経巻が，皆白紙となって落ちる。ただ大きな文字の四句の偈だけが，この紙にはっきりと表れていた。／その偈の言葉には，(次のように書かれていた。)／供養を営む当人の信心がないので，／料紙はこの土地に戻る。／経典の書写をした僧の信心があるので，／文字は霊鷲山《りょうじゅせん》にとどまる。

問一＜歴史的仮名遣い＞歴史的仮名遣いの語頭以外のハ行は，原則として現代仮名遣いでは「わいうえお」になる。よって，「あひ」は「あい」に，「かたらひ」は「かたらい」に，「いはく」は「いわく」になる。

問二＜古文の内容理解＞ⓑ大般若経の書写を望んでいるのは，役人である。　ⓒ「汝」は，お前のこと。役人が大般若経の書写を「助成」するように持ちかけているのは，胤間寺に住む僧である。

問三＜古語＞ⓓ「契る」は，約束する，という意味。　ⓔ「やうやうに」は，ここでは，やっと，ようやく，という意味。

問四⑴＜現代語訳＞「沙汰す」は，ここでは，手配する，準備する，という意味。役人は，費用は自分が用意して僧に与えようと言った。　⑵＜古文の内容理解＞僧に大般若経の書写を頼んだ役人は，その費用は自分が用意しようと言った。

問五⑴＜現代語訳＞「あやしみ」は，動詞「あやしむ」が名詞化した言葉で，不審，不思議のこと。
⑵＜古文の内容理解＞「来たり集まる道俗」は，役人が大般若経の供養を述べるときに，急につむじ風が起こって，経を全て大空へと巻き上げてしまったことを奇妙に思ったのである。

問六＜漢文の訓読＞「料紙」→「本土」→「還」の順に読む。下から上に二字以上返るときは，一二点を使う。「土」に一点，「還」に二点を付し，「土」から「還」に返るようにする。

問七＜古文の内容理解＞「信」は，信心，信仰心のこと。役人は，信心が足りておらず，僧に大般若経の書写を依頼するときに費用の支払いを申し出ていたが，実際は全く費用を用意しなかったのである。

問八＜古文の内容理解＞つむじ風に吹き上げられた経巻は，「みな白紙となりて」落ちてきた。「料紙」は，役人のいる「本土」に戻ってきたが，書写された「文字」は，霊鷲山にとどまって，戻ってこなかったのである。

2024年度 十文字高等学校

【英　語】（50分）〈満点：100点〉

1　この文は，大学生のSarahがホストファミリーに送信したお礼のメールである。読んで，あとの五つの問いに対する答えとして最も適当なものを，それぞれア～エの中から選び，記号で答えよ。

From：sarah. bates4@mail.us
To　：owenandowen@mail.us
Date：Monday, April 21

Dear Mr. and Mrs. Owen,

I'd like to thank you so much for hosting me last weekend. I had a really wonderful time, and I was so happy to finally meet you. The meal you made was delicious. I heard that Mrs. Owen was an excellent cook — and this was right. Could you e-mail the recipe? I'd like to cook the apple pie for my friends. I also enjoyed our walk — the woods near your house are beautiful.
The trip back was long, and I slept for most of the way. Thank you very much for driving me to the station so early in the morning. I was very grateful!
It's good to be back at college. I have a lot of work right now because exams are starting soon. I know your son Evan has exams too, so we can't see each other until the end of June — we are just too busy!
I'd love to visit again during the summer vacation.
Thank you again for everything.

Best wishes,
Sarah

1．When did Sarah visit Mr. and Mrs. Owen?
　ア．Last weekend.　イ．Last month.　ウ．Last summer.　エ．At the end of June.

2．How many times did Sarah visit Mr. and Mrs. Owen?
　ア．Once.　イ．Twice.　ウ．Three times.　エ．Many times.

3．Why does Sarah want the recipe of the apple pie?
　ア．To tell her family about it.　イ．To eat it with Evan.
　ウ．To make it for her friends.　エ．To buy some apples by car.

4．What did Sarah enjoy doing during her stay?
　ア．Cooking the apple pie.　イ．Walking in the woods.
　ウ．Studying with Evan.　エ．Driving with Mr. Owen.

5．What is Sarah doing at college?
　ア．Enjoying the vacation.　イ．Cooking apple pie.
　ウ．Seeing Evan every day.　エ．Studying for the exam.

2　次の文中の①～⑤の（　）内に，頭文字に続く最も適当な英単語を入れよ。
〔編集部注…課題文は著作権上の問題により掲載しておりません。作品の該当箇所につきましては次の内容を参考にしてください〕

Linda Jeffries, Beatrice S. Mikulecky『Basic Reading Power 1, Third Edition』
〈PEARSON Longman〉
「Sea Turtles―Part 1」

P.75下部のExercise1全文（一部改変）

［注］ shells　甲羅　　or flippers,　つまりヒレ状の足　　9 kilometers per hour　1時間に9キロ

3　次の文中の［Ａ］～［Ｅ］に入る最も適当なものを，あとのア～カの中からそれぞれ一つずつ選び，記号で答えよ。ただし，同じ記号を二度用いてはならない。
〔編集部注…課題文は著作権上の問題により掲載しておりません。作品の該当箇所につきましては次の内容を参考にしてください〕

Linda Jeffries, Beatrice S. Mikulecky『Basic Reading Power 1, Third Edition』
〈PEARSON Longman〉
「The Marriage of the Mouse Princess」

P.21のFable 11の全文（一部改変）

［注］ fall down　倒れる

ア．He can take away my light.
イ．He is stronger because I cannot move him.
ウ．He can easily move or carry me anywhere.
エ．She must marry the strongest person in the world.
オ．A mouse made those holes.
カ．He can eat anything he wants.

4　次の文を読み，あとの１～10の各文が本文の内容と一致するものにはＴ，一致しないものにはＦの記号を用いて答えよ。

Being a teenager can be challenging, but it can also be exciting. You are becoming more *independent and making decisions for yourself. You are also learning to take risks and solve problems better than you could before. In addition, changes are happening throughout your body, even in your brain.

You can't see the changes in your brain, but they are affecting how you develop into an adult. At this time in your life, there are changes which are going on inside your brain, and your brain can now work faster and more *efficiently. Imagine that the *structure of your brain is like a big road map. There are lots of roads which lead to different goals. When you were a child, you learned new things, and your brain created more and more roads to different goals. *By the time you become a teenager, the most important places on the map have many different roads to lead to them. Now your brain's job is to make that map more useful. It removes the roads that you don't need and works to make the other roads faster.

As a result, your brain actually develops through your experiences as a teenager. If you spend hours playing video games, what skills do you use? You learn to see something with your eyes and respond to it with your hands, right? By developing those skills, your brain can *make sure that the roads in your brain are especially fast and useful. So you can prepare for a career such as a fighter pilot, or even a doctor by playing video games.

This is a great time for you to practice new skills and discover the things which you're good at and the things which you love doing. Go out and try different activities. Then, stick with them if you think they're useful. Remember that everything you do builds your brain for the future.

［注］ independent 自立した　efficiently 効率よく　structure 構造
By the time ～ ～する時までに　make sure that ～ 確実に～する

1. During your teenage years, you cannot make decisions for yourself or take risks.
2. When you become a teenager, you change not only in your body but also in your brain.
3. The changes in your brain are affecting how you develop into an adult, though you cannot see them.
4. There is a big road map in your brain which does not change.
5. When you were a child, you learned new things, but your brain didn't make more roads to different goals.
6. Your brain takes away some unnecessary roads to make other roads faster.
7. Things you do while you are a teenager affect the development of your brain.
8. Playing video games is bad for the brain, so teenagers must not do that.
9. You should only do the things you like to do because the things you don't like to do cannot build your brain.
10. It is important to try different activities when you are a teenager.

5 次の文を読み，あとの問いに答えよ。

〔編集部注…課題文は著作権上の問題により掲載しておりません。作品の該当箇所につきましては次の内容を参考にしてください〕

Linda Jeffries, Beatrice S. Mikulecky『Basic Reading Power 1, Third Edition』
〈PEARSON Longman〉
「Ben and Jerry's」

P.37のStory 8の全文（一部改変）

［注］ Ben Cohen and Jerry Greenfield　ベン・コーエンとジェリー・グリーンフィールド（人名）
Merrick, New York　ニューヨーク州メリック（地名）
Burlington, Vermont　バーモント州バーリントン（地名）　account 口座　expenses 経費
marketing 市場戦略　By 1988 1988年までには　Israel イスラエル　profit 利益

問１　文中の A ～ C に入る最も適当な文を次の中から選び，記号で答えよ。

ア．For five months of the year, it was very cold there.
イ．Then they started to learn about business.
ウ．They both liked food !
エ．So they wanted to close their shop.

問２　文中の（１）に入る，最も適当な接続詞を記せ。
問３　文中の下線部(2)を，文脈に合うように並べかえよ。
問４　次の文が文中の下線部(3)の説明となるよう，不足分を15字以内の日本語で補え。

客	に																集	い

問５　下線部(4)を具体的に述べた文となるよう，不足分を６字以内の日本語で補え。

ベ	ン	と	ジ	ェ	リ	ー	は							会	社	に	し	た	か	っ	た	。

問６　本文の内容と一致しないものを次のア～キの中から三つ選び，その記号を記せ。
ア．Ben and Jerry decided to open an ice-cream shop in Vermont partly because it had no good ice-cream shops.
イ．A few months after Ben and Jerry opened their shop, they went to the bank and found that they had a lot of dollars in the bank account.
ウ．Ben and Jerry's uses some of the money it makes to support people all over the world.
エ．Many people came to eat ice cream only on the opening day of Ben and Jerry's.
オ．Ten years after Ben and Jerry started their shop, they were selling their ice-cream all over the united States.
カ．Ben and Jerry's ice cream is popular because it is made from Vermont milk, and it is made without using things which are bad for the health.
キ．Though people in other cities learned about Ben and Jerry's, they didn't come a long way to eat the ice cream because it was too far away.

6　日本文の意味に合う英文になるように，次の１ ～ ６の（　）内の語句を並べかえよ。ただし，文頭に来るべき語もすべて小文字で始めてある。
1．私は彼に庭の手入れをしてくれるように依頼した。
I (care / him / my / of / take / to / asked) garden.
2．日本は世界で最も歴史のある国だ。
Japan (any / older / country / in / other / is / than) the world.
3．USJは，私が行くのを心待ちにしている場所だ。
USJ (forward / is / I'm / to / looking / visiting / the place).
4．何か温かい食べ物を作っていただけませんか。
(cook / could / eat / hot / something / to / you) for me ?
5．私はメキシコに行きたいと思っている。なぜならそこへ行ったことがないからだ。
I'd (because / been / visit / I've / like / never / Mexico / to) there.
6．その先生から聴いた興味深い話を，私は決して忘れることはないだろう。
(the interesting story / by / forget / I'll / never / the teacher / told).

【数　学】（50分）〈満点：100点〉

〔注意〕 円周率を使う場合は，π で表すこと。

1 　次の各問いに答えよ。

(1) $(-2)^3+\left(-\dfrac{3}{2}\right)^2\div0.25$ を計算せよ。

(2) $\sqrt{48}-2\sqrt{27}+\dfrac{6}{\sqrt{12}}$ を計算せよ。

(3) $\dfrac{2a-b}{3}-\dfrac{a-3b}{2}$ を計算せよ。

(4) 2次方程式 $(x-2)(2x-1)-(x+2)(x-2)=0$ を解け。

(5) y は x の2乗に比例し，$x=2$ のとき $y=-2$ である。$x=-4$ のとき y の値を求めよ。

(6) 大小2つのサイコロを同時に投げ，大きいサイコロの出た目の数を a，小さいサイコロの出た目の数を b とするとき，$\dfrac{b^2}{a}$ が5以上になる確率を求めよ。

(7) 右の図の正五角形ABCDEにおいて，$\angle x$ の大きさを求めよ。

(8) $\sqrt{7}$ の整数部分を a，小数部分を b とするとき，$b(b+4)-a$ の値を求めよ。

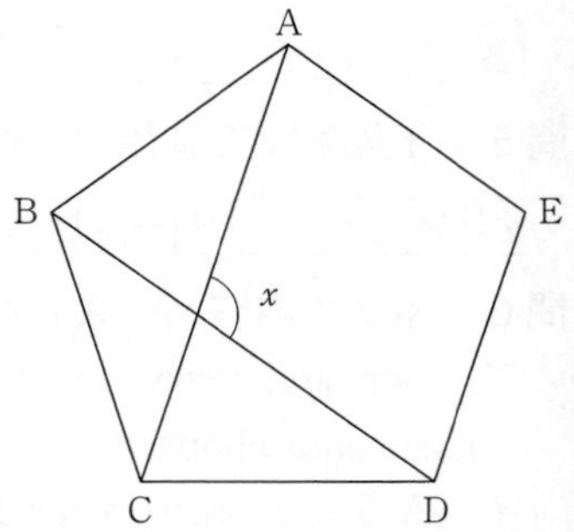

2 　下の図のように，直線 l：$y=2x-6$ と x 軸，y 軸との交点をそれぞれA，Bとする。直線 l 上の x 座標が2である点をPとし，直線OP上でOP＝OQとなるように点Qをとる。また点Qを通り直線 l に平行な直線を m とし，直線 m と y 軸との交点をCとする。このとき，次の問いに答えよ。

(1) 直線 m の式を求めよ。

(2) 直線 l 上に点Rをとる。四角形PRCQの面積が△PCQの面積の3倍になるとき，点Rの座標を求めよ。

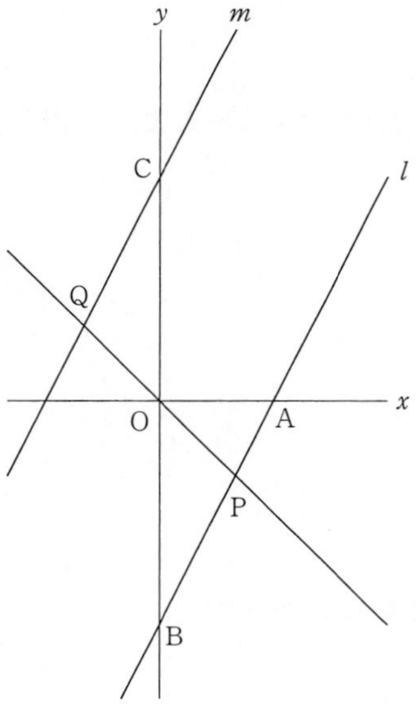

3 下の図のように，放物線 $y=\frac{1}{2}x^2$ 上に x 座標が6である点Aと，原点Oと点Aの間を動く点Pがある。x 軸上に点Aと x 座標が等しい点B，線分AB上に点Q，x 軸上に点Rをとり，長方形PRBQを作る。このとき，次の問いに答えよ。

(1) 点Qの y 座標が8のとき，長方形PRBQの面積を求めよ。

(2) 長方形PRBQが正方形になるとき，点Qの y 座標を求めよ。

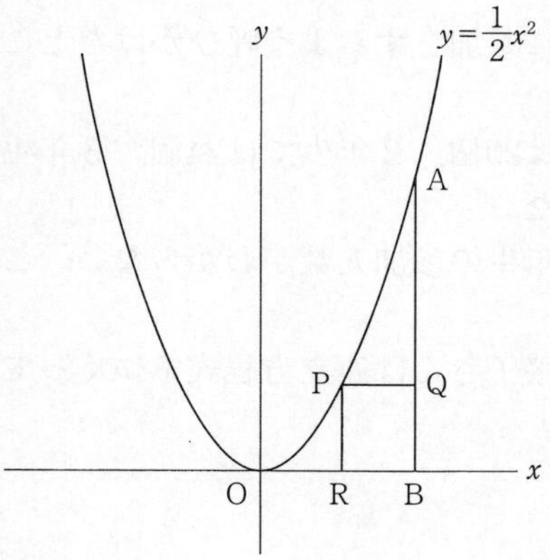

4 右の図のように，1辺が6cmの正方形ABCDがあり，AE＝BF＝CG＝DH＝4cmとなるような点E，F，G，Hを辺AB，BC，CD，DA上にそれぞれとる。線分BHとCEの交点をI，線分CEとDFの交点をJ，線分DFとAGの交点をK，線分AGとBHの交点をLとする。このとき，次の問いに答えよ。

(1) △AKDと△DKGの面積比を求めよ。

(2) 四角形IJKLの面積を求めよ。

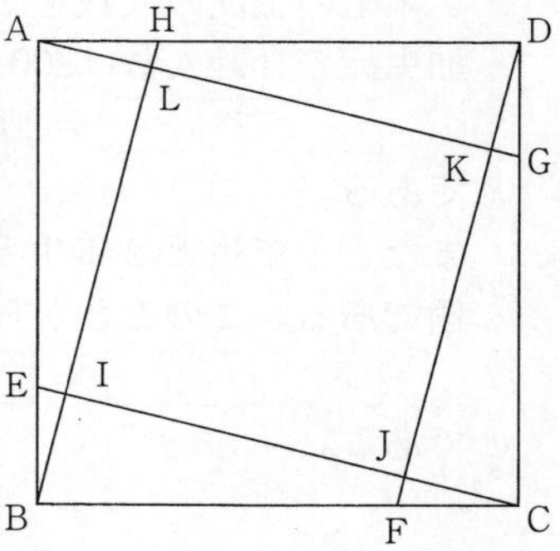

5 右の図のように，深さが20cmの円錐《すい》型の容器Aがある。この容器Aに $100\pi\ \mathrm{cm}^3$ の水を入れたところ，水面の高さが10cmになった。このとき，次の問いに答えよ。
ただし，容器の厚さは考えないものとする。
また，水面は底面に平行である。

(1) 水面の円の半径を求めよ。

(2) この後，容器Aの水をいっぱいにするために，底面の半径が5cmの円柱型の容器Bを用意した。容器Bには，水がいっぱいに入れてある。この水を容器Aに注いで容器をいっぱいにした。容器Bには，水面の高さが5cmの水が残った。このとき，容器Bの高さを求めよ。

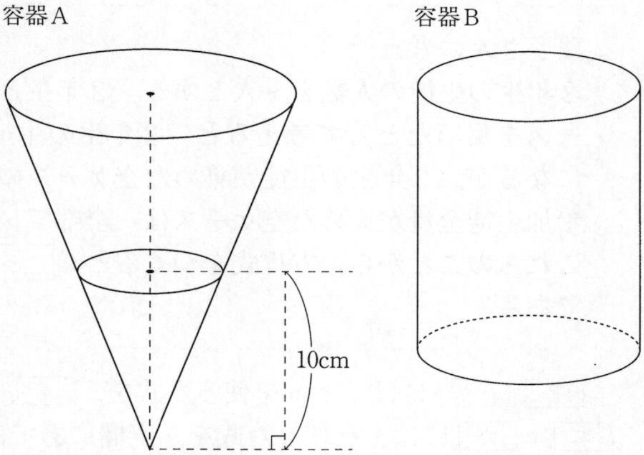

6　ある中学校の生徒会では，以下の理由から，使い捨てコンタクトレンズの空ケースのリサイクルを行うことに決めた。

> ①　ゴミとして燃やさないことで，CO_2削減に貢献。
> ②　再製品化することで，限りある資源を大切に使う。

そこで，使い捨てコンタクトレンズの空ケースを集める活動に参加をするよう呼びかけたところ，全校生徒から200人が参加した。

生徒が集めた空ケースの１人あたりの平均個数は，１年生では20個，２年生では24個，３年生では28個であり，参加生徒全体では１人あたり平均24.8個であった。

このとき，１年生の参加人数は48人であったが，２年生と３年生の参加人数がわからない。このとき，次の問いに答えよ。

(1)　２年生と３年生の生徒の参加人数をそれぞれ求めるために，桜子さんは連立方程式をつくって，蘭子さんは１次方程式をつくって，それぞれ次のように考えた。

> 桜子さんの考え
> ２年生の生徒の人数をx人，３年生の生徒の人数をy人とする。１年生と２年生と３年生の参加生徒の合計人数は200人である。このことから，方程式をつくると，
>
> [　ア　] ＝200……①
>
> である。
> また，１年生と２年生と３年生の参加生徒全員で集めた空ケースの個数は，全部で [　イ　] 個である。このことから，方程式をつくると，
>
> [　ウ　] ＝ [　イ　] ……②
>
> である。

> 蘭子さんの考え
> ２年生の生徒の人数をx人とする。２年生と３年生の参加生徒が１人あたり平均28個ずつ空ケースを集めたとして考えると，２年生の生徒が集めた空ケースは [　エ　] 個多く数えることになるが，３年生の生徒が集めた空ケースの個数は変わらない。このとき，２年生と３年生の参加生徒全員が集めた空ケースは，全部で [　オ　] 個になる。
> これらのことから，方程式をつくると， [　カ　] ＝ [　オ　]
> である。

[ア]，[ウ] にはxとyを使った式を，[イ]，[オ] には数を，
[エ]，[カ] にはxを使った式を，空欄にあてはまるようにそれぞれ答えよ。

(2)　２年生と３年生の生徒の人数をそれぞれ求めよ。

だろうから。

イ　父が年老いてしまうと、周囲から同情されてしまうかもしれないから。

ウ　父がこの場から逃げてしまうと、おそらく自分も非難されることになるから。

エ　父が人々に笑われでもしたら、自分の将来に傷がついてしまうはずだから。

問六　――線③「用明の杖の下にしたがはせ給ひける」とあるが、その解釈として最も適当なものを次の中から選び、記号で答えよ。

ア　用明天皇が使う杖のように、常に天皇の側近くにいた。

イ　用明天皇が愛用した杖を、後の世まで伝えようとした。

ウ　用明天皇の杖を使うことで、天皇の権威に頼ろうとした。

エ　用明天皇の振るう杖に、逆らいもしないで打たれた。

問七　次の文は、第二段落の出来事に対する「孔子」の態度について説明したものである。［A］・［B］に入る語をそれぞれ後の中から選び、記号で答えよ。

孔子は［　A　］かもしれないと考えて、［　B　］。

A　ア　父が悪人として世間の評判になる
　　イ　父の汚名を晴らすことができる
　　ウ　父が名を上げる絶好の機会になる
　　エ　父の評価は子の悪行の鏡である

B　ア　子の願いを聞き届けた
　　イ　子の思いに胸を痛めた
　　ウ　子の行いの非を諭した
　　エ　子の迷いを取り除いた

して最も適当なものを次の中から選び、記号で答えよ。

ア　組織の気風が出来上がった当時のメンバーをすべて入れ替えるということ。

イ　組織に属する人たちに影響を及ぼしている思考や意識を改めるということ。

ウ　組織の置かれている現状を理解した上で今後の展望を修正するということ。

エ　組織における会議の進め方やチェック機能を細かく検討し直すということ。

問十　――線⑦「属人思考」とはどのような思考か。その内容を示す部分を、解答欄に合うようにここより後の本文中から二十五字以内で探し、最初と最後の六字で答えよ。

三

次の文章を読んで、後の問いに答えよ。

武則《たけのり》、公相《きんすけ》といふ(注1)随身《ずいじん》父子ありけり。(注2)右近《うこん》の馬場《うまば》の(注3)賭弓《のりゆみ》、わろく射たりとて、子を(注4)勘当《かんだう》して、①晴《はれ》にて打ちけるに、逃ぐることもなくて、(あ)打たれければ、見る人、「いかに逃げずして、かくは打たるるぞ」と(い)問ひければ、「もし逃げ退《の》かば、衰老《すいらう》の父追《お》はむとて、倒れなむどしなば、きはめて②不びんなりぬべければ、かくのごとく、心のゆくかぎり打たるるなり」と(う)申しければ、世人、「いみじき孝子なり」とて、世のⓐおぼえ、ことのほかなり。聖徳太子《しやうとくたいし》、③(注5)用明《ようめい》の杖《つゑ》の下にしたがはせ給《たま》ひけるを、思ひ入りたりけるにや。

孔子《こうし》、弟子に曾参《そうしん》といひけるは、父のいかりて打ちけるに、逃げずして(え)打たれたりければ、孔子聞き給ひて、「もし打ち殺されなば、父の悪名をたてむこと、ⓑゆゆしき不孝なり」といましめ給ひける。これもⓒことわりなり。親の(注6)体《てい》によるべきにや。

(『十訓抄』)

(注1)　随身…貴人の外出の際、刀や弓矢を用いて護衛した役人。

(注2)　右近…宮中の警護などに当たった役所。

(注3)　賭弓…朝廷で行われた弓射の儀式。

(注4)　勘当…責めとがめること。

(注5)　用明…第三十一代とされる天皇で、聖徳太子の父にあたる人物。

(注6)　体…ようす。ありさま。

問一　══線ⓐ「おぼえ」・ⓑ「ゆゆしき」・ⓒ「ことわり」の意味として最も適当なものをそれぞれ後の中から選び、記号で答えよ。

ⓐ　おぼえ

ア　記録　イ　記憶　ウ　非難　エ　評判

ⓑ　ゆゆしき

ア　いまいましい　イ　大変な

ウ　すばらしい　エ　大仰な

ⓒ　ことわり

ア　道理　イ　理由　ウ　誤解　エ　過失

問二　本文中にある「孔子」と最も関わりの深いものを次の中から選び、記号で答えよ。

ア　論語　イ　白氏文集　ウ　方丈記　エ　三国志

問三　〰〰線(あ)「打たれけれ」・(い)「問ひけれ」・(う)「申しけれ」・(え)「打たれたりけれ」の動作の主体にあたるものをそれぞれ次の中から選び、記号で答えよ。(同じ記号を何度用いてもよい)

ア　武則　イ　公相　ウ　聖徳太子　エ　用明

オ　孔子　カ　曾参　キ　見る人

問四　――線①「晴にて打ちける」とあるが、それはなぜか。その理由として最も適当なものを次の中から選び、記号で答えよ。

ア　我が子が自分より弓に優れていることを世間に知られたから。

イ　我が子が儀式の場で使用する高価な弓を雑に扱ったから。

ウ　我が子が大事な儀式の場で弓を射るのを失敗したから。

エ　我が子が親である自分に向かって弓を引いたから。

問五　――線②「不びんなりぬべければ」とあるが、その解釈として最も適当なものを次の中から選び、記号で答えよ。

ア　父が転倒したりすると、きっと気の毒なことになってしまう

ウ　嘆かわしく不名誉な出来事
エ　めったに起こらない出来事

ⓑ　端的に
ア　明白に　　イ　性急に
ウ　容易に　　エ　詳細に

ⓒ　率直に
ア　ずうずうしく　　イ　分かりやすく
ウ　ためらわずに　　エ　ありのままに

問三　D ～ G に入る語として最も適当なものをそれぞれ次の中から選び、記号で答えよ。
ア　ただし　　イ　ゆえに　　ウ　それから
エ　ところで　　オ　たとえば　　カ　あるいは
キ　だが

問四　――線①「謝罪した者に対する態度は、欧米と日本ではまったく正反対と言える」について、次の(1)・(2)の問いに答えよ。
(1)　欧米と日本における「態度」の違いについて三十字以内で述べよ。
(2)　日本人の「態度」がそうなるのはなぜか。その理由を述べよ。

問五　――線②「アイムソーリー法がわざわざ制定されなければならなかった」とあるが、それはなぜか。その理由を示す次の文の□に当てはまる部分を本文中より二十五字で抜き出し、最初と最後の四字ずつで答えよ。
アメリカでは、□から

問六　――線③「なぜそんなことが組織のなかでまかり通るのか」について、次の(1)・(2)の問いに答えよ。
(1)　「そんなこと」とはどういうことか。その内容として最も適当なものを次の中から選び、記号で答えよ。
ア　道理に合わないことが会議で承認されること。
イ　会議の決定を無視して現場が勝手に動くこと。
ウ　会議の目的を明確にしないままで議論が進むこと。
エ　意見が嚙み合わないまま会議が進行していくこと。
(2)　「まかり通る」のはなぜか。その理由として最も適当なものを次の中から選び、記号で答えよ。
ア　日本の組織は会議での対立を避けて、効率的に業務をこなすべきだと考えているから。
イ　日本の組織では、全体の会議に入る前にすでに各部署で意見の調整が行われているから。
ウ　日本の組織では、現場第一という考えから、会議での承認は儀礼的なものに過ぎないから。
エ　日本の組織はその場の空気で動いているので、会議で遠慮のない意見の応酬ができないから。

問七　――線④「空気」について、次の(1)・(2)の問いに答えよ。
(1)　同じ意味で用いられている語を本文中より抜き出して答えよ。
(2)　対照的な意味で用いられている語を本文中より抜き出して答えよ。

問八　――線⑤「致命的な欠点」とあるが、それはどういうことか。その説明として最も適当なものを次の中から選び、記号で答えよ。
ア　ほんとうの議論ができなくなると、思ったことを口にできないまま時間だけが過ぎていき、会議自体が無意味なものとなってしまうということ。
イ　ほんとうの議論ができなくなると、他者の立場を気遣うことができなくなり、各自が身勝手な考えを述べるばかりで結論が出なくなるということ。
ウ　ほんとうの議論ができなくなると、組織が思考停止に陥ってしまい、チェック機能が働かないことから不祥事を防ぐことができなくなるということ。
エ　ほんとうの議論ができなくなると、自分の意見を主張しないで他者に責任を委ねる者ばかりになり、組織を動かすエネルギーが失われてしまうということ。

問九　――線⑥「風土を変える」とはどういうことか。その説明とことも珍しくない。

おかしいと思っても疑問を口にできない。「何を言ったか」より「だれが言ったか」を気にする。結局、だれも正しいことを口にできない。

このように、日本流の会議の進め方は、正解の追求より、気まずくならないことを重視することになるため、ほんとうの議論ができない。ゆえにチェック機能も働かないわけだ。まさに組織としての思考停止である。

そこで問われるのが組織風土である。不祥事を防ぐために組織の改革が行われても、たいていは組織の構造や制度をいじるばかりで、⑥風土を変えるまでには至らない。いくら組織の構造や制度を変えたり整備したりしたところで、そのなかでどう動くか、制度をどう活《い》かし規則をどう適用するか、会議をどう運営するかなどは、すべて組織風土しだいと言える。

いわゆる空気による支配を脱するには、組織風土を変革する必要がある、組織風土が不祥事を生み出す温床になっている、などと言われても、自分たちの組織風土に問題があるのかどうかは、そう簡単に判断できないのかもしれない。そこでチェックすべきは⑦属人思考だ。

組織的違反の主要な原因は、規定等の整備不良などではなく、属人思考であることが心理学的調査によって明らかになっている。(注6)コンプライアンス重視などといって規定等をいくら整備したところで、その運用面に属人思考が無意識のうちに入り込むのだ。

たとえば、財務の健全性について検討したり、新規案件の収益見通しやリスクについて審議したりする際に、本来はその事案そのものについて検討したり議論したりすべきなのに、だれが責任者か、だれの提案か、だれの実績になるか、だれの落ち度になるかなど、人間関係に大きく左右されてしまう思考のことを指す。事案の評価に人間関係的な要素が入り込んでしまうのだ。

その結果、組織にとって(注7)リスクの大きい事案が可決されたり、見過ごすべきでない事柄が黙認されたり、あるいは大きなチャンスとなり得る事案がつぶされたりする。

人間関係が重視される日本社会では、気まずくなるのを避ける心理が働くため、どんな組織にも属人思考はつきものと言える。

そのせいで理屈抜きにものごとが決まる空気支配が行われ、組織全体が思考停止に陥ってしまう。組織風土を改善するには、ひとりひとりが自分自身に染《し》みついている属人思考に気づくことが必要である。

(榎本博明『思考停止という病理《やまい》』)

(注1) お上…古くは天皇・朝廷のことを、現代では政府や役所のことを称したもの。

(注2) 性善説…中国の思想家孟子《もうし》の唱えた、人の本性は生まれながらにして善であるという説。

(注3) 賠償責任保険…交通事故を起こした際の損害賠償のために入っておく保険。

(注4) 医療過誤訴訟…医療上の事故について、その過失を問い法的責任を求める裁判。

(注5) グローバル…世界的な規模であるさま。

(注6) コンプライアンス…企業や組織が、その活動において社会規範や倫理を守ること。

(注7) リスク…損害の可能性。

問一 [A]～[C]に入る語をそれぞれ次の中から選び、適当な活用形に直して答えよ。

立つ　浮かべる　ひねる　折れる
出る　流す　取る

問二 ――線ⓐ「不祥事」・ⓑ「端的に」・ⓒ「率直に」の意味として最も適当なものをそれぞれ後の中から選び、記号で答えよ。

ⓐ　不祥事

ア　公にすべきではない出来事
イ　怪しくて判断に迷う出来事

う考えるかコメントしない」という条項を盛り込んでいるという。現場で謝罪すれば、一〇〇パーセントの責任を問われかねないからである。

さらに、カリフォルニア州をはじめとする多くの州では、病院で患者が死亡した場合に医師が、患者の家族などに、「手は尽くしたが力が及ばなかった。お気の毒です。アイムソーリー」といっても（注4）医療過誤訴訟の証拠にはしないという「アイムソーリー法」を制定している。うっかり「すみません」といっても、医者が責任を問われないようにするためである。

およそ日本では考えられない。これを日本でやったら「角が[C]ことになるだろう。

（佐藤直樹『なぜ日本人は世間と寝たがるのか』春秋社）

このような②アイムソーリー法がわざわざ制定されなければならなかった事情をみても、アメリカがいかに自己正当化を必要とする社会であるかがわかるだろう。

一方、間柄を大切にする日本社会では、非を認めて謝っている人物をそれ以上責めるのは、弱い者イジメみたいで「みっともない」といった感受性がある。謝罪した者の責任を徹底的に追及する欧米社会と違って、謝っている者をさらに責め立てるのは無粋である、つまりカッコ悪い、みっともないといった、世間体を介した感受性があるため、日本社会ではだれもが警戒心なしに謝ることができるのである。

さらに言えば、許すことが自分の人間としての器の大きさにつながるようなところがある。[D]、日本人は、謝罪があるとそれ以上責め立てることができなくなり、すぐに許すのである。

このように、謝罪と責任の追及が分離されているため、自己正当化にこだわらずにすむし、謝罪したり許したりすることで思いやりの心の交流が促されるわけだが、ときにこれを悪用する者が出てくる。許されることを狙って、形だけの謝罪、いわば自己呈示としての謝罪をするのである。

価値観の（注5）グローバル化が進行しつつある今日、そうした文化的背景を意識しておく必要があるだろう。そこを踏まえておかないと、うっかり騙《だま》されるなど、気づかぬうちに思考停止に陥ってしまう恐れがある。

企業など組織の不祥事が明るみに出るたびに、多くの人が疑問に思うのは、現場の人間が勝手にやったわけではなくちゃんと会議で承認を得ている、③なぜそんなことが組織のなかでまかり通るのかということのようだ。

[E]、日本の組織では、じつによくあることである。

[F]、会議で議題として出された案件についての説明を聴きながら配布された資料を読んでいて、よくわからないこと、疑問に思うことが出てきたとする。そこで、ⓒ率直に疑問を口にすると、[G]だれか他の人が質問し追及すると、提案者はうまく説明できず、いつの間にか場の雰囲気が悪くなっている。そんな場面に遭遇したことがあるのではないか。

会議で意見のやりとりを聴いていて、どうも嚙《か》み合っていない、双方の論点がずれていると感じ、議論をもっと有効に進めようと思い、嚙み合っていないことを伝えると、気まずい空気が漂う。そのようなことがたびたびあるためか、「あの人は理屈っぽくて困る」と言われているのが耳に入ってくる。そんな経験をした人もいるのではないか。

そこでわかるのは、日本的組織は理屈で動いているわけではなく、④空気で動いているということだ。ゆえに、理屈で考えたらどうにも納得いかないおかしなことが、ごくふつうに起こっているのだ。

このように理屈が嫌われ、会議でほんとうの議論ができないというのは、組織を健全に運営する上では⑤致命的な欠点と言わなければならない。他者の気持ちに気をつかいすぎて、率直に意見の応酬ができない。そのため誤った結論に至る

二〇二四年度
十文字高等学校

【国　語】〈五〇分〉〈満点：一〇〇点〉

◎文中からそのまま抜き出して答える場合、句読点や記号は一字とすること。また、ふりがなのある漢字は、ふりがなをつけなくてよい。
◎設問の関係で、一部省略した部分がある。

一　次の①～⑩の――線部について、カタカナは漢字に直し、漢字はその読みを平仮名で記せ。

① 国民の意思を政治にハンエイさせるべきである。
② 工事の騒音に安眠をボウガイされる。
③ 一対一のキンコウを破る満塁ホームラン。
④ 道路を封鎖し、犯人の逃げ道をフサぐ。
⑤ 感情をオサえた主役の演技に魅了される。
⑥ 武力による威嚇が外交だとは認められない。
⑦ 強敵には気を締めてかからねばならない。
⑧ 監督の仕事は選手を掌握することから始まる。
⑨ 閲覧時間に間に合うように図書館に駆け込む。
⑩ 会議に支障を来すような言動は慎むように。

二　次の文章を読んで、後の問いに答えよ。

「(注1)お上にお任せ」といった姿勢と共に、日本人の特徴と言えるのが「謝罪すれば水に［A］」といった姿勢である。

それは、ある意味では日本文化に根づく美学の一種とも言えるが、これも(注2)性善説の文化のなかでは通用したかもしれないが、相手があくどい場合は逆手に［B］れることになりかねない。

政治家や企業経営者などのⓐ不祥事が明るみに出て、「これはとんでもないことだ」とメディアで大騒ぎになっても、謝罪会見がきちんと行われると、それで一件落着といった感じで、多くの国民は関心を失っていく。そのせいで似たような不祥事が繰り返されることになる。

①謝罪した者に対する態度は、欧米と日本ではまったく正反対と言える。

そもそも海外の人々はあまり謝らない。それに対して、日本人はすぐに謝る。それは、日本では謝罪と責任が分離されているからである。

大雑把な言い方をすれば、欧米では謝罪が「処罰」につながるのに対して、日本では謝罪が「許し」につながる。そのため、欧米人はよほど追い詰められない限り謝らないが、日本人はすぐに謝るのである。

個人主義の欧米社会では、相手が悪いとなれば徹底的に攻撃し、勝利すれば敗者を徹底的に糾弾し、搾取する。相手が非を認めて謝ったからといって許しはしない。謝罪と責任の追及が密接に結びついているのである。

うっかり謝ってしまうと、責任が全面的にかかってくる。賠償責任をどこまでも追及される。ゆえに、身を守るためにも安易に謝れないのだ。アメリカの一部の州でアイムソーリー法が制定されたことが、そうした事情をⓑ端的に示している。

法学者佐藤直樹は、「すみません」で良好な雰囲気の「場」ができあがると、それを壊すような態度はとりにくくなり、「いえいえ」と言わざるを得ない雰囲気が醸《かも》しだされ、「いえいえ」と言うことでさらに良好な雰囲気が強化されるという私の論考(『「すみません」の国』日経プレミアシリーズ)を引用した上で、つぎのように言う。

　ところが欧米の場合、謝罪は自分の非を認め、法的責任を認めることになるために、たとえ自分が悪くても絶対に謝らない。たとえばアメリカの保険会社は、自動車の(注3)賠償責任保険に加入するドライバーとの契約書に、「事故現場では自分はど

英語解答

1 1 ア　2 ア　3 ウ　4 イ
5 エ

2 ① oldest　② died〔disappeared〕
③ larger　④ cannot〔can't〕
⑤ fast

3 A エ　B ア　C ウ　D イ
E オ

4 1 F　2 T　3 T　4 F
5 F　6 T　7 T　8 F
9 F　10 T

5 問1　A…ウ　B…ア　C…イ
問2　But
問3　so tired that he went to sleep
問4　(例)アイスクリームを無料で提供する
問5　(例)人助けをする
問6　イ，エ，キ

6 1 asked him to take care of my
2 is older than any other country in
3 is the place I'm looking forward to visiting
4 Could you cook something hot to eat
5 like to visit Mexico because I've never been
6 I'll never forget the interesting story told by the teacher

1〔長文読解─英問英答─Eメール〕

≪全訳≫送信者：sarah.bates4@mail.us／宛先：owenandowen@mail.us／日付：4月21日(月)／親愛なるオーウェンご夫妻／❶先週末はお招きいただき，本当にありがとうございました。本当にすばらしい時間を過ごすことができましたし，やっとお会いすることができて，とてもうれしかったです。つくっていただいた料理はとてもおいしかったです。オーウェン夫人は料理がお上手だと聞いていましたが，そのとおりでした。レシピをメールしていただけますか？　友人にアップルパイをつくってあげたいんです。散歩も楽しかったです。あなた方の家の近くの森は美しいですね。❷帰路は長かったので，道中はほとんど寝ていました。朝早くに駅まで車で送っていただき，本当にありがとうございました。とても感謝しています！❸大学に戻れてよかったです。もうすぐ試験が始まるので，今はやることがたくさんあります。息子さんのエヴァンも試験があるんですよね，だから私たちは6月末まで会えません。忙しすぎます！❹夏休みにまたお伺いしたいです。❺改めて，いろいろとありがとうございました。／心を込めて／サラ

<解説>1.「サラはいつオーウェン夫妻を訪ねたか」─ア.「先週末」　第1段落第1文参照。

2.「サラは何回オーウェン夫妻を訪ねたか」─ア.「1回」　第1段落参照。第2文に「やっとお会いすることができた」とあることや，第4文や最終文の内容から，初めての訪問であったことが読み取れる。　3.「サラはなぜアップルパイのレシピが欲しいのか」─ウ.「それを友達につくるため」　第1段落第5，6文参照。　4.「サラは滞在中，何をして楽しんだか」─イ.「森を歩くこと」　第1段落最後の2文参照。　5.「サラは大学で何をしているか」─エ.「試験に向けて勉強している」　第3段落第1，2文参照。

2〔長文読解─適語補充─説明文〕

≪全訳≫❶ウミガメは最も古い種類の動物の1つである。それらは1億年以上前からいる。つまり，恐竜の時代にカメがいたということだ。恐竜はみんな死んでしまったが，ウミガメは生き残った。❷今

日，海には7種類のウミガメがいる。それらは一般的に，リクガメより大きい。巨大なウミガメもいる。その体重は，最大で180キロだ。ウミガメは他の点でもリクガメと違う。リクガメは甲羅の幅が広く，上下の甲羅の間に空間がある。リクガメは，頭と足を引っ込めることができる。ウミガメは，頭や足を引っ込めることができない。それらの甲羅は細長い。前足，つまりヒレ状の足は，幅広で平べったい。これは，ウミガメがうまく泳ぐのを助ける。実際，それらは水の中ではとても速い。大きなウミガメは，最大時速9キロで泳ぐことができる。

＜解説＞① ‘one of the＋最上級＋複数名詞’ で「最も～な…の1つ」。直後の文で，ウミガメは大昔から生息していることを述べている。　old－older－oldest　②直後の but に続く「ウミガメは生き残った」という内容と‘逆接’の関係になるので，「恐竜はみんな死んだ〔消失した〕」とする。③直後に than があるので比較級が入る。この後には，ウミガメの大きさについて述べる文が続いている。　large－larger－largest　④リクガメとウミガメの違いを述べた部分。直前の文でリクガメには「できる」と述べられていることが，ウミガメには「できない」のである。　⑤直前の，ウミガメの前足はウミガメがうまく泳ぐのを助けるという内容から，ウミガメは水の中で「速い」と判断できる。直後に，最大速度についての説明が続くこともヒントになる。

3〔長文読解─適文選択─物語〕

≪全訳≫❶昔，ネズミのお姫様がいた。彼女はとても美しく，若いネズミに恋をしていた。しかし，彼女の両親であるネズミの王と王妃は，彼女はその若いネズミと結婚することはできないと言った。❷「私たちの娘は姫だ。特別な者と結婚しなければならない」と，彼らは言った。「A世界で一番強い者と結婚しなければならない」❸彼らは賢いネズミのところへ行った。「世界で一番強い者は誰か」と彼らは尋ねた。❹賢いネズミは空を見上げた。「米は太陽のおかげで育ちます。太陽が世界で一番強い者です」❺そこでネズミの王と王妃は，太陽の家に行った。「ああ，太陽さん！　あなたは世界で一番強いお方です。私たちの娘と結婚してくれませんか？」❻「あなたの娘はとても美しい」と太陽は言った。「でも，私はあなた方が探している者ではない。雲は私より強い。B彼は私の光を奪うことができる」❼そこでネズミの王と王妃は，雲の家に行った。「ああ，雲さん！」と彼らは言った。「あなたは世界で一番強いお方です。私たちの娘と結婚してくれませんか？」❽雲は答えた。「いやいや。あなた方は間違っている。私は世界で一番強い者ではない。風の方が強い。C彼は私をどこにでも簡単に移動させたり運んだりできるのだ」❾そこでネズミの王と王妃は，風の家に行った。「ああ，風さん！」と彼らは言った。「お願いです。私たちは，娘と結婚してくれる世界で一番強い方を探しています。あなたがそのお方ですか？」❿風は笑ってこう言った。「私はとても強いが，一番強いわけではない。あそこに高い壁が見えるかな？　D私は彼を動かすことができないから，彼の方が強いよ」⓫ネズミの王と王妃は，その壁のもとへ向かった。彼らの家のすぐ近くだった。壁は彼らを見て，うれしくなかった。「何がお望みだ？」と彼は言った。⓬「風さんは，あなたが世界で一番強い方だと言っています」と彼らは言った。「私たちの娘と結婚してくれませんか」⓭「私は世界で一番強い者ではないから，あなた方の娘とは結婚しない！」と壁は言った。「私を見ろ，地面の近くだ。これら全ての穴が見えるか？　E1匹のネズミが，これらの穴を開けたんだ。いつか近いうちに，これらの穴のせいで私は倒れてしまうだろう。あなた方はそのネズミに，娘と結婚してくれと頼むべきだ」⓮ネズミの王と王妃は，そのネズミの家に行った。それは，彼らの娘が愛したのと同じ，若いネズミだった。彼は娘と結婚することを喜び，娘も彼と結婚することをとても喜んだ。

＜解説＞A．この後，ネズミの王と王妃は，世界で一番強い者は誰かを尋ねに賢いネズミのところに行っている。　B．太陽が，雲の方が自分よりも強いと言った根拠を考える。　C．雲が，風の方が自分よりも強いと言った根拠を考える。　D．直前で風は，自分は最強ではないと言って壁に言及していることから，壁の方が強いと考えていることがわかる。　E．2文後のthe mouseはオのa mouseを指している。

4〔長文読解―内容真偽―説明文〕

≪全訳≫❶ティーンエイジャーであることは困難なこともあるが，わくわくすることもある。より自立し，自分で決断するようになる。また，リスクを冒し，前よりも上手に問題を解決することを学んでいく。さらに，体中に，脳にまで変化が起きている。❷脳の変化は目には見えないが，大人への成長の仕方に影響を及ぼしている。人生のこの時期に，脳の内部で起きている変化があり，あなたの脳は今や，より速くより効率的にはたらくことができる。脳の構造が大きな道路地図のようなものだと想像してみよう。さまざまなゴールにつながるたくさんの道がある。子どもの頃，あなたは新しいことを学び，脳はさまざまなゴールに向かう道をどんどんつくっていった。ティーンエイジャーになる頃までには，地図上の最も重要な場所には，そこへ続くさまざまな道がたくさんある。今，あなたの脳の仕事は，その地図をより便利なものにすることだ。必要のない道を取り除き，他の道をより速くするためにはたらくのだ。❸その結果，ティーンエイジャーの頃の経験を通じて，脳は実際に発達していく。テレビゲームを何時間もやっていたら，どんなスキルを使うだろう。目で何かを見て，手でそれに反応することを学ぶだろうか。そのようなスキルを身につけることで，あなたの脳は，確実に，脳の中の道路が特に速く，役に立つようにすることができる。だから，テレビゲームをすることで，戦闘機のパイロット，さらには医者といった職業につく準備をすることができる。❹これは，あなたが新しいスキルを練習し，得意なことやするのがとても好きなことを発見できるすばらしい機会だ。外に出て，さまざまな活動に挑戦してみよう。そして，それが役に立つと思ったら，それを続けることだ。あなたがすること全てが，あなたの将来の脳をつくるということを覚えておこう。

＜解説＞1．「ティーンエイジャーの間は，自分で決断したりリスクを冒したりすることはできない」…×　第1段落第1～3文参照。　2．「ティーンエイジャーになると，体だけでなく脳も変化する」…○　第1段落最終文に一致する。　'not only *A* but (also) *B*'「*A*だけではなく*B*も」　3．「脳の変化は目には見えないが，大人への成長の仕方に影響を及ぼしている」…○　第2段落第1文に一致する。　4．「脳の中には，変化しない大きな道路地図がある」…×　第2段落第3～6文参照。道路地図は，脳の構造をたとえたものであり，それは新しくつくりかえられる。　5．「子どもの頃，あなたは新しいことを学んだが，脳は異なるゴールへの道を増やさなかった」…×　第2段落第5文参照。　6．「あなたの脳は，他の道をより速くするために，不要な道を取り除く」…○　第2段落最終文に一致する。　7．「ティーンエイジャーの間にすることは，脳の発達に影響を与える」…○　第3段落第1文に一致する。　8．「テレビゲームは脳に悪いので，ティーンエイジャーはやってはいけない」…×　そのような記述はない。　9．「するのが好きでないことは脳を発達させることができないので，するのが好きなことだけをすべきである」…×　そのような記述はない。　10．「ティーンエイジャーのうちは，さまざまな活動に挑戦することが大切だ」…○　第4段落の内容に一致する。

5〔長文読解総合―説明文〕

≪全訳≫❶ベン・コーエンもジェリー・グリーンフィールドもニューヨーク州メリックの出身だ。彼らは親友だった。大学卒業後，彼らは一緒にビジネスを始めたいと考えていた。どんなビジネスだろうか。もちろん，フードビジネスだ。ベンとジェリーは多くの点で異なっていたが，ある点では同じだった。A彼らはどちらも食べ物が好きだったのだ！❷彼らがとても好きな食べ物の１つがアイスクリームだった。２人はアイスクリーム店を開きたいと思った。アイスクリーム店によい場所はどこだろう。彼らは多くの都市や町を見て回った。そして，バーモント州バーリントンに行った。彼らはその街をとても気に入った。バーリントンには若者が多く，おいしいアイスクリーム店が１つもなかったのだ。バーリントンには１つだけ問題があった。Bそこは，１年のうち５か月は，とても寒いのだ。人々は寒い日にアイスクリームを買うのだろうか。❸1978年５月５日，ベンとジェリーはアイスクリーム店をオープンした。小さな店で，あまりきれいではなかった。しかし，アイスクリームはとてもおいしかった。オープンの日には，たくさんの人がアイスクリームを食べに来た。彼らは何度も何度も来た。店にはいつもたくさんの人がいた。ベンとジェリーはとても熱心に働いた。ある仕事後の夜，ベンはあまりに疲れていたので，店の前の地面で眠ってしまった！❹数か月後，ベンとジェリーは銀行に行った。悪い知らせがあった。彼らの銀行口座にはたったの数ドルしかなかったのだ。❺「なぜだ？」と彼らは尋ねた。「この数か月間，一生懸命働いたのに！」❻Cそれから彼らはビジネスについて学び始めた。彼らは，経費，市場戦略，販売について学んだ。彼らは大規模なアイスクリーム・パーティーを開催し始めた。無料でアイスクリームを提供する日もあった。他の都市の人々はベン＆ジェリーズのことを知り，アイスクリームを食べるためにはるばるやってきた。❼ベンとジェリーはさらにアイスクリームをつくり，店やレストランに販売し始めた。まず，バーモント州の店舗やレストランに行った。その後，アメリカ中の店舗にアイスクリームを販売し始めた。1988年までに，彼らはアメリカ全土でアイスクリームを売るようになった。数年後には，カナダ，イスラエル，ヨーロッパの多くの国々でも，彼らのアイスクリームを買うことができるようになった。❽なぜ人々はベン＆ジェリーズのアイスクリームを買うのだろう。第一に，それはとてもおいしいアイスクリームなのだ。バーモント州の牛乳でできており，化学薬品は全く入っていない。❾また，人々はその会社が好きだから，ベン＆ジェリーズのアイスクリームを買う。はじめから，ベンとジェリーは自分たちの会社を他とは違うものにしたかった。彼らはただ大金を稼ぎたかったわけではなかった。彼らはまた，人々を助けようとしたかった。ベン＆ジェリーズは今やとても大きな会社だが，本当に人々の役に立っている。それは，バーモント州の農家を支援している。彼らから大量の牛乳を買い，それで農家の仕事が増える。またその会社は，若い人たちに多くの仕事を与え，世界中の子どもたちや病気の人たちを助けるために，利益の7.5％を寄付している。

問１＜適文選択＞Ａ．ベンとジェリーの共通点が入る。２文前に，一緒に始めようとしたビジネスについて「もちろん，フードビジネスだ」とあるのは，２人とも食べ物が好きだったからである。

Ｂ．バーリントンが抱える問題についての具体的な説明が入る。直後に「人々は寒い日にアイスクリームを買うだろうか」とあることから判断できる。　　Ｃ．直後の「経費，市場戦略，販売について学んだ」という記述は，イの learn about business の具体的な内容になっている。

問２＜適語補充＞空所直前では「小さくてあまりきれいではなかった」という店の良くない点を述べているのに対し，空所直後では「アイスクリームがとてもおいしかった」という店の良い点を述べている。これらの互いに対照的な内容をつなぐのに適切な接続詞は but「しかし」。

問３＜整序結合＞文脈と語群から，‘so ～ that …’「とても～なので…」の構文を使い，「とても疲れていたので眠ってしまった」という文をつくる。go to sleep で「眠る」という意味(この sleep は名詞)。本問では過去のことなので went to sleep となる。

問４＜語句解釈＞前の２文の内容から，下線部(3)はビジネス上の戦略の１つとして行ったことだとわかる。直後に「無料でアイスクリームを提供する日もあった」とあることから，２人はアイスクリームを無料で配るイベントを開催することで，販売促進につなげようとしたと考えられる。

問５＜英文解釈＞下線部(4)は「ベンとジェリーは自分たちの会社を他とは違うものにしたかった」という意味。２文後の記述が，その具体的な内容となっている。

問６＜内容真偽＞ア．「ベンとジェリーがバーモント州でアイスクリーム店をオープンしようと決めたのは，１つには，おいしいアイスクリーム店がなかったからだ」…○　第２段落第７文に一致する。　イ．「ベンとジェリーが店をオープンしてから数か月後，２人が銀行に行くと，銀行口座に多額のドルを所有していることがわかった」…×　第４段落参照。たったの数ドルしかなかった。　ウ．「ベン＆ジェリーズは，世界中の人々を支援するために，もうけたお金の一部を使っている」…○　最終段落最終文に一致する。　エ．「ベン＆ジェリーズのオープンの日だけ，多くの人がアイスクリームを食べに来た」…×　第３段落第４～６文参照。オープン日以降も繁盛し続けた。　オ．「ベンとジェリーが店を始めてから10年後，彼らはアメリカ全土でアイスクリームを売るようになった」…○　第３段落第１文および第７段落第４文の内容に一致する。　カ．「ベン＆ジェリーズのアイスクリームが人気なのは，バーモント州の牛乳を使い，健康に悪いものを使わずにつくっているからだ」…○　第８段落の内容に一致する。　キ．「他の都市の人々はベン＆ジェリーズのことを知ったが，遠すぎたため，アイスクリームを食べるためにはるばる来ることはなかった」…×　第６段落最終文参照。

6〔整序結合〕

1．‘ask＋人＋to＋動詞の原形’「〈人〉に～するように頼む」の形をつくる。　take care of ～「～の世話をする」

2．「最も～だ」は，‘比較級＋than any other＋単数名詞’「他のどの～よりも…だ」を使って表せる。

3．「USJ は場所だ」→USJ is the place が文の骨組み。「場所」を修飾する「私が行くのを心待ちにしている」は look forward to ～「～を楽しみにする」を使って，I'm looking forward to visiting とまとめ，the place の後ろに置く。the place と I'm の間には，目的格の関係代名詞 that〔which〕が省略されている。

4．「～していただけませんか」という‘ていねいな依頼’は，Could you ～？で表せる。「何か温かい食べ物」は，「食べるための何か温かいもの」と考えて，‘something＋形容詞＋to不定詞’の語順で something hot to eat とする(to不定詞の形容詞的用法)。

5．「(私は)～したい」は I'd like to ～ で表せる。「なぜなら～」の部分は because の後に文の形(‘主語＋(助)動詞…’)を続ける。「～へ行ったことがない」は‘have/has never been to＋場所’(現在完了の‘経験’用法)で表せるが，本問では‘to＋場所’の代わりに there を置く。I've は I have の短縮形。

6．まず，「私は興味深い話を決して忘れることはないだろう」を I'll never forget the interesting story と組み立てる。「その先生から聴いた」は，told が与えられているので「その先生によって話された」と考えて told by the teacher とし，the interesting story の後に置く。これは過去分詞 told で始まる語句が the interesting story を後ろから修飾する過去分詞の形容詞的用法。

2024年度／十文字高等学校

数学解答

1 (1) 1　(2) $-\sqrt{3}$　(3) $\dfrac{a+7b}{6}$

(4) $x=2,\ 3$　(5) -8

(6) $\dfrac{5}{12}$　(7) 108°　(8) 1

2 (1) $y=2x+6$　(2) (6, 6)

3 (1) 16　(2) $7-\sqrt{13}$

4 (1) 9：1　(2) $\dfrac{72}{5}\text{cm}^2$

5 (1) $\sqrt{30}$ cm　(2) 33cm

6 (1) ア…$48+x+y$　イ…4960

ウ…$960+24x+28y$　エ…$4x$

オ…4256　カ…$4000+4x$

(2) 2年生…64人　3年生…88人

1〔独立小問集合題〕

(1)＜数の計算＞$0.25=\dfrac{1}{4}$だから，与式$=(-2)^3+\left(-\dfrac{3}{2}\right)^2\div\dfrac{1}{4}=-8+\dfrac{9}{4}\times4=-8+9=1$となる。

(2)＜数の計算＞与式$=\sqrt{4^2\times3}-2\sqrt{3^2\times3}+\dfrac{6}{\sqrt{2^2\times3}}=4\sqrt{3}-2\times3\sqrt{3}+\dfrac{6}{2\sqrt{3}}=4\sqrt{3}-6\sqrt{3}+\dfrac{3}{\sqrt{3}}$
$=4\sqrt{3}-6\sqrt{3}+\dfrac{3\times\sqrt{3}}{\sqrt{3}\times\sqrt{3}}=4\sqrt{3}-6\sqrt{3}+\dfrac{3\sqrt{3}}{3}=4\sqrt{3}-6\sqrt{3}+\sqrt{3}=-\sqrt{3}$

(3)＜式の計算＞与式$=\dfrac{2(2a-b)-3(a-3b)}{6}=\dfrac{4a-2b-3a+9b}{6}=\dfrac{a+7b}{6}$

(4)＜二次方程式＞$(2x^2-x-4x+2)-(x^2-4)=0$，$2x^2-5x+2-x^2+4=0$，$x^2-5x+6=0$，$(x-2)(x-3)=0$　$\therefore x=2,\ 3$

(5)＜関数―yの値＞yはx^2に比例するから，比例定数をaとして，$y=ax^2$と表せる。$x=2$のとき$y=-2$だから，$-2=a\times2^2$より，$a=-\dfrac{1}{2}$である。よって，関係式は$y=-\dfrac{1}{2}x^2$となるから，$x=-4$のとき，$y=-\dfrac{1}{2}\times(-4)^2=-8$である。

(6)＜確率―サイコロ＞大小2つのサイコロを同時に投げるとき，目の出方は全部で，$6\times6=36$(通り)あり，a，bの組も36通りある。このうち，$\dfrac{b^2}{a}\geqq5$となるのは，$a=1$のとき，$\dfrac{b^2}{1}\geqq5$より，$b^2\geqq5$だから，$b=3,\ 4,\ 5,\ 6$の4通りある。$a=2$のとき，$\dfrac{b^2}{2}\geqq5$だから，$b=4,\ 5,\ 6$の3通りある。$a=3$のとき，$\dfrac{b^2}{3}\geqq5$だから，$b=4,\ 5,\ 6$の3通りある。以下同様にして，$a=4$のとき$b=5,\ 6$の2通り，$a=5$のとき$b=5,\ 6$の2通り，$a=6$のとき$b=6$の1通りある。よって，$\dfrac{b^2}{a}\geqq5$となる場合は$4+3+3+2+2+1=15$(通り)あるから，求める確率は$\dfrac{15}{36}=\dfrac{5}{12}$である。

(7)＜平面図形―角度＞右図で，ACとBDの交点をPとする。五角形の内角の和は$180°\times(5-2)=540°$だから，正五角形の1つの内角は$540°\div5=108°$であり，正五角形ABCDEにおいて，∠ABC＝108°となる。△ABCはAB＝BCの二等辺三角形だから，∠BCP＝∠BAC＝(180°－∠ABC)÷2＝(180°－108°)÷2＝36°となる。△BCD≡△ABCだから，∠CBP＝∠BAC＝36°である。よって，△BCPで，∠BPC＝180°－∠BCP－∠CBP＝180°－36°－36°＝108°となるので，$\angle x$＝∠BPC＝108°である。

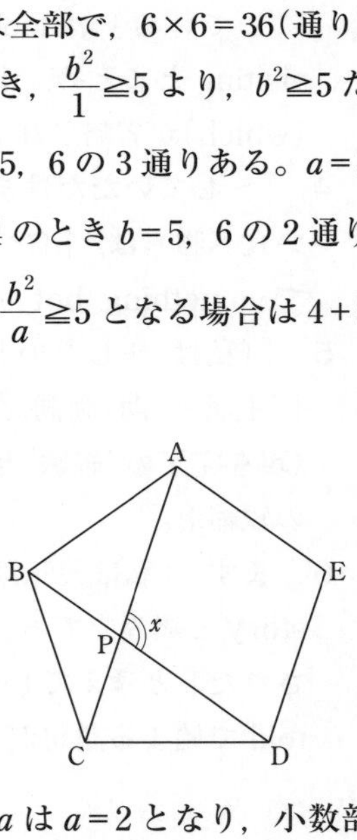

(8)＜数の計算＞$\sqrt{4}<\sqrt{7}<\sqrt{9}$より，$2<\sqrt{7}<3$だから，$\sqrt{7}$の整数部分$a$は$a=2$となり，小数部分$b$は$b=\sqrt{7}-2$である。よって，与式$=(\sqrt{7}-2)(\sqrt{7}-2+4)-2=(\sqrt{7}-2)(\sqrt{7}+2)-2=(\sqrt{7})^2-2^2-2=7-4-2=1$である。

2 〔関数―一次関数のグラフ〕

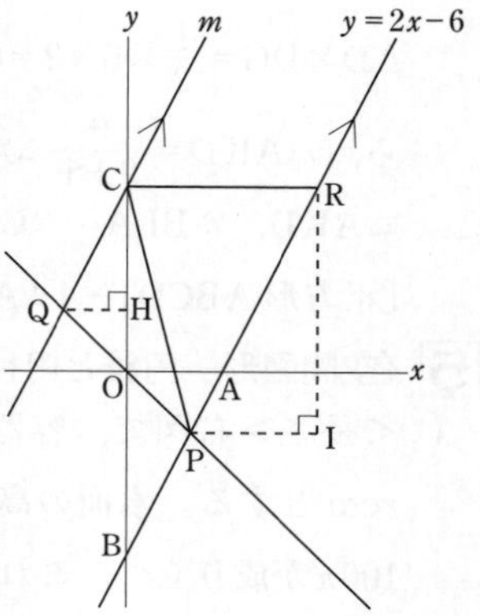

(1)＜直線の式＞右図で，点Pは直線$y=2x-6$上の点で，x座標は2だから，$y=2\times2-6=-2$より，P(2，−2)である。3点P，O，Qは一直線上にあり，OP＝OQだから，2点P，Qは原点Oについて対称である。よって，Q(−2，2)となる。直線mは直線$y=2x-6$と平行なので，傾きは2となり，直線mの式は$y=2x+b$とおける。点Qを通るから，$2=2\times(-2)+b$，$b=6$となり，直線mの式は$y=2x+6$である。

(2)＜座標＞右図で，〔四角形PRCQ〕＝3△PCQのとき，△PRC＝〔四角形PRCQ〕−△PCQ＝3△PCQ−△PCQ＝2△PCQとなる。これより，△PCQ：△PRC＝△PCQ：2△PCQ＝1：2となる。また，QC∥PRなので，△PCQ，△PRCの底辺をそれぞれQC，PRと見ると，高さが等しくなり，面積の比と底辺の比は等しい。よって，△PCQ：△PRC＝QC：PRだから，QC：PR＝1：2である。ここで，点Qを通りx軸に平行な直線とy軸の交点をH，点Pを通りx軸に平行な直線と点Rを通りy軸に平行な直線の交点をIとする。このとき，QC∥PRより，△QCH∽△PRIとなるから，QH：PI＝CH：RI＝QC：PR＝1：2となる。Q(−2，2)であり，直線mの切片が6より，C(0，6)だから，QH＝2，CH＝6−2＝4である。したがって，PI＝2QH＝2×2＝4，RI＝2CH＝2×4＝8である。P(2，−2)なので，点Rのx座標は2＋4＝6，y座標は−2＋8＝6となり，R(6，6)である。

3 〔関数―関数$y=ax^2$と一次関数のグラフ〕

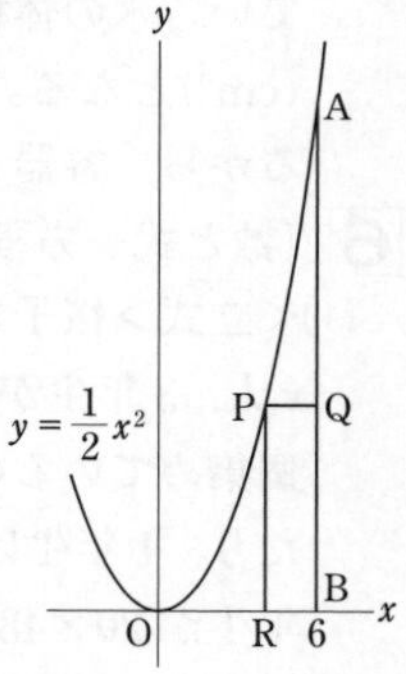

(1)＜面積＞右図で，2点A，Bのx座標が等しいことより，ABはy軸に平行だから，点Qのy座標が8のとき，QB＝8となる。四角形PRBQが長方形より，PQはx軸に平行だから，点Pのy座標は8である。点Pは放物線$y=\frac{1}{2}x^2$上の点だから，$8=\frac{1}{2}x^2$より，$x^2=16$，$x=\pm4$となる。点Pのx座標は正だから，$x=4$であり，P(4，8)である。点Aのx座標が6より，Q(6，8)なので，PQ＝6−4＝2である。よって，〔長方形PRBQ〕＝QB×PQ＝8×2＝16である。

(2)＜座標＞右図で，点Pのx座標をtとすると，点Pは放物線$y=\frac{1}{2}x^2$上の点だから，$y=\frac{1}{2}t^2$より，$P\left(t,\ \frac{1}{2}t^2\right)$となる。これより，$PR=\frac{1}{2}t^2$，$PQ=6-t$となる。よって，四角形PRBQが正方形になるとき，PR＝PQだから，$\frac{1}{2}t^2=6-t$が成り立つ。これを解くと，$t^2+2t-12=0$より，$t=\frac{-2\pm\sqrt{2^2-4\times1\times(-12)}}{2\times1}=\frac{-2\pm\sqrt{52}}{2}=\frac{-2\pm2\sqrt{13}}{2}=-1\pm\sqrt{13}$となり，$0<t<6$より，$t=-1+\sqrt{13}$である。点Pの$y$座標は$\frac{1}{2}t^2=\frac{1}{2}\times(-1+\sqrt{13})^2=\frac{1}{2}\times(14-2\sqrt{13})=7-\sqrt{13}$となるから，点Qの$y$座標は$7-\sqrt{13}$である。

4 〔平面図形―正方形〕

(1)＜面積比＞次ページの図で，AD＝DC＝6，∠ADG＝∠DCF＝90°である。また，DG＝DC−CG＝6−4＝2，CF＝BC−BF＝6−4＝2だから，DG＝CFとなる。よって，△ADG≡△DCFとなるから，∠DAK＝∠GDKである。さらに，∠KGD＝∠DFCとなり，AD∥BCより，∠KDA＝∠DFCだから，∠KDA＝∠KGDである。したがって，△AKD∽△DKGである。相似比は，AD：DG＝6：2＝3：1だから，面積比は，相似比の2乗より，△AKD：△DKG＝$3^2：1^2$＝9：1となる。

(2)＜面積＞右図で，〔正方形ABCD〕$=6^2=36$である。また，$\triangle ADG=\frac{1}{2}\times AD\times DG=\frac{1}{2}\times 6\times 2=6$であり，(1)より，$\triangle AKD:\triangle DKG=9:1$だから，$\triangle AKD=\frac{9}{9+1}\triangle ADG=\frac{9}{10}\times 6=\frac{27}{5}$である。図形の対称性から，△AKD，△BLA，△CIB，△DJCは合同となるから，〔四角形IJKL〕＝〔正方形ABCD〕$-4\triangle AKD=36-4\times\frac{27}{5}=\frac{72}{5}$($\mathrm{cm}^2$)である。

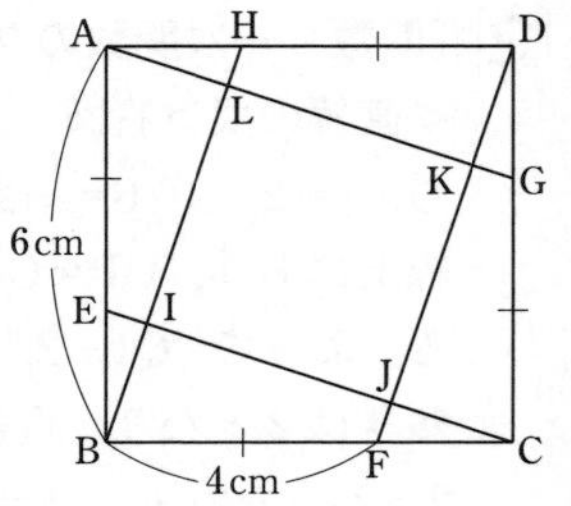

5〔空間図形—円錐と円柱〕

(1)＜長さ＞右図で，容器Aに$100\pi\,\mathrm{cm}^3$の水を入れたときの水面の円の半径を$r$cmとする。水面の高さは10cmだから，水の体積について，$\frac{1}{3}\times\pi r^2\times 10=100\pi$が成り立つ。これを解くと，$r^2=30$，$r=\pm\sqrt{30}$となる。$r>0$だから，$r=\sqrt{30}$であり，水面の円の半径は$\sqrt{30}$ cmである。

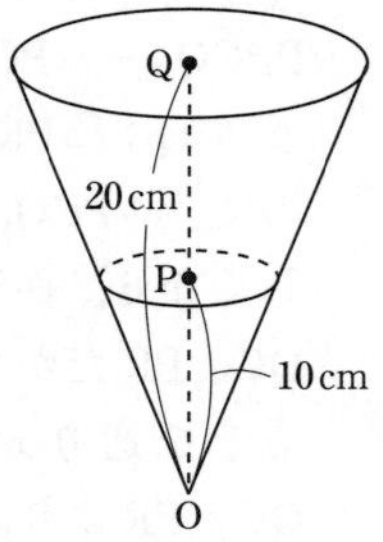

(2)＜長さ＞右図のように，円錐型の容器Aの頂点をO，水面の円の中心をP，容器Aの底面の中心をQとする。容器Aに入っている水と容器Aは相似であり，相似比は，高さの比より$OP:OQ=10:20=1:2$だから，入っている水の体積と容器Aの容積の比は，$1^3:2^3=1:8$となる。入っている水の体積は$100\pi\,\mathrm{cm}^3$なので，容器Aの容積は$100\pi\times 8=800\pi$(cm^3)となる。これより，この後，容器Aに注ぐことのできる水の体積は，$800\pi-100\pi=700\pi$(cm^3)である。よって，円柱型の容器Bから容器Aに注いだ水の体積は$700\pi\,\mathrm{cm}^3$である。注いだ後の容器Bの水面の高さは5cmで，底面の半径は5cmだから，容器Bに残っている水の体積は，$\pi\times 5^2\times 5=125\pi$($\mathrm{cm}^3$)である。以上より，容器Bの容積は$700\pi+125\pi=825\pi$($\mathrm{cm}^3$)となる。容器Bの高さを$h$cmとすると，$\pi\times 5^2\times h=825\pi$が成り立つ。これより，$h=33$となるから，容器Bの高さは33cmである。

6〔数と式—方程式の応用〕

(1)＜立式＞桜子さんの考えにおいて，参加人数は，1年生が48人で，合計で200人だから，2年生がx人，3年生がy人とすると，$48+x+y=200$……①が成り立つ。参加生徒全体では，1人当たり24.8個集めているので，参加生徒全員で集めた空ケースの個数は，$24.8\times 200=4960$(個)である。1人当たり，1年生は20個，2年生は24個，3年生は28個集めているので，集めた空ケースの個数は，1年生が$20\times 48=960$(個)，2年生が$24x$個，3年生が$28y$個となり，参加生徒全員で集めた空ケースの個数について，$960+24x+28y=4960$……②が成り立つ。次に，蘭子さんの考えにおいて，2年生と3年生の生徒が1人当たり28個集めたとすると，2年生は1人当たり$28-24=4$(個)多く集めたことになるから，2年生が集めた空ケースは，$4x$個多くかぞえることになる。2年生と3年生の参加人数は，$200-48=152$(人)だから，このときの2年生と3年生が集めた空ケースの個数は，$28\times 152=4256$(個)となる。ここで，参加生徒全員が実際に集めた空ケースの個数は4960個で，1年生が集めた空ケースの個数は960個だから，2年生と3年生が実際に集めた空ケースの個数は，$4960-960=4000$(個)となる。よって，2年生と3年生が1人当たり28個集めたとしたときの集めた空ケースの個数について，$4000+4x=4256$……③が成り立つ。

(2)＜人数＞(1)の①，②の連立方程式を解く。①より，$x+y=152$……①′　②より，$24x+28y=4000$，$6x+7y=1000$……②′　①′×7−②′より，$7x-6x=1064-1000$　$\therefore x=64$　これを①′に代入して，$64+y=152$　$\therefore y=88$　よって，2年生は64人，3年生は88人である。

≪別解≫③を解くと，$4x=256$，$x=64$となるので，2年生は64人である。2年生と3年生の参加人数は152人だから，3年生は$152-64=88$(人)である。

国語解答

一 ① 反映 ② 妨害 ③ 均衡
④ 塞 ⑤ 抑 ⑥ いかく
⑦ し ⑧ しょうあく
⑨ えつらん ⑩ きた

二 問一 A 流す B 取ら C 立つ
問二 ⓐ…ウ ⓑ…ア ⓒ…エ
問三 D…イ E…キ F…オ G…カ
問四 (1) 欧米では相手が謝っても許さないが，日本ではすぐに許す。(27字)
(2) 日本の社会には，非を認めて謝っている人物をさらに責め立てるのは無粋だという感受性があり，また，許すことが自分の人間の器の大きさにつながるというようなところがあるから。
問五 うっかり〜ってくる〔謝罪すれ〜かねない〕
問六 (1)…ア (2)…エ
問七 (1) 雰囲気 (2) 理屈
問八 ウ 問九 イ
問十 事案の評価に〜込んでしまう〔思考〕

三 問一 ⓐ…エ ⓑ…イ ⓒ…ア
問二 ア
問三 (あ)…イ (い)…キ (う)…イ (え)…カ
問四 ウ 問五 ア 問六 エ
問七 A…ア B…ウ

一〔漢字〕

①「反映」は，考えや態度が，別のもののうえに形となって現れること。 ②「妨害」は，邪魔をすること。 ③「均衡」は，力などの釣り合いがとれていること。 ④音読みは「閉塞」などの「ソク」，「要塞」などの「サイ」。 ⑤音読みは「抑圧」などの「ヨク」。 ⑥「威嚇」は，相手が怖がるように威力によって脅すこと。 ⑦音読みは「締結」などの「テイ」。 ⑧「掌握」は，人や組織を自分の意のままに動かせるように，実態をつかんでおくこと。 ⑨「閲覧」は，書物や新聞，書類を調べながら読むこと。 ⑩「来す」は，結果としてある状態を引き起こす，という意味。

二〔論説文の読解—文化人類学的分野—日本人〕出典：榎本博明『思考停止という病理 もはや「お任せ」の姿勢は通用しない』。

≪本文の概要≫日本では，謝罪会見がきちんと行われると，政治家や企業などの不祥事も許されてしまう。そのせいで，似たような不祥事が繰り返される。欧米では，謝罪が処罰につながるため，人々は安易に謝らないし，謝っている人の責任をどこまでも追及する。しかし，日本人は，すぐに謝るし，すぐに許す。人間関係を大切にする日本社会では，謝罪している人をさらに責めるのは無粋であるという感受性がある。また，許すことが自分の人間としての器の大きさを表すという考え方を持つことも，日本人がすぐに相手を許す理由である。価値観のグローバル化が進む現代では，こうした文化的背景を意識しておく必要がある。また，日本的組織は，理屈を嫌い，気まずくならないことを重視するので，誰も正しいことを口にできず，本当の議論ができない。そのために，チェック機能がはたらかない。組織としての思考が，停止しているのである。この状態を脱するには，組織風土を変える必要がある。検討や審議が人間関係に大きく左右されてしまう思考を属人思考というが，この思考が，組織的違反の主な原因となっている。組織風土を改善するには，一人ひとりが自分に染みついた属人思考に気づく必要がある。

問一＜慣用句＞A．「水に流す」は，過去のいざこざや争いごとなどを全てなかったことにし，以後こだわらない，という意味。　B．「逆手に取る」は，不利な状況をあえて利用する，という意味。　C．「角が立つ」は，人との関係がうまくいかずに，とげとげしくなる，という意味。

問二＜語句＞ⓐ「不祥事」は，社会的信頼をなくすような出来事のこと。　ⓑ「端的」は，遠回しではなく，はっきりしているさま。　ⓒ「率直」は，飾ったり取り繕ったりせず，ありのままであること。

問三＜接続詞＞D．日本人には，「許すことが自分の人間としての器の大きさにつながるようなところがある」ために，日本人は，謝罪があると「すぐに許す」のである。　E．多くの人は，「企業など組織の不祥事」につながる理屈に合わないことが「ちゃんと会議で承認を得て」いたことを疑問に思うが，「日本の組織では，じつによくあること」である。　F．理屈に合わないことを「会議で承認」することが，日本の組織では「じつによくあること」である例として，会議で疑問や質問が出ると「いつの間にか場の雰囲気が悪くなって」いて，議論が有効に進まないことが挙げられる。　G．会議で「よくわからないこと，疑問に思うこと」について，「率直に疑問を口に」したり，「他の人が質問し追求」したりすると，知らぬ間に「場の雰囲気が悪くなって」いる。

問四＜文章内容＞⑴欧米では，「謝罪と責任の追及が密接に結びついている」ため，相手が謝っても許さない。それに対し，日本では，「謝罪と責任が分離されている」ので，「日本人はすぐに謝る」し，「すぐに許す」のである。　⑵日本社会には，「謝っている者をさらに責め立てるのは無粋である」という「世間体を介した感受性」が存在する。また，「許すことが自分の人間としての器の大きさにつながるようなところがある」ため，日本人は謝罪されると「すぐに許す」のである。

問五＜文章内容＞アメリカでは，「謝罪と責任の追及が密接に結びついている」ため，「うっかり謝ってしまうと，責任が全面的にかかってくる」ことになる。「身を守るためにも安易に謝れない」のである。自動車事故の現場でも，「謝罪すれば，一〇〇パーセントの責任を問われかねない」というアメリカでは，「うっかり『すみません』といっても，医者が責任を問われないようにする」法律を必要とした。

問六⑴＜指示語＞不祥事につながる理屈に合わないことを「会議で承認」することが「組織のなかでまかり通る」のを，「多くの人が疑問に思う」のである。　⑵＜文章内容＞日本的組織は，「空気で動いて」いて，「理屈が嫌われ」ているため，率直な意見の応酬や正解の追求といった「ほんとうの議論」ができない。だから，「チェック機能」もはたらかず，理屈に合わないことが，会議で承認されてしまう。

問七＜表現＞⑴日本的組織は，「空気で動いている」ため，「気まずい空気が漂う」こと，すなわち「場の雰囲気が悪く」なることを避ける傾向がある。　⑵日本的組織は，「空気で動いている」から，「理屈で考えたら」おかしなことが起こってしまう。

問八＜文章内容＞日本的組織では，「理屈が嫌われ」て，「率直に意見の応酬ができない」ので，「ほんとうの議論」ができなくなっている。そのため，「だれも正しいことを口に」できず，「チェック機能も働かない」ので，「誤った結論」に至り，不祥事を防ぐことができない。

問九＜文章内容＞ただ「組織の構造や制度を変えたり整備したり」しても，組織風土を変えるまでに至らない。「組織風土を改善する」ためには，各々が「自分自身に染みついている」思考や意識に気づき，改める必要がある。

問十＜文章内容＞属人思考とは，検討や審議が「人間関係に大きく左右されてしまう思考」のことである。日本社会では「人間関係が重視される」ため，「事案の評価に人間関係的な要素が入り込んで」しまい，「組織的違反」が起こるのである。

三 〔古文の読解─説話〕出典：『十訓抄』六ノ二十。

≪現代語訳≫武則，公相という随身の父子がいた。右近の馬場で行われた賭弓で，(公相が)下手に射てしまったというので，(父の武則が)子(の公相)を責めとがめて，人々の面前で(公相を)たたいたが，(公相は)逃げることもなく，たたかれたので，(その様子を)見ていた人が，「どうして逃げずに，このようにたたかれるのだ」と尋ねたところ，(公相は)「もし(私が)逃げていったら，年老いた父が(私を)追いかけようとして，転倒などすると，きっととても気の毒なことになってしまうだろうから，このように，(父が)十分に満足するまでたたかれるのです」と申し上げたので，世間の人は，「すばらしく親孝行な子だ」と言って，世間の評判は，格別である。聖徳太子が，(父親である)用明天皇の振るう杖に従いなさったことを，深く心にとどめていたのであろうか。／孔子の，弟子で曾参といった者が，父親が怒って(曾参を)たたいたところ，(曾参は)逃げずにたたかれたので，孔子が(これを)お聞きになって，「もし(曾参が)たたき殺されたならば，父の悪い評判が立ってしまうこと(になるので)，大変な親不孝である」と(曾参を)いましめなさった。これも道理である。(子のとるべき対応は)親の様子によるべきであろうか。

問一＜古語＞ⓐ「おぼえ」は，世間の評判のこと。　ⓑ「ゆゆしき」は，形容詞「ゆゆし」の連体形で，ここでは，程度が甚だしい，という意味。　ⓒ「ことわり」は，物事の道理，理屈のこと。

問二＜文学史＞『論語』は，古代中国の思想家，孔子の言行を，孔子の死後に孔子の弟子がまとめた書物。『白氏文集』は，白居易の漢詩文集。『方丈記』は，鴨長明の随筆。『三国志』は，魏・蜀・呉の三国の戦いを記した中国の歴史書。

問三＜古文の内容理解＞(あ)公相は，賭弓で弓を射るのが下手であったために，父親の武則にたたかれた。　(い)逃げることなく父親にたたかれている公相に，その様子を見ていた人が，なぜ逃げずにたたかれるのかと尋ねた。　(う)なぜ逃げずに父親にたたかれるのかときかれた公相は，その理由を答えた。　(え)孔子の弟子である曾参は，怒った父親が曾参をたたいたとき，逃げずにたたかれた。

問四＜古文の内容理解＞公相が，賭弓で弓を射るのが下手であったため，武則は，息子の公相を責めとがめたのである。

問五＜現代語訳＞「不びんなり」は，形容動詞「不びんなり」の連用形で，気の毒だ，という意味。「ぬ」は，強意の意味を表す助動詞「ぬ」の終止形。「べけれ」は，推量の助動詞「べし」の已然形。「ぬべし」で，きっと～だろう，という意味。公相は，父の武則が年老いているので，武則が逃げた公相を追いかけて転倒することを心配したのである。

問六＜現代語訳＞「したがは」は，動詞「したがふ」の未然形で，服従する。という意味。聖徳太子は，父である用明天皇の杖の下に服従する，つまり，逆らわずに杖でたたかれたのである。

問七＜古文の内容理解＞孔子の弟子の曾参は，怒った父親から逃げずに，父親にたたかれた。これを聞いた孔子は，もし曾参が父親にたたき殺されたならば，曾参の父親の悪い評判が立ってしまうと考えた(Ａ…ア)。そして，孔子は，父の悪い評判が立つことは大変な親不孝なことであると，曾参の行動を注意した(Ｂ…ウ)。

2023年度 十文字高等学校(推薦)

【英　語】（45分）〈満点：100点〉

1　次のGadget World社のSNS広告を読んで，あとの設問に答えよ。

Gadget World has the *latest electronic devices at the best prices! Here's the selection we recommend this month.

Voice Controller

Control your stereo, DVD, TV . . . everything, with your voice. For example, saying "CD on" turns on your stereo, selects the CD, and starts playing! Works within 10 meters, in any direction. *Stores 30 commands. Perfect for music and movie lovers, and science fiction fans! $150

REVIEWS : This is fantastic! I've just bought one and it's so cool. –Mac

I've had mine for a month. It's fun . . . when it works. –Ian

Wonder Watch

This is a USB *with a difference. It's a watch! Always keep all your files with you. *32/64 gigabyte versions $200

REVIEWS : I bought one for my boyfriend. It's better than carrying a normal USB, because he never forgets it! –Sue

I have one but I haven't used it yet. I can't understand the instructions. Can you help me? –Liam

One-Touch Lock

Put your finger on the lock and your front door will open. High technology *fingerprint recognition, like in the movies. And you don't have to cut your finger off to share; it can store 25 different fingerprints. $1,500

REVIEWS : It's expensive, but I love it. Since I bought this, my friends have all wanted to have one! –Jo

［注］ latest　最新の　　Stores 30 commands　30の命令を記憶できる
with a difference　ひと味違った　　32/64 gigabyte versions　容量が32ギガと64ギガのもの
fingerprint recognition　指紋認証

Miles Craven, *Breakthrough Plus 2nd Edition Level 2 Student's Book + Digital Student's Book Pack - Asia*, Springer Nature Limited

問1　このSNS広告は何を宣伝するものか。次のア～エのうちから選び，記号で答えよ。

ア．人気の高い商品　　イ．中古品　　ウ．今月のおすすめ　　エ．格安商品

問2　このSNS広告の商品の中で最も値段が安いものはどれか。次のア～エのうちから選び，記号で答えよ。

ア．Voice Controller　　イ．Wonder Watch 32 gigabyte

ウ．Wonder Watch 64 gigabyte　　エ．One-Touch Lock

問３　商品の使い方が分からず困っているのは誰か。次のア～オのうちから選び，記号で答えよ。
ア．Mac　　イ．Ian　　ウ．Sue　　エ．Liam　　オ．Jo

問４　Voice Controllerに関して正しいものはどれか。次のア～エのうちから選び，記号で答えよ。
ア．12メートル離れたところから電源を入れることができる。
イ．５メートル後ろから電源を入れることができる。
ウ．CDの音楽は収録された順番通りでなければ再生できない。
エ．同じ操作なら１日１回音声入力するだけで済む。

問５　Joが購入した商品に対して周囲の反応はどのようなものだったか。次のア～エのうちから選び，記号で答えよ。
ア．友人たちもJoの商品に指紋を記憶させて共有している。
イ．その商品を持っていることをうらやましく思っている。
ウ．あまり関心を示していない様子である。
エ．値段が高すぎるため商品を批判している。

問６　このSNS広告の商品を自分のためではなく，誰か他の人にプレゼントしたのは誰か。次のア～エのうちから選び，記号で答えよ。
ア．Mac　　イ．Ian　　ウ．Sue　　エ．Liam

２　①～⑥の(　)内に最も適切な単語を入れよ。ただし，与えられた文字で書き始めること。

My mom has a friend who asks me to ①(t　　) care of her plants when she goes on vacation. Most people think this is easy to do, but it is not so simple. In fact, my mom's friend gives me many things to do for each plant. Because she has some plants in each room of her house, it *can be difficult.

For example, *not all plants need water. In fact, some plants will die if you give them too much water. My mom's friend has some desert plants in her garden for sunlight. Those plants *get watered only ②(o　　) a week. However, some plants need a lot of water. For example, her flowers must have water every day. If the flowers' *dirt is not always wet, they can die.

Another thing is that each plant needs ③(d　　) amounts of sunlight. Often it is not easy to *tell which plants need more sun than others. For example, the desert plants need a lot of sun. But this does not *make sense because these plants do not get much water. Desert plants are *weird! Her flowers, on the other ④(h　　), need to be *out of the sun. Too much sunlight can burn the flowers and leaves of these plants. They can die so easily!

The strangest thing that my neighbor asks me to do is to talk to the plants! I think talking to a plant is weird, but my mom says that it is ⑤(g　　) for them. She said that scientists did experiments to show that. The scientists *reported that if you talk to a plant often, it will grow bigger and ⑥(l　　) longer. But if you do not talk to a plant, it will often be small and die soon.

［注］　can ～　～こともある　　not all ～　全て～というわけではない
get watered　水を与えられる　　dirt　土　　tell ～　～を見分ける
make sense　道理にかなう，意味が分かる　　weird　奇妙な，不可思議な
out of the sun　日陰に　　reported that ～　～と報告した

3 次のTomomiと留学生のBillとの対話文を読んで，［**A**］～［**E**］の空所に入る最も適切なものを，あとのア～ケの中からそれぞれ１つずつ選び，記号で答えよ。ただし，同じ記号は２度使ってはならない。

Tomomi：Hi, Bill. How do you like your life in Japan ?

Bill　：Hi, Tomomi. I'm really enjoying it. People are kind, and the food is delicious.

Tomomi：［　**A**　］?

Bill　：Last weekend, my host father took me to Asakusa, and we ate *tempura* for lunch in a Japanese restaurant. When my host mother cooks *tempura*, she *serves it on a plate. However, at the restaurant in Asakusa, it was on *a bowl of rice. I don't remember the name of the dish, but I liked it very much.

Tomomi：We call it *Ten-don*.

Bill　：Yes, that's it ! *Ten-don* is my favorite Japanese food.

Tomomi：Well, *Ten* means *tempura*, and *don* means a large rice bowl. We have some other *don* dishes, such as *Katsu-don* and *Oyako-don*.

Bill　：I know *Katsu-don*. It's *deep-fried pork on rice, right ?

Tomomi：That's right. How about *Oyako-don* ?

Bill　：［　**B**　］. What is *Oyako-don* ?

Tomomi：*Oyako-don* is chicken with eggs over rice. *Oyako* means "parent and child."

Bill　：That's interesting. I'd like to try it. ［　**C**　］?

Tomomi：I have an idea. I'm going to cook lunch for my family next Saturday. If you are free, how about joining us for lunch ? I'll cook *Oyako-don* for you.

Bill　：［　**D**　］. You must be a good cook.

Tomomi：Actually, cooking it is not so hard but washing the dishes is always harder . . . ［　**E**　］?

Bill　：Sure. No, problem.

［注］ serve ～ on a plate　～をお皿で提供する　　a bowl of rice　どんぶり一杯のご飯
　　deep-fried pork　とんかつ

ア．Where can I eat it
イ．Where are you going to do it
ウ．What Japanese food do you like
エ．How do you cook *Ten-don*
オ．I've never heard of *Oyako-don*
カ．I've never been to Asakusa
キ．I'd love to
ク．Can you help me with the dishes
ケ．Can you cook *Ten-don*

4 次の文を読んで，あとの１～10の各文が本文の内容と一致するものにはT，一致しないものにはFの記号を用いて答えよ。

Poor students often have to work various jobs to pay their *tuition. There were not many well-paying jobs for students at that time, and many students *spent their time selling things *door-to-door.

Howard was one such student. He was a very poor student. He came from a poor family that *couldn't afford to support him, so a few times a week he had to go from house to house to sell goods.

It was a hot summer day. Howard had to study hard for the test and he had no sleep *the previous night. He was *worn out from the summer heat.

*As time went by, he was getting really tired and hungry.

That day seemed especially difficult for him, and he couldn't sell anything, so he didn't have enough money to buy food. He was *discouraged and was considering quitting his job, and even quitting school. It was his worst moment.

"This is the last time. I don't care what people think. If I can throw away my pride, I can do anything," Howard thought. He decided to ask for something to eat at the next house he visited.

A nice lady answered the door and said, "Hello." In a weak voice, he could only ask, "Can I have a glass of water ?"

The lady thought he looked hungry, so she brought him a large cup of milk.

Howard slowly drank the milk. He *regained his strength and asked her in a clear voice, "So, how much is it ?"

She smiled and *refused to accept any money, and Howard said to her, "Thank you so much." She wished him good luck in return, and he moved on to the next house. Just one cup of milk was enough to *refresh his body and mind.

Thirty years later, a woman was brought to the hospital with a *rare disease.

Dr. Kelly became *in charge of her.

He worked long and hard. The treatment he gave her was especially good, *despite his busy schedule. Due to Dr. Kelly's treatment and care, the woman got better, and then she was ready to go home.

Dr. Kelly asked the *accounting office to pass the final *bill to him. He looked at it, and then he wrote something on the edge and sent it to her room.

She was afraid to open it because she knew she couldn't pay the bill. She knew that the treatment for her disease was very expensive, and she didn't have a lot of money.

Though she was happy to be out of the hospital, she was worried about how mush it would cost. For a long time, she didn't have the courage to open the envelope.

Finally, she opened it — she couldn't believe her eyes. "*Paid in full with one cup of milk," was written at the bottom of the paper. And under that, there was the doctor's *signature, *Dr. Howard Kelly.*

［注］ tuition　学費　　spent their time ～ ing　～して過ごした
door-to-door　一軒一軒直接訪問して　　couldn't afford to ～　～する余裕がなかった
the previous night　前日の夜　　worn out　くたくたに疲れて
As time went by　時が経つにつれて　　discouraged　落胆して
regained ～　～を取り戻した　　refused to ～　～することを断った

refresh～　～を元気づける　rare disease　珍しい病気　in charge of～　～の担当に
despite～　～にもかかわらず　accounting office　会計係　bill　請求書
Paid in full　料金は全て支払われました　signature　署名

1．Howard came from very rich family which could support him any time he needs.
2．Howard didn't sleep at all because he had to study for the test.
3．Howard couldn't get enough money to buy food because his job didn't go so well.
4．Howard was so hungry that he decided to buy some food from the lady.
5．The lady gave Howard some food to eat because she thought he was very hungry.
6．Howard could refresh himself because he drank one cup of milk.
7．Howard tried to pay $3 but the lady only accepted $2.
8．Thirty years later, the lady had a serious car accident.
9．The lady was not afraid to open the bill because she had enough money for the treatment.
10. Howard became a doctor and he saved the lady's life.

5　次の英文を読んで，あとの設問に答えよ。

Today, there is a big *market for medicine, so many companies are trying to create new medicines all the time. (1), a company cannot just make a new kind of medicine and then sell it. The company has (2)<u>many things to do</u> to get permission from the government to sell it.

First, companies must show that a new medicine is safe. Even though medicine should *make you feel better, sometimes new medicines cause (3). So, a company has to *make sure that its new medicine does not damage your health when you take it. For example, the company needs to know *if the medicine increases the danger of having a serious disease. To make sure the medicine is safe, usually a company first *tests it with animals. They give monkeys, *mice, cats, or dogs large amounts of the medicine and then test them for any bad *side effects. If they do not find bad side effects, the company can go on to the next step — testing with humans.

There is a reason to test new medicines with humans before selling them in stores. Monkeys, mice, cats, and dogs have different bodies from humans. So, even if the animals are not hurt by the medicine, the company still needs to know if the medicine is (4) for humans. So, the company researches a small group of humans who *agree to take the medicine. Those people who agree to test new medicines will get money from the company. They may also get better from the disease that they have! If the test group does not show any bad side effects, then the company can probably get (5) to sell the medicine.

However, medicine companies must do more after they show that medicines are safe. They must also show that their medicines are effective. They must show that the medicine truly works. As a result, companies often test (6)<u>two groups of humans</u>. One group will get the real medicine. The other group will get something that is not really medicine. *That is to say, this second group thinks they are getting the medicine, but actually they never get any medicine at all.

Then, the company compares the two groups. If the group that does not get medicine improves just as much as the other group, then the company must do more work. They need to improve the medicine to make it really effective.

［注］ market　取引，売買　make you feel better　あなたの気分を良くする
make sure that～　～であることを確かめる　if～　～かどうか

tests ～　～を検査する　　mice　mouseの複数形　　side effects　副作用
agree to ～　～することに同意する　　That is to say　すなわち

問１　（１）に入る最も適切なものを，次のア～エのうちから選び，記号で答えよ。
ア．However　　イ．Because of this　　ウ．In addition　　エ．For example

問２　下線部(2)に含まれないのはどれか。次のア～エのうちから選び，記号で答えよ。
ア．動物を使って薬の安全性を確認すること
イ．同意をした人に投薬して薬の安全性を確認すること
ウ．許可を得て人間の子供で薬の安全性を確認すること
エ．薬の効果が本当にあるのか確認すること

問３　（３）に入る最も適切なものを，次のア～ウのうちから選び，記号で答えよ。
ア．small changes　　イ．other problems　　ウ．positive effects

問４　（４）に入る最も適切なものを，次のア～エのうちから選び，記号で答えよ。
ア．effective　　イ．expensive　　ウ．safe　　エ．dangerous

問５　（５）に当てはまる１語を本文中から探して書け。

問６　下線部(6)にはそれぞれ何が与えられるか。以下の説明文を完成させよ。
一つのグループは(　　)が与えられ，もう一つのグループは(　　)が与えられる。

問７　この文のタイトルとして最も適切なものを，次のア～エのうちから選び，記号で答えよ。
ア．A person trying different types of medicines
イ．Companies creating new medicines
ウ．How hospitals use medicine
エ．A person who suffers from a bad effect of medicine

問８　次のア～オの文で，本文の内容と一致するものを２つ選び，記号で答えよ。
ア．Many companies try to make good medicines because they can make money if they sell well.
イ．Animals usually never get side effects from medicine.
ウ．When a company tests medicine, the company should not pay the people who are taking it.
エ．Companies have to make sure that new medicines have a real effect.
オ．If the medicine a company made is not effective, the company has to stop making it.

6　日本文の意味に合う英文になるように，次の１～５の(　)内の語句を並べかえよ。ただし，文頭に来る語もすべて小文字で始めている。

１．何か温かい飲み物はいかがですか。
(something / like / to / you / drink / would / hot)?

２．彼女が何をしているのか，わかりますか。
(do / she / know / what / doing / is / you)?

３．彼女がクラスで一番上手に歌を歌う。
(she / does / well / one / sings / no / as / as) in our class.

４．毎朝朝食を食べることは，私たちには大切なことです。
(important / us / breakfast / is / to / have / for / it) every morning.

５．またあなたに会えるのを楽しみにしています。
(again / seeing / am / you / I / looking / to / forward).

【数　学】（45分）〈満点：100点〉

〔注意〕円周率を使う場合は，π で表すこと。

1　次の各問いに答えよ。

(1)　$\left(-\dfrac{2}{7}\right)^2\times14-\dfrac{3}{2^3}\div\dfrac{3}{4}$ を計算せよ。

(2)　$\dfrac{-2\sqrt{9}}{\sqrt{3}}-\sqrt{2}\left(\sqrt{32}-\sqrt{6}\right)$ を計算せよ。

(3)　$\dfrac{4x-2y}{3}-\dfrac{2x+y}{5}$ を計算せよ。

(4)　$2ax^2-108a-6ax$ を因数分解せよ。

(5)　2次方程式 $9x^2+3x-3=0$ を解け。

(6)　$\sqrt{21-n}$ の値が自然数となるようなすべての自然数 n の和を求めよ。

(7)　$y+1$ は x に反比例し，$x=2$ のとき $y=-4$ である。$x=-1$ のとき y の値を求めよ。

(8)　右の図のように，円Oの円周上に，$\angle\mathrm{CAD}=64^\circ$，$\overset{\frown}{\mathrm{AB}}=\overset{\frown}{\mathrm{BC}}$，$\overset{\frown}{\mathrm{DE}}=\overset{\frown}{\mathrm{EA}}$ となるように，5点A，B，C，D，Eをとる。このとき，∠BAEの大きさを求めよ。

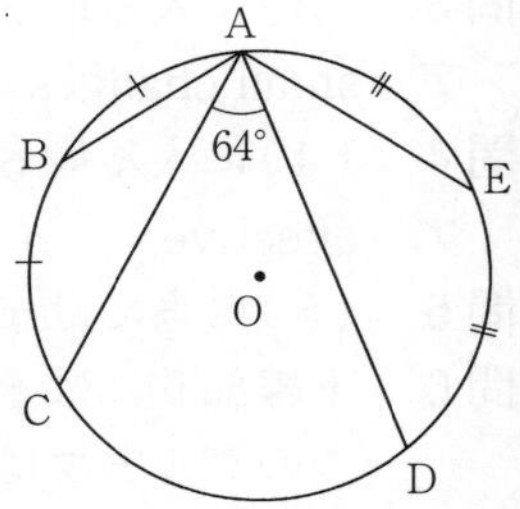

2　1～5の数字を使って4文字のパスワードを作る。次の問いに答えよ。ただし，同じ数字を何回使ってもよいものとする。

(1)　5を1回だけ使って作ることができるパスワードは何通りあるかを求めよ。

(2)　偶数と奇数をそれぞれ2回ずつ使って作ることができるパスワードは何通りあるかを求めよ。

3　下の図のように，関数 $y=x^2$ のグラフ上に2点A，Bがあり，点Aの y 座標は4，点Bの x 座標は3である。点Bを通り，傾きが2である直線と y 軸との交点をPとする。このとき，次の問いに答えよ。

(1)　直線PBの式を求めよ。

(2)　△AOBと△POBの面積比を最も簡単な整数の比で求めよ。

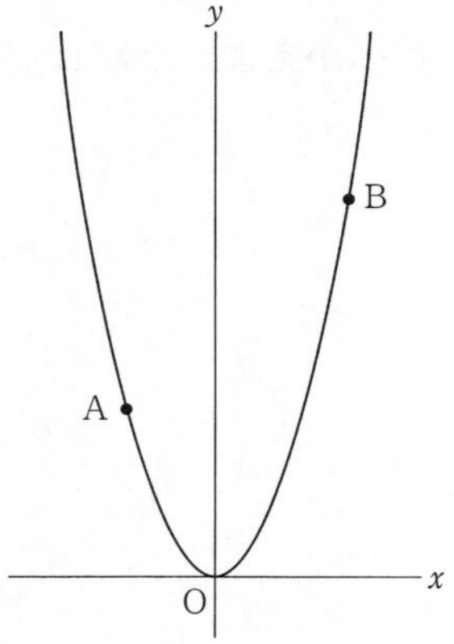

4 右の図のように，正方形ABCDと直線 $y=ax$ がある。頂点の座標がA$(-1,\ 4)$，B$(-1,\ -2)$であるとき，次の問いに答えよ。ただし，頂点C，Dの x 座標は正とする。

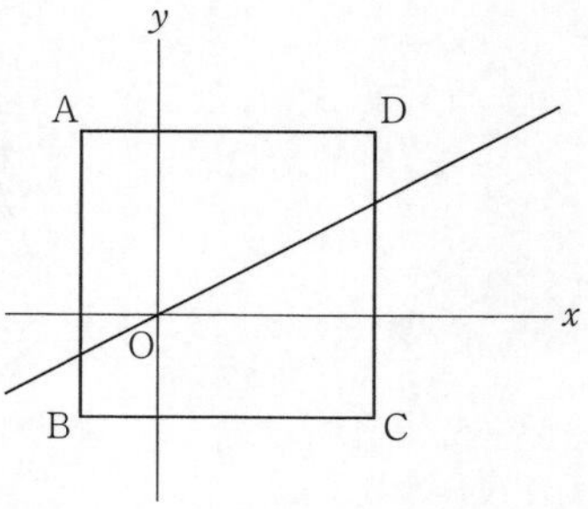

⑴ 直線 $y=ax$ が辺CDと交点を持つように a の値の範囲を求めよ。ただし，辺CDは頂点C，Dを含む。

⑵ 直線 $y=ax$ が正方形ABCDの面積を二等分するように a の値を求めよ。

5 松子さんと梅子さんの２人は，直方体の箱の中に半径５cmの鉄球を入れ，箱を上下左右に傾け，鉄球が箱内の全ての面を転がして遊んでいる。次の会話文を読んで，下の各問いに答えよ。

松子「私達が転がしている鉄球は，箱内の全ての面を転がって良い音がするね。」

梅子「でも，転がしている鉄物は球だから，ある特定の部分には絶対に当たらないね。」

松子「そうだね。この箱の内側は，縦が30cm，横が50cm，高さが40cmだよね。鉄球が当たらない部分の面積は，どれくらいになるのかな。」

梅子「内側の面は６面あるから，当たらない部分は何ヶ所かあるね。１面ずつに分けて考えたら，簡単に求められそうだよ。」

松子「鉄球が当たらない部分の面積を全部足したら， ① cm^2 になったよ。」

⑴ ２人が転がして遊んでいる鉄球の体積を求めよ。

⑵ ①に入る値を求めよ。

6 下の図のように，AB＝AC，BC＝$13\sqrt{2}$ である直角二等辺三角形ABCがある。頂点B，Cから頂点Aを通る直線 l に垂線BD，CEをそれぞれ引く。このとき，次の問いに答えよ。

⑴ 〈図１〉のように頂点Aを通る直線 l が△ABCの外側を通る。∠EAC＝30°であるとき，DEの長さを求めよ。

⑵ 〈図２〉のように頂点Aを通る直線 l が△ABCの内側を通るとき，線分ADと線分BCの交点をPとする。AE＝5であるとき，EPの長さを求めよ。

〈図１〉

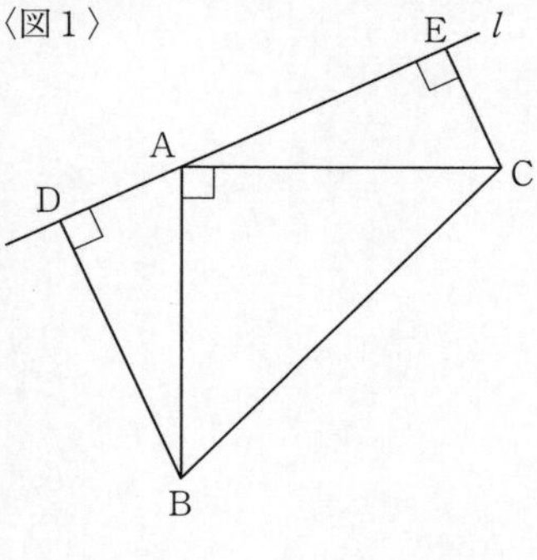

〈図２〉

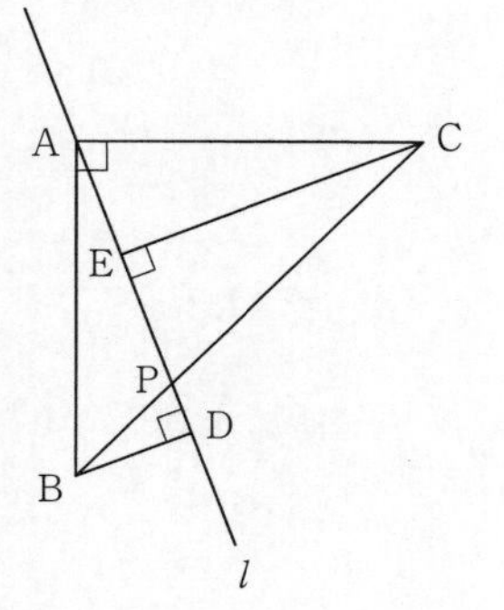

イ　僧都が、魚をもらってきてくれるよう弟子に頼んだ。
ウ　弟子が、魚を探し求めて献上するよう魚の主に命令した。
エ　魚の主が、魚を自らすすんで持ってきて、僧都に献上した。

問五　――線③「夢」とあるが、夢の内容はどこからどこまでか。本文より最初と最後の三字を抜き出して答えよ。（句読点・記号も一字と数える）

問六　――線④「我が家しるし除きければ」とあるが、「恐ろしげなる者ども」は、なぜそのようにしたのか。十五字以内で答えよ。

問七　――線⑤「その事」とは何か。本文より一語で抜き出して答えよ。

問八　――線⑥「この由を申す」とあるが、誰が誰にこのできごとを申し上げたのか。解答欄に合うように本文中の言葉で答えよ。

問九　――線⑦「賜びてぞ帰されける」とあるが、どういうことか。最も適当なものを次の中から選び、記号で答えよ。

ア　僧都が魚の主から引き出物の衣服をいただいてその場を退出した。
イ　僧都が魚の主に引き出物の衣服をお与えになってお帰しになった。
ウ　魚の主が僧都に引き出物の衣服を差し上げてお引き取りいただいた。
エ　魚の主が僧都から引き出物の衣服を召し上げられ、退去させられた。

長先生の判断でスピーディーに変更すべきだと思う。

Cさん　山を切り崩して高速道路を建設するのは、環境への影響が大きいので、地元民の同意が欠かせないと思う。

Dさん　選挙でどの立候補者に投票するかは、周囲の人の意見やSNSなどを参考にしつつも、自分自身で判断してよいことだと思う。

問十　――線⑥「人間は、他の多くの動物とは異なって、正しいことと不正なことを感じる感情の仕組みを持っており」とあるが、筆者はこの他に人間と他の動物の異なる点として、どのようなことをあげているか。本文の言葉を用いながら、両者を比較する形で簡潔に説明せよ。

問十一　――線⑦「正しさは社会的に作られていく」とあるが、それはどのようにすることで可能となるのか。**「合意」という言葉を必ず用いて**、本文に即しながら四十五字以内で説明せよ。

三　次の文章を読んで、後の問いに答えよ。

これも今は昔、(注1)南京の永超僧都《やうてうそうづ》は、①魚なき限《かぎり》は、(注2)時《とき》、非時《ひじ》もすべて食はざりける人なり。(注3)公請《くじやう》勤めて在京《ざいきやう》の間久しくなりて、魚を食はで、ⓐくづほれて下《くだ》る間、(注4)奈島《なしま》の丈六堂の辺《へん》にて(注5)昼破子《ひるわりご》食ふに、弟子一人近辺《きんぺん》の(注6)在家《ざいけ》にて②魚を乞《こ》ひて勧めたりけり。㋐件《くだん》の魚の主《ぬし》、後《のち》に③夢にⓑ見るやう、恐ろしげなる者ども、その辺の在家をしるしけるに、④我が家しるし除きければ、尋ねぬるところに、使《つかひ》の曰《いは》く、「永超僧都に魚を奉る所なり。さてしるし除く」といふ。その年、この村の在家、㋑ことごとく(注7)疫《えやみ》をして死ぬる者多かりけり。その魚の主が家、ただ(注8)一宇《いちう》、⑤その事をまぬかるによりて、僧都のもとへ参り向ひて⑥この由《よし》を申す。僧都この由を聞きて、(注9)被物一重《かづけものひとかさね》⑦賜《た》びてぞ帰されける。

(『宇治拾遺物語』)

(注1)　南京…奈良の都のこと。

(注2)　時・非時…「時」は定時、すなわち午前の食事のことで、「非時」はそれ以外、すなわち午後の食事のこと。

(注3)　公請…勅命によって朝廷の催す法会などに召されること。

(注4)　奈島の丈六堂…奈島は今の京都府城陽市奈島。丈六堂は、仏像を安置するお堂のこと。

(注5)　昼破子…折詰の昼食。「破子」は檜の白木で作ったふた付きの折詰。

(注6)　在家…民家。

(注7)　疫をして…流行病にかかって。

(注8)　一宇…一軒。

(注9)　被物…衣服の引き出物。ねぎらいの品。

問一　==線ⓐ「くづほれて」・ⓑ「見るやう」をそれぞれ現代仮名づかいに直せ。

問二　～～線㋐「件の」・㋑「ことごとく」のここでの意味として最も適当なものをそれぞれ後の中から選び、記号で答えよ。

㋐　件の

ア　旧知の　　イ　問題の

ウ　本来の　　エ　先述の

㋑　ことごとく

ア　特にめだって　　イ　すべて残らず

ウ　いっそうひどく　　エ　おおげさでなく

問三　――線①「魚なき限は、時、非時もすべて食はざりける人」とは、どのような人か。最も適当なものを次の中から選び、記号で答えよ。

ア　魚が苦手で、まったく食べられない人。

イ　魚に興味がなく、食べたことがない人。

ウ　魚以外のものは、まったく食べようとしない人。

エ　仏道修行のため魚を食べないようにしている人。

問四　――線②「魚を乞ひて勧めたりけり」とあるが、どういうことか。最も適当なものを次の中から選び、記号で答えよ。

ア　弟子が、魚をもらってきて僧都に食べさせた。

（注3）「はじめに」…出典となっている書籍の冒頭に、「はじめに」と題した文章がある。

（注4）進化倫理学…人の精神や行動を形作った進化の側面から倫理・道徳を探究する学問。

（注5）互恵…互いに利益を与えたり受けたりすること。

問一 ――線ⓐ「無造作に」・ⓑ「助長する」・ⓒ「てんでに」の意味として最も適当なものをそれぞれ後の中から選び、記号で答えよ。

ⓐ 無造作に
ア 力にまかせて強引に
イ 礼を尽くすことなく
ウ 慎重に考えず気軽に
エ 脇目もふらず無心に

ⓑ 助長する
ア 目立たないように背後から支える。
イ 好ましくない傾向をさらに強める。
ウ 助けるように見せかけて妨害する。
エ 長い時間をかけて立派に育て上げる。

ⓒ てんでに
ア ひそかに　イ なんとなく
ウ 自分勝手に　エ それぞれに

問二 [A]～[D]に入る語として最も適当なものをそれぞれ次の中から選び、記号で答えよ。
ア まだ　イ もう　ウ たとえ
エ 決して　オ もちろん　カ あたかも

問三 [I]に入る言葉として最も適当なものを次の中から選び、記号で答えよ。
ア 文化絶対主義　イ 文化相対主義
ウ 文化民主主義　エ 文化平等主義

問四 ――線①「『ルールを正当化する手続きの正しさ』を満たしておらず」とあるが、「ルールを正当化する手続きの正しさ」は、どのようにすることで満たされるのか。本文の言葉を用いながら二十字以内で答えよ。

問五 ――線②「代議制民主主義には一定の正当性がある」とあるが、なぜそう言えるのか。理由を述べたものとして最も適当なものを次の中から選び、記号で答えよ。
ア 国民が選挙によって議員を選出することで、民意が議会に反映されるから。
イ 国民が選挙によって議員を選出することで、民意が通ることが保証されるから。
ウ 国民が選挙によって議員を選出することは、代表者に大きな権力を与えるから。
エ 国民が選挙によって議員を選出することは、代表者に全ての決定を一任するから。

問六 ――線③「反感を[　　]」の空欄に適当な二字を入れて、慣用表現を完成させよ。

問七 ――線④「暴力」とあるが、ここで言う「暴力」とはどのようなことか。（中略2）より後の本文から三十字前後で抜き出し、最初と最後の五字で答えよ。

問八 本文には次の一文が抜けているが、どこに入れるべきか。本文中の【ア】～【エ】から最も適当なものを選び、記号で答えよ。

こうした言葉は、より正しいことを求めていく努力をはじめから放棄する態度を示しているように思われるからです。

問九 ――線⑤「他人と合意を作っていかなければならないこと」とあるが、これについて話し合ったAさん・Bさん・Cさん・Dさんの意見の中で、筆者の考えと異なるものを一つ選び、A～Dの記号で答えよ。

Aさん　老朽化したマンションを建て替えるためには、居住者の同意を得る努力をする必要があると思う。

Bさん　学校の校則は、時代の急速な変化に遅れないように、校

⑥人間は、他の多くの動物とは異なって、正しいことと不正なことを感じる感情の仕組みを持っており、それが道徳的な善悪の起源にあります。助け合いや利他的な行動への好みや喜び、利益を独占する行為や暴力的な強制への嫌悪や怒りが、人間に独特の「道徳という領域」を開くのです。

　そうした感情の仕組みは、生物学的・遺伝的な要素として人間という生物種に組み込まれているようです。そこで、(注4)進化倫理学では、人間が不正に対して怒りを感じたり、他人に親切にすることに喜びを感じたりする感性を持っていることについて、(注5)互《ご》恵《けい》や間接互恵によって説明します。しかし、そうした感情は、各個人がⓒてんでに感じているだけでは道徳的な正しさや不正ではありません。「個人が正しいと感じること」と「正しいこと」、「個人が不正だと感じること」と「不正」とは、それぞれ別のことです。正しさとは、どのようにふるまうことが道徳的に正しいのかについての共通了解のことなのです。

　チンパンジーなど、集団で暮らしている知能の高い動物であれば、互恵的な行動を行いますし、それを裏切った者に対しては怒りを感じるのかもしれませんが、かれらはそうした自分の感情を意図的に伝達することはありません。動物は鳴き声によってコミュニケーションをしているように見えますが、そうした鳴き声は人間でいえば意図せずに出てしまう叫び声に相当するものであって、動物には言語はないのです。

　他方、人間は自分の感情や意図を他人に伝達しようとします。受け手の側も、こちらが何かを伝達しようとしているのだと理解してくれます。その結果、人間は理解を共有し、新たな社会のあり方や文化を創造していきます。正しさについての合意も作られていきます。

　たとえば、どうやら人間には女性を劣位に見る傾向があるようです。そうした感情の仕組みに従って社会的な序列が作られがちです。しかし、そうした序列は、劣位に置かれた女性が合意して受け入れたものではありません。それに対して「不正だ」と抗議する女性たちは、当初は社会的に優位にある男性によって反発されたことでしょう。そうした女性たちの主張が女性たちの間で共有され、さらには男性たちにも共有されたことで、社会的な序列についての正しさが作られてきたのです。

　このようにして⑦正しさは社会的に作られていくのですが、だからといって「正しさは社会や国によって異なる」といって済ませるわけにはいきません。多くの社会ではルールを正当化する手続きが定められていますが、その手続きそのものが正しいとは限らないからです。**ある行為の正しさは、それに巻き込まれる人たちが合意することによって正当化される**ものです。人間は、自分が納得して合意したルールには、強制などされなくても自分から従います。もちろん、ときどきは違反するかもしれませんが、そのときは周りから責められなくても、自分で悪かったと思うことでしょう。

　他方、当事者が参加しない手続きによって定められたルールを強制することは暴力であり、不正といわなければなりません。

　もちろん、すべての人が話し合い、合意することは現実的にいって不可能ですから、「絶対的に正しいことはない」というのは一面の真実ではあります。しかし、そこで思考停止するのではなく、「社会的な正しさ」の名のもとに暴力的な強制を受けている人たちの声を聞き、より正しい正しさを求めていくことが、正しさを作るための正しい手続きです。

　人間は、各人がそれぞれに感じる感情に縛られているのではなく、これまでに作られてきた「正しさ」を丸呑みするだけでもなく、他人の感情や考えを聞き、事実と論理にもとづいて思考することで、共有できる「より正しい正しさ」を作っていくことができるのです。

（山口裕之《ひろゆき》『「みんな違ってみんないい」のか？』）

（注1）倫理学…人間はいかに生きるべきかを考え、探究する学問。

（注2）旧優生保護法…一九四八年～一九九六年に施行されていた、障害者に対する強制不妊手術を認める法律。

が、支配される側の人々の合意によって正当化されたものではなく、暴力(武力)によって獲得されたものです。

　そうしたあからさまに暴力的な手続きよりは、代議制民主主義の手続きはずいぶんマシなものではあります。しかしやはり、代表されていない立場の人たちも多数います。それどころか、議会においてさえ、代表者全員が納得して合意するまで話し合われないままに、強行採決によって可決されることがままあります。そのようにして定められた法律をⓐ無造作に「正しい」と見なすことは、合意していないままに従わされる人たちへの④暴力を無造作に肯定することになります。

　[A]、自分が納得しない法律には従わなくてよいということにはなりません。しかし、納得できない法律は批判し、その改正を求めていくことはできます。また、ある法律が含んでいる暴力に自分自身では気づけなくても、それに苦しめられている人の声を聞いて気づくこともあります。そうして気づいてしまったときには、[B]他国のことや昔のことであったとしても、「正しさ」を問い返し、「より正しい正しさ」を実現するように努力していくべきでしょう。【ア】

　(注3)「はじめに」の最初に書きましたが、「正しさは人それぞれ」と並んで最近よく聞く言葉に、「絶対正しいことなんてない」とか「何が正しいかなんて誰にも決められない」などというのがあります。【イ】これらの言葉を言う人たちは、どうやら「ちょっと気の利いた、よいことを言っている」と思っているようなのですが、私はこうした言葉を聞くたびに背筋が寒くなります。【ウ】そして、こうした言葉を吐く人たちは、たとえば私が何も悪いことをしていないのにガス室に送られそうなとき、[C]助けてくれないだろうなと思うからです。

　どんなに話し合っても、国民全員が、さらには人類全員が合意することはないかもしれません。たとえいま生きている人たち全員が合意したとしても、[D]生まれていない人は合意していません。その意味では、「絶対正しいことなんてない」のかもしれません。【エ】しかし、「**より正しい正しさ**」**はあります**。一方的に決めたルールを暴力によって強制するよりは、話し合ってお互いに納得して決めていく方が正しいですし、これまで正しいと思われていたことに対して、その不正を告発する人たちの声が聞き入れられ、改正されたときには、より正しいものになっているでしょう。そうやって、たとえば女性の権利が認められてきたわけです。

　もちろん、「不正の告発」それ自体が不正なものである場合もあるでしょう。自分が悪いのに、それを認めずに他人のせいにする人もいます。そうしたとき、相手を尊重するとは、単に相手の言い分を丸呑《まるの》みすることではありません。納得できないことを言っているのに「人それぞれ」といってきちんと反論しないのは、相手を尊重するどころかバカにすることです。まずは相手の言い分をよく聞き、それがもっともだと思えば従い、おかしいと思えば指摘し、相手の再度の言い分を聞く。それを繰り返すことで、お互いに納得のできる合意点を作り上げていく。これが、**正しさを作っていくための正しい手続き**というべきでしょう。そうした手続きによって、より正しい正しさを実現するよう努力していくことが大切です。

　私が「人それぞれ」という言葉にこだわるのは、そうした努力をしないで済ませる態度をⓑ助長するからです。もちろん、趣味や好みなど、他人と同じにしなくてもとくに問題ないようなことについては「人それぞれ」でけっこうなのですが、そうでないこと、他人を巻き込むことについては「人それぞれ」で済ませるわけにはいきません。⑤他人と合意を作っていかなければならないことについて、「人それぞれ」などといって十分に話し合う努力をしないでいると、社会は分断されてしまいます。分断された社会で何かを決めようとすれば、結局のところ暴力に頼るしかなくなってしまいます。

（中略2）

二〇二三年度　十文字高等学校（推薦）

【国語】（四五分）〈満点：一〇〇点〉

◎文中からそのまま抜き出して答える場合、句読点や記号は一字とすること。また、ふりがなのある漢字は、ふりがなをつけなくてよい。

一　次の①～⑩の――線部について、カタカナは漢字に直し、漢字はその読みを平仮名で記せ。

① 社会に利益をカンゲンする。
② 必要な情報をチクセキする。
③ ベランダで草花をサイバイする。
④ 両国の貿易マサツを解消する。
⑤ 事実をコチョウしてはいけない。
⑥ 健気に努力する姿を見る。
⑦ 味方の裏切りに憤りを覚える。
⑧ 地方の祭に風情を感じる。
⑨ その判断は時期尚早だ。
⑩ 素人離れした腕前を見せる。

二　次の文章を読んで、後の問いに答えよ。

（注1）倫理学の授業をしていると時々、日本の（注2）旧優生保護法やナチスによるユダヤ人虐殺《ぎゃくさつ》について、「その時代では正しいことだったのだ」などと発言する学生さんがいて、仰天《ぎょうてん》します。たしかにいずれの場合も、当時の「ルールを正当化する手続き」にのっとって法律として定められたものです。しかし、だからといって、「それらは正しかったのだ」と即断してよいものでしょうか。とはいっても、正しさは文化によって異なるという［Ⅰ］の立場からは、そうした発言に反論することは困難です。生徒からそのように言われて、おかしいとは思いつつ、十分に反論や議論ができなかった中学や高校の先生も多いのではないでしょうか。

しかし、考えてみましょう。障害があるなどの理由で不妊手術を受けさせられた人たちは、優生保護法に合意していたのでしょうか。虐殺されたユダヤ人たちは、虐殺されることに合意していたのでしょうか。まさか。かれらがそんな目にあわされたのは、まさしく暴力による強制でした。これまで見てきたように、「正しさ」は、ある行為に複数の人間が関わるときに、その人たちの間で合意が形成されることで成立します。当事者が関わらないところで勝手に決めたルールを強制することは、それ自体として不正です。このように考えると、これらの法律は①「ルールを正当化する手続きの正しさ」を満たしておらず、やはり不正だったというべきでしょう。

（中略1）

もちろん、全国民が一致して合意するなどということは現実的に困難です。そこで、現在のほとんどの国では代議制民主主義が採用されています。この制度では、議員が普通選挙で選ばれる限りは、法律に従う立場の人たちの代表者が法律を制定していることになります。その点で、②代議制民主主義には一定の正当性があるといってよいでしょう。

それに、議会での議論は公開されていますから、議員以外の一般市民はその様子を見聞きして、納得できるものかどうかを判断することができます。そして、納得できない主張をした議員を次の選挙で落選させることもできます。

江戸時代の日本やその他多くの国において、かつて法律は、権力者が一方的に定めてそれに従うことを暴力で強制するものでした。あまりに人々の立場を無視した法律は大きな③反感を［　］でしょうから、それなりに配慮したかもしれませんが、その場合でも人々の意見を直接聞いたわけではなく、権力者側が勝手に推測しただけだったでしょう。そしてそもそも、そうした権力者の権力自体

2023年度／十文字高等学校（推薦）

英語解答

1 問1 ウ　問2 ア　問3 エ
問4 イ　問5 イ　問6 ウ

2 ① take　② once　③ different
④ hand　⑤ good〔great〕
⑥ live

3 A ウ　B オ　C ア　D キ
E ク

4 1 F　2 T　3 T　4 F
5 F　6 T　7 F　8 F
9 F　10 T

5 問1 ア　問2 ウ　問3 イ
問4 ウ　問5 permission
問6 本物の薬，薬ではないもの〔偽物の薬〕
問7 イ　問8 ア，エ

6 1 Would you like something hot to drink
2 Do you know what she is doing
3 No one sings as well as she does
4 It is important for us to have breakfast
5 I am looking forward to seeing you again

1〔長文読解総合―広告〕

≪全訳≫❶ガジェットワールドでは，最新の電子機器を最適な価格でご用意しています！　今月，私たちがお勧めするのはこちらです。❷ボイスコントローラー／ステレオ，DVD，テレビ…あらゆる物を，あなたの声でコントロールしましょう。例えば，「CDオン」と言えば，ステレオの電源が入り，CDを選んで再生が始まります！　10メートル以内であれば，どの方向からでも作動します。30の命令を記憶できます。音楽好きの方，映画好きの方，SFファンに最適です！　150ドル／レビュー：これはすばらしいです！　買ったばかりですが，とてもかっこいいです。　マック／購入して1か月になります。楽しいです…動くときは。　イアン❸ワンダーウォッチ／こちらはひと味違ったUSBです。それは時計なのです！　全てのファイルを常に持っておきましょう。容量32ギガ・64ギガ版　200ドル／レビュー：ボーイフレンドに買いました。決して忘れることがないので，普通のUSBを持ち歩くよりいいです！　スー／1つ持っていますが，まだ使っていません。説明書が理解できないのです。助けてもらえませんか？　リアム❹ワンタッチロック／ロックに指をつけると，玄関のドアが開きます。映画に出てくるような，ハイテクの指紋認証です。しかも，共有するために指を切る必要はありません。25種類の指紋を保存できるのです。　1500ドル／レビュー：高いけど，とても気に入っています。これを買ってから，友達がみんなそれを買いたがっています！　ジョー

問1＜要旨把握＞第1段落参照。　recommend「～を勧める」　selection「選ばれた物」

問2＜要旨把握＞各商品の説明の最後に価格が出ている。

問3＜要旨把握＞ワンダーウォッチのレビュー2つ目を参照。　instructions「取り扱い説明書」

問4＜内容真偽＞ア…×　ボイスコントローラーで操作できる範囲は10メートル以内である。　イ…○　アの解説参照。in any direction「どの方向からでも」とあるので場所は問わない。　ウ・エ…×　そのような記述はない。

問5＜要旨把握＞ジョーのワンタッチロックのレビュー参照。友達も欲しがっている。

問6＜要旨把握＞ワンダーウォッチのレビュー参照。スーはボーイフレンドに買ってあげた。

2〔長文読解―適語補充―エッセー〕

≪全訳≫❶母の友人で，旅行に行くときに私に植物の世話を頼んでくる人がいる。たいていの人は，これは簡単なことだと思うだろうが，そんなに簡単なことではない。実際，母の友人は，それぞれの植物に対してやるべきことをたくさん私に伝える。彼女は家の各部屋にいくつかの植物を置いているので，難しいこともある。❷例えば，全ての植物が水を必要とするわけではない。実際，水をやりすぎると枯れてしまう植物もある。母の友人は，日光を浴びさせるため，庭に砂漠の植物を植えている。それらの植物には，週に１度しか水をやらない。しかし，水をたくさん必要とする植物もある。例えば，彼女の花には毎日水をやらなければならない。花の土が常に湿っていないと，枯れてしまうことがある。❸もう１つは，それぞれの植物には違った量の日光が必要だということだ。どの植物が他の植物よりも多くの日光を必要とするのかを見分けるのは，簡単ではないことが多い。例えば，砂漠の植物は多くの日光を必要とする。しかし，これらの植物はあまり水を吸わないので，これは道理に合わない。砂漠の植物は不可思議だ！　一方，彼女の花は，日陰にいる必要がある。日光が強すぎると，これらの植物の花や葉が焼けてしまうことがある。簡単に枯れてしまうのだ！❹私の隣人が私に頼んでくる最も奇妙なことは，植物に話しかけることだ！　植物に話しかけるなんて変だと思うのだが，母は，それは植物にとってよいのだと言う。母は，科学者たちがそれを示すために実験をしたと言っていた。科学者たちは，植物によく話しかけると，その植物はより大きくなり，より長く生きると報告している。しかし，植物に話しかけなければ，その植物はしばしば小さくなり，すぐに枯れてしまうだろう。

＜解説＞①take care of ～「～の世話をする」　②砂漠の植物に水をやる頻度を答える。once a week で「１週間に１度」。　③直後の文から，それぞれの植物に必要な日光の量は「違う」ことがわかる。　④on the other hand「一方で」　⑤it は talking to the plants「植物に話しかけること」，them は plants「植物」を指す。２文後の内容から，植物に話しかけることは，植物にとって「よい」と判断できる。　⑥grow bigger and (　) longer が次の文の be small and die soon と対照をなしていることを読み取る。植物に話しかけると「大きく成長しより長く生きる」が，話しかけなければ「小さくすぐ枯れる」のである。

3〔対話文完成―適文選択〕

≪全訳≫❶トモミ(T)：こんにちは，ビル。日本での生活はどう？❷ビル(B)：やあ，トモミ。本当に楽しんでるよ。人々は親切だし，食べ物はおいしいし。❸T：Aどんな日本食が好きなの？❹B：先週末，ホストファーザーが僕を浅草に連れていってくれて，和食のレストランで昼食に天ぷらを食べたんだ。ホストマザーが天ぷらをつくるときは，お皿で出してくれるんだ。でも，浅草のレストランでは，それはどんぶり１杯のご飯の上にあったんだ。料理の名前は覚えてないけど，とても気に入ったよ。❺T：それは「天丼」っていうのよ。❻B：そう，それだ！　天丼が僕のお気に入りの日本食だよ。❼T：そう，「天」は天ぷら，「丼」は大きなご飯用のどんぶりという意味なの。カツ丼や親子丼など，他にも丼の料理があるわ。❽B：カツ丼は知ってるよ。とんかつがご飯の上に載っているんだよね。❾T：そのとおりよ。親子丼はどう？❿B：B親子丼は聞いたことがないな。親子丼って何？⓫T：親子丼は，ご飯の上にとり肉と卵が載ったものよ。親子は「親と子」という意味なの。⓬B：それはおもしろいね。食べてみたいな。Cどこで食べられるの？⓭T：私に考えがあるわ。今度の土曜日，家族のために昼食をつくるつもりなの。もし暇なら，一緒に昼食を食べない？　親子丼をつくってあげる。⓮B：Dそれはぜひ。君は料理が得意なんだろうね。⓯T：実は，料理はそんなに難しくないんだけど，お皿を洗うのがいつも大変で…。E お皿を洗うのを手伝ってくれる？⓰B：もちろん。問題ないよ。

＜解説＞A．この質問を受けて，ビルは気に入った日本食について話している。　B．この後，「親子丼って何？」ときいているので，ビルは親子丼について聞いたことがないとわかる。　C．親子丼に興味を持ったビルの質問として適切なものを選ぶ。アの文末の it は *Oyako-don* を指す。　D．トモミに昼食を食べに家に来るよう誘われたビルの返答が入る。I'd love to. は相手の発言を受けて「ぜひ，そうしたい」という意味。ここでは I 'd love to join you for lunch. ということ。　E．皿洗いは大変だから，トモミはビルに皿洗いを手伝ってくれないかときいたのである。'help＋人＋with ～'「〈人〉の～を手伝う」

4 〔長文読解―内容真偽―物語〕

≪全訳≫❶貧しい学生は，学費を払うためにさまざまな仕事をしなければならないことが多い。当時は学生にとって給料のよい仕事はあまりなく，多くの学生が，一軒一軒直接訪問して物を売ることに時間を費やしていた。❷ハワードもそんな学生の１人だった。彼はとても貧しい学生だった。彼を養う余裕のない貧しい家庭の出身だったので，彼は週に数回，家から家へと品物を売りに行かなければならなかった。❸夏の暑い日のことだった。ハワードはテストのために一生懸命勉強しなければならず，前日の夜は眠っていなかった。彼は夏の暑さでくたくたに疲れていた。❹時がたつにつれて，彼は本当に疲れてきて，おなかがすいてきた。❺その日は彼にとって特に大変だったようで，彼は何も売れなかったので，食べ物を買うのに十分なお金がなかった。彼は落胆し，仕事を辞めること，学校を辞めることさえ考えていた。最悪の瞬間だった。❻「これが最後だ。人がどう思おうと気にしない。プライドを捨てれば，何でもできる」と，ハワードは思った。彼は，次に訪れた家で，何か食べる物を頼むことに決めた。❼親切な女性が応対し，「こんにちは」と言ってくれた。彼は弱々しい声で，「水を１杯もらえませんか？」としか言えなかった。❽その女性は，彼が空腹だと思い，大きなカップに入った牛乳を持ってきてくれた。❾ハワードはゆっくりと牛乳を飲んだ。彼は力を取り戻し，はっきりとした声で彼女に尋ねた。「それで，おいくらですか？」❿彼女はほほ笑み，お金を受け取ることを拒否したので，ハワードは彼女に「どうもありがとうございました」と言った。彼女はお返しに彼の幸運を願い，彼は次の家へと向かった。たった１杯の牛乳だったが，彼の体と心を元気づけるのに十分だった。⓫30年後，ある女性が珍しい病気で病院に連れてこられた。⓬ケリー医師が，彼女の担当となった。⓭彼は長い時間，懸命に働いた。多忙なスケジュールにもかかわらず，彼が彼女に施した治療は特に優れていた。ケリー博士の治療とケアによって，その女性は元気になり，そして家に帰れるようになった。⓮ケリー医師は，会計係に最後の請求書を自分に渡すように頼んだ。彼はそれを見て，その端に何か書き，それを彼女の部屋に送った。⓯彼女は払えないとわかっていたので，請求書を開けるのが怖かった。彼女は，自分の病気に対する治療がとても高額だとわかっており，彼女にはお金があまりなかった。⓰彼女は退院できてうれしかったが，いくらかかるか不安だった。長い間，封筒を開ける勇気が出なかった。⓱彼女はついに封筒を開けたが，自分の目が信じられなかった。その紙の一番下に，「料金は，牛乳１杯で全て支払われました」と書かれていた。そしてその下には，「ハワード・ケリー医師」という医師のサインがあった。

＜解説＞1．「ハワードは，彼が必要とするときにいつでも彼をサポートできる，とても裕福な家庭の出身だった」…×　第２段落第３文参照。貧しい家の出だった。　2．「ハワードは，テストに向けて勉強しなければならなかったので，一睡もしなかった」…○　第３段落第２文に一致する。

3.「ハワードは仕事があまりうまくいかなかったので，食べ物を買うのに十分なお金を得ることができなかった」…○　第5段落第1文に一致する。　4.「ハワードはとてもおなかがすいていたので，女性から食べ物を買うことに決めた」…×　第5段落第1文および第6段落最終文参照。食べ物を買うお金がなかったので，次に訪れた家でもらおうと考えた。　ask for ～「～を求める」　5.「女性はハワードがとてもおなかがすいていると思ったので，ハワードに食べ物をあげた」…×　第8段落参照。食べ物ではなく1杯の牛乳である。　6.「ハワードは1杯の牛乳を飲んだので，元気になることができた」…○　第10段落最終文に一致する。　7.「ハワードは3ドル払おうとしたが，女性は2ドルしか受け取らなかった」…×　そのような記述はない。　8.「30年後，その女性は大きな車の事故に遭った」…×　第11段落参照。車の事故ではなく，珍しい病気にかかった。　9.「その女性は治療費を十分に持っていたので，請求書を開くことを恐れなかった」…×　第15段落参照。　be afraid to ～「怖くて～できない」　10.「ハワードは医者になり，その女性の命を救った」…○　第13～17段落の内容に一致する。

5〔長文読解総合―説明文〕

≪全訳≫❶現在，大きな薬の市場があるので，多くの会社が常に新しい薬をつくろうとしている。しかし，会社はただ新しい種類の薬をつくって，それを売るということはできない。会社には，それを売るための許可を政府からもらうために，するべきことがたくさんあるのだ。❷まず，会社は新薬が安全であることを示さなければならない。薬は体調を回復させるはずのものだが，新薬は別の問題を引き起こすこともある。だから会社は，その新薬を服用しても健康に害がないことを確かめなければならない。例えば会社は，その薬が重大な病気になる危険性を高めるかどうかを知る必要がある。薬が安全であることを確かめるために，通常，会社はまず動物で，その検査をする。サルやネズミ，ネコ，イヌなどに大量の薬を与え，悪い副作用がないか検査する。もし悪い副作用が見つからなければ，会社は次のステップである，人間での検査に進むことができる。❸店で売る前に，新薬を人間で検査するのには理由がある。サルやネズミ，ネコ，イヌは，人間とは異なる体を持っている。だから，たとえ動物に薬による害がなかったとしても，会社はそれでも，その薬が人間にとって安全なものかどうかを知る必要がある。そこで会社は，その薬を飲むことに同意した少数の人間を調べる。新薬を試すことに同意した人たちは，会社からお金をもらう。彼らはまた，自分が患っている病気から回復するかもしれない。検査グループが何も悪い副作用を示さなければ，会社はおそらくその薬を販売するための許可を得ることができる。❹しかし，製薬会社は，薬が安全であることを示した後，さらにしなければならないことがある。薬が有効であることも示さなければならない。その薬が本当に効くことを示さなければならないのだ。その結果，会社はしばしば2つのグループの人間を検査する。一方のグループは，本物の薬をもらう。もう一方のグループは，本当の薬ではないものをもらう。つまり，この2番目のグループは薬をもらっていると思っているが，実は全く薬をもらっていないのだ。❺そして，会社はこの2つのグループを比較する。薬をもらっていないグループが，もう1つのグループと同じくらい改善したら，会社はさらなる作業をしなければならない。薬を本当に効果的にするために，薬を改良する必要があるのだ。

問1＜適語(句)選択＞前文の「常に新薬をつくろうとしている」と空所後の「ただ新薬をつくって売ることはできない」が，相反する‘逆接’の関係になっている。

問2＜要旨把握＞会社が販売許可を得るためにしていることは次の段落以降で説明されている。ウの「人間の子供で薬の安全性を確認する」という記述はない。

問3＜適語句選択＞文頭の Even though ～は「～であるけれども」という意味。文前半が「薬は体調を回復させるはずだが」という内容なので，後半はよくない話が続くと考えられる。　cause「～を引き起こす，～の原因となる」

問4＜適語選択＞第2，3段落で述べられているのは，薬の安全性を確認する手順についてである。動物にとって無害でも，動物とは体の構造が異なる人間にとっても安全かどうかを確かめる必要があるのである。ここでの if は「～かどうか」という意味。　even if ～「たとえ～でも」

問5＜適語補充＞薬の安全性がわかれば「薬を売るための許可」が得られる。第1段落最終文参照。

問6＜語句解釈＞直後の2文参照。'One ～. The other …' は，2つあるものについて説明するときの表現で，「1つは～。もう1つは…」という意味。

問7＜表題選択＞製薬会社が新薬を開発してから販売に至るまでの過程を説明している。この内容を表しているのは，イ.「新薬をつくる会社」。

問8＜内容真偽＞ア.「多くの会社がよい薬をつくろうとするのは，それがよく売れればお金を稼ぐことができるからだ」…○　第1段落第1文の内容に一致する。市場が大きいので，売れれば利益は大きくなる。sell well は「よく売れる」という意味。　イ.「動物は通常，薬による副作用を受けることはない」…×　第2段落後半参照。会社は薬の悪い副作用が出ないかを調べるために動物を使っている。　ウ.「会社が薬を検査するとき，会社はその薬を飲んでいる人たちにお金を払うべきではない」…×　そのような記述はない。　エ.「会社は，新薬が本当に効果があることを確かめなければならない」…○　第4段落第2，3文の内容に一致する。　オ.「会社がつくった薬が効かないなら，会社はその薬をつくるのをやめなければならない」…×　最終段落参照。さらに改良する必要が生まれるが，つくるのをやめなければならないというわけではない。

6〔整序結合〕

1.「～はいかがですか」は Would you like ～? で表せる。「何か温かい飲み物」は，something hot to drink。'something＋形容詞＋to不定詞' という語順に注意。　Would you like something hot to drink?

2. Do you know「(あなたは)わかりますか」で始め，「彼女が何をしているのか」を '疑問詞＋主語＋動詞...' の間接疑問で表し，know の後に続ける。　Do you know what she is doing?

3. 語群に no と2つの as があることから，'No (other)＋単数名詞＋動詞＋as ～ as …'「…ほど～な〔に〕―ない」の形で「クラスの誰も，彼女が歌うほど上手には歌わない」という文をつくる。「誰も歌わない」は No one sings,「彼女が歌うほど上手に」は，as well as she does と表せる。この does は，sings の代わりとなる代動詞。　No one sings as well as she does in our class.

4. 'It is ～ for … to ―'「…が〔にとって〕―することは～だ」の構文をつくる。　It is important for us to have breakfast every morning.

5.「～するのを楽しみにする」は，look forward to ～ing で表せる。ここでは現在進行形になっている。　I am looking forward to seeing you again.

2023年度／十文字高等学校（推薦）

数学解答

1 (1) $\dfrac{9}{14}$　(2) -8　(3) $\dfrac{14x-13y}{15}$

(4) $2a(x+6)(x-9)$

(5) $x=\dfrac{-1\pm\sqrt{13}}{6}$　(6) 54　(7) 5

(8) 122°

2 (1) 256通り　(2) 216通り

3 (1) $y=2x+3$　(2) $10:3$〔$2:3$〕

4 (1) $-\dfrac{2}{5}\leqq a\leqq\dfrac{4}{5}$　(2) $\dfrac{1}{2}$

5 (1) $\dfrac{500}{3}\pi\ \mathrm{cm}^3$　(2) 4200

6 (1) $\dfrac{13+13\sqrt{3}}{2}$　(2) $\dfrac{84}{17}$

1 〔独立小問集合題〕

(1)＜数の計算＞与式$=\dfrac{4}{49}\times14-\dfrac{3}{8}\times\dfrac{4}{3}=\dfrac{8}{7}-\dfrac{1}{2}=\dfrac{16}{14}-\dfrac{7}{14}=\dfrac{9}{14}$

(2)＜数の計算＞与式$=-2\sqrt{\dfrac{9}{3}}-\sqrt{2\times32}+\sqrt{2\times6}=-2\sqrt{3}-\sqrt{8^2}+\sqrt{2^2\times3}=-2\sqrt{3}-8+2\sqrt{3}=-8$

(3)＜式の計算＞与式$=\dfrac{5(4x-2y)-3(2x+y)}{15}=\dfrac{20x-10y-6x-3y}{15}=\dfrac{14x-13y}{15}$

(4)＜式の計算―因数分解＞与式$=2a(x^2-54-3x)=2a(x^2-3x-54)=2a(x+6)(x-9)$

(5)＜二次方程式＞二次方程式の解の公式を用いると，$x=\dfrac{-3\pm\sqrt{3^2-4\times9\times(-3)}}{2\times9}=\dfrac{-3\pm\sqrt{117}}{18}=\dfrac{-3\pm3\sqrt{13}}{18}=\dfrac{-1\pm\sqrt{13}}{6}$となる。

(6)＜数の性質＞nは自然数なので，$21-n$は20以下の整数である。よって，$\sqrt{21-n}$が自然数になることより，$21-n=1$，4，9，16である。$21-n=1$のとき$n=20$，$21-n=4$のとき$n=17$，$21-n=9$のとき$n=12$，$21-n=16$のとき$n=5$だから，求める自然数nの和は$20+17+12+5=54$である。

(7)＜関数―yの値＞$y+1$はxに反比例するので，比例定数をaとすると，$y+1=\dfrac{a}{x}$と表せる。$x=2$のとき$y=-4$だから，$-4+1=\dfrac{a}{2}$，$\dfrac{a}{2}=-3$，$a=-6$となる。よって，関係式は$y+1=-\dfrac{6}{x}$となるから，$x=-1$のとき，$y+1=-\dfrac{6}{-1}$より，$y+1=6$，$y=5$となる。

(8)＜平面図形―角度＞右図で，∠BAC$=x$，∠DAE$=y$とし，点Bと点D，点Cと点D，点Cと点Eを結ぶ。$\overset{\frown}{\mathrm{BC}}$に対する円周角より，∠BDC＝∠BAC$=x$であり，$\overset{\frown}{\mathrm{AB}}=\overset{\frown}{\mathrm{BC}}$より，∠ADB＝∠BDCだから，∠ADC＝2∠BDC$=2x$と表せる。同様にして，$\overset{\frown}{\mathrm{DE}}$に対する円周角より，∠DCE＝∠DAE$=y$であり，$\overset{\frown}{\mathrm{DE}}=\overset{\frown}{\mathrm{EA}}$より，∠DCE＝∠ECAだから，∠ACD＝2∠DCE$=2y$と表せる。△ACDの内角の和が180°より，∠CAD＋∠ADC＋∠ACD＝180°だから，$64°+2x+2y=180°$が成り立ち，$2x+2y=116°$，$x+y=58°$となる。よって，∠BAE＝∠BAC＋∠CAD＋∠DAE$=x+64°+y=64°+(x+y)=64°+58°=122°$である。

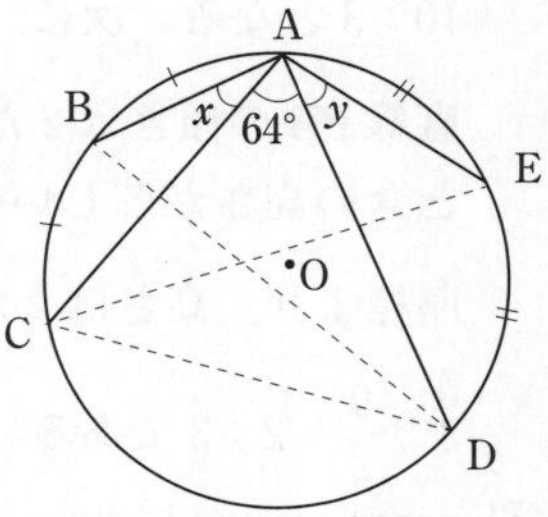

2 〔データの活用―場合の数〕

(1)＜場合の数＞4文字のパスワードで5を1回だけ使うので，5は，1文字目，2文字目，3文字目，4文字目のいずれかである。5が1文字目のとき，2文字目，3文字目，4文字目は，いずれも1，2，

3，4の4通りだから，$4\times4\times4=64$(通り)ある。5が2文字目，3文字目，4文字目のときも同様に，それぞれ64通りある。よって，5を1回だけ使ってつくることができるパスワードは，$64\times4=256$(通り)ある。

(2)＜場合の数＞偶数と奇数を2回ずつ使うので，偶数と奇数の並べ方は，(1文字目，2文字目，3文字目，4文字目)＝(偶，偶，奇，奇)，(偶，奇，偶，奇)，(偶，奇，奇，偶)，(奇，偶，偶，奇)，(奇，偶，奇，偶)，(奇，奇，偶，偶)となる。(1文字目，2文字目，3文字目，4文字目)＝(偶，偶，奇，奇)のとき，1文字目，2文字目はそれぞれ2，4の2通り，3文字目，4文字目はそれぞれ1，3，5の3通りだから，$2\times2\times3\times3=36$(通り)ある。(偶，奇，偶，奇)，(偶，奇，奇，偶)，(奇，偶，偶，奇)，(奇，偶，奇，偶)，(奇，奇，偶，偶)のときも同様に，それぞれ36通りある。よって，偶数と奇数を2回ずつ使ってつくることができるパスワードは，$36\times6=216$(通り)ある。

3〔関数—関数$y=ax^2$と一次関数のグラフ〕

図1

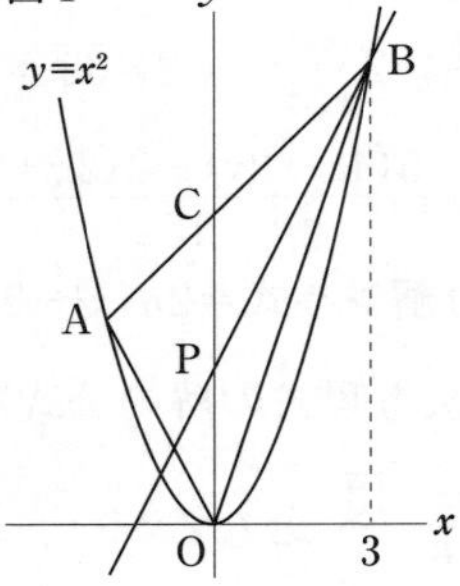

図2

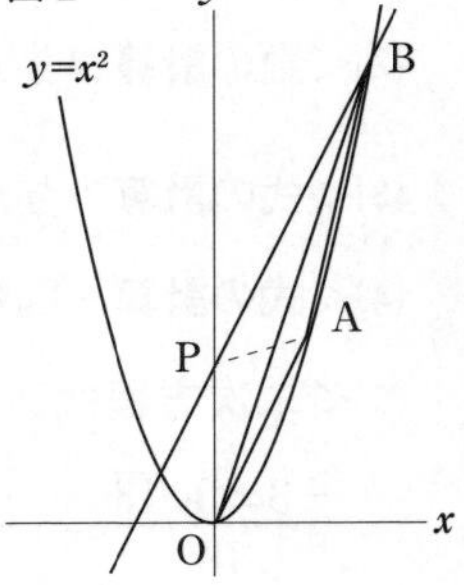

(1)＜直線の式＞右図1で，点Bは関数$y=x^2$のグラフ上にあり，x座標が3だから，$y=3^2=9$より，B(3，9)である。直線PBは傾きが2だから，その式は$y=2x+b$とおける。これが点Bを通ることより，$9=2\times3+b$，$b=3$となるから，直線PBの式は$y=2x+3$である。

(2)＜面積比＞点Aは関数$y=x^2$のグラフ上にあり，y座標が4だから，$4=x^2$より，$x=\pm2$となり，右図1，右図2のように，A(−2，4)，A(2，4)が考えられる。図1で，ABとy軸の交点をCとする。A(−2，4)，B(3，9)より，直線ABの傾きは$\frac{9-4}{3-(-2)}=1$だから，その式は$y=x+c$とおけ，点Bを通ることより，$9=3+c$，$c=6$となる。切片が6なので，C(0，6)となり，OC＝6である。OCを底辺と見ると，2点A，Bのx座標より，△AOCの高さは2，△BOCの高さは3だから，△AOB＝△AOC＋△BOC＝$\frac{1}{2}\times6\times2+\frac{1}{2}\times6\times3=15$となる。また，(1)より直線PBの切片は3だから，P(0，3)であり，OP＝3である。△POBは，OPを底辺と見ると高さは3だから，△POB＝$\frac{1}{2}\times3\times3=\frac{9}{2}$となる。よって，△AOB：△POB＝15：$\frac{9}{2}$＝10：3となる。次に，図2で，2点A，Pを結ぶ。A(2，4)より，直線OAの傾きは$\frac{4}{2}=2$であり，直線PBの傾きは2だから，OA//PBとなる。これより，△AOB，△AOPは，底辺をOAと見たときの高さが等しいので，△AOB＝△AOPとなる。△AOPは底辺をOP＝3と見ると，点Aのx座標より，高さは2だから，△AOB＝△AOP＝$\frac{1}{2}\times3\times2=3$となる。よって，△AOB：△POB＝3：$\frac{9}{2}$＝2：3である。以上より，△AOB：△POB＝10：3，△AOB：△POB＝2：3である。

4〔関数—比例のグラフ〕

≪基本方針の決定≫(2)　直線$y=ax$は，正方形ABCDの対角線AC，BDの交点を通る。

(1)＜比例定数の範囲＞次ページの図で，A(−1，4)，B(−1，−2)より，x座標が等しいから，ABはy軸に平行で，AB＝4−(−2)＝6である。四角形ABCDが正方形なので，AD，BCはx軸に平行となり，AD＝BC＝AB＝6である。よって，2点C，Dのx座標はともに−1＋6＝5であり，

C$(5,\ -2)$，D$(5,\ 4)$である。直線$y=ax$が辺CDと交点を持つから，直線$y=ax$が点Cを通るときaの値は最小で，$-2=a\times5$より，$a=-\dfrac{2}{5}$である。点Dを通るときaの値は最大で，$4=a\times5$より，$a=\dfrac{4}{5}$となる。よって，aの値の範囲は，$-\dfrac{2}{5}\leqq a\leqq\dfrac{4}{5}$である。

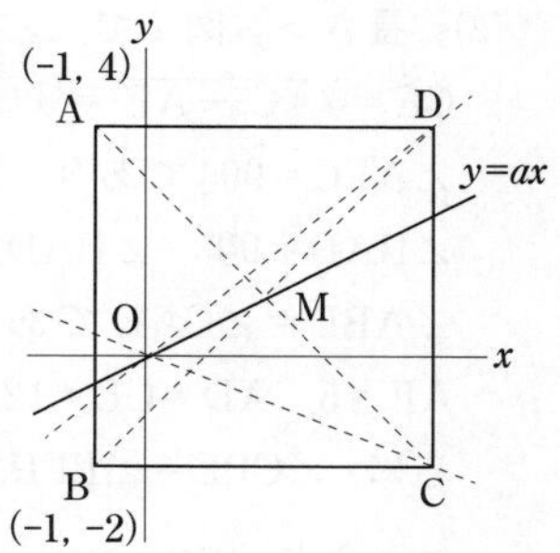

(2)＜比例定数＞右図で正方形ABCDの2本の対角線AC，BDの交点をMとする。直線$y=ax$が正方形ABCDの面積を2等分するとき，直線$y=ax$は点Mを通る。A$(-1,\ 4)$であり，(1)より，C$(5,\ -2)$だから，点Mのx座標は$\dfrac{-1+5}{2}=2$，y座標は$\dfrac{4+(-2)}{2}=1$となり，M$(2,\ 1)$である。よって，$1=a\times2$より，$a=\dfrac{1}{2}$となる。

5〔**空間図形―直方体，球**〕

≪基本方針の決定≫(2)　直方体の内側の面の面積の和から，鉄球が当たる部分の面積の和をひく。

(1)＜**体積**＞鉄球は，半径が5cmだから，体積は$\dfrac{4}{3}\pi\times5^3=\dfrac{500}{3}\pi$ (cm^3)である。

(2)＜**面積**＞直方体の箱の内側は，縦が30cm，横が50cm，高さが40cmだから縦，横が30cm，50cmの長方形，縦，横が50cm，40cmの長方形，縦，横が30cm，40cmの長方形が2つずつある。鉄球が，縦，横が30cm，50cmの長方形の面に当たるときを考える。鉄球が4隅にあるとき，当たる部分は，右図で，2辺に接する半径が5cmの円の中心と一致する。その点をそれぞれP，Q，R，Sとすると，鉄球がこの面に当たる部分は，長方形PQRSの周上および内部となる。$\mathrm{PQ}=30-5\times2=20$，$\mathrm{PS}=50-5\times2=40$だから，鉄球が当たる部分の面積は，〔長方形PQRS〕$=\mathrm{PQ}\times\mathrm{PS}=20\times40=800$である。同様に考えて，縦，横が50cm，40cmの長方形の面に当たる部分の面積は，$50-5\times2=40$，$40-5\times2=30$より，$40\times30=1200$となり，縦，横が30cm，40cmの長方形の面に当たる部分の面積は，$30-5\times2=20$，$40-5\times2=30$より，$20\times30=600$となる。よって，鉄球が当たる部分の面積の和は，$(800+1200+600)\times2=5200$である。直方体の内側の6つの面の面積の和は，$(30\times50+50\times40+30\times40)\times2=9400$だから，鉄球が当たらない部分の面積の和は$9400-5200=4200$(cm^2)である。

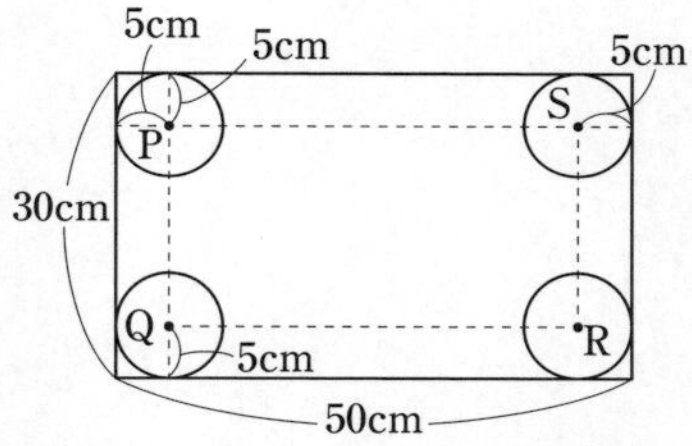

6〔**平面図形―直角三角形**〕

(1)＜**長さ―特別な直角三角形**＞右図1で，△ABCは直角二等辺三角形だから，$\mathrm{AB}=\mathrm{AC}=\dfrac{1}{\sqrt{2}}\mathrm{BC}=\dfrac{1}{\sqrt{2}}\times13\sqrt{2}=13$となる。$\angle\mathrm{EAC}=30^\circ$，$\angle\mathrm{CEA}=90^\circ$より，△AECは3辺の比が$1:2:\sqrt{3}$の直角三角形だから，$\mathrm{AE}=\dfrac{\sqrt{3}}{2}\mathrm{AC}=\dfrac{\sqrt{3}}{2}\times13=\dfrac{13\sqrt{3}}{2}$となる。また，$\angle\mathrm{BAD}=180^\circ-\angle\mathrm{CAB}-\angle\mathrm{EAC}=180^\circ-90^\circ-30^\circ=60^\circ$，$\angle\mathrm{BDA}=90^\circ$より，△BDAも3辺の比が$1:2:\sqrt{3}$の直角三角形だから，$\mathrm{AD}=\dfrac{1}{2}\mathrm{AB}=\dfrac{1}{2}\times13=\dfrac{13}{2}$となる。よって，$\mathrm{DE}=\mathrm{AD}+\mathrm{AE}=\dfrac{13}{2}+\dfrac{13\sqrt{3}}{2}=\dfrac{13+13\sqrt{3}}{2}$である。

図1

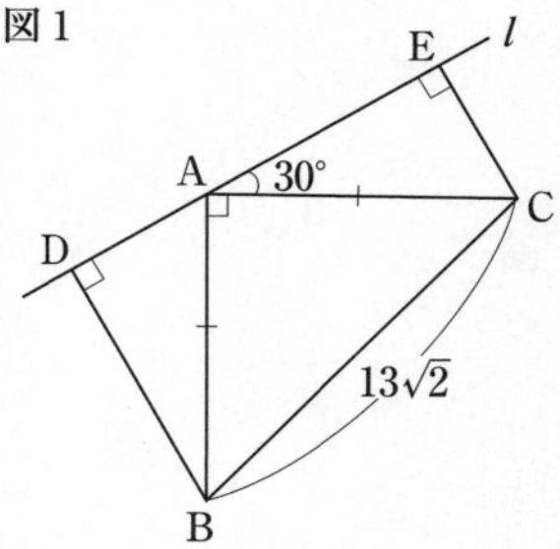

(2)＜長さ＞右図2で，$\angle \mathrm{AEC}=90^\circ$ だから，$\triangle \mathrm{AEC}$ で三平方の定理より，$\mathrm{CE}=\sqrt{\mathrm{AC}^2-\mathrm{AE}^2}=\sqrt{13^2-5^2}=\sqrt{144}=12$ となる。また，$\angle \mathrm{BDA}=\angle \mathrm{AEC}=90^\circ$ であり，$\angle \mathrm{ABD}=180^\circ-\angle \mathrm{BDA}-\angle \mathrm{BAD}=180^\circ-90^\circ-\angle \mathrm{BAD}=90^\circ-\angle \mathrm{BAD}$，$\angle \mathrm{CAE}=\angle \mathrm{CAB}-\angle \mathrm{BAD}=90^\circ-\angle \mathrm{BAD}$ より，$\angle \mathrm{ABD}=\angle \mathrm{CAE}$ である。よって，$\triangle \mathrm{BDA}\equiv\triangle \mathrm{AEC}$ だから，$\mathrm{BD}=\mathrm{AE}=5$，$\mathrm{AD}=\mathrm{CE}=12$ となり，$\mathrm{DE}=\mathrm{AD}-\mathrm{AE}=12-5=7$ となる。さらに，$\angle \mathrm{CPE}=\angle \mathrm{BPD}$，$\angle \mathrm{CEP}=\angle \mathrm{BDP}$ より，$\triangle \mathrm{EPC}\backsim\triangle \mathrm{DPB}$ である。これより，$\mathrm{EP}:\mathrm{DP}=\mathrm{CE}:\mathrm{BD}=12:5$ だから，$\mathrm{EP}=\dfrac{12}{12+5}\mathrm{DE}=\dfrac{12}{17}\times7=\dfrac{84}{17}$ である。

図2

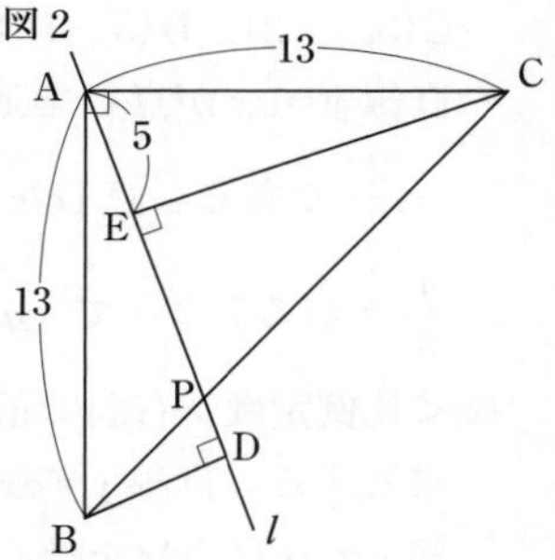

＝読者へのメッセージ＝

関数 $y=ax^2$ のグラフは放物線です。放物線は，英語でパラボラ(parabola)といいます。パラボラアンテナは放物線の形を利用してつくられています。

国語解答

一 ① 還元 ② 蓄積 ③ 栽培
④ 摩擦 ⑤ 誇張 ⑥ けなげ
⑦ いきどお ⑧ ふぜい
⑨ しょうそう ⑩ しろうと

二 問一 ⓐ…ウ ⓑ…イ ⓒ…エ
問二 A…オ B…ウ C…エ D…ア
問三 イ
問四 当事者の間で合意を形成すること。
問五 ア 問六 ［反感を］買う
問七 当事者が参～制すること
問八 ウ 問九 B
問十 人間は，自分の感情や意図を言語で他人に伝達しようとするが，他の動物はそれをしないということ。
問十一 当事者の間で合意をつくるため，他人の感情や考えを聞き，事実と論理に基づいて思考すること。(44字)

三 問一 ⓐ くずおれて
ⓑ (例)みるよう
問二 ㋐…エ ㋑…イ 問三 ウ
問四 ア 問五 恐ろし～いふ。
問六 僧都に魚を差し上げた所だから。
問七 疫 問八 魚の主［が］僧都［に］
問九 イ

一〔漢字〕
①「還元」は，物事をもとの形，性質，状態などに戻すこと。 ②「蓄積」は，たくわえること。 ③「栽培」は，植物を植えて育てること。 ④「摩擦」は，意見や感情の食い違いによって起こるもめごとや険悪な状態のこと。 ⑤「誇張」は，大げさに表現すること。 ⑥「健気」は，心がけが感心な様子。 ⑦音読みは「憤慨」などの「フン」。 ⑧「風情」は，風流な味わい，情緒のこと。 ⑨「尚早」は，あることをするにはまだ早すぎること。 ⑩「素人」は，専門家ではない人のこと。

二〔論説文の読解―哲学的分野―倫理〕出典；山口裕之『「みんな違ってみんないい」のか？ 相対主義と普遍主義の問題』。

≪本文の概要≫日本の旧優生保護法やナチスのユダヤ人虐殺について，その時代では正しいことだったのだと発言する学生がいるが，これらのルールは，ルールを正当化する手続きの正しさを満たしておらず，不正だったというべきである。かつての法律は，暴力によって権力を獲得した者が一方的に定めて，その法律に従うことを暴力で強制するものだった。現代の代議制民主主義は，一定の正当性があるが，強行採決によって可決される法律もある。法律に暴力が含まれているときは，「より正しい正しさ」を実現するための努力をすべきである。絶対正しいことはなくても，「より正しい正しさ」はある。相手の意見を聞き，自分の考えを言い，それに対する相手の言い分を聞くことを繰り返して納得のできる合意点をつくり上げていくことが，正しさをつくっていくための正しい手続きである。人間は正しいことと不正なことを感じる感情の仕組みを持っているが，そうした感情を各個人がそれぞれに感じているだけでは，道徳的な正しさや不正とはいえない。正しさとは，どのように振る舞うことが道徳的に正しいのかについての共通了解のことである。理解の共有によって，正しさは社会的につくられていく。人間は，他人の感情や意見を聞き，事実と論理に基づく思考によって，共有できる「より正しい正しさ」をつくっていくことができる。

問一＜語句＞ⓐ「無造作」は，手間をかけないこと，念入りでないこと。　ⓑ「助長」は，好ましくない傾向をさらに著しくさせること。　ⓒ「てんでに」は，それぞれに，めいめいに，という意味。

問二＜表現＞A．強行採決などで定められた法律を「無造作に『正しい』と見なすことは，合意していないままに従わされる人たちへの暴力を無造作に肯定すること」になるが，言うまでもなく，「自分が納得しない法律には従わなくてよいということ」にはならない。　B．「ある法律が含んでいる暴力」に気づいてしまったときには，仮に「他国のことや昔のことであったとしても，『正しさ』を問い返し，『より正しい正しさ』を実現するように努力していくべき」である。　C．「『絶対正しいことなんてない』とか『何が正しいかなんて誰にも決められない』」などと言う人は，「私」が「何も悪いことをしていないのにガス室に送られそうなとき」に，絶対に「私」のことを助けてくれないだろう。　D．たとえ「いま生きている人たち全員が合意した」としても，現時点で「生まれていない人」は合意していない。

問三＜文章内容＞「正しさは文化によって異なる」という，つまり，文化どうしの間に絶対的な正しさや優劣は存在しないという立場からすると，旧優生保護法やユダヤ人虐殺を「その時代では正しいことだったのだ」とする発言に反論することは難しい。

問四＜文章内容＞「当事者が関わらないところで勝手に決めたルールを強制することは，それ自体として不正」であり，ルールを正当化するためには，当事者の間で「合意が形成」されることが必要である。

問五＜文章内容＞法律を「権力者が一方的に定めてそれに従うことを暴力で強制」する仕組みと比較すれば，「法律に従う立場の人たち」が選挙で選んだ「代表者が法律を制定」する仕組みである代議制民主主義には，当事者間で合意を形成するという点において「一定の正当性がある」といえる。

問六＜語句＞「買う」には，相手に好ましくない思いを与えたことによって，好ましくない結果を自分の身に受ける，という意味がある。

問七＜文章内容＞「代表者全員が納得して合意するまで話し合われないまま」に定められた法律を「正しい」と見なすことは，「当事者が参加しない手続きによって定められたルールを強制すること」を肯定することと同様である。

問八＜文脈＞「『絶対正しいことなんてない』とか『何が正しいかなんて誰にも決められない』」といった言葉を聞くたびに「私」が「背筋が寒く」なるのは，「こうした言葉は，より正しいことを求めていく努力をはじめから放棄する態度を示しているように思われるから」であり，「こうした言葉を吐く人たち」は，「私」が「何も悪いことをしていないのにガス室に送られそうなとき」に，「私」のことを助けてくれないだろうと思うからである。

問九＜文章内容＞「校則」は生徒全員に関係のあることなので，「校長先生の判断」で変更することは，「当事者が関わらないところで勝手に決めたルールを強制すること」であり，合意が形成されていない。

問十＜文章内容＞チンパンジーのような知能の高い動物は「互恵的な行動」を行うが，動物は言語を持たず，「自分の感情を意図的に伝達する」ことはない。一方，人間は，「自分の感情や意図を他人に伝達」しようとし，「受け手の側も，こちらが何かを伝達しようとしているのだと理解」する。

問十一＜文章内容＞「ある行為の正しさは，それに巻き込まれる人たちが合意することによって正当化されるもの」である。そして，当事者が合意できる「より正しい正しさ」は，それぞれが「他人の感情や考えを聞き，事実と論理にもとづいて思考すること」でつくっていくことができる。

三〔**古文の読解―説話**〕出典；『宇治拾遺物語』巻第四ノ十五。

≪現代語訳≫これも今となっては昔のことだが，奈良の都の永超僧都は，魚がない間は，午前の食事も，午後の食事も全く食べなかった人である。朝廷の催す法会の勤行をして京にいる期間が長くなって，魚を食べないで，弱って都から(奈良へ)戻るとき，奈島の丈六堂の辺りで折詰の昼食を食べていたところ，弟子の一人が近辺の民家で魚を求めて(僧都に)勧めた。先述の魚の持ち主が，後で夢に見ることには，恐ろしげな者たちが，その辺りの民家に印をつけていたところ，自分の家に印をつけなかったので，尋ねたところ，使いが言うには，「永超僧都に魚を献上した所だ。それゆえ印をつけない」と言う。その年，この村の民家は，全て残らず流行病にかかって死ぬ者が多かった。その魚の持ち主の家，ただ一軒が，そのこと(＝流行病)を免れたので，僧都のところへ参上してこのことを申し上げた。僧都はこの話を聞いて，衣服の引き出物を一そろいお与えになって帰された。

問一＜歴史的仮名遣い＞ⓐ歴史的仮名遣いの語頭以外のハ行は，原則として現代仮名遣いでは「わいうえお」になり，「づ」は「ず」となるので，「くづほれて」は「くずおれて」となる。　ⓑ歴史的仮名遣いの「au」は，現代仮名遣いでは「ou」になるので，「やう」は「よう」となる。

問二＜古語＞㋐「件の」は，前述の，という意味。　㋑「ことごとく」は，すっかり，全部，残らず，という意味。

問三＜古文の内容理解＞永超僧都は，魚がない間は，午前の食事も午後の食事も全く食べなかった人，つまり，魚以外のものは何も食べようとしない人であった。

問四＜古文の内容理解＞「乞ふ」は，求める，ねだる，という意味。「勧む」は，(食べ物などを)勧める，という意味。弟子の一人は，魚以外のものを食べようとしない永超僧都のために，民家で魚を求め，それを僧都に勧めた。

問五＜古文の内容理解＞魚の持ち主は，「恐ろしげなる者ども」が家々に印をつけている夢を見た。そして，夢の中で，自分の家にだけ印がついていないのは，永超僧都に魚を献上した所であるからだということを聞いた。

問六＜古文の内容理解＞なぜ自分の家には印をつけないのかと，魚の持ち主が尋ねると，使いは，永超僧都に魚を献上した所なので印をつけないのだと答えた。

問七＜古文の内容理解＞魚の持ち主は，「疫をして」死ぬ人が多かった中でも，ただ一軒だけ病気になることを免れた。

問八＜古文の内容理解＞魚の持ち主は，夢の中で永超僧都に魚を献上したから家に印をつけないと言われたことと，その後ただ一軒だけ流行病にかかることを免れたということを，永超僧都のところに参上して申し上げた。

問九＜古文の内容理解＞「賜ぶ」は，お与えになる，という意味の敬語。永超僧都は，魚の持ち主の話を聞いた後，その者に衣服を与えて帰らせた。

2023年度 十文字高等学校

【英　語】（50分）〈満点：100点〉

1　以下は職業とその特性に関する資料，そしてAnn, Ken, Kate, Johnそれぞれについての情報である。資料に沿ってそれぞれの人物に最も適していると思われる職業をA，Bからどちらか1つ選び，記号に○をつけよ。

What kind of work would be best for you？ Choose the best type that describes you best and find out about the kind of work you would enjoy.

Type 1 ： You are friendly, kind and interested in other people. You would enjoy a job working with children, customers in a store, or on a team.
Possible jobs are：teacher, waiter, police officer.

Type 2 ： You are *neat, good at planning, and you like learning new things. You would enjoy a job working with information.
Possible jobs are：college professor, computer programmer, librarian.

Type 3 ： You are good at playing sports, and you like working with your hands. You would enjoy a job working with things.
Possible jobs are：*construction worker, engineer, farmer.

Type 4 ： You are creative, good at music and art, and you like books. You would enjoy a job working with ideas.
Possible jobs are：artist, writer, singer.

［注］ neat　きちんとした　　construction worker　建設業者

Ann

I've played soccer since I was six and I'm a member of the soccer club. I also like working in the garden and growing some flowers.

The best job for Ann is . . .　　A. *Farmer*

B. *Teacher*

Ken

I always plan what to do before I start studying. My hobby is surfing the Internet and looking for interesting news.

The best job for Ken is . . .　　A. *Engineer*

B. *Computer programmer*

Kate

I like meeting new people and going out with friends. I have a younger brother and I like taking care of him.

The best job for Kate is . . .　　A. *College professor*

B. *Police officer*

John

I usually write stories, make music or draw pictures on weekends and I recently wrote a new poem. I think it is great!

The best job for John is . . .　　A. *Singer*

B. *Librarian*

2　①～⑤の（　）内に最も適切な単語を入れよ。ただし，与えられた文字で書き始めること。

You do not need to speak a foreign language to understand people in other countries. You can use body language. If you are in a ①(c　　　), for example, you can tell the driver where to go without saying a word. Just point to the left or to the right. When you want the driver to stop, hold up an open hand. If you are ordering food, you can point to pictures or point at something that another person is ②(e　　　).

In most countries, certain hand and body movements have the same meaning. For example, pointing your *thumb up in the air means good. Pointing it down means bad. Moving your head from side to side means no. Moving your head from front to back means yes. If you do not know something, you can raise your shoulders and turn your hands up toward the sky.

Body language can also tell people ③(h　　) you are feeling. If you are sitting at the front of your chair with both feet on the floor and looking at the teacher, you are interested. If you are sitting back in your chair and looking out the window, you are not interested. When you *look someone in the eye, it lets that person know that you are listening to him or her. When you look away, it tells the other person that you are not listening.

An important part of body language is the look on your face. A smile usually means that you are ④(h　　). It makes others feel good about talking with you. If you are sad or sleepy, others can see it in your eyes. Then, they might not want to talk with you.

If you are in a foreign country and you cannot think of how to say something, remember that you speak with more than your ⑤(m　　).

［注］ thumb　親指　　look someone in the eye　相手の目を覗き込む

3　次の対話文を読んで，［A］～［E］の空所に入る最も適切なものを，あとのア～キの中からそれぞれ１つずつ選び，記号で答えよ。ただし，同じ記号を２度使ってはならない。また選択肢の文頭の文字はすべて小文字で示してある。

Jane : I have a problem that I'd like to talk to you about.
Erika : Sure, please tell me about it.
Jane : [　A　]
Erika : I see.
Jane : He has a dog that barks at night.
Erika : [　B　]
Jane : Often it barks until 2 a.m., so I can't sleep well.
Erika : That's terrible. Have you talked to him about the problem ?
Jane : [　C　]
Erika : Really ?
Jane : Yes. He *has a terrible temper, so I'm not sure how he will *react.
Erika : Umm . . . I think this is a serious problem. Here is my advice. First, I think you need to tell the neighbor that his dog *is bothering you. If you are afraid to tell him *in person, then you could call or write him a letter. If the barking continues, [　D　] Probably it bothers them, too. If so, then together you could talk to the dog's owner. Finally, if the barking still continues, [　E　]
Jane : So I shouldn't do that first ?
Erika : No, because that may really make the neighbor angry. You should first try to avoid calling them if possible.
Jane : OK. I got it. Thank you for your advice.

［注］ has a terrible temper　怒りっぽい　　react　反応する　　is bothering ～　～を悩ませている
in person　直接自分で

【Excerpted from Conversation Strategies (pages 122-123), with permission from Pro Lingua Learning.】

ア. not yet because I'm afraid of him.
イ. how often does it bark at night ?
ウ. it's about the person living next door to me.

エ．you should call the police.
オ．how late at night does it bark ?
カ．yes, but he didn't listen to me.
キ．you can ask your other neighbors about it.

4 次の英文を読んで，あとの１～10の中から本文の内容と一致するものを４つ選び，番号順に答えよ。

〔編集部注…課題文は著作権上の問題により掲載しておりません。作品の該当箇所につきましては次の内容を参考にしてください〕

WHAT A WORLD READING 2〈PEARSON Longman〉
Milada Broukal「What Are Fattening Rooms?」〔一部改変あり〕

P.9の１行目～最終行

［注］ slim すらりとした　yams ヤムイモ　sewing 裁縫（さいほう）
Nigeria ナイジェリア（国名）　brides 花嫁たち　responsible 信頼できる
duty 義務　effect 影響　Niger ニジェール（国名）　see 確かめる

1．In many parts of Africa, a slim woman will be sick or she can't have children.
2．The tradition of fattening rooms is an important part of a child's life.
3．In the fattening room, a girl sits on a special chair and also sleeps on it.
4．In the fattening room, a mother gives her daughter bowls of food to help her get fat.
5．It is so boring to be in the fattening room for long that a girl sometimes wants to leave there.
6．In southeastern Nigeria, there are some women who go to the fattening room several times.
7．If people see a fat woman in southeastern Nigeria, they will think her husband is rich and responsible.
8．Parents make their children stay in the fattening rooms for two years to do their duty.
9．Because of health education and an effect of Western culture, we don't see the tradition of fattening rooms anymore.
10．In Niger, the winner can get food as a prize of the contest to see who is the fattest.

5 次の英文を読み，あとの問いに答えよ。

Did you know that when you surf the Web, many websites put secret software on your computer ? The software collects a large amount of information about you and【 A 】it to Internet companies. The Internet companies【 B 】it to other businesses. Your personal information can also be【 C 】from social media sites. There are many ways your information can be used.

First, (2)companies collect your information. The companies find out the place you live in, what websites you visit, and what you do online. With this information, they can guess how old you are and your interests. The companies use this information to decide which *ads are best for you. Two people can go to the same website, but they will see different ads. For example, someone who likes sports could see an ad for sneakers, and someone who likes films may see an ad for a movie.

Next, your personal information may be sold. Some companies collect information to sell it to other companies. (3)[personal information / collects and sells / a *data broker* / is / a company / that / called]. When data brokers sell your information, a lot of different companies will know your online habits. Then these companies will *advertise products or other websites to you.

Your personal information can also be collected through social media. When your information is on social media, a lot of people can see it. Even if you don't use social media, a friend may *post a picture or video of you with your name on it. Pictures and videos can be shared for free on social media, and it is one of the great points. However, that same act of sharing is a problem for your own *security. If someone knows too much about you, they can steal your *identity. Then they can buy things online and post messages while they *are pretending to be you.

All of your online habits can be recorded. Studying people's online habits is big business. Your personal information is very *valuable to companies. In this way, they know who to send their ads to. The Internet reaches almost every corner of the world, but the danger is that your personal information may travel around the world, too.

［注］ ads 広告　advertise～ ～を宣伝する　post～ ～を投稿する　security 安全
identity 個人情報　are pretending to be～ ～であるふりをしている
valuable 価値がある

問1　【A】～【C】に入れるのに最も適切な動詞を次から選び，答えよ。ただし必要があれば適切な形に直すこと。また，それぞれの動詞は一度しか使えない。

share　gather　send　use　sell

問2　下線部(2)companies collect your informationに関して，私たちにとっての利点は何か。本文中の内容を用いて空所を埋めよ。

利点：企業は得た情報をもとに(　　　　)を提示してくれるため，私たちは好みに合った商品を見つけることができる。

問3　下線部(3)の[　]内の語句を，次の日本文の意味に合う英文になるように正しく並べかえよ。ただし，文頭に来る語もすべて小文字で始めている。

「個人情報を収集して売る会社をデータ・ブローカーと呼ぶ。」

問4　次のA～Cの質問に対する解答の一部としてふさわしいものを以下の語群よりそれぞれ選び，数字で答えよ。ただし，それぞれの選択肢は一度しか使えない。

A．What do Internet companies find out about you ?
They find out (　　　　), (　　　　), and (　　　　).

B．What do Internet companies guess about you ?
They guess (　　　　) and (　　　　).

C．How do Internet companies collect your information ?
They collect it through (　　　　).

(語群)

① your address	② your interests
③ your social media sites	④ your online habits
⑤ your age	⑥ the websites you visit

問５　本文の内容と一致するものを次のア～エの中から１つ選び，記号で答えよ。

ア．You can ask companies to stop selling your information.

イ．You know what websites are collecting information about you.

ウ．You should be careful with your personal information when you travel.

エ．Through your online habits, companies decide the person they should show their ad to.

問６　本文の内容についてTakashiとLisaがそれぞれ意見を述べている。①～③の(　)内に入る最も適切な語を答えよ。

Takashi's opinion
I don't think companies should take any of your information.　It's ①(d　　) for you to let your information spread through the Internet.

Lisa's opinion
I don't see the problem.　Companies need to make money.　We can get a lot of ②(f　　) things on the Internet, and it's a good way to ③(p　　) for them.

6　日本文の意味に合う英文になるように，次の１～５の(　)内の語句を並べかえよ。ただし，文頭に来る語もすべて小文字で始めている。

1．５台の中でどの車が一番高価ですか。
(is / of / most / the / the / car / which / expensive) five ?

2．行動する時が来たなら，考えるのをやめて進みなさい。
(action / comes, / thinking / for / stop / when / the time) and go on.

3．この辺りには何か見るべき面白いものがありますか。
(interesting / is / here / there / to / around / anything / see) ?

4．彼女の書いた手紙を読んで彼女の家族はとても喜びました。
The (very / family / her / letter / wrote / made / she / happy).

5．あなたは過去３カ月の間にどのくらいの頻度でこのウェブサイトを訪れましたか。
(in / website / often / you / visited / how / this / have) the last three months ?

【数　学】（50分）〈満点：100点〉

〔注意〕 円周率を使う場合は，π で表すこと。

1　次の各問いに答えよ。

(1)　$7+(-2)^3\div\dfrac{4}{5}$ を計算せよ。

(2)　$(x+3)^2-(2x+6)+1$ を因数分解せよ。

(3)　比例式 $x:3=2:(7-2x)$ を解け。

(4)　$(\sqrt{3}-1)(\sqrt{12}+1)+\dfrac{\sqrt{3}+6}{\sqrt{3}}$ を計算せよ。

(5)　2桁の自然数 A，B がある。2数 A，B の積が735，最小公倍数が105のとき，2数 A，B の和を求めよ。

(6)　点$(-3,\ -8)$を通る反比例のグラフ上の点で，x 座標，y 座標がともに正の整数となる点は全部で何個あるか，求めよ。

(7)　赤玉3個，青玉2個，白玉1個の入った袋の中から，同時に2個の玉を取り出すとき，2個とも同じ色である確率を求めよ。

(8)　右の図のように底面が正三角形，高さが10cmの三角柱がある。辺CF上に点Pをとり，3点P，D，Eを通る平面で切り，2つの立体に分けると，△ABCを含む立体の体積は，△DEFを含む立体の体積の4倍になった。このときCPの長さを求めよ。

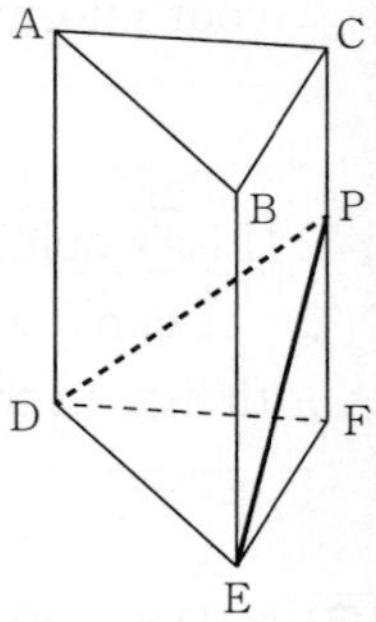

2　梅子さんと松子さんが，AC＝4 cm，BC＝3 cm，∠ACB＝60° の△ABCについて考察している。次の会話文を読んで，下の問いに答えよ。

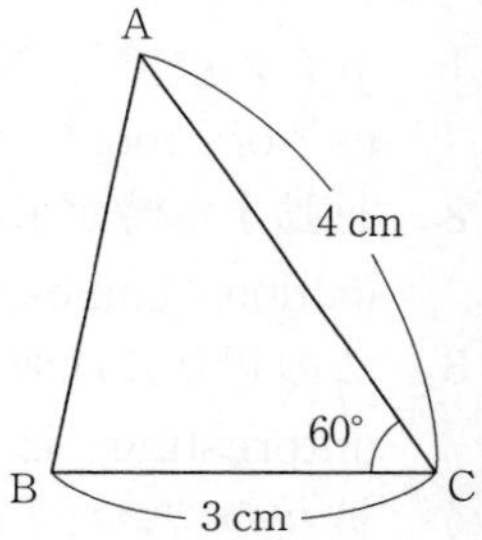

梅子：底辺をBCとすると，高さが書いてないけど，△ABCの面積は求められるかな？

松子：頂点Aから底辺BCへ垂線を引いたらどうかな？

梅子：垂線とBCの交点をHとすると△AHCが直角三角形になるね。

松子：直角三角形の3つの辺の間には，［　㋐　］の定理が成り立っているんだよね。

梅子：その上，角Cが60度だから，AHの長さがわかるので，△ABCの面積は，［　㋑　］cm^2 になるね。

松子：次に，辺ACの中点をM，辺BCの中点をNとすると，△MNCができるけど，この三角形の面積は求められるかな？

梅子：△ABCと△MNCが［　㋒　］になることを利用して，面積は求められるね。

松子：なるほど，そうすると△MNCの面積は，［　㋓　］cm^2 になるね。

(1)　㋐に入ることばを下の選択肢から選べ（解答には番号をかくこと）。また，㋑にあてはまる値を求めよ。

(2)　㋒に入ることばを下の選択肢から選べ（解答には番号をかくこと）。また，㋓にあてはまる値を求めよ。

㋐と㋒に入る選択肢

①　中点連結	②　三平方	③　円周角	④　合同	⑤　相似	⑥　面積相等

3　下の図で，２直線 l，m はそれぞれ関数 $y=x+4$，$y=-2x+16$ のグラフである。点Aは直線 l，m の交点で，２点B，Cはそれぞれ２直線 l，m と x 軸との交点である。次の問いに答えよ。

(1)　点A，点B，点Cの座標をそれぞれ求めよ。

(2)　点Oを通り△ABCの面積を二等分する直線の式を求めよ。

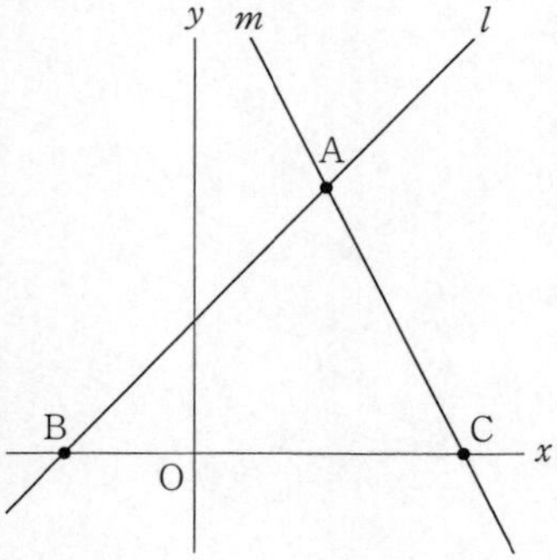

4　下の図のように，放物線 $y=ax^2$ のグラフ上に２点A，Bがある。点Aの座標は $(-2,\ -2)$ である。また，点Dは直線ABと y 軸の交点であり，AD：DB＝1：2となる。次の問いに答えよ。

(1)　直線ABの式を求めよ。

(2)　△OADを，x 軸を軸として１回転させてできる立体の体積を求めよ。

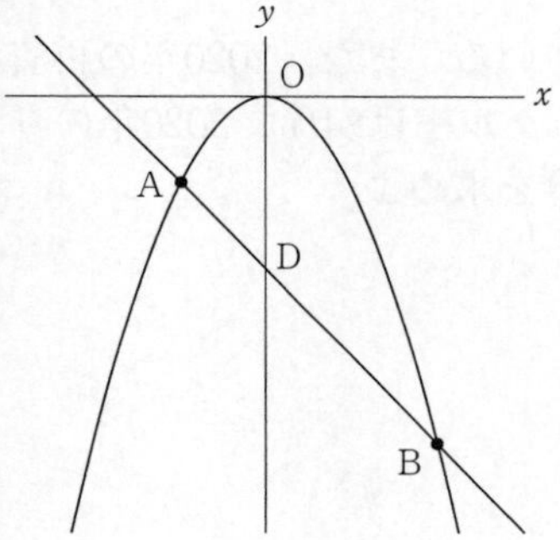

5　下の図のように，AB＝AC＝DB＝DC，AD＝BC＝４cmの四面体ABCDがある。頂点Aから辺BCに垂線を引き，辺BCとの交点をHとすると，AH＝５cmとなる。次の問いに答えよ。

(1)　△AHDの面積を求めよ。

(2)　四面体ABCDの体積を求めよ。

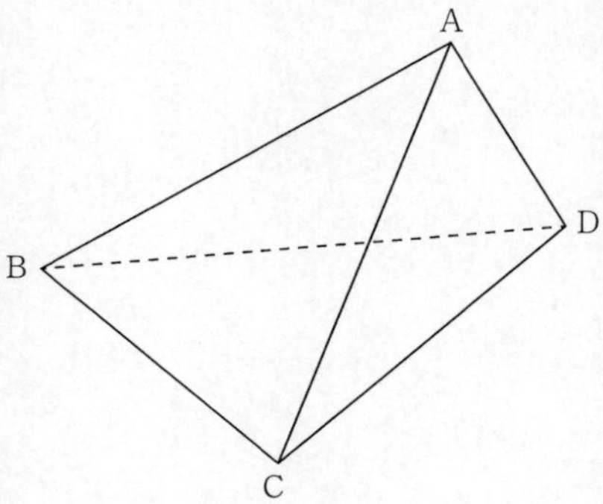

6 ある国のペットボトルのリサイクルについて，次のような資料が得られた。下の問いに答えよ。

ただし，(リサイクル率) $=\dfrac{(\text{再資源化量})}{(\text{販売量})}$ である。また，2016年と2020年の販売量，再資源化量と，2018年の再資源化量は，次の資料からぬけています。

ある国のペットボトルの販売量と再資源化量

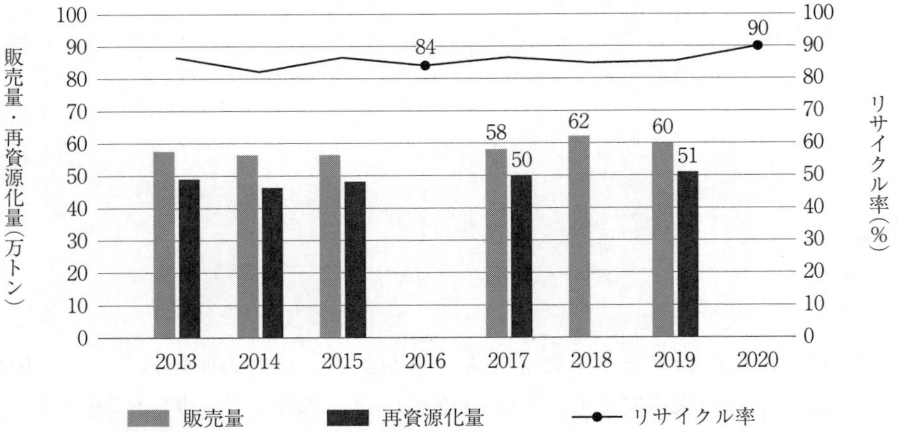

(1) この資料の2017年～2019年の3年間を通してのリサイクル率が85%のとき，2018年の再資源化量(万トン)を求めよ。

(2) この資料の2020年の販売量は，2016年と比べると，2万トン減っている。また，2020年の再資源化量は，2016年と比べると，1.8万トン増えている。2016年のリサイクル率は84%，2020年のリサイクル率は90%であるとき，2016年のペットボトルの販売量(万トン)を求めよ。

ではなく、鷲がしでかしたことなのだ。

エ　これは鳩などの自分の仲間がやったことではなく、仲間以外の者たちによって起こされたことなのだ。

問七　【⑥】・【⑨】に共通して入る語として最も適当なものを次の中から選び、記号で答えよ。

ア　けら　　イ　けり　　ウ　ける　　エ　けれ

問八　――線⑦「かへつて」を全て平仮名の現代仮名遣いに直せ。

問九　――線⑧「事の後に千たび悔いんよりは、事のさきに一たびも案ぜんにはしかじ」とあるが、このことわざの意味として最も適当なものを次の中から選び、記号で答えよ。

ア　終わってしまってから何度も後悔するよりも、やる前に心配をする方がいい。

イ　やる前に少しだけ心配をするよりも、終わってから激しく後悔する方がましである。

ウ　やる前に後悔することも、終わってしまったことを心配することも共に不可能なことだ。

エ　終わってしまったことを少しだけ後悔するのと、やる前に激しく心配するのは同じことである。

問十　――線⑩「小難をしのぐ、されば、かへつて大謀を乱る」とほぼ同じ意味のことを言い表している部分を本文中から三十字以内で抜き出し、その最初と最後の四文字をそれぞれ記せ。

三　次の文章を読んで、後の問いに答えよ。

ある時、鳩と鳶《とび》と並び居ける所に、鳶此《こ》の鳩をあなどつて、①ややもすれば餌食《ゑじき》とせんとす。その鳩（注1）詮議評定《せんぎひやうぢやう》して、鷲《わし》のもとに行きて申しけるは、「鳶と云ふ（注2）下賤《げせん》の無道仁《むどうじん》あり。ややもすれば我らに（注3）こめみせ顔なり。今より以降、その振舞《ふるまひ》をⓐなさぬやうにⓑ計らひ給はば、②主君と仰ぎ奉らん」といひければ、鷲やすく③うけがつて、鳩を一度に召し寄せ、片端にⓒ捻《ね》ぢ殺しぬ。

その④残る鳩申しけるは、「⑤これ人のしわざにあらず。（注4）われと我が身を（注5）あやまつなり。鷲の計らひ給ふ所、道理至極なり」となむいひ【⑥】。

そのごとく、いまだ我が身に初めよりなき事をあたらしくしいだすは、⑦かへつてその悔いあるものなり。「⑧（注6）事の後に千たび悔いんよりは、事のさきに一たびも案ぜんにはしかじ」とぞ見え【⑨】。いささかの歎きを忍びかねて、かへつて大難を受くるもの多し。かかるがゆへに、ことわざにいふ、「⑩（注7）小難をしのぐ、されば、かへつて大謀を乱る」とも見えたり。

（『伊曽保物語』より）

（注1）詮議評定…議論すること。みなで相談すること。
（注2）下賤の無道仁…無法者。道義心のない乱暴な者。
（注3）こめみせ顔…いじめようとする様子、態度。
（注4）われと我が身を…自分自身を。
（注5）あやまつ…害する。殺す。
（注6）「事の後に～しかじ」…当時のことわざ。
（注7）「小難をしのぐ～乱る」…当時のことわざ。「少し難儀なことを我慢して克服しなければ、反対に大変な難事を受けることになる」

問一　〜〜〜線ⓐ「なさぬ」・ⓑ「計らひ」・ⓒ「捻ぢ殺しぬ」の動作の主体として最も適当なものをそれぞれ次の中から選び、記号で答えよ。

ア　鳩　イ　鳶　ウ　鷲　エ　人

問二　――線①「ややもすれば餌食とせんとす」とあるが、これは具体的にはどのようなことを表しているか。最も適当なものを次の中から選び、記号で答えよ。

ア　鳩が鳶を場合によっては食べてしまおうとした。
イ　鷲が鳩を場合によっては食べてしまおうとした。
ウ　鳶が鷲を場合によっては食べてしまおうとした。
エ　鳶が鳩を場合によっては食べてしまおうとした。

問三　――線②「主君と仰ぎ奉らん」とあるが、これはどのようなことを言っているのか。最も適当なものを次の中から選び、記号で答えよ。

ア　あなたの臣下になる、ということ。
イ　わたしを主人として敬え、ということ。
ウ　わたしにもっと敬意を払え、ということ。
エ　あなたを召使いとして雇おう、ということ。

問四　――線③「うけがつて」とあるが、この言葉の意味として最も適当なものを次の中から選び、記号で答えよ。

ア　考察して　イ　配慮して
ウ　推測して　エ　承諾して

問五　――線④「残る鳩」とは具体的にはどのような鳩か。最も適当なものを次の中から選び、記号で答えよ。

ア　逃げた鳩　イ　殺された鳩
ウ　生き延びた鳩　エ　見捨てられた鳩

問六　――線⑤「これ人のしわざにあらず」とあるが、これはどのようなことを意味しているのか。最も適当なものを次の中から選び、記号で答えよ。

ア　これは生きたものがやったことではなく、生き物以外の何か別のものがやり始めたことなのだ。
イ　これは鷲のような他者のやったことではなく、このわたし自身が引き起こしてしまったことなのだ。
ウ　これは鳶に代表されるようなこれまでの鳩の敵がやったこと

ウ　歴史家はこれまでアレクサンダー大王に代表される権力者の事跡だけでなく、征服される側の歴史をも描き出そうと努めてきたということ。

エ　長い年月の間には権勢を誇った人が落ちぶれたり急に権力を持つ人々が現れたり、といった様々な出来事を通して歴史が作られていくのだということ。

問九　――線⑥「運命のもつれを平和にときほぐそうとする」とあるが、これをわかりやすく言い換えた表現として最も適当なものを次の中から選び、記号で答えよ。

ア　紛争に陥りそうな国と国との間に立って、粘り強く友好関係を回復するための糸口を探そうとする。

イ　人が生きていく上で直面しなければならない懸案事項を、少しずつ明らかにして世の中に公開する。

ウ　世界の紛争などを一方的な強制や暴力ではなく、穏やかな手法を用いて根気強く解決しようとする。

エ　歴史上の重大事件についてその原因や経緯について深く研究し、歴史家が論じてきた論点を整理する。

問十　――線⑦「古いゴルディウスの方法を尊重し生き長らえさせることに、彼らは少なからず貢献しました」とあるが、これはどういうことか。最も適当なものを次の中から選び、記号で答えよ。

ア　いつまでも高校生のような単純な思考で事実を見つめることによって、むしろ世の中の真実が多少なりとも見えてくると考えたということ。

イ　歴史を記述する際に名もない庶民のことは無視して、偉大な人物の行ったことを中心にして記載するという方法がおおむね確立されたということ。

ウ　複雑な問題に対して、それを力で一挙に解決するやり方が正当であるかのように歴史を記述してきたことが、人々の考え方にある程度影響を及ぼしたということ。

エ　自分の興味のおもむくところを集めてまとめるだけで、おのずと歴史の真実が見えてくると思ってほぼ間違いないと思い込んだということ。

問十一　――線⑧「そういう結び目を苦心してほどく代わりに、剣で断ち切った現場に、わたしたちはしたしくいあわすという、ありがたい思いをしました」とあるが、「ありがたい」という表現には筆者のどのような思いが込められているか。最も適当なものを次の中から選び、記号で答えよ。

ア　驚嘆　　イ　感謝　　ウ　衝撃　　エ　皮肉

問十二　――線⑨「至る所でできる新しい結び目をほぐす」とあるが、これは具体的にはどのようなことをすることか。最も適当なものを次の中から選び、記号で答えよ。

ア　世界の各地で新たに持ち上がる複雑な問題に対して、時間と知恵をたっぷり使って根気強く解決方法を探すこと。

イ　何度も繰り返される諸問題と向き合う心構えとして、冷静な対応をとれるように日頃から準備しておくこと。

ウ　歴史から導き出される様々な問題点を明らかにし、そこから最も迅速に解決できる方法論を導き出すこと。

エ　世の中の込み入った問題に対して、多くの人と議論し合って明快な解決を導き出すように努力すること。

問十三　――線⑩「そういう提言をする連中をこそ、一刀両断にする」とあるが、これは具体的にはどのようなことをすることか。最も適当なものを次の中から選び、記号で答えよ。

ア　そういう提言をきっぱりとはねつけて、受け入れないということ。

イ　そういう提言が実現しないように、自分の考えを主張するということ。

ウ　そういう提言に頼ることなく、多くの意見を取り入れていくということ。

エ　そういう提言も取り入れつつ、新しい解決法を模索していくということ。

ア　取り乱す　　イ　のさばる　　ウ　うろたえる
エ　面食らう　　オ　おののく

問三　――線②「彼はいつかそれを思い出して」とあるが、何を「思い出し」たと言うのか。本文中の語を利用して三十五字以内で記せ。

問四　――線③「警句」とあるが、「警句」とは『短い皮肉な表現で、真理を言い当てている言葉』のことである。ここでの五行詩の「警句」は、どのような『真理』を述べているのか。最も適当なものを次の中から選び、記号で答えよ。

ア　権力によって大衆を支配するためには、権力を用いていることに気づかれないようにすることが肝心だ。
イ　多くの物事を短時間で行うよりも、一つのことに長い時間をかけて取り組むことの方がよほど価値がある。
ウ　本当に人類のためになる業績を残した人は、生前はむしろ評価されず、死後認められることが多いようだ。
エ　我々はこつこつと作りあげていく地道な努力に目を向け、物事を破壊することに対しては慎重になるべきだ。

問五　――線④「ほんとに奇妙じゃありませんか」とあるが、どのようなことが「奇妙」だと言うのか。最も適当なものを次の中から選び、記号で答えよ。

ア　誰も解くことができなかったゴルディウスの結び目の問題を、アレクサンダー大王がいとも簡単に解決してしまったこと。
イ　歴史の授業でアレクサンダー大王の成し遂げたことを先生が生徒に教える時に、ゴルディウスの結び目にだけは全く触れないこと。
ウ　作者が作ってかばんにしまっておいた五行詩が、たまたま今話題にしているアレクサンダー大王のことについて書いたものであったこと。
エ　ゴルディウスの結び目を切断したアレクサンダー大王の名前はよく知られている一方で、その結び目を作った人の名前は全く知られていないこと。

問六　〰〰線(あ)「たくみに」・(い)「苦吟」・(う)「たわごと」のここでの意味として最も適当なものをそれぞれ後の中から選び、記号で答えよ。

(あ)　たくみに
ア　美しく鮮やかに　　イ　そつなく上手に
ウ　用心深く丁寧に　　エ　落ち着いて静かに

(い)　苦吟
ア　懸命に努力すること
イ　激しく論争すること
ウ　泣きながら怒鳴ること
エ　悩みながら取り組むこと

(う)　たわごと
ア　真実に満ちた言葉
イ　嘘で固めた作り話
ウ　意味のない馬鹿げた話
エ　そっとささやく内緒話

問七　《　》に入る語として最も適当なものを次の中から選び、記号で答えよ。

ア　ましてや　　イ　しかし
ウ　つまり　　エ　だから

問八　――線⑤「歴史家は数千年来強い人たちには弱いのです」とあるが、これは具体的にはどういうことか。最も適当なものを次の中から選び、記号で答えよ。

ア　古来から多くの歴史家が描き出してきた通り、弱者を従えた強者こそが真に正義を実現するものと認められてきたということ。
イ　歴史家はいつの時代においても、闘争に勝ってきた権力者の側の視点に立って歴史を記録してしまいがちであったということ。

にしまっておきました。その警句の一つがたまたまゴルディウスの結び目に関係しています。それでその五行詩をこれにちなんで発表するのは、ふさわしいことのように思われます。

死後の名声について

解けない結び目を剣で断ち切るのは、
アレクサンダーの課題であった。
さて、あの結び目を結んだ人の名は？
それはだれも知らない。
だが、たしかにそれはだれか別な人だった。

④ほんとに奇妙じゃありませんか。だれかがこしをすえて、熱心に利口に(あ)たくみに結び目をつくります。巧妙至極《しごく》にからませてあるので、世界中のだれも解くことができません。《　》、その逸品を作りあげた人を、歴史はわたしたちに伝えておりません！ が、だれが剣を抜いたかは、わたしたちはもちろん知っています！ ⑤歴史家は数千年来強い人たちには弱いのです。(注6)石の板に、パピルスの巻き物に、厚い本に、歴史家は、問題を剣で解決しようと試みた人たちを感激して書きとめます。が、運命の糸がどんなに解きがたくからんでいるかについて報告することは、彼らの興味を引くことがずっと少ないのです。また、風変わりな理想家がそういう⑥運命のもつれを平和にときほぐそうとすることについて書くのは、彼らを退屈させます。結び目を切りきざむことに、彼らは高校生なみの興味を寄せます。⑦古いゴルディウスの方法を尊重し生き長らえさせることに、彼らは少なからず貢献しました。

⑧そういう結び目を苦心してほどく代わりに、剣で断ち切った現場に、わたしたちはしたしくいあわすという、ありがたい思いをしました。とほうもなく興味のあることでした。わたしたちの頭髪は、ぬけてしまわないかぎり、今でもなお逆立っています。⑨至る所でできる新しい結び目をほぐすために、世界中から代表が集まって(い)苦吟している時に、早くもまたしても、(注7)サーベル理論の信奉者がわたしたちの国でももちろん、【c】て、「まったくすべて(う)たわごとだ！ いつまでぼそぼそ言っているんだ？ ぶった切るのが、一ばん筋が通っている！」とつぶやきます。

結び目の代わりに、⑩そういう提言をする連中をこそ、一刀両断にするように、実際徐々に転換していくべきだと、わたしは思います。

(Ｅ・ケストナー／高橋健二 訳『ゴルディウスの結び目』)

(注1) マケドニア…ヨーロッパ東南部、バルカン半島のエーゲ海に面する地方。

(注2) アレクサンダー…古代マケドニア王国の君主アレクサンドロス3世(紀元前356～323)のこと。東方に遠征して中央アジアからインド北西部にいたる広大な世界帝国を実現し、東西が活発に文物交流を行う世界文化〈ヘレニズム文化〉の時代を築いた。

(注3) ゴルディウスの結び目…古代フリュギアの首都ゴルディウムには、ゴルディウス王(紀元前七〇〇年頃)の時代に結ばれたと伝えられる結び目があり、「この結び目を解いた者がアジアの王となる」という予言が残されていた。

(注4) 神託…神のお告げ。

(注5) アレックス…アレクサンダーを親しみを込めて呼んだもの。

(注6) 石の板…古代エジプトのヒエログリフ(聖刻文字)やメソポタミアの楔形《せっけい》文字《もじ》は石板や粘土板に刻まれた。

(注7) サーベル…西洋の刀や剣。

問一 ――線①「独創性」とあるが、「王」の「独創性」とは、「王」のどのような行動について言っているのか。解答欄に合うように記せ。

問二 【a】・【b】・【c】に入る語として最も適当なものをそれぞれ次の中から選び、適当な形に活用させて記せ。(二ヶ所ある【b】には同じ言葉が入る)

二〇二三年度
十文字高等学校

【国語】（五〇分）〈満点：一〇〇点〉

◎文中からそのまま抜き出して答える場合、句読点や記号は一字とすること。また、ふりがなのある漢字は、ふりがなをつけなくてよい。

一 次の①～⑩の――線部について、漢字はその読みを平仮名で、カタカナは漢字に直して記せ。

① 鎮守の森。
② 書類に署名押印する。
③ 特別に便宜をはかる。
④ 彼に仕事を委ねる。
⑤ 彼は分別のある人だ。
⑥ 夏のフウブツシ。
⑦ 正確ムヒの計算力。
⑧ スポーツをショウレイする。
⑨ カタヨった評価。
⑩ 人をオドかす。

二 次の文章は、「エーミールと探偵たち」や「飛ぶ教室」などの作品を著したドイツの作家、エーリッヒ・ケストナー（一八九九～一九七四）が書いたものである。これを読んで後の問いに答えよ。

わたしたちはみんな歴史の時間に(注1)マケドニアの(注2)アレクサンダーのことを習って、まだおぼえています。若々しい征服者について語り伝えられている、有名な(注3)ゴルディウスの結び目の逸話のことも、知っています。彼がゴルディウムに侵入し、たくみにからませられた結び目のこと、そしてそれをこれまでだれひとり解いたものがないことを聞くと、すぐそこへ案内させ、その名高いものを四方八方からながめました。この問題を解いたものには、大きな成功と遠くひびく名声とを与えると約束した(注4)神託《しんたく》を考え、彼は時をおかず決意し、剣を抜いて、結び目をまん中で断ち切りました。

そりゃもちろん、アレクサンダーの兵隊たちは歓声をあげました。みんな若い王の知恵と①独創性をほめたたえました。それは驚くにはあたりません。もっとも、わたしは一つのことを率直に言わずにはいられません。――わたしの母がそこにいあわせなくてよかったと！　母がそこにいたら、腹を立てたでしょう。わたしが、アレクサンダーに独創や知恵にかけていささかも劣らなかった子どものころ、ひもでくくられた紙ばこをあけるのに、時をおかず決心して、剣を、いやナイフを抜いて、ゴルディウスのひもを断ち切ろうとしたら、そのつど母から、神託に正反対な意見を聞かされました。それには、歓声をあげるマケドニアの軍隊はすっかり【 a 】たにちがいないでしょう。アレクサンダーは、人も知るように、偉大な勇将で、ペルシャ人も、メディア人も、インド人も、エジプト人も、日夜いつも彼に対し【 b 】ていました。さて、わたしの母は一しょに【 b 】てなんかいなかったでしょう。「結び目は断ち切るもんじゃない！」と母はきびしい調子で言ったでしょう。「そんなことをするもんじゃないよ、(注5)アレックス！　ひもはいつだって役に立つよ！」

もしアレクサンダー大王があんなに若くて死なず、賢い老人になったとしたら、②彼はいつかそれを思い出して、ひそかに考えたでしょう。「あのケストナー夫人があの時ゴルディウムで言ったことは、まちがっていなかった。結び目は断ち切るものではない。それにもかかわらず、そんなことをしたとしても、兵隊は歓声をあげるべきではなかったろう。歓声をあげたとしても、少なくともそんなことを自慢すべきではなかったろう！」

わたしは近年おりにふれ短い韻文《いんぶん》の③警句を書き、小さいかばん

英語解答

1 Ann A　Ken B　Kate B
John A

2 ① car　② eating　③ how
④ happy　⑤ mouth

3 A ウ　B オ　C ア　D キ
E エ

4 4，6，7，10

5 問1　A sends　B sell
C gathered
問2　(例)私たちに最も合った商品の広告
問3　A company that collects and sells personal information is called a data broker
問4　A…①，⑥，④(順不同)
B…⑤，②(順不同)　C…③
問5　エ
問6　① dangerous　② free
③ pay

6 1　Which car is the most expensive of the
2　When the time for action comes, stop thinking
3　Is there anything interesting to see around here
4　letter she wrote made her family very happy
5　How often have you visited this website in

1〔長文読解─要旨把握─資料〕

≪全訳≫❶あなたに最適なのは，どんな仕事ですか？　自分を表す最適なタイプを選び，どんな仕事が楽しいかを見つけてみましょう。❷タイプ1：人なつっこく，親切で，他の人に興味があります。子どもや店の客と接する仕事や，チームでの仕事を楽しむでしょう。／考えられる仕事は，教師，ウェイター，警察官です。❸タイプ2：きちんとしていて，計画を立てるのが得意であり，新しいことを学ぶのが好きです。情報を使う仕事を楽しむでしょう。／考えられる仕事は，大学教授，コンピュータープログラマー，図書館司書です。❹タイプ3：スポーツが得意で，手を使う作業が好きです。物を扱う仕事を楽しむでしょう。／考えられる仕事は，建設業者，エンジニア，農業従事者です。❺タイプ4：創造的で，音楽や芸術が得意であり，本が好きです。アイデアを使う仕事を楽しむでしょう。／考えられる仕事は，アーティスト，ライター，歌手です。

Ann：「6歳からサッカーをしていて，サッカークラブに所属しています。また，庭仕事をして，花を育てるのも好きです。／アンに最適な仕事は(　　)」─ A.「農業従事者」　タイプ3に当てはまる。

Ken：「勉強を始める前に，いつも何をするか計画しています。私の趣味はネットサーフィンをすることと，おもしろいニュースを探すことです。／ケンに最適な仕事は(　　)」─ B.「コンピュータープログラマー」　タイプ2に当てはまる。

Kate：「新しい人に会うことと，友達と出かけることが好きです。弟がいて，彼の面倒をみるのが好きです。／ケイトに最適な仕事は(　　)」─ B.「警察官」　タイプ1に当てはまる。

John：「私はふだん，週末に物語を書いたり，音楽をつくったり，絵を描いたりしており，最近，新しい詩を書きました。それはとてもいい出来だと思います。／ジョンに最適な仕事は(　　)」─ A.「歌手」　タイプ4に当てはまる。

2〔長文読解総合─適語補充─説明文〕

≪全訳≫❶他の国で人の言うことを理解するのに，外国語を話す必要はない。ボディーランゲージを使えばよい。例えば車に乗っているなら，何も言わなくても運転手に行き先を伝えることができる。左か右を指さすだけでよい。運転手に止まってほしいときは，開いた手を挙げよう。食べ物を注文しているなら，写真を指さしたり，他の人が食べている物を指さしたりすればよい。❷ほとんどの国では，特定の手や体の動きは，同じ意味を持つ。例えば，親指を上に向けるのは，良いという意味だ。親指を下に向けるのは，悪いという意味だ。頭を左右に振ることは，ノーを意味する。頭を前後に動かすことは，イエスを意味する。わからないことがあれば，肩を上げ，両手を空に向けるとよい。❸ボディーランゲージは，あなたがどのように感じているかを人に伝えることもできる。もしあなたが両足を床につけて椅子の前の方に座り，先生を見ているなら，あなたは興味を持っている。椅子にもたれて窓の外を見ているなら，あなたは興味を持っていない。あなたが誰かの目を見るとき，その人にはあなたが話を聞いているということが伝わる。目をそらすと，相手にはあなたが話を聞いていないということが伝わる。❹ボディーランゲージの重要な部分は，顔の表情だ。笑顔は普通，あなたがうれしいことを意味する。それはあなたと話すことに対して他の人を良い気分にさせる。もしあなたが悲しかったり眠かったりしたら，他の人はあなたの目を見てそれがわかる。そうすると，相手はあなたと話したくなくなるかもしれない。❺もしあなたが外国にいて，あることをどう言えばいいのか思いつかないなら，自分の口以上のものを使って話すことを思い出すといい。

＜解説＞①「運転手に行き先を伝える」という内容から，car「車」の中とわかる。　②食べ物を注文するときに指さすものとして考えられるのは，他の人が「食べている」物。　③この後，人の態度からわかる気分，つまり人が「どのように感じているか」についての具体例が挙げられていることから判断できる。‘tell＋人＋物事’「〈人〉に〈物事〉を教える」の‘物事’の部分が‘疑問詞＋主語＋動詞...’の間接疑問になっている形である。　④通常，笑顔が意味するのは，happy「幸せな」気持ちである。　⑤ボディーランゲージについて述べた文章。ボディーランゲージを使うことは，「口以上のものを使って話す」と表現できる。

3 〔対話文完成―適文選択〕

≪全訳≫❶ジェーン(J)：あなたに相談したい問題があるの。❷エリカ(E)：いいわよ，話して。❸J：A 隣に住んでいる人のことなんだけど。❹E：なるほど。❺J：その人は夜にほえるイヌを飼っているの。❻E：B 夜，どれくらい遅くにほえるの？❼J：深夜2時までほえることが多いから，よく眠れないの。❽E：それはひどいわね。その問題について，その人に話した？❾J：C その人が怖くて，まだしていないの。❿E：そうなの？⓫J：うん。彼は怒りっぽいから，どう反応するかわからなくて。⓬E：うーん…。これは深刻な問題だと思うわ。私からのアドバイスはこうよ。まず，その隣人に，彼のイヌがあなたを困らせていることを伝える必要があると思う。直接伝えるのが怖いなら，電話をするか，手紙を書くといいわ。もしほえ続けるようなら，D 他の近所の人たちに，そのことについて尋ねるといいわ。おそらく彼らも困っているもの。もしそうなら，一緒にイヌの飼い主に話せるし。最後に，それでもほえ続けるなら，E 警察に電話した方がいいわね。⓭J：それを最初にしてはいけないの？⓮E：だめよ。隣の人を本当に怒らせてしまうかもしれないから。最初はできるだけ警察には電話しないようにすることね。⓯J：そうね。わかったわ。アドバイスをありがとう。

＜解説＞A．ジェーンのこの次の発言の He が，ウの the person living next door to me を指していると考えられる。　B．この質問を受けてジェーンはイヌのほえる時間帯について答えている。　how late「どれくらい遅くに」　C．この次のジェーンの発言から，隣人を恐れて話せていないことがわかる。　D．直後の文の them が，キの your other neighbors を指していると考えられる。　E．問題が解決しない場合の最終手段となるものを選ぶ。

4 〔長文読解─内容真偽─説明文〕

≪全訳≫太らせる部屋とは何か。❶北米やヨーロッパでは，ほとんどの女性がすらりとした体型になりたいと思っている。そこでは，すらりとした女性は，美しい女性である。そこでは，すらりとした女性は健康的で，食べる物に気をつけている。しかし，世界のある地域では，女性は太りたいと思っている。アフリカの多くの地域では，太った女性は美しい女性だ。どのくらい太っているのか。制限はない。女性は太っていれば，健康で裕福なのだ。ある女性がすらりとした体型なら，その人はほとんどお金がなく，食べる物も十分に持たない労働者だ。また人々は，すらりとした女性が病気になると信じていたり，子どもを産めないと信じていたりする。太った女性は食べる物が十分にあるので健康で，元気な子どもをたくさん産むだろう。❷少女や女性が健康で美しく見えるように，中央アフリカの人々は，彼女たちを太らせる部屋に送る。太らせる部屋の伝統は古く，少女の人生の重要な部分である。少女が太らせる部屋に行ったら，その家族や村は，その子は大人の女性だと言う。太らせる部屋は通常，その家族の家の中かその近くにある。太らせる部屋では，少女は食事の時間まで，特別な椅子に座る。それから，葉でつくったマットを敷いた床の上に座る。眠るのも床の上だ。母親は，ご飯やヤムイモ，豆など，太るのを助ける食べ物が入ったおわんをいくつも少女に与える。少女は水もたくさん飲む。❸太らせる部屋では，少女はあまり動かない。食べて，寝て，太るだけだ。唯一の訪問者は，将来の夫の前での座り方，歩き方，話し方を教える女性たちだ。彼女たちは，掃除や裁縫，料理についてのアドバイスもくれる。長い間，太らせる部屋にいて，何もすることがないのは退屈だが，少女は気にしない。それが自分にとって大切なことだとわかっているのだ。❹ナイジェリアの南東部では，花嫁は結婚する前に，太らせる部屋や太らせる農場に行く。彼女たちは，何週間も農場から離れることができない。この期間の終わりの結婚式の前に，みんながその大きな体に見とれることができるように，花嫁は村の中を歩く。女性は結婚した後も，太らせる部屋に行くことができる。太っていることが重要なので，何度も通うこともある。男性は，自分が裕福で信頼できる男だと他の人に思ってもらえるように，妻に太っていてほしいのだ。❺もし両親が娘を太らせる部屋に送らなければ，友人や親戚は彼らを笑うかもしれない。彼らは，この両親は自分たちの義務を果たしていないと言うだろう。昔は，少女たちは２年間太らせる部屋にいたこともあった。今では，娘を数か月以上そこに送るだけの金を支払うことのできない家族もいる。また，都市では，太らせる部屋は今ではあまり人気がない。都市では，健康教育や西洋文化が人々の考えに大きな影響を及ぼしている。しかし村では，この伝統的な習慣が続いている。❻ニジェールでは，最も重い女性をたたえる祭りがある。ここでは，女性たちは，誰が一番太っているかを確かめるコンテストがある。コンテストの日の朝，女性たちは大量の食べ物を食べ，大量の水を飲む。最も太った女性が勝者だ。彼女は賞品としてもっとたくさんの食べ物をもらうのだ！

＜解説＞１.「アフリカの多くの地域では，すらりとした女性は，病気になったり子どもを産めなかったりする」…×　第１段落最後から２文目参照。人々がそう信じているだけで事実ではない。　２.「太らせる部屋の伝統は，子どもの人生の大事な部分である」…×　第２段落第２文参照。少女に限られる。　３.「太らせる部屋で，少女は特別な椅子に座り，眠るのも椅子の上だ」…×　第２段落第５～７文参照。眠るのは床の上である。　４.「太らせる部屋で，母親は娘が太るのを助けるため，食べ物の入ったおわんをいくつも娘に与える」…○　第２段落最後から２文目に一致する。　５.「太らせる部屋に長くいるのはとても退屈なので，少女はときどきそこを出たいと思う」…×　第３段落最後の２文参照。大切なことだとわかっているので退屈でも気にしない。　６.「ナイジェリア南東部には，太らせる部屋に何度も通う女性がいる」…○　第４段落最後から２文目に一致する。　７.「ナイジェリア南東部で太った女性を見れば，人々はその夫が裕福で信頼できると思うだろう」…○　第4段落最終文に一致する。　8.「親たちは自分たちの義務を果たすため，自分の子どもを2年間，太らせる部屋にいさせる」…×　第5段落第3，4文参照。2年間は昔の話である。　9.「健康教育や西洋文化の影響により，太らせる部屋の伝統はもはや見られない」…×　第5段落最後の2文参照。村ではいまだに続いている。　10.「ニジェールでは，誰が一番太っているかというコンテストの賞品として，優勝者は食べ物をもらうことができる」…○　最終段落の内容に一致する。

5〔長文読解総合─説明文〕

≪全訳≫❶あなたがネットサーフィンをするとき，多くのウェブサイトがあなたのコンピューターに秘密のソフトウェアを入れていることを知っていただろうか。このソフトウェアは，あなたの情報を大量に収集し，それをインターネット会社に送るのだ。インターネット会社は，それを他の会社に売る。あなたの個人情報は，ソーシャルメディアサイトから収集されることもある。あなたの情報を利用する方法はたくさんある。❷まず，会社があなたの情報を収集する。この会社は，あなたが住んでいる場所，どのウェブサイトを訪問しているか，オンラインで何をしているかを調べる。これらの情報をもとに，あなたの年齢や趣味を推測することができる。会社はこの情報を使って，どの広告があなたに最適なのかを決める。2人の人が同じウェブサイトにアクセスしても，異なる広告を見ることになる。例えば，スポーツが好きな人はスニーカーの広告を，映画が好きな人は映画の広告を見るかもしれない。❸次に，あなたの個人情報は売られることがある。他の会社に売るために，情報を収集する会社もある。個人情報を収集して売る会社をデータ・ブローカーと呼ぶ。データ・ブローカーがあなたの情報を売るとき，多くの異なる会社が，あなたのオンライン上の習慣を知ることになる。その後，これらの会社はあなたに製品や他のウェブサイトを宣伝するのだ。❹あなたの個人情報は，ソーシャルメディアを通して収集されることもある。あなたの情報がソーシャルメディアに載っていると，多くの人がそれを見ることができる。あなたがソーシャルメディアを利用していなくても，友人があなたの名前を載せた写真や動画を投稿するかもしれない。写真や動画は，ソーシャルメディア上で無料で共有することができ，それはすばらしい点の1つだ。しかし，その共有という同じ行為が，あなた自身の安全にとって問題になる。もし誰かがあなたのことを知りすぎていたら，その人は，あなたの個人情報を盗むことができる。そうすると，あなたであるふりをして，オンラインで物を買ったり，メッセージを投稿したりすることができるのだ。❺あなたのオンライン上の習慣は全て記録することができる。人々のオンライン上の習慣を調査することは，大きなビジネスだ。あなたの個人情報は，会社にとって非常に価値のあるものだ。このようにして彼らは，誰に自分たちの広告を送ればよいかを知る。インターネットは世界のほぼ隅々まで届いているが，危険なのは，あなたの個人情報も世界中に広まるかもしれないということだ。

問1＜適語選択・語形変化＞A. 直後の it は，a large amount of information about you「あなたについての大量の情報」を指す。ソフトウェアは集めた情報を会社に「送る」のである。and で結ばれている前の collects に合わせて3単現の s をつけて sends とする。　**B.** 直後の it はAと同様に「情報」を指す。ここでの business は‘数えられる名詞’で「企業」の意味。インターネット会社が他の企業に向けてすることは，情報を「売る」ことだと考えられる。主語 The Internet companies は複数で，これも現在の文なので，形を変える必要はない。　**C.** 情報は，ソーシャルメディアから「集められる」ものなので，受け身の形(‘be動詞＋過去分詞’)にする。ここでは前に can があるので‘助動詞＋be＋過去分詞’になる。　gather「～を集める」

問2＜要旨把握＞第2段落第4文参照。decide which ads are best for you「どの広告があなたに最も合うかを決める」の部分を用いて，「私たちに最も合った商品の広告」などとまとめる。

問３＜整序結合＞is と called が与えられていることから，「個人情報を収集して売る会社はデータ・ブローカーと呼ばれている」という受け身の文になると考える。主語になる「個人情報を収集して売る会社」は，that を主格の関係代名詞として使って a company that collects and sells personal information とまとめる。「データ・ブローカーと呼ばれている」は‘call＋*A*＋*B*’「*A*を*B*と呼ぶ」を受け身にした‘*A*＋be動詞＋called＋*B*’「*A*は*B*と呼ばれている」の形で表せる。

問４＜英問英答＞Ａ．「インターネット会社は，あなたについて何を調べるのか」―「あなたの住所，あなたが訪れるウェブサイト，あなたのオンライン上の習慣を調べる」　第２段落第２文参照。　Ｂ．「インターネット会社は，あなたについて何を推測するのか」―「あなたの年齢とあなたの興味を推測する」　第２段落第３文参照。　Ｃ．「インターネット会社は，どのようにしてあなたの情報を収集するのか」―「あなたのソーシャルメディアサイトを通して収集する」　第４段落第１文参照。

問５＜内容真偽＞ア．「あなたは会社に対し，自分の情報を売るのをやめるよう求めることができる」…×　そのような記述はない。　イ．「あなたは，どんなウェブサイトが自分の情報を収集しているのかを知っている」…×　そのような記述はない。　ウ．「旅行するときは，個人情報に気をつけるべきだ」…×　そのような記述はない。最終段落最終文にある travel の主語は，your personal information であり，ここは個人情報が「世界中を旅する」→「世界中に広まる」という意味である。　エ．「あなたのオンライン上の習慣を通して，会社は広告を見せるべき人を決定する」…○　第２段落第２～４文および最終段落第１～４文に一致する。

問６＜内容一致＞「タカシの意見／会社は，人の情報をどれも手に入れるべきではないと思う。インターネットを通して自分の情報を拡散させるのは①危険だ。／リサの意見／問題点がわからない。会社はお金を稼ぐ必要がある。私たちはインターネット上で②無料のものをたくさん手に入れられるから，それはそれらの③お金を支払う良い方法よ」　①最終段落最終文参照。名詞 danger「危険」を形容詞 dangerous に書き換える。　②・③私たちはインターネット上でさまざまなものを無料で共有できる。個人情報の提供が，その代価になると考えているのである。　pay for ～「～の代金を払う」

6〔整序結合〕

1．Which car「どの車」を主語にした最上級の疑問文をつくる。疑問詞(＋名詞)が主語の疑問文では，直後に動詞が続くことに注意。「５台の中で」は of the five。

2．「～時が来たなら」は when を「～するとき」を表す接続詞として使って when the time comes と表せる。「行動する時」なので when the time for action comes とし，comes の後にコンマがついているので，これを文の前半に置く。文の後半を「考えるのをやめて進みなさい」という命令文にする。「～するのをやめる」は stop ～ing。

3．There is/are ～「～がある〔いる〕」の疑問文をつくる。「何か見るべき面白いもの」を anything interesting to see と‘anything＋形容詞＋to不定詞’の語順にまとめることに注意。「この辺りに」は around here。

4．語群から「彼女の書いた手紙は彼女の家族をとても喜ばせた」という意味になると考える。主語に当たる「彼女の書いた手紙」は，目的格の関係代名詞が省略された‘名詞＋主語＋動詞’の形で The letter she wrote とする。「彼女の家族をとても喜ばせた」は‘make＋人＋形容詞’「〈人〉を～(の状態)にする」を使って made her family very happy とまとめる。

5．How often「どのくらいの頻度で」で始め，現在完了の疑問文‘have/has＋主語＋過去分詞…?’を続ける。

数学解答

1 (1) -3　(2) $(x+2)^2$

(3) $x=\frac{3}{2}$，2　(4) $6+\sqrt{3}$

(5) 56　(6) 8個　(7) $\frac{4}{15}$

(8) 4 cm

2 (1) ㋐…②　㋑…$3\sqrt{3}$

(2) ㋒…⑤　㋓…$\frac{3\sqrt{3}}{4}$

3 (1) A(4，8)，B(−4，0)，C(8，0)

(2) $y=\frac{6}{5}x$

4 (1) $y=-x-4$　(2) 16π

5 (1) $2\sqrt{21}\,\mathrm{cm}^2$　(2) $\frac{8\sqrt{21}}{3}\mathrm{cm}^3$

6 (1) 52万トン　(2) 60万トン

1〔独立小問集合題〕

(1)＜数の計算＞与式 $=7+(-8)\div\frac{4}{5}=7+(-8)\times\frac{5}{4}=7+(-10)=7-10=-3$

(2)＜式の計算―因数分解＞与式 $=(x+3)^2-2(x+3)+1$ として，$x+3=A$ とおくと，与式 $=A^2-2A+1=(A-1)^2$ となる。A をもとに戻して，与式 $=\{(x+3)-1\}^2=(x+2)^2$ となる。

≪別解≫与式 $=x^2+6x+9-2x-6+1=x^2+4x+4=(x+2)^2$

(3)＜二次方程式―比例式＞$x\times(7-2x)=3\times2$ より，$7x-2x^2=6$，$-2x^2+7x-6=0$，$2x^2-7x+6=0$ となるので，解の公式より，$x=\frac{-(-7)\pm\sqrt{(-7)^2-4\times2\times6}}{2\times2}=\frac{7\pm\sqrt{1}}{4}=\frac{7\pm1}{4}$ となる。よって，$x=\frac{7-1}{4}=\frac{3}{2}$，$x=\frac{7+1}{4}=2$ である。

(4)＜数の計算＞$\sqrt{12}=\sqrt{2^2\times3}=2\sqrt{3}$，$\frac{\sqrt{3}+6}{\sqrt{3}}=\frac{(\sqrt{3}+6)\times\sqrt{3}}{\sqrt{3}\times\sqrt{3}}=\frac{3+6\sqrt{3}}{3}=1+2\sqrt{3}$ より，与式 $=(\sqrt{3}-1)(2\sqrt{3}+1)+(1+2\sqrt{3})=2\times3+\sqrt{3}-2\sqrt{3}-1+1+2\sqrt{3}=6+\sqrt{3}-2\sqrt{3}-1+1+2\sqrt{3}=6+\sqrt{3}$ である。

(5)＜数の性質＞$A<B$ とする。自然数 A，B の積が735だから，$A\times B=735$ より，$A\times B=3\times5\times7^2$ である。A，B は2けたの自然数だから，A，B の組は，$(A,\ B)=(3\times5,\ 7^2)$，$(3\times7,\ 5\times7)$ となる。$A=3\times5$，$B=7^2$ のとき，最小公倍数は $3\times5\times7^2=735$ となり，適さない。$A=3\times7$，$B=5\times7$ のとき，最小公倍数は $3\times5\times7=105$ となり，適する。よって，$A=3\times7=21$，$B=5\times7=35$ であり，$A+B=21+35=56$ となる。$A>B$ と考えても同じである。

(6)＜関数―点の個数＞反比例のグラフの式は，比例定数を a として，$y=\frac{a}{x}$ と表せる。このグラフが点(−3，−8)を通るから，$-8=\frac{a}{-3}$ が成り立ち，$a=24$ となる。よって，反比例のグラフの式は $y=\frac{24}{x}$ である。このグラフ上の点で，x 座標，y 座標がともに正の整数となる点の x 座標は，24の約数である。よって，求める点の個数は，x 座標が1，2，3，4，6，8，12，24である8個となる。

(7)＜確率―色玉＞赤玉3個を赤$_1$，赤$_2$，赤$_3$，青玉2個を青$_1$，青$_2$ とする。玉は $3+2+1=6$(個)あるので，この中から玉を順番に2個取り出すとすると，1個目が6通り，2個目が5通りより，取り出し方は $6\times5=30$(通り)となるが，同時に取り出すときは，1個目と2個目の取り出す順番が逆のものも同じ取り出し方とするので，30通りの中には同じ取り出し方が2通りずつあることになり，2個の玉を同時に取り出すときの取り出し方は $30\div2=15$(通り)となる。このうち，2個とも同じ色であるのは，赤$_1$と赤$_2$，赤$_1$と赤$_3$，赤$_2$と赤$_3$，青$_1$と青$_2$を取り出す4通りだから，求める確率は$\frac{4}{15}$である。

⑻＜空間図形—長さ＞右図で，PF＝x(cm)とすると，CP＝CF－PF＝10－xとなる。△DEF＝S(cm^2)とすると，〔三角柱 ABC-DEF〕＝△DEF×AD＝S×10＝10Sとなる。立体 P-DEF は，底面を△DEF，高さを PF とする三角錐だから，3点P，D，Eを通る平面で切ったときの△DEF を含む立体の体積は，〔立体 P-DEF〕＝$\frac{1}{3}$×△DEF×PF＝$\frac{1}{3}\times S\times x=\frac{1}{3}Sx$となる。これより，△ABC を含む立体の体積は，〔三角柱 ABC-DEF〕－〔立体 P-DEF〕＝$10S-\frac{1}{3}Sx$となる。△ABC を含む立体の体積は△DEF を含む立体の体積の4倍だから，$10S-\frac{1}{3}Sx=\frac{1}{3}Sx\times 4$が成り立つ。両辺を$S$でわって，$10-\frac{1}{3}x=\frac{1}{3}x\times 4$，$\frac{5}{3}x=10$，$x=6$となるから，CP＝10－$x$＝10－6＝4(cm)である。

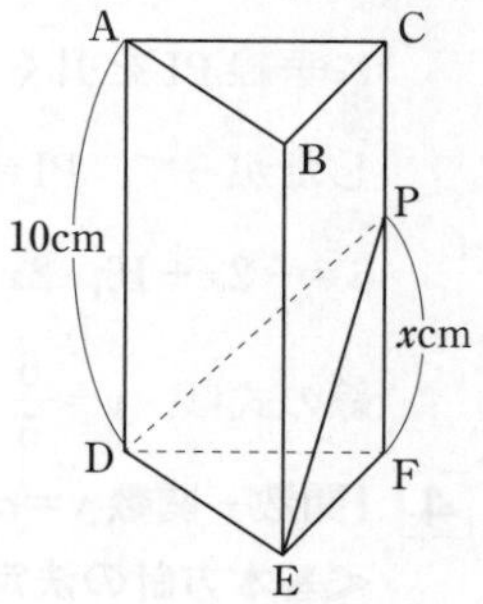

2 〔平面図形—三角形〕

⑴＜定理，面積＞直角三角形の3つの辺の間に成り立つ定理は，三平方の定理である。右図で，△AHC は，∠AHC＝90°の直角三角形であり，∠ACH＝60°だから，3辺の比が$1:2:\sqrt{3}$である。よって，AC：AH＝$2:\sqrt{3}$より，AH＝$\frac{\sqrt{3}}{2}$AC＝$\frac{\sqrt{3}}{2}\times 4=2\sqrt{3}$となるので，△ABC＝$\frac{1}{2}$×BC×AH＝$\frac{1}{2}\times 3\times 2\sqrt{3}=3\sqrt{3}$(cm^2)となる。

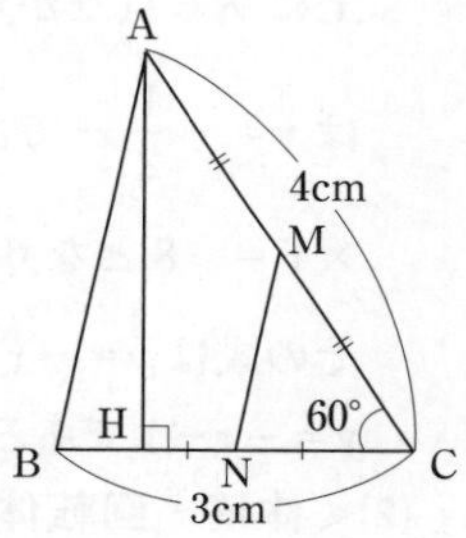

⑵＜2つの三角形の関係，面積＞右図で，2点M，Nはそれぞれ辺 AC，辺 BC の中点だから，AC：MC＝BC：NC＝2：1である。また，∠ACB＝∠MCN であるから，2組の辺の比とその間の角がそれぞれ等しくなり，△ABC と△MNC は相似となる。△ABC と△MNC の相似比は2：1だから，面積比は，相似比の2乗で，△ABC：△MNC＝$2^2:1^2$＝4：1である。よって，△MNC＝$\frac{1}{4}$△ABC＝$\frac{1}{4}\times 3\sqrt{3}=\frac{3\sqrt{3}}{4}$(cm^2)である。

3 〔関数—一次関数のグラフ〕

≪基本方針の決定≫⑵　線分 AB，AC のどちらと交わるのかを考える。

⑴＜座標＞右図で，点Aは直線$y=x+4$と直線$y=-2x+16$の交点だから，2式よりyを消去して，$x+4=-2x+16$，$3x=12$，$x=4$となり，点Aのx座標は4となる。$y=4+4=8$だから，A(4，8)である。点Bは直線$y=x+4$とx軸の交点だから，点Bのy座標は0であり，$y=0$を代入して，$0=x+4$，$x=-4$となる。点Bのx座標は－4だから，B(－4，0)である。点Cは直線$y=-2x+16$とx軸の交点だから，同様に$y=0$を代入して，$0=-2x+16$，$2x=16$，$x=8$となり，C(8，0)である。

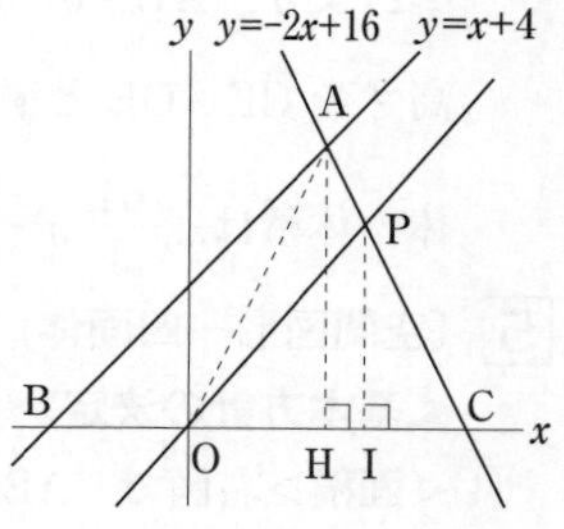

⑵＜直線の式＞右上図で，点Oと点Aを結ぶ。⑴より，B(－4，0)，C(8，0)であり，OB＝4，OC＝8だから，OB＜OC である。これより，△OAB＜△OAC となるから，点Oを通り△ABC の面積を2等分する直線は，線分 AC と交わる。その交点をPとする。BC＝8－(－4)＝12であり，点Aからx軸に垂線 AH を引くと，A(4，8)より，AH＝8となる。よって，△ABC＝$\frac{1}{2}$×BC×AH＝$\frac{1}{2}$

$\times 12\times 8=48$ となるので，$\triangle \mathrm{OCP}=\dfrac{1}{2}\triangle \mathrm{ABC}=\dfrac{1}{2}\times 48=24$ である。$\mathrm{OC}=8$ だから，点Pから x 軸に垂線PIを引くと，$\triangle \mathrm{OCP}$ の面積について，$\dfrac{1}{2}\times \mathrm{OC}\times \mathrm{PI}=24$ より，$\dfrac{1}{2}\times 8\times \mathrm{PI}=24$ が成り立つ。したがって，$\mathrm{PI}=6$ となるから，点Pの y 座標は6である。点Pは直線 $y=-2x+16$ 上にあるので，$6=-2x+16$，$2x=10$，$x=5$ となり，P(5, 6)である。直線OPの傾きは $\dfrac{6}{5}$ となるので，求める直線の式は，$y=\dfrac{6}{5}x$ となる。

4〔関数—関数 $y=ax^2$ と一次関数のグラフ〕

≪基本方針の決定≫(1)　点Bの座標を求める。

(1)**＜直線の式＞**右図で，2点A，Bから x 軸にそれぞれ垂線AE，BFを引くと，AE∥DO∥BFだから，EO：OF＝AD：DB＝1：2となる。点Aの x 座標が -2 より，$\mathrm{EO}=0-(-2)=2$ だから，$\mathrm{OF}=2\mathrm{EO}=2\times 2=4$ であり，点Bの x 座標は4である。また，A(−2, −2)は放物線 $y=ax^2$ 上にある点だから，$-2=a\times(-2)^2$ より，$a=-\dfrac{1}{2}$ となり，放物線の式は $y=-\dfrac{1}{2}x^2$ である。点Bは放物線 $y=-\dfrac{1}{2}x^2$ 上にあるから，$y=-\dfrac{1}{2}\times 4^2=-8$ となり，B(4, −8)である。よって，直線ABの傾きは $\dfrac{-8-(-2)}{4-(-2)}=\dfrac{-6}{6}=-1$ だから，その式は $y=-x+b$ とおける。点Aを通るので，$-2=-(-2)+b$，$b=-4$ となり，直線ABの式は，$y=-x-4$ である。

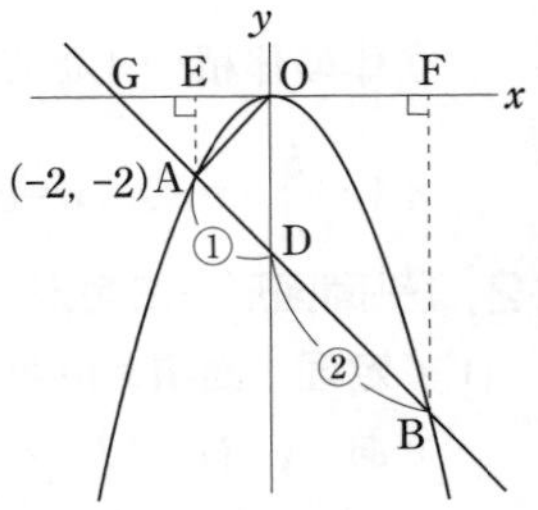

(2)**＜体積—回転体＞**右上図で，直線ABと x 軸の交点をGとする。AE⊥GO，DO⊥GOだから，△OADを x 軸を軸として1回転させてできる立体は，底面の半径をDO，高さをGOとする円錐から，底面の半径をAE，高さをGE，OEとする2つの円錐を取り除いた立体である。直線 $y=-x-4$ の切片が -4 より，D(0, −4)だから，$\mathrm{DO}=0-(-4)=4$ である。点Gは直線 $y=-x-4$ と x 軸の交点だから，$0=-x-4$，$x=-4$ より，G(−4, 0)であり，$\mathrm{GO}=0-(-4)=4$ である。よって，底面の半径をDO，高さをGOとする円錐の体積は，$\dfrac{1}{3}\times\pi\times 4^2\times 4=\dfrac{64}{3}\pi$ となる。また，A(−2, −2)より，$\mathrm{AE}=0-(-2)=2$，$\mathrm{GE}=-2-(-4)=2$，$\mathrm{OE}=0-(-2)=2$ だから，底面の半径をAE，高さをGE，OEとする円錐の体積は，ともに，$\dfrac{1}{3}\times\pi\times 2^2\times 2=\dfrac{8}{3}\pi$ となる。以上より，求める立体の体積は，$\dfrac{64}{3}\pi-\dfrac{8}{3}\pi\times 2=16\pi$ である。

5〔空間図形—四面体〕

≪基本方針の決定≫(2)　BC⊥〔平面AHD〕であることに気づきたい。

(1)**＜面積＞**右図で，AB＝AC＝DB＝DC，BC＝BCより，△ABC≡△DBCだから，点Dと点Hを結ぶと，DH＝AH＝5となり，△AHDは二等辺三角形である。よって，点Hから辺ADに垂線HIを引くと，点Iは辺ADの中点となり，$\mathrm{AI}=\mathrm{DI}=\dfrac{1}{2}\mathrm{AD}=\dfrac{1}{2}\times 4=2$ である。△AHIで三平方の定理より，$\mathrm{HI}=\sqrt{\mathrm{AH}^2-\mathrm{AI}^2}=\sqrt{5^2-2^2}=\sqrt{21}$ であるから，$\triangle \mathrm{AHD}=\dfrac{1}{2}\times \mathrm{AD}\times \mathrm{HI}=\dfrac{1}{2}\times 4\times\sqrt{21}=2\sqrt{21}\,(\mathrm{cm}^2)$ である。

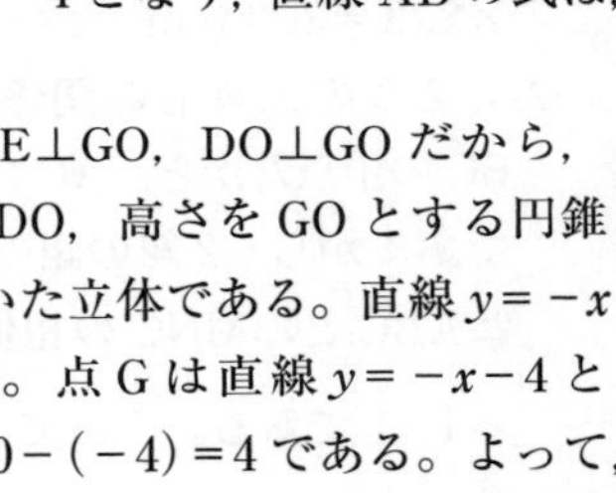

(2)＜体積＞前ページの図で，△ABC は AB＝AC の二等辺三角形だから，AH⊥BC より，点 H は辺 BC の中点である。また，△DBC は DB＝DC の二等辺三角形だから，DH⊥BC となる。よって，AH⊥BC，DH⊥BC より，BC⊥〔平面 AHD〕である。$BH=CH=\frac{1}{2}BC=\frac{1}{2}\times4=2$ であり，(1)より，$\triangle AHD=2\sqrt{21}$ だから，〔四面体 ABDH〕＝〔四面体 ACDH〕$=\frac{1}{3}\times\triangle AHD\times BH=\frac{1}{3}\times2\sqrt{21}\times2=\frac{4\sqrt{21}}{3}$ となる。したがって，四面体 ABCD の体積は，2〔四面体 ABDH〕$=2\times\frac{4\sqrt{21}}{3}=\frac{8\sqrt{21}}{3}$ (cm^3) である。

6 〔数と式―連立方程式の応用〕

(1)＜数量の計算＞2017～2019年の３年間の販売量の合計は，$58+62+60=180$ (万トン)である。この３年間のリサイクル率が85％より，３年間の再資源化量は販売量の85％だから，$180\times\frac{85}{100}=153$ (万トン)となる。2017年，2019年の再資源化量がそれぞれ50万トン，51万トンより，2018年の再資源化量は，$153-50-51=52$ (万トン)である。

(2)＜連立方程式の応用＞2016年の販売量を x 万トン，再資源化量を y 万トンとする。リサイクル率は84％だから，$y=x\times\frac{84}{100}$ が成り立ち，$y=\frac{21}{25}x$……①となる。また，2020年は，2016年と比べて，販売量は２万トン減ったので，$x-2$ 万トンとなり，再資源化量は1.8万トン増えたので，$y+1.8$ 万トンとなる。2020年のリサイクル率は90％だから，$y+1.8=(x-2)\times\frac{90}{100}$ が成り立ち，$y+1.8=\frac{9}{10}(x-2)$……②となる。①を②に代入して，$\frac{21}{25}x+1.8=\frac{9}{10}(x-2)$，$42x+90=45(x-2)$，$42x+90=45x-90$，$-3x=-180$，$x=60$ となるので，2016年の販売量は，60万トンである。

＝読者へのメッセージ＝

２以上の自然数で，正の約数が１とその数だけである数を素数といいますが，２以上の自然数で素数でない数は，合成数といいます。4，6，8，9，……は合成数です。

国語解答

一 ① ちんじゅ　② おういん
③ べんぎ　④ ゆだ
⑤ ふんべつ　⑥ 風物詩
⑦ 無比　⑧ 奨励　⑨ 偏
⑩ 脅

二 問一　ゴルディウスの結び目を解こうとは[しないで，]剣で断ち切った[行動]
問二　a　面食らっ　b　おののい
c　のさばっ
問三　ケストナー夫人から，結び目を断ち切ったことを，厳しく注意されたこと。(34字)
問四　エ　問五　エ
問六　(あ)…イ　(い)…エ　(う)…ウ
問七　イ　問八　イ　問九　ウ
問十　ウ　問十一　エ　問十二　ア
問十三　ア

三 問一　ⓐ…イ　ⓑ…ウ　ⓒ…ウ
問二　エ　問三　ア　問四　エ
問五　ウ　問六　イ　問七　ウ
問八　かえって　問九　ア
問十　いささか～の多し。

一〔漢字〕

①「鎮守」は，土地あるいは施設を災いから守る神，またその神を祭った神社のこと。　②「押印」は，印判を紙などに押しつけて印影を残すこと。　③「便宜」は，都合のよいこと。　④「委ねる」は，物事の処理・決定・判断を人に任せる，という意味。　⑤「分別」は，道理をよくわきまえていること。　⑥「風物詩」は，季節の感じを表しているもの。　⑦「無比」は，他に比べるものがないこと。　⑧「奨励」は，ある物事をよいこととして，人にすすめること。　⑨音読みは「偏見」などの「ヘン」。　⑩「脅かす」は，人を恐れさせる，という意味。

二〔**論説文の読解―哲学的分野―哲学**〕出典；エーリッヒ・ケストナー／高橋健二訳「ゴルディウスの結び目」。

≪本文の概要≫ゴルディウムには，巧みにからませられ，誰一人解いた者がいないゴルディウスの結び目というものがあった。マケドニアのアレクサンダーは，その結び目を解く代わりに，剣で真ん中を断ち切ったことが語り伝えられている。アレクサンダーの兵隊たちは，彼の知恵と独創性を褒めたたえた。しかし，「わたし」の母がもしその場に居合わせていたら，「結び目は断ち切るもんじゃない！」と厳しい調子で言っただろう。アレクサンダーもまた，もし長生きしていたならば，「わたし」の母の発言を思い出して，その内容に納得していただろう。歴史家は，世界中の誰も解くことができない逸品をつくり上げた人や，それを平和に解きほぐそうとした人のことを伝えず，問題を断ち切って解決する強い人物のことを感激して書きとめる。それは，至るところでできる新しい結び目である問題に，世界中から代表が集まって苦吟しているときに，その問題について断ち切ることを主張する者が勝手気ままに振る舞うことを許してしまう。そういう連中の方を排除するように，「わたしたち」は徐々に転換していくべきなのである。

問一＜文章内容＞「若い王」であるアレクサンダーは，「だれひとり解いたものがない」という「ゴルディウスの結び目」を解く代わりに，「剣を抜いて，結び目をまん中で」断ち切ったのである。

問二＜文章内容＞a．「面食らう」は，不意の出来事に驚き戸惑う，という意味。ゴルディウスの結び目を解いた者には，「大きな成功と遠くひびく名声とを与えると約束した神託」があったが，「わたし」の母がゴルディウスのひもを断ち切ることに対して「神託に正反対な意見」をするのを聞いたら，マケドニアの軍隊は驚いただろう。　b.「おののく」は，恐怖などから身体が震える，という意味。「征服者」として知られたアレクサンダーは，「ペルシャ人も，メディア人も，インド人も，エジプト人も」屈服させていたが，「わたし」の母は，その場にいたら，同じように屈服させられて身体が震えるようなことはなかっただろう。　c.「のさばる」は，いばって勝手気ままに振る舞う，という意味。サーベル理論の信奉者は，「至る所でできる新しい結び目をほぐすために，世界中から代表が集まって苦吟している」ことを軽視して，横へいな態度で「いつまでぼそぼそ言っているんだ？　ぶった切るのが，一ばん筋が通っている！」と主張するのである。

問三＜指示語＞もし，「わたし」の母がいたら，アレクサンダーに「結び目は断ち切るもんじゃない」と「きびしい調子」で言ったであろうし，アレクサンダーも，賢い老人になっていたとしたら，「わたし」の母に「結び目は断ち切るもんじゃない」と厳しく言われたことを思い出して，「あのケストナー夫人があの時ゴルディウムで言ったことは，まちがっていなかった。結び目は断ち切るものではない」という認識に至ったであろう。

問四＜文章内容＞「わたし」は，五行詩に「死後の名声について」という題をつけ，結び目を断ち切ったアレクサンダーの名を挙げている。しかし，「さて，あの結び目を結んだ人の名は？／それはだれも知らない。／だが，たしかにそれはだれか別な人だった」と，作品の半分以上を，巧妙にからませられた結び目をつくった人に費やし，「わたし」は剣で断ち切って解決した人に視線を集めることを批判している。

問五＜文章内容＞ゴルディウスの結び目を剣で断ち切ったアレクサンダーの名は知られているのに，それまでに世界中の誰も解くことができなかったその結び目を結んだ人の名前を「だれも知らない」ことは，不思議なことである。

問六＜語句＞(あ)「たくみに」は，手際よく上手に成し遂げるさま。　(い)「苦吟」は，苦心して詩歌をつくること。転じて，物事がうまくいかず苦しむこと。　(う)「たわごと」は，馬鹿馬鹿しい話。

問七＜接続語＞「巧妙至極にからませてあるので，世界中のだれも解くことができません」といわれるような結び目であるのにもかかわらず，「その逸品を作りあげた人を，歴史はわたしたちに伝えて」いないのである。

問八＜文章内容＞歴史家は，アレクサンダーのように，「問題を剣で解決しようと試みた人たち」には「数千年来」弱く，そうした人たちのことを「感激して書きとめ」てきたのである。

問九＜表現＞理想家は，「解きがたくからんでいる」事柄を，解くのは困難だとわかっていても，力に頼って「剣で解決しよう」とするのではなく，「平和に」穏便に解決しようとするのである。

問十＜文章内容＞「ゴルディウスの結び目」を剣で断ち切ったアレクサンダーのような，複雑な問題を力で解決する「強い人たち」を歴史家が関心を寄せて書きとめることで，歴史家は，力で解決する方法を尊重し，生き長らえさせることに力を添えてしまったのである。

問十一＜表現＞「わたし」は，解きがたくからんでいる結び目を剣で断ち切るような提言をする人々を，「一刀両断にするように，実際徐々に転換していくべき」だと思っている。しかし「わたしたち」は，そうした複雑な問題を力で解決しようとする現場に，親しく居合わす経験をしてしまっている。そうした経験をしてきたことを，「わたし」は，「ありがたい」と嫌味を込めて表現している。

問十二＜文章内容＞世界中の誰も解くことができなかった「ゴルディウスの結び目」のような複雑な問題は，現在も至るところで起こっている。それを力で「断ち切る」のではなく，「平和にときほぐそう」と，世界中から集まった代表が「苦吟」しているのである。

問十三＜文章内容＞「一刀両断」は，一太刀で真っ二つにたたき切ること。「わたし」は，複雑な問題を穏便に解決しようと時間をかけて方法を探ることをせずに，力で解決しようとする「サーベル理論の信奉者」の方をたたき切って，その考えを否定するように転換するべきだと思っているのである。

三〔**古文の読解―仮名草子**〕出典；『伊曾保物語』中二十六。

≪**現代語訳**≫あるとき，鳩と鳶とが並んでいたところ，鳶はこの鳩をあなどって，場合によっては食べてしまおうとした。その鳩が議論して，鷲のもとへ行って申したことには，「鳶という無法者がいる。場合によっては我ら(＝鳩)をいじめようとする様子である。これ以降，その振る舞いを(鳶が)しないように(鷲が)取り計らいなさるならば，(鳩は鷲を)主君と仰ぎ申し上げよう」と言ったので，鷲は気安く承諾して，鳩を一度に呼び寄せて，次々にひねり殺してしまった。／その生き延びた鳩が申したことには，「これ(＝鳩が鷲に次々に殺されてしまったこと)は，他人のせいではない。自分自身を害したのだ。鷲が取り計らいなさったことは，もっともなことだ」と言っ〈た〉。／そのように，まだ自分自身に最初からないことを新しくし始めることは，かえってその悔いがあるものだ。「終わった後に千度悔いるようなことよりは，始める前に一度でも心配して考えるようなことの方がよい」と見え〈た〉。少々の嘆きをこらえかねて，かえって大きな災難を受ける者が多い。このようであるがゆえに，ことわざにいう，「少し難儀なことを我慢して克服しなければ，反対に大変な難事を受けることになる」というのにも見えている。

問一＜古文の内容理解＞ⓐ鳩をいじめようという「振舞」をなすのは，鳶である。　ⓑ鳩をいじめようとする「振舞」を阻止するように取り計らうのは，鷲である。　ⓒ鳩を呼び寄せて，次々にひねり殺したのは，鷲である。

問二＜古文の内容理解＞「ややもすれば」は，どうかすると，場合によっては，という意味。「鳶此の鳩を」あなどって，鳩を「餌食とせん」としたのである。

問三＜古文の内容理解＞もしも鷲が，鳶が鳩を食べないように取り計らってくれるなら，鳩は，自分たちを守ってくれる鷲を「主君」として仰ごうと，鷲に申し出たのである。

問四＜古語＞「うけがふ」は，承諾する，という意味。鷲は，鳶が鳩を食べないように取り計らうことを，表面上は気安く承諾したのである。

問五＜古文の内容理解＞「残る鳩」は，鷲が鳩を次々にひねり殺してしまった後に生き残った鳩のことである。

問六＜古文の内容理解＞鳩は，鷲に仲間が大勢殺されてしまったことを，「われと我が身をあやまつなり」と，自分たち自身のせいだと考えている。それは裏を返せば，「人のしわざにあらず」，つまり，鳩以外の者のせいではないということである。

問七＜古典文法＞係助詞「なむ」「ぞ」があれば，係り結びの法則により，文末の単語は連体形になる。過去の助動詞「けり」の連体形は，「ける」である。

問八＜歴史的仮名遣い＞歴史的仮名遣いの語中・語尾のハ行は，現代仮名遣いでは原則として，「わいうえお」となる。また，現代仮名遣いの促音や拗音で用いられる小文字は，歴史的仮名遣いでは大文字で表記される。よって「かへつて」は，「かえって」となる。

問九＜古文の内容理解＞「しかじ」は，及ばないだろう，という意味。事が起こった後に千度も悔いることは，事が起こる前に一度でも思案することには及ばない，すなわち，始める前に一度でも心配して考える方がよいというのである。

問十＜古文の内容理解＞鳩が，鳶に襲われるような小さな困難をしのごうとして，逆に，鷲に殺されたように，小さな困難をこらえかねると，逆に，大きな困難に見舞われてしまうことが多いのである。

2022年度 十文字高等学校(推薦)

【英　語】（45分）〈満点：100点〉

1　次の電子メールを読んで，あとの問いに答えよ。

From：Sarah Jones　　　　Sent：Wed 09/12
To：　Francis Blake

Hi Francis,
We've been here for ten days and the weather has been great !　It's been hot and sunny all the time.　The staff at the hotel say we've been lucky because it often rains in September.
*Greece is a fantastic place for a vacation.　I've been swimming every day, and Jacob and I have been water-skiing.　I wasn't very good, so I only went once, but Jacob has gone three times now. It's very expensive, but he loves it !　Oh, and we've also been sailing.　That was fun.　There are a few more things I want to do before we leave.　Two weeks just isn't enough !　I've never been scuba diving and I'd really like to try.　Jacob says it's dangerous *though, so he doesn't want to go.
Anyway, I hope you are well.　See you soon (I'll show you all the pictures !).
Say hello to your friend, Lisa.

*Best wishes,
Sarah

Miles Craven *Breakthrough Plus Student's Book* Unit 9 Springer Nature BV
"Reproduced with permission of the Licensor through PLSclear"

［注］ Greece ギリシャ　though でも　Best wishes, ご多幸を祈ってます

問1　この電子メールは誰に送信されたものか。次のア～エのうちから選び，記号で答えよ。
　ア．Sarah's parents　イ．Francis　ウ．Jacob　エ．Lisa

問2　この電子メールが送信された目的は何か。次のア～エのうちから選び，記号で答えよ。
　ア．To ask for some information about Greece.
　イ．To report on the writer's vacation.
　ウ．To complain about the hotel staff.
　エ．To introduce marine sports.

問3　Sarahは自分の滞在中の天気について，どのように伝えているか。次のア～エのうちから選び，記号で答えよ。
　ア．always sunny　イ．often rainy　ウ．usually cloudy　エ．sometimes snowy

問4　この電子メールが送信されたとき，Sarahが一緒に過ごしていたのは誰か。次のア～エのうちから選び，記号で答えよ。
　ア．Jacob　イ．Francis　ウ．Lisa　エ．Sarah's mother

問5　Sarahがギリシャから戻るのはいつであると考えられるか。次のア～エのうちから選び，記号で答えよ。
　ア．September 2　イ．September 12　ウ．September 14　エ．September 16

問6　Sarahがまだ挑戦していないスポーツは何か。次のア～エのうちから選び，記号で答えよ。

ア．swimming　　イ．water-skiing　　ウ．sailing　　エ．scuba diving

問7　Jacobがscuba divingに行きたがらない理由は何か。次のア～エのうちから選び，記号で答えよ。

ア．面白くないから　　イ．値段が高いから

ウ．危険だから　　エ．泳げないから

問8　この電子メールに件名をつけるとしたら，最も適切なものは何か。次のア～エのうちから選び，記号で答えよ。

ア．Having a great time!

イ．Do me a favor!

ウ．I'm so sorry for Francis!

エ．Poor Jacob!

2　①～⑤の(　)内に最も適切な単語を入れよ。ただし，与えられた文字で書き始めること。

London is the ①(c　　) city of the United Kingdom and the largest city in England. London now *refers to the City of London and the areas that have grown up around it. Though the City of London is quite small, Greater London has a population between seven and eight million ②(p　　).

Greater London *is comprised of many cities. The City of Westminster is one of the most famous cities. *The Houses of Parliament are in this city. *Westminster Abbey is also here, and British ③(k　　) and queens receive their *crowns and famous people are buried here. The home of the British *royal family, Buckingham Palace, is also in the City of Westminster. This is the Queen's official home, though she is not always there.

London is a ④(p　　) tourist spot, so people from all over the world travel there to visit each year. London is also proud of such *attractions as Tower Bridge, the Tower of London, and *the London Eye. London was also the first city in the world to build *an underground railway, known as the tube. For these ⑤(r　　), London attracts visitors from around the world.

［注］ refers to ～　～のことを言う　　is comprised of ～　～から成り立っている
The Houses of Parliament　国会議事堂　　Westminster Abbey　ウェストミンスター寺院
crowns　王冠　　royal　王室の　　attractions　人をひきつけるもの，呼び物
the London Eye　ロンドン・アイ(大観覧車)　　an underground railway　地下鉄

3　次の対話文を読んで，［Ａ］～［Ｅ］の空所に入る最も適切なものを，あとのア～ケの中からそれぞれ1つずつ選び，記号で答えよ。ただし，同じ記号を2度使わないこと。

Jim：Hey, what's up? You look terrible.
Kate：［　Ａ　］
Jim：That's too bad. Have you taken any medicine?
Kate：［　Ｂ　］ I've been so sick that I haven't been out of the house until now.
Jim：Well, maybe you should go home. You shouldn't go to class.
Kate：I know, but I have American history this morning.
Jim：Why don't you see the college doctor?

Kate : [C] I'll go at lunchtime.
Jim : You should see the doctor right now. [D]
Kate : I've missed three classes already. I can't miss another because I'll *fail the course.
Jim : Wait a minute. American history is with Mr. Philips, right?
Kate : Yeah. Why?
Jim : [E] There's a note on the *bulletin board. The class is canceled!

［注］ fail the course 講座が未履修になる bulletin board 掲示板

ア．That's a good idea.
イ．He's not here today.
ウ．I don't feel very well.
エ．Yes, I have.
オ．No, I haven't.
カ．He is coming!
キ．I'm so sorry.
ク．What's so important about American history?
ケ．How many American history classes do you have in a week?

4 次の文を読んで，あとの１～10の各文が本文の内容と一致するものにはT，一致しないものにはFの記号を用いて答えよ。

The fight for the *vote was one of the greatest fights that women have had. It started in the 19th century and continued into the 20th century.

In the United Kingdom, the fight for the vote was led by some very brave women. The most famous is a woman called Emmeline Pankhurst. She was the leader of the "suffragettes" — the name of a group of women who fought for the vote.

Emmeline was born in 1858 in Manchester in the north of England. Her father had a small business, and they lived in a large house. Both her mother and her father believed in women's rights.

Emmeline was the oldest of ten children. She was very smart and could read when she was three years old. At that time, girls were not given a very good education. They learned things they needed for family life, like how to cook. But Emmeline's mother and father had money. When she was older, they paid for her to go to a women's school in Paris.

When she came back five years later, at twenty years old, she could speak good French and knew how to cook, but she also knew *chemistry.

In 1879, Emmeline married a lawyer called Richard Pankhurst. Richard also believed in the vote for women. He wrote some laws in 1870 and 1882 that *allowed women to keep their own money and houses after they married. Emmeline and Richard believed in the ideas. When he died in 1898, Emmeline was very sad.

In 1889, Emmeline started *the Women's Franchise League. It fought for married women to vote in *elections. In 1903, she helped to start *the Women's Social and Political Union (WSPU) and later it became famous. The members of the WSPU were the first "suffragettes".

Emmeline's daughters, Christabel and Sylvia, were also suffragettes. In *Britain, politicians, the newspapers and the people were very surprised by the action the suffragettes took. The women walked in the streets and broke windows. They burned buildings. When they were in *prison, they did not eat.

Emmeline, like many of the suffragettes, was put in prison many times. From 1908, she was in prison three times. From 1912 to 1913, she was in prison twelve times. She was very brave, and she knew that women had to win this fight. She even stopped eating. Sometimes, the police *forced her to eat, and this was very *painful. Sometimes, the suffragettes almost died from not eating, but still they continued to fight.

In 1918, women over thirty got the vote after many years of fighting. Emmeline died on the 14th of June 1928, at the age of sixty-nine. On the 2nd of July 1928, women were given *equal voting rights with men — they could vote at the age of twenty-one. Emmeline did not live to see it.

［注］ vote　投票，投票する　　chemistry　化学　　allowed ... to ～　…が～することを可能にした
the Women's Franchise League　婦人参政同盟　　elections　選挙
the Women's Social and Political Union　女性社会政治同盟　　Britain　英国　　prison　刑務所
forced ... to ～　…に無理矢理～させた　　painful　苦痛である　　equal　平等な

1. The "suffragettes" was a group of women who fought for voting rights in the U.K.
2. When Emmeline was fifteen years old, she went to Paris to learn to be a good wife.
3. Emmeline's husband agreed with the idea that women could keep their own money and houses after they married.
4. Emmeline's husband lived longer than Emmeline.
5. Emmeline had two daughters and both of them were against the suffragettes.
6. The suffragettes believed in non-violence.
7. Emmeline was from a rich family, so she wasn't in prison as often as the other women were.
8. Some suffragettes died because the police didn't give them any food.
9. In 1918, women who were older than thirty got the right to vote.
10. Emmeline saw that women got equal voting rights with men.

5　次の英文を読んで，あとの問いに答えよ。

(1)About ninety-five percent of all people in the world speak only one hundred different languages. These languages come from different *language "families." What is a language family? Languages *can be related to each other just like people. This is because the languages *developed from a single language that was (2)(speak) in the past. （ 3 ）, many people know that both Spanish and French came from *Latin. But did you know that German is related to Hindi, a language (2)(speak) in India?

The largest family of languages in the world is called *the Indo-European family. The Indo-European family (or IE family) *includes languages of Europe, *the Americas, and Asia *among others. The best known examples are English, Spanish, German, Russian, Hindi, Italian, and French. Can you imagine how all of these languages are related? How do we know they are related?

In the 18th century, *Great Britain *had taken over many parts of the world. Many British people (4)(live) in India began to study *Sanskrit, the old language of India. They began to see how Sanskrit was similar in some ways to the old languages of Europe, like *Greek and Latin.

How did scientists explain this? They said that, long, long ago, a single group of people speaking [A] became different groups and moved far away to new lands. After several thousand years, [B] of these people changed and became [C]. For example, the word *brother* is *frater* in Latin, and *bhraatr* in Sanskrit. So, we can guess that all of these developed from the same word in a very old language.

(5)Where did the speakers of this old IE language come from? And why did they move so far? *Researchers who *study languages have some ideas. One hint is the word for **wolf*. This word's *root in the old IE language *can be found in other languages today. However, there is no root word for *tiger* in the old IE language. So we can say that long ago, a group speaking the old IE language lived in a place with wolves but not tigers. Some other roots in the old language are found in words like *hill*, *smoke*, *forest*, and *horse*. Because of words like these, scientists now believe the group speaking the old IE language came from a part of Eastern Europe. But nobody knows why exactly they traveled so far and to many places.

［注］ language "families"　言語族（言語のグループ）　can be related to ～　～に関連性を持つことがある
developed　発展した　Latin　ラテン語　the Indo-European family　インドヨーロッパ語族
includes ～　～を含む　the Americas　南北アメリカ大陸　among others　とりわけ
Great Britain　英国　had taken over ～　～を支配していた　Sanskrit　サンスクリット語
Greek　ギリシャ語　Researchers　研究者　study ～　～を研究する　wolf　オオカミ
root　起源　can be found　見つけることが出来る

問１　下線部(1)の英文の日本語の意味として最も適切なものを，次のア～ウのうちから選び，記号で答えよ。

ア．世界にはおよそ100種類の異なる言語がある。
イ．世界の95％の人々は，たった100種類の異なる言語しか話さない。
ウ．100種類だけでも世界で話されている言語の95パーセントになる。

問２　(2)，(4)の（　）の英語を適切な形に直せ。

問３　（３）に入る最も適切なものを，次のア～エのうちから選び，記号で答えよ。

ア．However　イ．Because of this
ウ．In addition　エ．For example

問４　次の言語の組み合わせで，相互に関連がないものを，次のア～エのうちから選び，記号で答えよ。

ア．German and Hindi　イ．French and Spanish
ウ．Russian and Chinese　エ．Sanskrit and Latin

問５　[A]～[C]に入る語句の組み合わせとして最も適切なものを，次のア～ウのうちから選び，記号で答えよ。

ア．A：new languages　B：a single language　C：the language
イ．A：the language　B：new languages　C：a single language
ウ．A：a single language　B：the language　C：new languages

問６　ラテン語の *frater* とサンスクリット語の *bhraatr* に当たる英単語は何か答えよ。

問７　下線部(5)の答えと思われる場所はどこか，本文の中から英語５語でそのまま抜き出せ。

問８　古いインドヨーロッパ言語が起源ではない単語を，次のア～エのうちから選び，記号で答えよ。

ア．forest　イ．tiger　ウ．wolf　エ．horse

問9　この文のタイトルとして最も適切なものを，次のア～エのうちから選び，記号で答えよ。

ア．A new language

イ．How some languages are related

ウ．Which languages are most difficult to learn

エ．A disappearing language family

問10　次のア～カの文で，本文の内容と**一致しない**ものを２つ選び，記号で答えよ。

ア．The Indo-European family is larger than any other language family.

イ．Languages of North America don't belong to the Indo-European family.

ウ．British people who lived in India didn't try to understand Sanskrit.

エ．The difference between the root words for *wolf* and *tiger* may help to find the birth place of the Indo-European family.

オ．Scientists believe the group speaking the old IE language became different groups and moved far away to new lands.

カ．Scientists don't understand rightly why the speakers of the old IE language traveled so far and to many places.

6　日本文の意味に合う英文になるように，次の１～４の(　)内の語句を並べかえよ。ただし，文頭に来るべき語もすべて小文字で始めている。

１．恵子はとても興奮していたので，昨夜は眠れなかった。
(not / she / Keiko / could / that / was / so / excited / sleep) last night.

２．この花を母に送りたいのですが。
(send / like / to / flowers / my mother / I / these / would).

３．これは私が昨年から読みたかった本です。
(read / the book / wanted / is / last year / to / since / have / I / this).

４．久美は私に数学の宿題を手伝ってくれるように頼んだ。
(homework / me / to / her / with / Kumi / help / asked / her / math).

【数　学】（45分）〈満点：100点〉

〔注意〕 円周率を使う場合は，πで表すこと。

1　次の各問いに答えよ。

(1)　$\dfrac{3}{5}-(-0.25)^2\times(-1.6)$ を計算せよ。

(2)　$\dfrac{2a-b}{3}-\dfrac{3a-2b}{5}$ を計算せよ。

(3)　2次方程式$(2x+1)^2-(x-4)^2=0$を解け。

(4)　右の表は，30人のクラスで行った数学のテストの得点を度数分布表に整理したものである。以下の①～③のうち，正しいものをすべて選び，その番号を答えよ。

階級（点）	度数（人）
0以上20未満	3
20 ～ 40	3
40 ～ 60	11
60 ～ 80	8
80 ～ 100	5
計	30

①　点数が低いほうから数えて5番目の生徒は20点以上40点未満の階級に入る

②　60点以上の割合は40％よりも多い

③　最頻値は56点である

(5)　2つの関数 $y=ax^2$ と $y=x+2$ の $-2\leqq x\leqq 1$ における y の変域が一致するとき，aの値を求めよ。

(6)　$\sqrt{5(2n+1)}$ が自然数となるようなnのうち，2番目に小さい自然数を求めよ。

(7)　右の図のように，点Oを中心とする円周上に4点A，B，C，Dがある。線分ACと線分BDの交点をEとし，2点A，Bにおける円の接線をそれぞれl，mとする。このとき，$\angle x$の大きさを求めよ。

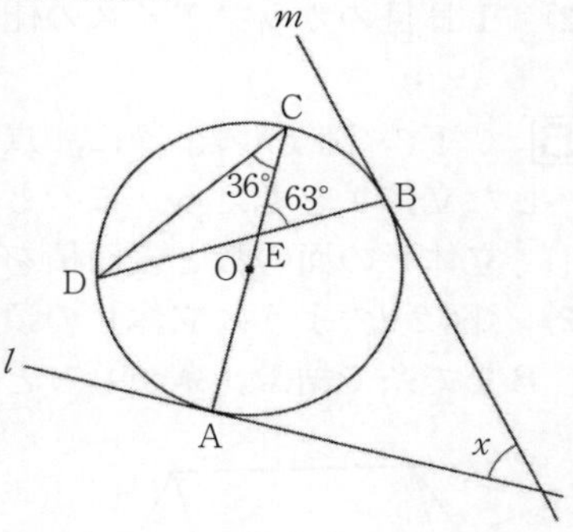

2　右の図のように，平行四辺形ABCDの辺CD上に，CE：ED＝4：1になるように点Eをとる。対角線BDと対角線AC，線分AEの交点をそれぞれP，Qとする。このとき，次の問いに答えよ。

(1)　BQ：QDを求めよ。

(2)　平行四辺形ABCDの面積が$30\,\mathrm{cm}^2$のとき，△APQの面積を求めよ。

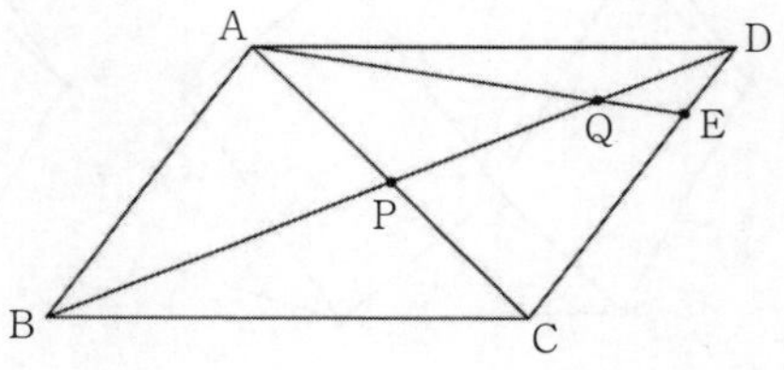

3　右の図のように，関数 $y=ax^2$ のグラフ上に3点A，B，Cがある。点Aの座標は$(-2,\ 1)$，2点B，Cのx座標はそれぞれ4，8である。また，△ABCと△DBCの面積が等しくなるように，y軸上に点Dをとる。このとき，次の問いに答えよ。ただし，点Dのy座標は正とする。

(1)　点Bのy座標を求めよ。

(2)　直線ADの式を求めよ。

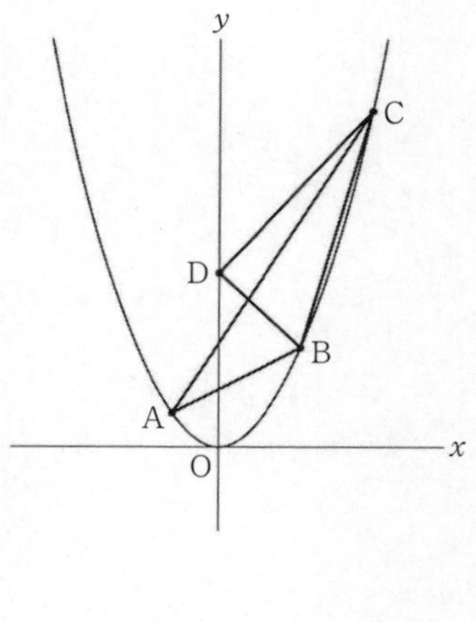

4　J高校のあるクラスでは，２日間の学園祭で１個250円のカップアイスと１個100円のドーナツを販売した。以下は２日目が終わった後のクラスメイト３人の会話である。

> 梅子：１日目はカップアイスが早い時間に売り切れて，逆にドーナツが10個売れ残ってしまったから，ちょっと心配になったよね。
> 松子：うん，でも２日目の仕入れ個数はカップアイスを２倍にしてドーナツを２割減らしたら，１日目に売れ残っていたドーナツ10個も含めて終了時間の少し前に売り切れになったし，ちゃんと経験をいかせたと思うよ。
> 桜子：集計してみたら，２日目は１日目よりも売り上げ総数が120個増えて，売り上げ総額も34,500円増えていたから，大成功だったんじゃないかな。

このとき，次の問いに答えよ。

(1)　１日目の仕入れ個数をカップアイス x 個，ドーナツ y 個として，売り上げ総数に着目して式を立ててまとめると

$5x-y=$ □

となる。上の □ に当てはまる数を答えよ。

(2)　１日目のカップアイスの仕入れ個数を求めよ。

5　下の〈図１〉のように，点線で表された１辺の長さが $6\sqrt{2}$ cmの立方体の，各辺の中点を頂点とした立体 V を考える。このとき，次の問いに答えよ。

(1)　立体 V の面の数と表面積を求めよ。

(2)　〈図２〉のように立体 V の頂点A，B，C，D，Eを定め，頂点Aから辺CE，辺CDを通って頂点Bまで糸で結ぶ。糸がもっとも短くなるとき，その長さを求めよ。

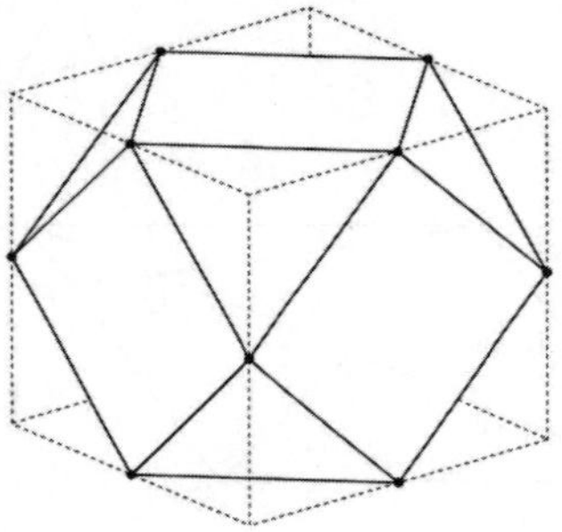

〈図１〉

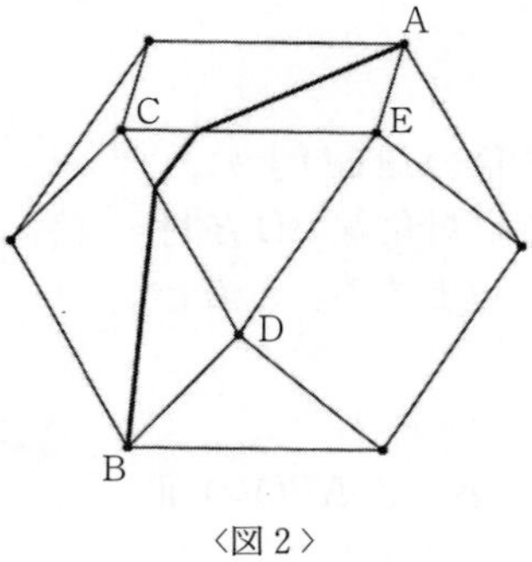

〈図２〉

6　2個のサイコロを同時に投げることを繰り返し，下の(a)～(c)のルールに従って右の図の1～9の数字に○を付けていくゲームをする。

1	2	3
4	5	6
7	8	9

(a)　出た目の和と同じ数字に○を付ける。ただし，和が10，11，12の場合は「1」に○を付ける。

(b)　出た目の和に，すでに○が付いていたときは，新たに○は付けずに次の回に進む。

(c)　たて，横，斜めのいずれか1列に○が3つ並んだ時点で終了となる。

このとき，次の問いに答えよ。

(1)　1回目に，「5」以外のいずれかに○が付く確率を求めよ。

(2)　次の①～④は4回目までが終わった後の図である。①～④のうち，5回目でゲームが終了となる確率が最も高いものと最も低いものをそれぞれ選び，その番号を答えよ。ただし，4回目までの確率は考えなくてよい。

①

1	2	③
4	⑤	6
7	8	⑨

②

1	②	3
4	⑤	⑥
⑦	8	9

③

①	2	③
4	5	6
⑦	8	⑨

④

1	②	③
4	5	6
7	⑧	⑨

ア　人を小馬鹿にするように踊って登場した。
イ　喜びのあまり飛び跳ねるように逃げ去った。
ウ　敵の注意をそらすためにいきなり踊り出した。
エ　恐ろしさのために逃げ出すこともできなかった。

問八　――線④「弥勒寺といふ寺をば造りたるなりけり」とあるが、それを可能にしたものは何か。最も適当なものを次の中から選び、記号で答えよ。
ア　寛蓮の手に入れた不思議な枕が、すぐれた建築資材になったこと。
イ　心を入れ替えた天皇が、罪ほろぼしとして寺院建立を願い出たこと。
ウ　金の枕を小さく打ち砕いて売り、それが寺院建立の資金になったこと。
エ　枕の投げ入れられた井戸に住む神様が、寛蓮の願いを叶えてくれたこと。

問九　――線⑤「笑はせ給ひにけり」とあるが、天皇が笑ったのはなぜか。その理由として最も適当なものを次の中から選び、記号で答えよ。
ア　逃げてばかりだった寛蓮が寺を建立する程立派になったから。
イ　寛蓮が見事なまでに自分たちを欺いて、偉業を成し遂げたから。
ウ　寛蓮の枕が打ち砕かれたので、自分の悔しさも紛らわされたから。
エ　自分が成し遂げたかったことと、寛蓮の考えが全く同じだったから。

三 次の文章を読んで、後の問いに答えよ。

その昔、醍醐天皇が世を治めていた時代のこと。天皇は囲碁が大好きで、当時、囲碁の名人と称された寛蓮《かんれん》という法師を呼んでは碁を打っていました。寛蓮にはなかなか勝てない天皇でしたが、ある時、金の枕を賭けて勝負を挑みました。

常に遊ばしける程に、金のⓐ御《おほむ》枕を(注1)懸け物にて遊ばしけるに、天皇ⓑ負けさせ給ひにければ、寛蓮その御枕を賜りてまかり出づるを、ⓒ若き(注2)殿上人《てんじやうびと》の(注3)勇みぬるをもって奪ひ取らせ給ひにければ、ⓓかやうに賜りてまかり出づるを①奪はせ給ふこと度々になりにけり。

しかる間、なほ天皇負けさせ給ひて、寛蓮その御ⓔ枕を賜りてまかり出でけるを、前のごとく若き殿上人(あ)あまた追ひて、奪ひ取らむとする時に、寛蓮懐《ふところ》よりそのⓕ枕を引き出でて、(注4)后町《きさきまち》の井に投げ入れつれば、殿上人は②皆去りぬ。寛蓮は③踊りてまかり出でぬ。その後、井に人を下ろしてⓖ枕を取り上げて見れば、木をもって枕を造りて、(注5)金の箔を押したるなりけり。早く、実のⓗ枕をば取りてまかり出でにけり。さるⓘ枕を(注6)構へ持ちたりけるを投げ入れけるなりけり。

さてその枕を打ち破りて(注7)仁和寺《にんなじ》の東の辺りにある④弥勒寺《みろくじ》といふ寺をば造りたるなりけり。天皇も、「(い)いみじく構へたり」とて⑤笑はせ給ひにけり。

（『今昔物語集』）

(注1) 懸け物…勝負事に賭ける品。懸賞の品。
(注2) 殿上人…天皇が生活する御殿に昇ることを許された貴族。
(注3) 勇みぬる…勇ましい。血気盛んな。
(注4) 后町…宮廷内の建物の名。
(注5) 金の箔…金を打って薄紙のようにのばしたもの。
(注6) 構へ…準備して。企てて。
(注7) 仁和寺…現在の京都市右京区にある寺。宇多天皇創建の、真言宗御室派の総本山。

問一 ══線ⓐ「おほむ」・ⓓ「かやうに」をそれぞれ現代仮名遣いに直して答えよ。

問二 ══線ⓑ「負け」・ⓒ「若き」をそれぞれ終止形（言い切りの形）に直して答えよ。

問三 〰〰線(あ)「あまた」・(い)「いみじく」のここでの意味として最も適当なものをそれぞれ後の中から選び、記号で答えよ。

(あ) あまた
ア うるさく　　イ 素早く
ウ しつこく　　エ 数多く

(い) いみじく
ア 本当にうまく　　イ ひどく大げさに
ウ とても大胆に　　エ 実にいまいましく

問四 ――線①「奪はせ給ふ」とあるが、ここでは誰が誰から「奪はせ給ふ」と言っているのか。次の文の□に入る語を本文より抜き出して答えよ。

【(誰)が(誰)から奪はせ給ふ】

問五 ══線ⓔの「枕」と同じものをⓕ～ⓘから一つ選び、記号で答えよ。

問六 ――線②「皆去りぬ」とあるが、それはなぜか。その理由として最も適当なものを次の中から選び、記号で答えよ。

ア 目の前の寛蓮が、突然井戸に飛び込んでしまったから。
イ 思わぬ結果に、天皇の指示を仰ぐ必要があったから。
ウ 井戸のある后町は、自分たちの管轄ではなかったから。
エ 目当ての枕が、井戸に投げ入れられてしまったから。

問七 ――線③「踊りてまかり出でぬ」とあるが、それはどういうことか。その解釈として最も適当なものを次の中から選び、記号で答えよ。

問三　――線②「日本語には間の大切さを教える言葉がたくさんある」とあるが、「間」を使った慣用句で、本文中にないものを答えよ。

問四　A～Dに入る語として最も適当なものをそれぞれ次の中から選び、記号で答えよ。

ア　すでに　イ　たとえば　ウ　もはや
エ　つまり　オ　けれど　カ　やはり
キ　あるいは　ク　すると

問五　――線③「いかに黙るかを工夫した」とあるが、それはなぜか。その理由として最も適当なものを次の中から選び、記号で答えよ。

ア　他の弁士たちと同じように工夫していたら、彼らとの差別化を図ることはできないから。
イ　目の前の画面だけに集中することによって、観客がより映画の世界に没頭できるから。
ウ　喋ることに価値があるのだという、当時の弁士に対する観客の見方を改めたかったから。
エ　観客が想像力を膨らませ、映画に参加できるような頃合いの間が必要だと思ったから。

問六　Eに入る「散文」の対義語を漢字で答えよ。

問七　――線④「松尾芭蕉」について、次の(1)・(2)の問いに答えよ。

(1)　次の語群は、文学者として著名な人物を古い時代順に並べたものである。「松尾芭蕉」が入る場所として最も適当なところを、次の記号の中から選んで答えよ。

柿本人麻呂　（ア）　清少納言　（イ）　兼好法師　（ウ）
夏目漱石　（エ）　島崎藤村

(2)　「松尾芭蕉」と同じ時代に、同じ分野で活躍した人物を次の中から二人選び、記号で答えよ。

ア　与謝蕪村　イ　井原西鶴　ウ　正岡子規
エ　葛飾北斎　オ　小林一茶　カ　良寛

問八　Fに入る俳句の表現技法を答えよ。

問九　――線⑤「芭蕉と受け手は交流する」とあるが、それはどういうことか。その説明として最も適当なものを次の中から選び、記号で答えよ。

ア　芭蕉が示した世界を受け手が想像し、その先の広がりを心待ちにするということ。
イ　芭蕉の創作意図を受け手が的確に読み取り、それを後世に正しく伝えるということ。
ウ　芭蕉の作品に対する受け手の想像や感動を、芭蕉自身が真摯に受け止めるということ。
エ　芭蕉が提示した世界と受け手の想像した世界とが重なり、感動が共有できるということ。

問十　――線⑥「完成品」とあるが、この場合の完成品とは何か。その説明として最も適当なものを次の中から選び、記号で答えよ。

ア　確かな技術に支えられながら、それを少しも感じさせないほど自由な舞台
イ　脚本や演出などで示されたことが、常に少しのミスもなく再現される舞台
ウ　長すぎることもなく、また短すぎもしない完璧な「間」が配置された舞台
エ　厳しい練習を積み重ねたプロの集団によって作り込まれた、隙のない舞台

問十一　筆者は、〰〰線(あ)で「私も電子メールは便利だと思う」と言いながら、〰〰線(い)で「単純に便利な社会になったとも思えないのである」と述べている。本文から読みとれる電子メールの便利な点とそうでない点について説明せよ。

問十二　〰〰線(う)は「ミュージシャンのライブがなくなることはない」とあるが、ライブ活動で求められているものとは何だと筆者は考えているか。本文中の言葉を利用して十字程度で答えよ。

に、感動を共有する。

間があることで、話し手と観客は一体になれるのである。

俳句の［F］の場合は、受け手は自分の間で続きを読む。間の長さは、受け手の読解力や、その作品をどの程度深く味わいたいか、によって変わってくる。

［F］と同じように、話芸の間は長過ぎても短か過ぎてもいけない。また、その日その日の客席の雰囲気によっても、適正な間の長さは変化する。お年寄りが多ければ、必然的に間はたっぷりとるようになる。若者が多い場合は短くなる傾向がある。若者は、反応時間が早いからである。

演劇のような(注6)ライブな表現活動をやっていると、受け手は⑥完成品を欲《ほっ》しているのではなく、交流したいのだということがよくわかる。舞台と客席との間に距離があるにせよ、役者と同じ空間でつながっていたいと思うのである。

演劇とテレビの違いは、ライブ感である。テレビは一方的な伝達だが、演劇は双方向伝達である。だから、その日の観客によって、芝居が変わることがあるのだ。

ネット社会がどれだけ発達しようと、ライブの表現活動がなくなることはない。それは、観客が役者とつながりたい、交流したいと思い続けるに違いないからだ。

音楽も同様である。CDがどれほど音の再現力を持っていても、㋒ミュージシャンのライブがなくなることはない。ロックのコンサートでは演奏の途中で、わざと無音の状態を作る場面がよくある。ミュージシャンたちはステージで、お互い気持ちを合わせる。そして、無音の間の後に、全員で呼吸を合わせて演奏を再開する。曲の最後のほうで一瞬音を止めて、一斉にメンバーがジャンプして音を出して締める、という光景を見たことがあるのではないか。この間合いがずれると、間が抜けてしまう。逆にきれいに決まると、曲全体が引き締まって聞こえる。

観客は、一瞬の沈黙の間、演奏再開のタイミングをミュージシャン同様、息を詰めてはかっている。ステージと客席が一つになる瞬間である。そしてミュージシャンと客の気持ちが一つになって、タイミングが合うと、「気持ちが揃《そろ》った」と一体感に包まれるのである。

（竹内一郎『人は見た目が9割』）

（注1）くすぐり…話術や演芸などで、客を笑わせようとすること。

（注2）無声映画…映画の初期の段階で行われていた、音声を伴わない映画。

（注3）弁士…無声映画の上映で、画面の進行に合わせてその内容を説明する人。

（注4）触媒…他のものに影響を及ぼすもの。

（注5）蛙（かわず）…カエルのこと。

（注6）ライブ…観客の前で行われる実演・生演奏。

問一　══線ⓐ「暗澹たる」・ⓑ「ツボ」・ⓒ「焦れる」の意味として最も適当なものをそれぞれ後の中から選び、記号で答えよ。

ⓐ　暗澹たる

ア　世の乱れに、ひどくいきどおり嘆くさま

イ　思いどおりにならず、がっかりするさま

ウ　前途に希望が持てず、絶望的であるさま

エ　問題が複雑で、解決のしようがないさま

ⓑ　ツボ

ア　要点　　イ　難点　　ウ　句点　　エ　盲点

ⓒ　焦れる

ア　だらしなくゆるむ　　イ　もどかしくいらだつ

ウ　退屈で気が抜ける　　エ　落ち着きなく慌てる

問二　──線①「批判の的」とあるが、批判の対象となるものは何か。それについて述べた次の文の空欄に入る語を、本文より五字で抜き出せ。

【若い人に多い［　　　］物言い。】

である。客にきちんと聞き取って欲しい台詞は、重要な台詞である。大切だから、あまり間を置き過ぎると、芝居がくどくなりすぎる。大切なものが多すぎると、受け手はうんざりするのである。

大切な台詞だけをきちんと立てて他はすっと流す、その勘所《かんどころ》が台詞術のⓑツボである。

もちろん、そのツボは役者によって勘所が異なり、他の役者に教えられるようなものではない。

故・古今亭《ここんてい》志《し》ん朝《ちょう》さんが父親の志《し》ん生《しょう》さんの芸について、こう語っていたことがある。志ん朝さんも名人だが、志ん生さんは昭和の大名人といわれた落語家。

「おやじが小声でボソボソとしゃべるんです。客は、何を言っているんだろうと身を乗り出す。そのタイミングで、(注1)くすぐりをパッと入れる。[B]客はどうっと受けるんです」

つまるところ、間のよさで客の笑いをとるのである。喋《しゃべ》りの上手さは、間の上手さと言い換えてもよい。

私の実感でいえば、舞台上で役者がしゃべっている間は、観客の意識は舞台から押されている感じになる。逆に、役者が間をとっている時間は、観客は舞台に引き寄せられる感じになる。[C]、役者と観客は舞台と客席の間で、押し引きの綱引きを繰り返すことになる。

これが、舞台と客席の間の「交流」である。心地よい交流を観客にさせてくれる役者が、名優ということになろう。名優と一言でいっても、自在に心地よい台詞を発することができる役者など何万人に一人もいない。

台詞術の基本もあるにはあるが、[D]プロの場合は、持って生まれた才能の世界というほかない。

話芸の名人として有名な徳川《とくがわ》夢《む》声《せい》は、そのキャリアを(注2)無声映画の(注3)弁士からスタートしている。彼は他の弁士がいかに喋ろうかと努力しているときに、③いかに黙るかを工夫したらしい。

弁士が黙るということは、間を置くということである。間が長すぎると客はⓒ焦《じ》れる。「タルい」という状態になる。逆に間が短か過ぎると、話が慌ただしくなってしまう。「バタバタした感じ」に聞こえてしまうのである。

言い換えれば、間は、観客が話に積極的に参加する時間である。話し手が(注4)触媒となって、自分の想像力を膨らます時間でもある。

間のないしゃべりと間のあるおしゃべりは、散文と[E]の違いである。散文は小説のように、読めば内容をすべて受け取ることができる。自分で想像力を膨らませなくても、内容がわかるように書くのが散文である。

ところが[E]は、受け手の想像力によっては、その内容さえ変わることもある。

「古池や　(注5)蛙《かわず》飛びこむ　水の音」

第5話で紹介した有名な④松尾芭蕉の俳句である。この俳句に接したとき、受け手は自分の想像力を働かさなければ、鑑賞することができない。古池の後に続く「や」は[F]である。強意の助詞ということもできるが、われわれ演劇人の視点からみると、「間を開ける場所」でもある。

「古池や」といった後に、一間開ける。受け手は、古い静かな池を想像する。次に何が起こるんだろうと期待する。受け手は俳句に積極的に参加することになる。そして芭蕉は、池の中に飛び込む蛙を見せてくれる。蛙が飛び込んだ後の池には、ただ静かに波紋が広がっている。

「古池や」と[F]がある場所で、⑤芭蕉と受け手は交流する。そして句を読み終わったときに、芭蕉が提示した世界の広がりに共鳴し、感動を共有するのである。

話芸で言うところの間は、俳句の[F]のようなものである。その瞬間を受け手に想像させ、そして次の台詞を言い終わったとき

二〇二二年度 十文字高等学校（推薦）

【国語】（四五分）〈満点：一〇〇点〉

◎文中からそのまま抜き出して答える場合、句読点や記号は一字とすること。また、ふりがなのある漢字は、ふりがなをつけなくてよい。
◎設問の関係で、一部省略した部分があります。

一 次の①～⑩の——線部について、カタカナは漢字に直し、漢字はその読みを平仮名で記せ。

① 座右のメイ。
② 怪我のコウミョウ。
③ ギシン暗鬼を生ず。
④ フクスイ盆に返らず。
⑤ 悪貨は良貨をクチクする。
⑥ 彼は将来を嘱望された青年国会議員だ。
⑦ 彼の政策は異なる会派の案を折衷したものだ。
⑧ その政策が財政破綻を招くとの指摘もある。
⑨ そのため実行段階での進捗がほとんど見られない。
⑩ そんな彼に辛辣な批判を浴びせる者も少なくない。

二 次の文章を読んで、後の問いに答えよ。

話しかけるタイミングの悪い人が増えた。彼らは呼吸が上手《うま》くつかめないのである。私は、これはネット社会の影響だろうと考えている。

電子メールは便利である。メールのお陰でビジネス関連の時間、特に伝達事項にかける時間が随分短縮された。こちらは、時間の余裕のある時にメールを書けばよい。相手も、時間の余裕のあるときに読めばよい。自分の都合、相手の都合、双方に利益があるのである。

これを繰り返しているぶんには、相手の都合を考えなくてもいいのである。自分の都合のいい時に「伝達」が済んでしまう。ということは、相手の様子を読むトレーニングを積まなくなる。相手の呼吸に合わせるという感覚がなくなっていくのである。

電話は、こちらか、相手か、どちらが忙しくても伝達を簡略化させたくなるものだ。だが、それをぐっと堪えて相手を察する。相手の真意を汲《く》もうとする。それが相手の呼吸を摑《つか》むトレーニングになる。

だから電話がいいとはいわない。Ⓐ私も電子メールは便利だと思う。もう、これがなくてはビジネスは前に進まない。しかし、Ⓘ単純に便利な社会になったとも思えないのである。タイミングという概念は「自分中心」の人には必要ない。アルバイトの面接などをしていると、「これほど自分中心の人が増えたのか」とⓐ暗澹《あんたん》たる気持ちになることがある。

よく①批判の的になる「私って〇〇じゃないですかぁ」という若い人に多い物言いも、そうした「間が読めない」ことと共通しているのではないか。そこから延々と自分の興味を語られても、こちらは困るばかり、ということがわかっていないのだ。もちろん、そういうタイミングが読めない人を私は採用しない。

②日本語には間の大切さを教える言葉がたくさんある。
「間違い」「間に合う」「間抜け」……。

私は演出をするとき、役者に「一間置いてください」［A］「半間置いてください」と言うことがある。

次の台詞《せりふ》を観客にきちんと伝えたい場合は、その直前に一間置いて貰《もら》う。一間というのは、ゆっくり息をする時間である。役者がゆっくり息をすれば、その時間が間になり、観客は、次にどういう台詞が出てくるのだろうと、気持ちを乗り出して聞きに来る。次を想像すると言い換えてもよい。

「半間置いて」というときは、一間置くと、くど過ぎると思うとき

2022年度／十文字高等学校（推薦）

英語解答

1 問1　イ　問2　イ　問3　ア
問4　ア　問5　エ　問6　エ
問7　ウ　問8　ア

2 ①　capital　②　people
③　kings　④　popular〔perfect〕
⑤　reasons

3 A　ウ　B　オ　C　ア　D　ク
E　イ

4 1　T　2　F　3　T　4　F
5　F　6　F　7　F　8　F
9　T　10　F

5 問1　イ
問2　(2)　spoken　(4)　living
問3　エ　問4　ウ　問5　ウ
問6　brother
問7　a part of Eastern Europe
問8　イ　問9　イ　問10　イ，ウ

6 1　Keiko was so excited that she could not sleep
2　I would like to send my mother these flowers
3　This is the book I have wanted to read since last year
4　Kumi asked me to help her with her math homework

1〔長文読解総合―Eメール〕

≪全訳≫送信者：サラ・ジョーンズ／宛先：フランシス・ブレイク／9月12日（水曜日）送信／こんにちは，フランシス❶私たちはここに10日間滞在しているけど，天気がすばらしいの！　ずっと暑くて晴れているのよ。ホテルのスタッフが言うには，9月は雨が多いから，私たちは運がいいって。❷ギリシャは休暇に最適の場所よ。私は毎日泳いだり，ジェイコブと水上スキーをしたりしているの。私はあまり上手にできなかったから1回しか行ってないけど，ジェイコブはもう3回行っているわ。とても高いんだけど，彼はそれが大好きなの！　あっ，それから，私たちはセーリングもしているの。楽しかったわ。ここを離れる前にやりたいことがまだいくつかあるんだ。2週間じゃ足りないわ！　私はスキューバダイビングをしたことがないから，ぜひやってみたいの。でもジェイコブは危険だって言うから，彼は行きたがってないの。❸とにかく，あなたが元気だといいな。じゃあまたね（写真を全部見せるわね！）。❹あなたの友達のリサによろしく。／ご多幸を祈って／サラ

問1＜要旨把握＞冒頭のFromが「送信者」，Toが「宛先」を表す。

問2＜要旨把握＞メール全体を通して，サラが自分の休暇について書いている。その内容に当てはまるのは，イ．「筆者の休暇について報告するため」。

問3＜要旨把握＞第1段落最初の2文参照。　all the time「その間ずっと」

問4＜要旨把握＞第2段落参照。Jacobと行動をともにしていることがわかる。

問5＜要旨把握＞第2段落最後から3文目のTwo weeks just isn't enough!から，ギリシャで過ごすのは2週間とわかる。また，第1段落第1文にWe've been here for ten daysとあるので，ギリシャから戻るのはメールを書いた日の4日後。メールの送信日は9月12日である。

問6＜要旨把握＞第2段落最後から2文目参照。'have never＋過去分詞'は'経験'を表す現在完了の否定文で「～したことがない」という意味。

問７＜文脈把握＞第２段落最終文参照。　dangerous「危険な」

問８＜表題選択＞メール全体を通して，サラが休暇を楽しんでいることがうかがえるので，ア．「楽しい時を過ごしています！」が適切。

2〔長文読解─適語補充─説明文〕

≪全訳≫❶ロンドンはイギリスの首都であり，イングランド最大の都市だ。ロンドンは，今ではシティとその周辺で発展した地域を指している。シティはかなり小さいが，(周辺地域を含む)大ロンドンの人口は，700万から800万人だ。❷大ロンドンは，多くの街から成り立っている。ウェストミンスター市は，最も有名な街の１つだ。国会議事堂はこの街にある。ウェストミンスター寺院もここにあり，イギリスの王と女王はここで王冠を受け取るほか，ここには著名人が埋葬されている。イギリス王室の宮殿であるバッキンガム宮殿も，ウェストミンスター市にある。これは女王の公式の住まいだ。もっとも，女王はいつもそこにいるわけではない。❸ロンドンは人気のある観光スポットなので，毎年世界中から人々がロンドンを訪れる。ロンドンはまた，タワーブリッジ，ロンドン塔，ロンドンアイなどの名所を誇っている。ロンドンはまた，チューブとして知られる地下鉄をつくった世界で最初の都市でもある。これらの理由から，ロンドンは世界中からの訪問者を引きつけている。

＜解説＞①ロンドンはイギリスの「首都」である。　capital city「首都」　②population は「人口」。これは「人々」の数である。　③王冠を受けるのは，「王」。後ろの queens に合わせて，複数形にすること。　④世界中から人々が訪れるということは，「人気がある」場所だということ。perfect「完璧な」も可。　⑤直前の２文で書かれているのは，人々がロンドンを訪れる「理由」である。these の後なので複数形にすること。

3〔対話文完成─適文選択〕

≪全訳≫❶ジム(Ｊ)：ねえ，どうしたの？　具合が悪そうだね。❷ケイト(Ｋ)：Aあまり気分がよくないの。❸Ｊ：お気の毒に。薬は飲んだ？❹Ｋ：Bいいえ，飲んでないわ。とても気分が悪かったから，今まで家の外に出ていなかったの。❺Ｊ：ねえ，たぶん君は家に帰った方がいいよ。授業に出るべきじゃない。❻Ｋ：わかってる，でも今朝はアメリカ史の授業があるのよ。❼Ｊ：大学の校医に診てもらったらどう？❽Ｋ：Cそれはいい考えね。お昼に行くわ。❾Ｊ：今すぐ診てもらった方がいいよ。Dアメリカ史の授業の何がそんなに大事なの？❿Ｋ：もう３回休んでいるの。未履修になっちゃうから，もう休めないのよ。⓫Ｊ：ちょっと待って。アメリカ史の授業は，フィリップス先生だよね？⓬Ｋ：そうよ。どうして？⓭Ｊ：E先生は，今日は来ないよ。掲示板にメモがあるんだ。授業は休講だって！

＜解説＞Ａ．ジムの That's too bad.「お気の毒に」という応答から，ケイトは具合が悪いことを伝えたのだとわかる。　Ｂ．薬は飲んだかときかれたケイトの応答。直後の発言から，薬を買いに行けていないと考えられる。　Ｃ．校医に診てもらうよう勧められ，「昼食時に行く」と答えているので，ケイトはジムの意見に賛同したと考えられる。　Ｄ．この発言を受けてケイトはアメリカ史の授業を休めない理由を説明している。よって，ジムはその授業にどうしても出ないといけない理由を尋ねたのだと考えられる。　Ｅ．フィリップス先生が話題になっている。最後の発言から授業が休講になったことがわかるので，この日先生は来ないとわかる。

4〔長文読解─内容真偽─伝記〕

≪全訳≫❶投票権を求める闘いは，女性が経験した最大の闘いの１つだった。それは19世紀に始まり，

20世紀まで続いた。❷イギリスでは，投票権を求める闘いは，何人かの非常に勇敢な女性によって先導された。最も有名なのはエメリン・パンクハーストと呼ばれる女性だ。彼女は，「サフラジェット(婦人参政権論者)」のリーダーだった。それは，投票権を求めて闘った女性の集団の名前だ。❸エメリンは，1858年にイングランド北部のマンチェスターで生まれた。彼女の父親はちょっとした事業を営んでおり，彼らは大きな家に住んでいた。彼女の両親はどちらも女性の権利(の正当性)を信じていた。❹エメリンは10人の子どもの一番上の子だった。彼女はとても頭が良く，３歳のときには文字を読むことができた。当時，女の子はあまり良い教育を受けていなかった。料理の仕方など，家族生活に必要なことを学んでいた。しかし，エメリンの両親にはお金があった。彼女が大きくなると，彼らは彼女がパリの女学校に行くためにお金を払った。❺５年後，20歳で戻ってきたとき，彼女は上手なフランス語を話し，料理の仕方を知っていただけでなく，化学についての知識も持っていた。❻1879年，エメリンはリチャード・パンクハーストという弁護士と結婚した。リチャードもまた，女性の投票権(の正当性)を信じていた。彼は1870年と1882年に，女性が結婚した後も自分のお金と家を保持することを許可する法律をつくった。エメリンとリチャードは，そのアイデア(の正当性)を信じていた。彼が1898年に亡くなったとき，エメリンはとても悲しかった。❼1889年，エメリンは「婦人参政同盟」を始めた。それは選挙で既婚女性が投票することを求めて闘った。1903年に，彼女は「女性社会政治同盟(WSPU)」の設立を支援し，後にWSPUは有名になった。WSPUのメンバーは，最初の「サフラジェット」だった。❽エメリンの娘，クリスタベルとシルビアもサフラジェットだった。イギリスでは，政治家，新聞，そして人々も，サフラジェットがとった行動に非常に驚いた。女性たちは通りを歩き，窓を割った。彼女たちは建物を燃やした。刑務所にいるときは何も食べなかった。❾多くのサフラジェットたちと同様に，エメリンは何度も刑務所に入れられた。1908年から，彼女は３回刑務所に入れられた。1912年から1913年までは，12回刑務所に入れられた。彼女はとても勇敢で，女性がこの闘いに勝たなければならないことを知っていた。彼女は食べることすらやめた。ときに，警察は彼女に無理やり食べさせることがあり，それは大変な苦痛だった。ときに，サフラジェットたちは食べないことで死にそうになったが，それでも彼女たちは闘い続けた。❿1918年，30歳を過ぎた女性が，長年の闘いの末に投票権を得た。エメリンは1928年６月14日に69歳で亡くなった。1928年７月２日，女性に男性と同等の投票権が与えられた。女性は21歳で投票することができるようになったのだ。エメリンが生きてそれを見ることはなかった。

＜解説＞１.「『サフラジェット』は，イギリスで投票権を求めて闘った女性の団体だ」…○　第２段落最終文に一致する。　２.「エメリンは15歳のとき，良き妻になることを学ぶためにパリに行った」…×　第４段落後半～第５段落参照。「良き妻になるため」ではない。　３.「エメリンの夫は，女性は結婚した後も自分のお金と家を保持できるという考えに同意した」…○　第６段落第３文に一致する。　４.「エメリンの夫は，エメリンより長生きした」…×　第６段落最終文参照。　５.「エメリンには２人の娘がいて，どちらもサフラジェットに反対していた」…×　第８段落第１文参照。　６.「サフラジェットは非暴力(の正当性)を信じていた」…×　第８段落第２～４文参照。窓を割ったり，建物を燃やしたりしている。　７.「エメリンは裕福な家族の出身だったので，他の女性ほど頻繁に刑務所に入れられなかった」…×　第９段落第１文参照。　８.「警察はサフラジェットたちに食べ物を与えなかったので，何人か亡くなった」…×　第８段落最終文参照。サフラジェットは自ら食べようとしなかった。　９.「1918年，30歳を過ぎている女性が選挙権を得た」

…○　最終段落第１文に一致する。　10.「エメリンは，女性が男性と同等の投票権を得たことを確認した」…×　最終段落最終文参照。

5〔長文読解総合―説明文〕

≪全訳≫❶世界の全人口の約95%は，たった100の異なる言語しか話さない。これらの言語は，異なる言語族に由来する。言語族とは何だろうか。言語は人と同じように，互いに関連性を持つことがある。これは言語が，過去に話されていた単一の言語から発展したためだ。例えば多くの人は，スペイン語とフランス語がどちらもラテン語由来であることを知っている。しかしドイツ語が，インドで話されている言語であるヒンディー語と関係性があることをご存じだろうか。❷世界最大の言語族はインドヨーロッパ語族と呼ばれている。インドヨーロッパ語族(IE 語族)には，とりわけヨーロッパ，南北アメリカ大陸およびアジアの言語が含まれる。最もよく知られている例は，英語，スペイン語，ドイツ語，ロシア語，ヒンディー語，イタリア語，そしてフランス語だ。これら全ての言語がどのように関連しているか想像できるだろうか。それらが関連しているということをどうやって知ることができるだろうか。❸18世紀には，イギリスが世界の多くの地域を支配していた。インドに住む多くのイギリス人は，インドの古い言語であるサンスクリット語を勉強し始めた。彼らにはサンスクリット語が，ギリシャ語やラテン語のようなヨーロッパの古い言語といくつかの点で類似しているということがわかり始めた。科学者はこれをどのように説明したのだろうか。彼らは，昔々，単一言語を話す人々の単一の集団が異なる集団になり，遠く離れた新しい土地に移動したと言った。数千年後，これらの人々の言語は変化し，新しい言語となった。例えば，brother という語はラテン語では frater であり，サンスクリット語では bhraatr だ。したがって，これらは全て，非常に古い言語の同じ単語から発展したと推測できるのだ。❹この古い IE 言語の話者はどこから来たのだろうか。そして，なぜ彼らはこれほど遠くまで移動したのだろうか。言語を研究する研究者たちには，いくつか考えがある。wolf「オオカミ」という語が１つのヒントだ。古い IE 言語におけるこの語の起源は，今日他の言語で見つけることができる。しかし，古い IE 言語には tiger「トラ」の起源となる語はない。つまり，昔，古い IE 言語を話す集団は，トラではなくオオカミのいる場所に住んでいたと言える。この古い言語の他のいくつかの起源が，hill「丘」，smoke「煙」，forest「森」，horse「馬」などの語に見られる。これらのような語によって，科学者たちは現在，古い IE 言語を話す集団は東ヨーロッパの一部から来たと考えている。しかし，なぜ彼らがこれほど遠く，多くの場所へ移動したのか，正確には誰も知らない。

問１＜英文和訳＞主語が About ninety-five percent of all people in the world，動詞が speak で，その目的語が only one hundred different languages という文である。

問２＜語形変化＞(2)１つ目の(2)の前にある関係代名詞 that の先行詞は a single language なので，「話されていた」という受け身の意味になるとわかる。２つ目の(2)も同様に受け身の意味で，こちらは直前の a language を修飾する形容詞的用法の過去分詞である。　speak－spoke－spoken
(4)文の動詞は began to study なので，(4)は直後の in India とともに「インドに住んでいる」という意味で直前の Many British people を後ろから修飾すると判断できる。「～している」の意味を表すのは，現在分詞(～ing)。

問３＜適語(句)選択＞直後の「スペイン語とフランス語はどちらもラテン語由来」という内容は，直前の「言語が，過去に話されていた単一の言語から発展した」ことの具体例になっている。　for example「例えば」 in addition「さらに，加えて」

問４＜要旨把握＞アのドイツ語とヒンディー語は第１段落最終文，イのフランス語とスペイン語は第１段落最後から２文目，エのサンスクリット語とラテン語は第３段落第３文より，それぞれ関連性があることがわかる。ロシア語と中国語の関連性に関する記述はない。

問５＜適語句選択＞空所を含む箇所は，サンスクリット語がギリシャ語やラテン語と似ていることの説明となる部分。サンスクリット語は，ギリシャ語やラテン語と同じ言語から発展したものと考えられるので，「単一の言語」を話す集団がいくつかの集団に分かれて移動し，それからそれぞれの「言語」が変化して，「新しい言語」になった，という流れになる。

問６＜要旨把握＞第３段落最後から２文目参照。brother ≒ frater ≒ bhraatr である。

問７＜要旨把握＞最終段落最後から２文目が下線部の問いの答えになっている。

問８＜要旨把握＞最終段落第６文参照。tiger には古い IE 言語に起源となる言葉はない。

問９＜表題選択＞第１段落で，言語の関連性という問題を提起し，第２段落以降で，IE 語族を例に，その関連性について具体的に説明している。この内容に合うのは，イ．「言語は互いにどのように関連しているか」。

問10＜内容真偽＞ア．「インドヨーロッパ語族は他のどの言語族よりも大きい」…○　第２段落第１文に一致する。　イ．「北米の言語は，インドヨーロッパ語族に属していない」…×　第２段落第２文参照。　ウ．「インドに住んでいたイギリス人は，サンスクリット語を理解しようとしなかった」…×　第３段落第２文参照。　エ．「wolf と tiger の語源の違いは，インドヨーロッパ語族が生まれた場所を見つけるのに役立つかもしれない」…○　第４段落の内容に一致する。　オ．「科学者たちは，古い IE 言語を話す集団が異なる集団となって，遠くの新しい土地へ移動したと考えている」…○　第３段落第５文に一致する。　カ．「科学者たちは，なぜ古い IE 言語の話者がこれほど遠く，多くの場所へ移動したのかを正しくは理解していない」…○　最終段落最終文に一致する。

6〔整序結合〕

１．‘so ～ that＋主語＋cannot …’「とても～なので―は…できない」の構文をつくればよい。過去形の文なので cannot は could not となる。

２．「～したいのですが」は，would like to ～ で表せる。これは want to ～ よりていねいな言い方。「〈人〉に〈物〉を送る」は，ここでは ‘send＋物＋to＋人’ ではなく ‘send＋人＋物’ の形を使う。

３．「これは本です」→This is the book が文の骨組み。「私が昨年から読みたかった本」は目的格の関係代名詞を省略した ‘名詞＋主語＋(助)動詞...’ の形で表す。「昨年から読みたかった」は，‘have/has＋過去分詞...＋since ～’「～以来(ずっと)…だ」の形(現在完了の ‘継続’ 用法)で表す。

４．「〈人〉に～してくれるように頼む」は ‘ask＋人＋to ～’ で，「〈人〉の～を手伝う」は ‘help＋人＋with ～’ の形でそれぞれ表せる。

2022年度／十文字高等学校（推薦）

数学解答

1 (1) $\frac{7}{10}$　(2) $\frac{a+b}{15}$
(3) $x=1,\ -5$　(4) ①，②
(5) $\frac{3}{4}$　(6) 22　(7) 54°

2 (1) 5：1　(2) 5cm^2

3 (1) 4　(2) $y=3x+7$

4 (1) 500　(2) 150個

5 (1) 面の数…14個
表面積…$216+72\sqrt{3}$cm^2
(2) $6+6\sqrt{3}$cm

6 (1) $\frac{8}{9}$
(2) 最も高いもの…④
最も低いもの…②

1 〔独立小問集合題〕

(1)＜数の計算＞$0.25=\frac{25}{100}=\frac{1}{4}$，$1.6=\frac{16}{10}=\frac{8}{5}$だから，与式$=\frac{3}{5}-\left(-\frac{1}{4}\right)^2\times\left(-\frac{8}{5}\right)=\frac{3}{5}-\frac{1}{16}\times\left(-\frac{8}{5}\right)=\frac{3}{5}+\frac{1}{10}=\frac{6}{10}+\frac{1}{10}=\frac{7}{10}$である。

(2)＜式の計算＞与式$=\frac{5(2a-b)-3(3a-2b)}{15}=\frac{10a-5b-9a+6b}{15}=\frac{a+b}{15}$

(3)＜二次方程式＞$4x^2+4x+1-(x^2-8x+16)=0$，$4x^2+4x+1-x^2+8x-16=0$，$3x^2+12x-15=0$，$x^2+4x-5=0$，$(x-1)(x+5)=0$　∴$x=1,\ -5$

(4)＜データの活用―度数分布表＞①…正。0点以上20点未満の人数は3人，0点以上40点未満の人数は$3+3=6$(人)だから，点数が低い方から数えて5番目の生徒は20点以上40点未満の階級に入る。　②…正。60点以上の人数の全体に対する割合は$\frac{8+5}{30}=\frac{13}{30}=0.43$……だから，40%よりも多い。　③…誤。度数が最も大きい階級は40点以上60点未満だから，最頻値はこの階級の階級値で，$(40+60)\div2=50$(点)となる。

(5)＜関数―比例定数＞関数$y=x+2$で，$x=-2$のとき$y=-2+2=0$，$x=1$のとき$y=1+2=3$だから，$-2\leqq x\leqq1$のとき，yの変域は$0\leqq y\leqq3$となる。よって，関数$y=ax^2$のyの変域も$0\leqq y\leqq3$となる。これより，$a>0$であり，$x=0$のとき，yは最小となり，$y=0$だから，$x=-2$のとき，yは最大となり，$y=3$であり，$3=a\times(-2)^2$が成り立つ。これを解くと，$3=a\times4$，$a=\frac{3}{4}$となる。

(6)＜数の性質＞nが自然数で，$\sqrt{5(2n+1)}$が自然数となるとき，aを自然数とすると，$2n+1=5a^2$と表せる。$2n+1$は奇数だから，aは奇数で，$a=1,\ 3,\ 5,\ 7,\ \cdots$となる。よって，nが2番目に小さい自然数のとき，aも2番目に小さい正の奇数になるから，$a=3$のとき，nは2番目に小さい自然数になる。したがって，$2n+1=5\times3^2$より，求めるnの値は$n=22$である。

(7)＜平面図形―角度＞右図で，直線l，mの交点をFとし，2点O，Bを結ぶ。まず，2点A，Bはそれぞれ円Oと直線l，mとの接点だから，∠OAF＝∠OBF＝90°である。次に，△CDEで，内角と外角の関係より，∠CDE＋36°＝63°となり，∠CDE＝27°だから，円周角の定理より，∠BOC＝2∠CDE＝2×27°＝54°となる。これより，∠AOB＝180°－54°＝126°である。よって，四角形OAFBの内角の和について，∠x＝360°－90°×2－126°＝54°となる。

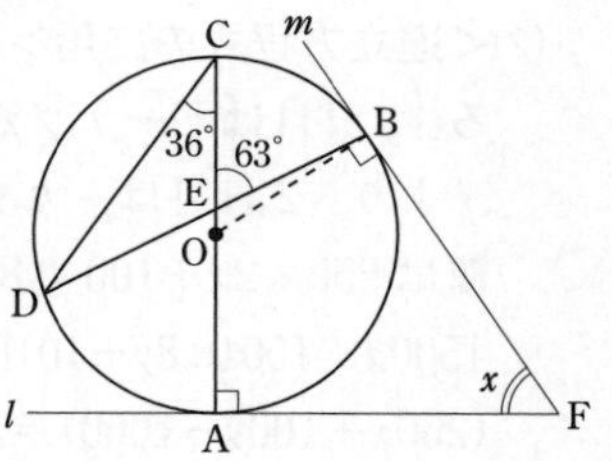

2 〔平面図形―平行四辺形〕

≪基本方針の決定≫(2)　高さが等しい三角形の面積の比は底辺の比に等しいことを利用する。

(1)＜長さの比＞次ページの図の平行四辺形ABCDで，AB∥DCより，△ABQ∽△DEQだから，BQ：

$DQ=AB:ED$ である。$CE:ED=4:1$ であり，$AB=DC=CE+ED$ だから，$AB:ED=CD:ED=(4+1):1=5:1$ であり，$BQ:QD=5:1$ となる。

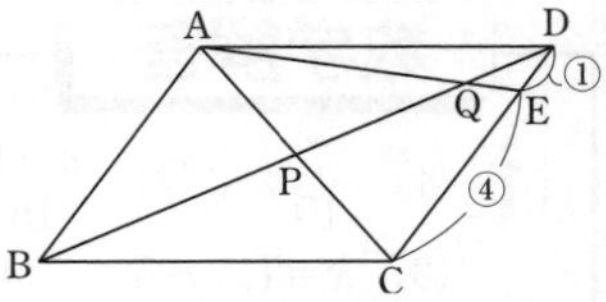

(2)＜面積＞右図で，△APQ，△APD の底辺を辺 PQ，辺 PD と見ると，高さが等しいから，$\triangle APQ:\triangle APD=PQ:PD$ である。(1)より，$BQ:QD=5:1$ だから，$QD=\dfrac{1}{5+1}\times BD=\dfrac{1}{6}BD$ であり，平行四辺形の対角線はそれぞれの中点で交わるから，$PD=\dfrac{1}{2}BD$ である。よって，$PQ=PD-QD=\dfrac{1}{2}BD-\dfrac{1}{6}BD=\dfrac{1}{3}BD$ となり，$\triangle APQ:\triangle APD=\dfrac{1}{3}BD:\dfrac{1}{2}BD=2:3$ となり，$\triangle APQ=\dfrac{2}{3}\triangle APD$ である。ここで，$\triangle APD=\dfrac{1}{2}\triangle ABD=\dfrac{1}{2}\times\dfrac{1}{2}$〔平行四辺形 ABCD〕$=\dfrac{1}{4}\times 30=\dfrac{15}{2}$ となる。したがって，$\triangle APQ=\dfrac{2}{3}\times\dfrac{15}{2}=5(\mathrm{cm}^2)$ である。

3〔関数—関数 $\boldsymbol{ax^2}$ と一次関数のグラフ〕

≪基本方針の決定≫(2)　$\triangle ABC=\triangle DBC$ より，$AD /\!/ BC$ である。

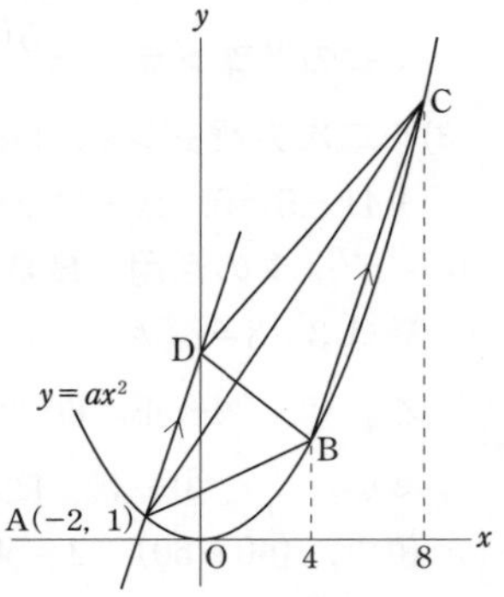

(1)＜y 座標＞右図で，関数 $y=ax^2$ のグラフが $A(-2,\ 1)$ を通るから，$1=a\times(-2)^2$ より，$a=\dfrac{1}{4}$ となる。よって，$y=\dfrac{1}{4}x^2$ であり，点 B の x 座標は 4 だから，$y=\dfrac{1}{4}\times 4^2=4$ より，求める y 座標は 4 となる。

(2)＜直線の式＞右図で，$\triangle ABC=\triangle DBC$ より，△ABC と △DBC の底辺を共有する BC と見ると，高さは等しいから，$AD /\!/ BC$ である。(1)より $y=\dfrac{1}{4}x^2$ であり，点 C の x 座標は 8 だから，$y=\dfrac{1}{4}\times 8^2=16$ より，$C(8,\ 16)$ である。よって，$B(4,\ 4)$ より，直線 BC の傾きは $\dfrac{16-4}{8-4}=3$ となり，直線 BC と平行な直線 AD の傾きも 3 となる。これより，直線 AD の式は $y=3x+b$ と表せ，この直線が $A(-2,\ 1)$ を通るから，$1=3\times(-2)+b$ より，$b=7$ となる。したがって，直線 AD の式は $y=3x+7$ である。

4〔数と式—連立方程式の応用〕

(1)＜連立方程式の応用＞1 日目はドーナツが 10 個売れ残ったから，1 日目の売り上げ総数は $x+y-10$ 個である。2 日目は，カップアイス x 個を 2 倍にしてドーナツ y 個を 2 割減らして仕入れたら，1 日目に売れ残ったドーナツ 10 個も含めて売り切れたので，2 日目の売り上げ総数は $2x+0.8y+10$ 個である。よって，売り上げ総数について，$(2x+0.8y+10)-(x+y-10)=120$ が成り立つ。これより，$x-0.2y+20=120$，$x-0.2y=100$，$5x-y=500$ となる。

(2)＜連立方程式の応用＞(1)より，$5x-y=500$……①とする。また，売り上げ総額に着目して式を立てる。1 日目はドーナツが 10 個売れ残ったから，1 日目の売り上げ総額は $250x+100(y-10)$ 円である。(1)より，2 日目は，カップアイスを $2x$ 個，ドーナツを $0.8y+10$ 個売ったから，2 日目の売り上げ総額は $250\times 2x+100(0.8y+10)=500x+100(0.8y+10)$(円)である。よって，売り上げ総額について，$\{500x+100(0.8y+10)\}-\{250x+100(y-10)\}=34500$ が成り立つ。これより，$500x+80y+1000-(250x+100y-1000)=34500$，$250x-20y=32500$，$25x-2y=3250$……②となる。②−①×2 より，$25x-10x=3250-1000$，$15x=2250$　$\therefore x=150$　よって，1 日目のカップアイスの仕入れ個数は 150 個である。

5〔空間図形—立方体，多面体〕

≪基本方針の決定≫(2)　展開図では，最も短い糸は一直線になる。

(1)＜面の数，面積＞右図1で，もとの立方体の6個の面の一部が，それぞれ立体Vの6個の正方形の面になる。また，立方体の頂点は8個あり，それぞれに対応して立体Vの8個の正三角形の面ができる。よって，立体Vの面の数は$6+8=14$(個)である。次に，右図1で，△FCDは直角二等辺三角形なので，立体Vの1辺の長さは，$\mathrm{CD}=\sqrt{2}\,\mathrm{FC}=\sqrt{2}\times\frac{1}{2}\times6\sqrt{2}=6$である。正三角形CDEで頂点Dから辺CEへ垂線DHを引くと，△CDHは3辺の比が$1:2:\sqrt{3}$だから，$\mathrm{DH}=\frac{\sqrt{3}}{2}\mathrm{CD}=\frac{\sqrt{3}}{2}\times6=3\sqrt{3}$となる。したがって，立体$V$の表面積は，$6^2\times6+\left(\frac{1}{2}\times6\times3\sqrt{3}\right)\times8=216+72\sqrt{3}\,(\mathrm{cm}^2)$である。

図1

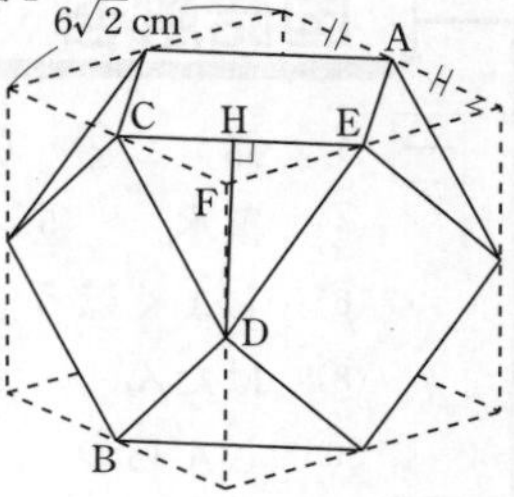

(2)＜長さ＞立体Vの糸が通る3つの面の展開図は右図2のようになり，糸が最も短くなるとき，糸は線分ABに重なる。図2のように，2直線AE，BDの交点をPとする。$\angle\mathrm{PDE}=180^\circ-90^\circ-60^\circ=30^\circ$であり，同様に，$\angle\mathrm{PED}=30^\circ$だから，△PEDはPE＝PDの二等辺三角形である。よって，点Pから辺DEに垂線PIを引くと，△PEIは3辺の比が$1:2:\sqrt{3}$の直角三角形となるから，$\mathrm{EI}=\frac{1}{2}\mathrm{DE}=\frac{1}{2}\times6=3$より，$\mathrm{PE}=\frac{2}{\sqrt{3}}\mathrm{EI}=\frac{2}{\sqrt{3}}\times3=2\sqrt{3}$である。また，PE＝PDだから，$\mathrm{PA}=\mathrm{PE}+\mathrm{AE}=\mathrm{PE}+6$，$\mathrm{PB}=\mathrm{PD}+\mathrm{BD}=\mathrm{PD}+6$より，PA＝PBである。これより，△PABも二等辺三角形で，△PEDと頂角が共通なので，△PAB∽△PEDとなり，相似比は$\mathrm{PA}:\mathrm{PE}=(6+2\sqrt{3}):2\sqrt{3}=(3+\sqrt{3}):\sqrt{3}$である。したがって，$\mathrm{AB}:\mathrm{ED}=(3+\sqrt{3}):\sqrt{3}$となり，$\mathrm{AB}:6=(3+\sqrt{3}):\sqrt{3}$が成り立つ。これを解くと，$\mathrm{AB}\times\sqrt{3}=6\times(3+\sqrt{3})$より$\mathrm{AB}=6+6\sqrt{3}\,(\mathrm{cm})$である。

図2

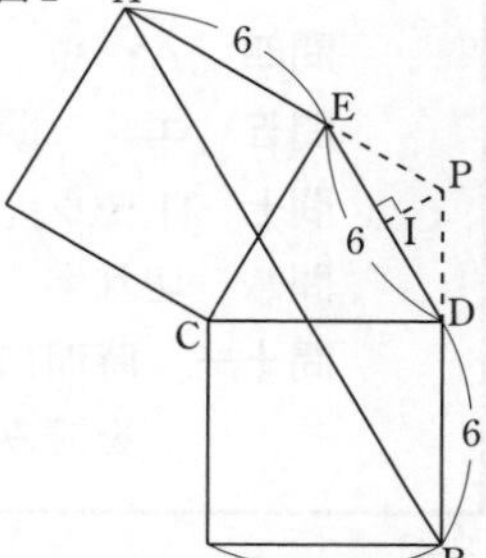

6 〔データの活用―確率―サイコロ〕

(1)＜確率＞サイコロの目は1から6までの6通りだから，2個のサイコロの出る目の組は，全部で$6\times6=36$(通り)あり，どれが起こることも同様に確からしい。図の5の数字に○がつくのは，出た目の和が5のときで，2個のサイコロの出る目の組は1と4，2と3，3と2，4と1の4通りある。よって，5以外のいずれかに○がつく確率は$\frac{36-4}{36}=\frac{8}{9}$である。

(2)＜確率＞5回目でゲームが終了となるのは，①では1，6，7のいずれかに○がつく場合であり，②では3，4，8のいずれか，③では2，4，5，6，8のいずれか，④では1，5，6，7のいずれかに○がつく場合である。1に○がつくのは，出た目の和が10，11，12のいずれかになるときで，2個のサイコロの出る目の組は4と6，5と5，6と4，5と6，6と5，6と6の6通りある。2に○がつくのは，出た目の和が2のときで，出る目の組は1と1の1通りあり，3に○がつくのは，出た目の和が3のときで，出る目の組は1と2，2と1の2通り，4に○がつくのは，出た目の和が4のときで，出る目の組は1と3，2と2，3と1の3通り，5に○がつくのは，(1)より4通り，6に○がつくのは，出た目の和が6のときで，出る目の組は1と5，2と4，3と3，4と2，5と1の5通り，7に○がつくのは，出た目の和が7のときで，出る目の組は1と6，2と5，3と4，4と3，5と2，6と1の6通り，8に○がつくのは，出た目の和が8のときで，出る目の組は2と6，3と5，4と4，5と3，6と2の5通りある。以上より，5回目でゲームが終了となるときのサイコロの出る目の組は，①が，$6+5+6=17$(通り)，②が，$2+3+5=10$(通り)，③が，$1+3+4+5+5=18$(通り)，④が，$6+4+5+6=21$(通り)となる。よって，5回目でゲームが終了となる確率が最も高いのは④，最も低いのは②である。

国語解答

一 ① 銘　② 功名　③ 疑心
④ 覆水　⑤ 駆逐
⑥ しょくぼう　⑦ せっちゅう
⑧ はたん　⑨ しんちょく
⑩ しんらつ

二 問一 ⓐ…ウ　ⓑ…ア　ⓒ…イ
問二 ［若い人に多い］自分中心の［物言い。］
問三 （例）間がいい〔悪い〕
問四 A…キ　B…ク　C…エ　D…カ
問五 エ　問六 韻文
問七 (1)…ウ　(2)…ア，オ
問八 切れ字　問九 ア　問十 イ
問十一 時間に余裕のあるときにメールを読み書きできることから，自分と相手の都合に利益があり，さらにビジネス関連の時間が短縮された点は便利だが，相手の様子を読むトレーニングを積まなくなることで，相手の呼吸に合わせるという感覚がなくなって自分中心の人が増えたという点では便利だとは言えない。
問十二 ステージと客席の一体感

三 問一 ⓐ おおん　ⓓ かように
問二 ⓑ 負く　ⓒ 若し
問三 あ…エ　い…ア
問四 天皇［が］寛蓮［から奪はせ給ふ］
問五 ⓗ　問六 エ　問七 イ
問八 ウ　問九 イ

一〔漢字〕
①「座右の銘」は，いつも心にとめておいて，生き方の参考とする言葉のこと。　②「怪我の功名」は，間違いや事故と思われたことや，意図せずにしたことが，思いがけずよい結果になること。
③「疑心暗鬼」は，疑った気持ちでいると，何でもないことまで不安になったり恐ろしくなったりすること。　④「覆水盆に返らず」は，一度してしまったことは取り返しがつかない，という意味。
⑤「悪貨は良貨を駆逐する」は，質の悪いものが広まると，質のよいものは姿を消す，という意味。
⑥「嘱望」は，人の将来に期待すること。　⑦「折衷」は，異なった考え方のよいところを合わせて一つにまとめあげること。　⑧「破綻」は，修復しようがないほど物事がうまくいかなくなること。　⑨「進捗」は，物事がはかどること。　⑩「辛辣」は，批評や発言が非常に厳しい内容であること。

二〔論説文の読解―社会学的分野―コミュニケーション〕出典；竹内一郎『人は見た目が９割』。
≪本文の概要≫呼吸がうまくつかめず，話しかけるタイミングの悪い人が増えた。ネット社会の影響だろう。電子メールは，相手の都合を考えなくてもいいので，便利である。しかし，相手の様子を読むというトレーニングを積まないので，間が読めない，自分中心の人になってしまう。間というのは大切なものである。演劇の舞台でも落語でも無声映画でも，間が観客を引きつける。間によって，観客は想像力を膨らませて，積極的に話に参加する。間があることで，話し手と観客は一体になれる。演劇とテレビの違いは，ライブ感である。演劇は，双方向伝達であり，その日の観客によって芝居が変わることがある。音楽においても，観客は，ステージと客席が一つになる瞬間を楽しむのだが，その一体感を生み出すのも，間なのである。

問一＜語句＞ⓐ「暗澹たる」は，形容動詞「暗澹たり」の連体形で，前途に望みを失い絶望的なさま，気持ちが暗くうちしおれているさま。　ⓑ「ツボ」は，物事の大事なところ，要所のこと。
ⓒ「焦れる」は，物事が思うように進まず，いらいらと落ち着かない状態になる，という意味。

問二＜文章内容＞「私って○○じゃないですかぁ」という物言いは，会話の「間が読めない」ような

「自分中心の」ものである。

問三＜慣用句＞「間がいい」は，よいタイミングである，という意味。「間が悪い」は，タイミングが悪い，きまりが悪い，という意味。ほかに，「間が持たない」は，時間を持て余してどうすればよいかわからない，という意味。「間を持たせる」は，あいた時間に何かをして時間をつなぐ，という意味。「間が延びる」は，間隔があいて，物事にしまりがなくなる，という意味。

問四．Ａ＜接続語＞「私は演出をするとき，役者に『一間置いてください』」と言ったり，または「半間置いてください」と言ったりすることがある。　Ｂ＜接続語＞客が身を乗り出したタイミングで「くすぐりをパッと入れる」と，それで「客はどうっと」受ける。　Ｃ＜接続語＞「舞台上で役者がしゃべっている間は，観客の意識は舞台から押されている感じ」になり，「役者が間をとっている時間は，観客は舞台に引き寄せられる感じになる」のであり，要するに，「役者と観客は舞台と客席の間で，押し引きの綱引きを繰り返」しているのである。　Ｄ＜表現＞「台詞術の基本もあるにはある」けれども，結局のところ，「プロの場合は，持って生まれた才能の世界」なのである。

問五＜文章内容＞徳川夢声が黙って間を置いたのは，観客が映画に積極的に参加し，自分の想像力を膨らませる時間をつくるためだったと考えられる。

問六＜語句＞「散文」は，特に制限のない普通の文章のこと。反対に「韻文」は，和歌や俳句，漢詩のように，字数や表現の音韻等に規定がある文のこと。

問七＜文学史＞⑴松尾芭蕉は，江戸時代の俳人で，代表作は『おくの細道』。柿本人麻呂は，奈良時代の歌人で，『万葉集』に多くの歌が載る。清少納言は，平安時代の歌人，随筆家で，『枕草子』の作者。兼好法師は，鎌倉時代の歌人，随筆家で，『徒然草』の作者。夏目漱石は，明治から大正期の小説家で，代表作は『こころ』や『三四郎』など。島崎藤村は，明治から昭和期の小説家で，代表作は『夜明け前』など。　⑵与謝蕪村と小林一茶は，江戸時代の俳人。井原西鶴は，江戸時代の浮世草子作者。正岡子規は，明治時代の歌人，俳人。葛飾北斎は，江戸時代の浮世絵師。良寛は江戸時代の禅僧，歌人。

問八＜俳句の技法＞「や」は切れ字である。切れ字は，俳句の中で特別に強く言い切ることで，詠嘆の意味を持たせるはたらきをする。

問九＜文章内容＞「古池や」と切れ字で間があくことによって，受け手は，古い池を想像し，次に何が起こるんだろうと期待する。芭蕉が提示した世界の広がりを，受け手が想像したり期待したりして積極的に楽しむことが，芭蕉と受け手の交流なのである。

問十＜文章内容＞演劇の観客は，「その日の観客によって，芝居が変わることがある」というライブ感を欲しているのであり，ミスのない「完成品」としての舞台が毎回繰り返されることを望んでいるわけではない。

問十一＜文章内容＞電子メールは，自分の都合のよいときに書き，相手も都合のよいときに読めばよいので，伝達事項にかける時間が短縮されたという点で，便利である。しかし，相手の都合を考えなくてもいいので，相手の様子を読むというトレーニングを積まなくなる。相手の呼吸に合わせるという感覚がなくなった結果，「自分中心」の人が増えたという点では困ったことであり，単純に便利な社会になったとはいえないのである。

問十二＜文章内容＞観客は，「ステージと客席が一つになる瞬間」に，ミュージシャンと客の気持ちが一つになって一体感に包まれる，という体験を求めて，ライブに行くのである。

三 〔古文の読解―物語〕出典；『今昔物語集』巻二十四ノ第六。

≪現代語訳≫（天皇が）いつも（寛蓮との囲碁を）なさったうちに，金の枕をかける品として（囲碁を）なさったところ，天皇がお負けになったので，寛蓮がその枕をいただいて退出したところ，(天皇が)若い殿上人で勇ましい(者)に(枕を)奪い取らせなさったので，このように(寛蓮が金の枕を)いただいて退出するのを(若い殿上人に)奪わせなさるということがたびたびあった。

そのうちに，またも天皇がお負けになって，寛蓮がその枕をいただいて退出したのを，前のように若い殿上人が数多く追って，(枕を)奪い取ろうとするときに，寛蓮は懐からその枕を引っ張り出して，后町の井戸に投げ入れたので，殿上人はみな去った。寛蓮は喜びのあまり飛び跳ねるように逃げ去った。その後，井戸に人を降ろして枕を引き上げてみると，木で枕をつくって，金箔《きんぱく》を貼りつけたものだった。(寛蓮は)急いで，本当の枕を取って退出したのだった。その(にせものの)枕を準備して持っていたのを(井戸に)投げ入れたのだった。

さて(寛蓮は)その(金の)枕を壊して(資金として)仁和寺の東のあたりにある弥勒寺という寺をつくったのだった。天皇も，「(寛蓮は)本当にうまく準備したものだ」とお笑いになった。

問一＜歴史的仮名遣い＞ⓐ歴史的仮名遣いの語頭以外のハ行は，原則として現代仮名遣いでは「わいうえお」となる。また「む」を「ん」と発音する場合は，発音通り「ん」と表記するので，「おほむ」は，現代仮名遣いでは「おおん」となる。　ⓓ歴史的仮名遣いの「au」は，現代仮名遣いでは「ou」となるので，「かやうに」は，現代仮名遣いでは「かように」となる。

問二＜古語＞ⓑ「負け」は，動詞「負く」の未然形で，負ける，という意味。　ⓒ「若き」は，形容詞「若し」の連体形で，若い，という意味。

問三＜古語＞(あ)「あまた」は，副詞で，数多く，たくさん，という意味。　(い)「いみじく」は，形容詞「いみじ」の連用形で，ここでは，よい，すばらしい，という意味。

問四＜古文の内容理解＞天皇が寛蓮との囲碁の勝負に金の枕をかけたところ，負けたので，寛蓮は金の枕を持って帰ろうとした。しかし，天皇は，若い殿上人たちに命じて，寛蓮から金の枕を奪い返させたのである。

問五＜古文の内容理解＞寛蓮は，囲碁に勝ったことによって，天皇から金の枕を与えられた(…ⓔ)。殿上人が寛蓮の金の枕を奪いに来たときに，寛蓮が懐から取り出して井戸に投げ入れたのは，引き上げてみると，木に金箔を貼ったにせものの枕であった(…ⓕ・ⓖ)。にせものの枕を井戸に投げ入れた寛蓮は(…ⓘ)，本物の金の枕を持って帰ることができた(…ⓗ)。

問六＜古文の内容理解＞若い殿上人たちは，寛蓮から金の枕を奪い返すように，天皇から命じられていた。しかし，寛蓮が枕を井戸の中に投げ入れたので，金の枕をすぐに取り返すことができなくなり，殿上人たちは去ったのである。

問七＜古文の内容理解＞寛蓮は，天皇との囲碁に勝って，天皇から金の枕をいただいても，いつも殿上人に取り返されてしまっていた。そこで，にせものの枕をつくって，にせものを井戸に投げ入れたところ，殿上人たちはだまされて，追いかけて来なかった。寛蓮は，やっと金の枕を持って帰ることができるので，踊るように喜びつつ，急いで帰ったのである。

問八＜古文の内容理解＞寛蓮は，金の枕を持って帰ることができたので，金の枕を砕いて売り，それを資金にして，立派な弥勒寺を建てることができたのである。

問九＜古文の内容理解＞天皇は，寛蓮との囲碁の勝負に金の枕をかけて，寛蓮に金の枕を与えても，殿上人たちに奪い返させていた。ところが，寛蓮は，にせものの枕をつくって殿上人たちをだまして，無事に金の枕を持ち帰り，金の枕を資金源として立派な弥勒寺を建てたので，天皇も，寛蓮はうまくやったものだ，と笑ったのである。

2022年度 十文字高等学校

【英　語】（50分）〈満点：100点〉

1　これは中学生の綾香(Ayaka)が，東京にある十文字高校(Jumonji High School)でもらってきた文化祭の案内パンフレット(英語版)である。また，あとに続く会話は，綾香とホームステイに来ているKateが，そのパンフレットを見ながら話しているところである。パンフレットと会話を読んで，あとの問いに答えよ。

【案内パンフレット】

Jumonji High School Festival

The festival *theme is "*Yuiitsumuni Spirit."

Jumonji: A *vital and heart-warming school

Let's do something good for the world with our "Yuiitsumuni Spirit."

Dates : October 23 (①) & October 24 (Saturday)

Places : First Day : Ikebukuro Concert Hall

Second Day : Jumonji High School

School Festival Jumonji Tokyo

十文字祭

*Logo designed by a student

Events

First Day	
9:00- 9:30	Opening Ceremony
9:40-10:20	Brass Band Concert
10:40-11:40	Drama Club *Performance
13:00-15:30	*Choir Contest

Second Day	
9:00-11:30	*Discussion : "What can we do for the world?"
13:00-14:30	Speech Contest : "Good things about Tokyo"
☆ Tea Ceremony in the tea room during lunch	
☆ Club *Exhibition (calligraphy, art) at the main entrance	

Ayaka : Jumonji High School will have a school festival. Are you interested in going?

Kate : Sure. It looks good. I want to go on both days. I don't want to miss the [②]. What time should I go to Ikebukuro Concert Hall on the first day?

Ayaka : Well, you should get there about ten minutes before they start, so you should arrive at the hall by 9:30.

Kate : OK. I'm also interested in the [③] on the second day. I want to learn about the nice things of Tokyo. I'll go to the school at about noon.

Ayaka : Let's go together! My cousin is preparing her speech now.

Kate　:　Oh, really?　I'm looking forward to listening to it.

Ayaka :　By the way, [　　④　　]?

Kate　:　Yes, I do.　I hear it was designed by one of the students from Jumonji High School.　I really like the bear.

［注］ theme　テーマ　　Yuiitsumuni Spirit　唯一無二の精神
vital and heart-warming　元気で心温まる　　Performance　公演　　choir　合唱
Logo　ロゴ（文字や図形を組み合わせて作成したマーク）　　Discussion　討論　　Exhibition　展示

問１　(①)に入る適語を答えよ。

問２　[②]・[③]に入る適切なものを，以下のア～カの中から１つずつ選び，記号で答えよ。

ア．Opening Ceremony　　　　イ．Brass Band Concert
ウ．Drama Club Performance　　エ．Discussion
オ．Speech Contest　　　　　　カ．Club Exhibition

問３　[④]に入る適切な文を以下のア～エの中から選び，記号で答えよ。

ア．do you have a favorite season
イ．have you ever heard this song
ウ．did you have time to look around the school
エ．do you like this logo

問４　以下の質問に英語で答えよ。

Q：Where do you have to go to see the art exhibition at Jumonji High School?
A：I have to go to the (　　) (　　).

2　次の英文を読んで，①～⑤の(　)内に，最も適切な英語１語を入れよ。ただし，与えられた文字で書き始めること。

It was Mother's Day.　Sally was a very busy business woman and she was *in a hurry.　She stopped the car, and went to a flower shop.　She wanted to send her mother flowers because she was just too busy to go back and visit her mother living alone.

"I'll send her some flowers.　That'll be enough.　I'm too busy."　Sally said to ①(h　　).

On her way into the shop, she noticed a little girl.　She was crying outside the store.　"What's ②(w　　)?" Sally asked.　"I wanted to buy a flower for my mother, but I only have 75 cents," the little girl replied.

Sally smiled and said to her, "I think I can do something about that."　She took the girl inside the flower shop and ③(b　　) a rose for her.　Then Sally ordered some flowers for her own mother and asked the shop clerk to send them to her mother.

"Do you need a ride?" she asked.　"Could you ④(t　　) me to my mother?" the girl asked with a big smile.

The girl told the woman how to get to the place she wanted to go to, and then when they got to a *cemetery, she asked the woman to stop.　The girl got out and put the rose on her mother's new *grave.

The little girl looked so lonely, and the woman realized that she was *neglecting something very important in her busy life.

After ⑤(s　　) goodbye to the girl, the woman drove back to the flower shop and canceled the order.　She picked out some flowers and drove two-hundred miles to her mother's house.

［注］ in a hurry　急いで　　cemetery　墓地　　grave　お墓　　neglecting ～　～を無視している

3　次の対話文は，ロッククライマーの Tilly に対するインタビューである。

文中の［Ａ］～［Ｅ］に入る最も適切なものを，あとのア～ケの中からそれぞれ１つ選び，記号で答えよ。ただし，同じ記号を２度使ってはならない。

Interviewer : Tilly, I'm sure you have to be very healthy and strong to go climbing.　［　Ａ　］

Tilly　: I don't have to practice every day, just two or three times a week, that's enough. I go to the gym. At the weekend I try to get out of the city onto rock, but sometimes I have to work at the hospital.

Interviewer : ［　Ｂ　］

Tilly　: I'm a *cardiac technologist. I help doctors to *treat people with *heart diseases.

Interviewer : Oh, wow! That's interesting.
By the way, this photograph is amazing. So this photograph was taken when you were climbing, wasn't it?

Tilly　: Yeah.

Interviewer : Was it a difficult climb?

Tilly　: Difficult and very beautiful.

Interviewer : I can see that. It's like a painting.　［　Ｃ　］

Tilly　: It was taken just after *dawn. I had to climb very early in the morning. You can't climb later in the day — it's too hot, over 35℃.

Interviewer : ［　Ｄ　］

Tilly　: An excellent sports photographer called Adam Pretty.

Interviewer : He is a brave man.

Tilly　: Oh, he didn't have to climb with me. He took the photo from a *nearby tourist spot.

Interviewer : Smart man! Rock climbing is a very dangerous sport and you've climbed in some of the most difficult places in the world.　［　Ｅ　］

Tilly　: I love it. It's my life!

［注］ cardiac technologist　循環器系技師　　treat ～　～を治療する　　heart diseases　心臓病
dawn　夜明け　　nearby tourist spot　近くの観光スポット

ア．Who took the photograph?
イ．Why do you do it?
ウ．When was it taken?
エ．How often do you have to practice?
オ．How long do you have to practice?
カ．How did you do that?
キ．What do you like to do?
ク．What were you doing then?
ケ．What do you do at the hospital?

4 次の英文を読み，あとの１～10の各文が本文の内容と一致するものにはT，一致しないものにはFの記号を用いて答えよ。

Mary was just eight, but she understood what was going on at home. She *overheard that her parents were talking about John, her little brother. She understood that he was sick and that the family didn't have the money to get *treatment for him.

They were moving to an old apartment to save money, but even that was not enough for the expensive *operation John needed.

"Only a *miracle can save John," her father said. And Mary happened to hear that. She wanted to do something for her brother, so she went to her bedroom, and took her money out of a little *glass jar, and counted it. She only had one dollar and fifteen cents. She took the money and went to the *neighborhood drugstore.

At the drugstore, she waited for the *pharmacist who was busy talking to someone.

Mary stood up on her *toes to get the man's attention, but he didn't notice her. Then she *cleared her throat, but the pharmacist still didn't notice her.

Then she opened the jar she was holding and took out a coin, and hit it against the *counter.

"What do you want ?" he asked in an *irritated voice. "I'm talking to my brother. I haven't seen him for a long time, so go away."

"Well, I have a brother, too, and he's really, really sick," Mary replied. "I want to buy a miracle for him."

"Pardon ?" said the pharmacist surprisingly.

"His name is John, and he has something bad inside his head. My Daddy says he needs a miracle. So how much are miracles ?"

"We don't have miracles here," the pharmacist said. "I can't help you." His voice was softer than before.

But Mary wasn't ready to give up. "I have some money."

The man who was talking to the pharmacist came to Mary and asked, "What kind of miracle does your brother need ?"

"I don't know," Mary replied. "I just know he's really sick and Mommy says he needs an operation. But my dad doesn't have enough money, so I want to use my money."

"I see," said the man. "How much do you have ?"

"I have one dollar and 15 cents," she replied. "It's all the money I have now, but I can get a job."

Then the man took the money from the little girl. He took the girl's hand and said, "Let's go to your house. I want to see your brother and meet your parents. Let's *see if I have the miracle your brother needs."

Mary, John and their parents clearly remember that day. Mary was a shy girl but she came home with the man. The man that eight-year old Mary brought home was the world famous *surgeon, Dr. Armstrong, and he *performed the operation on John.

One dollar and fifteen cents was just enough for a miracle.

［注］ overheard～　～を盗み聞きした　treatment　治療　operation　手術　miracle　奇跡
glass jar　ガラス製の入れ物　neighborhood drugstore　近所の薬局　pharmacist　薬剤師
toes　つま先　cleared her throat　咳払いをした　counter　カウンター　irritated　イライラした

see if ～　～かどうか確かめる　　surgeon　外科医　　performed the operation on ～　～の手術をした

1. Mary was just eight years old and she has an older brother.
2. John was very sick but her family didn't have enough money to get treatment for him.
3. Mary heard that only a miracle could save John.
4. Mary decided to spend all the money that she had.
5. Mary decided to go to the hospital to look for good doctors.
6. As soon as Mary got to the drugstore, the pharmacist noticed her and talked to her.
7. When the pharmacist asked her what she wanted, Mary answered that she wanted good medicine.
8. The pharmacist said that they didn't have a miracle, but Mary didn't give up.
9. The man who was talking with the pharmacist was a famous doctor.
10. One dollar and fifteen cents was too little to buy a miracle.

5　次の英文を読み，あとの問いに答えよ。

〔編集部注…課題文は著作権上の問題により掲載しておりません。作品の該当箇所につきましては次の内容を参考にしてください〕

Joan Young Gregg /Beth M. Pacheco『The Powerful Reader Basic』「The Hamburger and the Rain Forest」P.56～P.57（一部改変あり）〈MACMILLAN LANGUAGEHOUSE〉

［注］ urban　都市の　　investors　投資家　　fat　太った　　cattle　畜牛　　therefore　それゆえ

pound　ポンド（1ポンド＝約0.5キログラム）　gallons　ガロン（1ガロン＝約3.8リットル）
aristocracy　貴族　immigrants　移民　proof of middle class status　中流階級である証拠
industrialized　工業化された　the demand for ～　～への需要　patterns　パターン
a biologist of Harvard University　ハーバード大学の生物学者　controlled　コントロールされた
serve ～　～を満たす　responsibly　責任を持って

問1　(A)～(C)に入れるのに最も適切な語を次から選び，必要があれば正しい形に直し，それぞれ一語で答えよ。ただし，同じ単語を2度使ってはならない。

disappear　clean　depend

問2　下線部(1)が次の意味になるように，[　]内の語句を正しく並べかえよ。ただし，文頭に来る語も小文字で始めてある。

「彼らは，ジャングルに住む全てのものを焼くために技術を使う。」

問3　[X]，[Y]に入る単語の組み合わせとして最も適切なものを，次のア～エの中から選び，記号で答えよ。

ア．X：Good　Y：bad　イ．X：Good　Y：good
ウ．X：Bad　Y：good　エ．X：Bad　Y：bad

問4　文中の 2 に入る最も適切な語を，次のア～エの中から選び，記号で答えよ。

ア．For example　イ．Instead　ウ．However　エ．Finally

問5　下線部(3) this idea とは具体的にどのようなことか，35字以内の日本語で答えよ。

問6　本文の内容に最も適切なものを，次のア～エの中から選び，記号で答えよ。

ア．Cattle farming has made farmers rich and fat.
イ．The rain forest and many kinds of plants and creatures are lost to make hamburgers.
ウ．Making beef does not need as much water as making chicken.
エ．The taste for beef spread all over the world in the 18th century.

問7　この文のタイトルとして最も適切なものを，次のア～エの中から選び，記号で答えよ。

ア．Technology and the Cattle Farms　イ．The History of Beef
ウ．The Study of Hamburgers　エ．The Hamburger and the Rain Forest

6

日本文の意味に合うように，次の1～6の(　)内の語句を並べかえよ。ただし，文頭に来る語も小文字で始めてある。

1．このコンピュータの使い方を教えていただけませんか。
(me / you / this / to / could / how / use / show / computer)?

2．私はあなたに宿題を手伝ってもらいたいです。
(with / you / homework / help / want / to / my / me / I).

3．父が私にくれた筆箱は机の上にあります。
(is / the pencil case / me / the desk / my father / on / gave).

4．その箱に何が入っているか想像できますか。
(the box / can / what / in / imagine / you / is)?

5．私が最後に海外旅行へ行ってから10年が経ちました。
(abroad / years / passed / ten / I / since / traveled / have) last.

6．もし明日晴れたら，ピクニックにいきませんか。
(we / it / if / go on / fine / is / don't / why / a picnic) tomorrow?

【数　学】（50分）〈満点：100点〉

〔注意〕 円周率を使う場合は，πで表すこと。

1 　次の各問いに答えよ。

(1) $-3^2 \div \frac{30}{7} - \left(-\frac{3}{5}\right)$を計算せよ。

(2) $(\sqrt{3}-1)^2+\sqrt{27}$を計算せよ。

(3) $\frac{2x-3y}{4}-\frac{2x-y}{6}$を計算せよ。

(4) $xy-2x+3y-6$を因数分解せよ。

(5) 2次方程式$x^2-4x+1=0$を解け。

(6) $\sqrt{\frac{147a}{2}}$の値が整数となる最小の自然数aを求めよ。

(7) yはxの1次関数で，xの値が1増加ごとにyの値は3ずつ増加し，$x=2$のとき$y=-1$である。このときの1次関数のグラフの切片の値を求めよ。

(8) 右の図のように線分ABを直径とする円Oがある。$\angle x$の大きさを求めよ。ただし，DB＝DCとする。

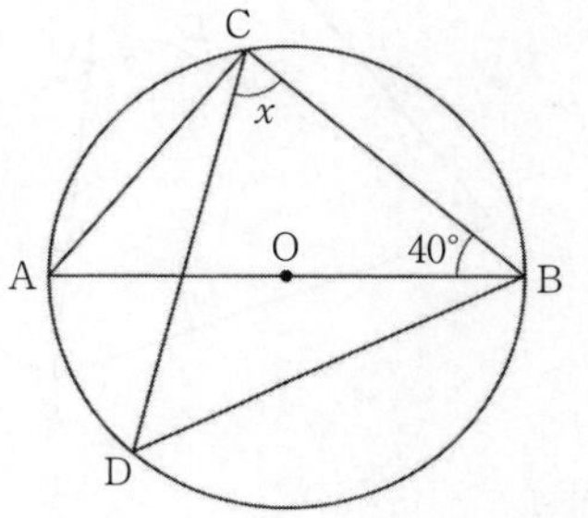

2 　右の図のように，2直線l：$y=-x+a$，m：$y=ax-1$がある。直線lとx軸，y軸との交点をそれぞれA，B，直線mとx軸，y軸との交点をそれぞれC，Dとし，2直線l，mの交点をPとする。$a>1$であるとき，次の問いに答えよ。

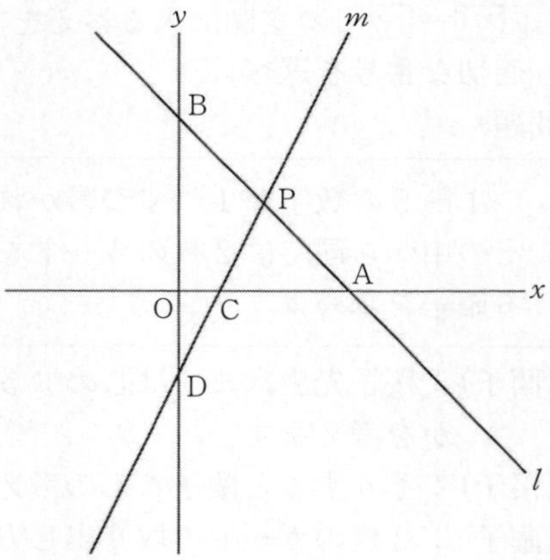

(1) 点Bを通り，直線mに平行な直線とx軸との交点をQとするとき，点Qの座標を求めよ。

(2) 以下の①～④のうち，$a>1$をみたすどのようなaの値に対しても正しいものをすべて選び，その番号を答えよ。

① 点Pは直線$x=1$上にある
② AP：PB＝a：1である
③ OA＞DPである
④ △APCは鋭角三角形である

3 　〈図１〉，〈図２〉のそれぞれの△ABCと△ADEは正三角形である。このとき，次の問いに答えよ。

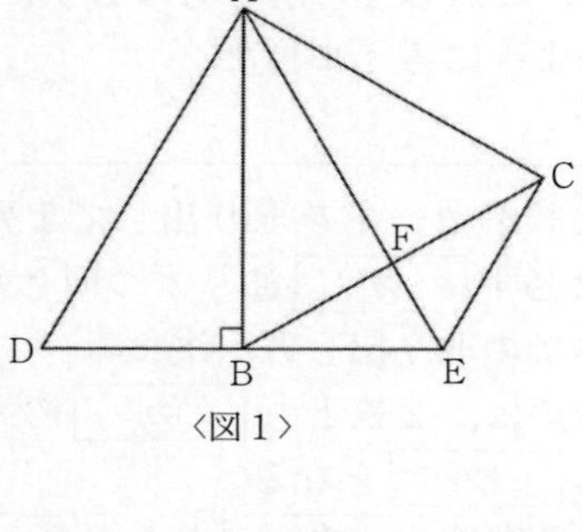

〈図１〉

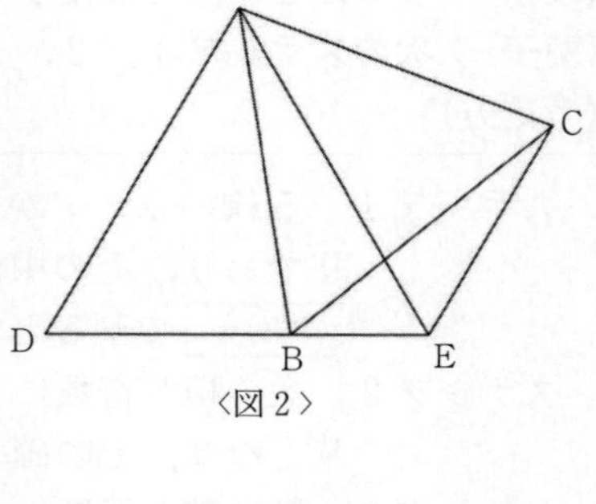

〈図２〉

(1) 〈図１〉において，AB⊥DE，AEとBCの交点をFとする。△CFEの面積が2cm²のとき，△ADEの面積を求めよ。

(2) 〈図２〉において，AB＝4.5cm，AD＝5cmのとき，四角形ABECの周の長さを求めよ。

4　下の図はすべての辺の長さが12 cmの正四角錐《すい》OABCDであり，辺OA，OB，OC，ODのそれぞれの中点をP，Q，R，Sとする。このとき，次の問いに答えよ。

(1)　線分PRの長さを求めよ。

(2)　正四角錐OABCDの体積を求めよ。

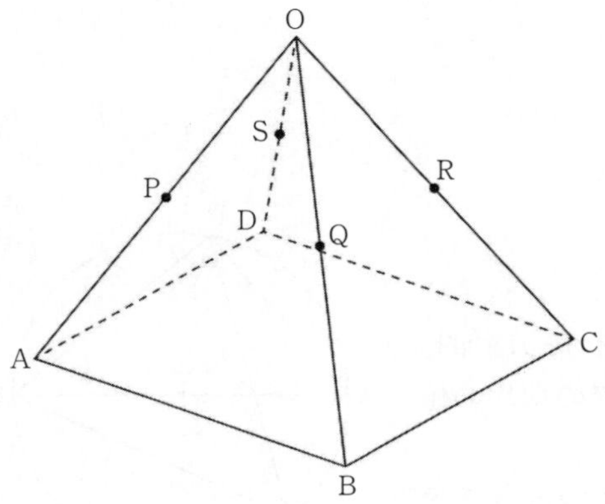

5　生徒の蘭《らん》子さんは，桜子先生が出題した問題に取り組んでいる。２人のやり取りにおいて，(ア)～(ケ)の空欄《くうらん》に入る答えを求めよ。ただし，(カ)には次のページの選択番号①～③のうち，適切な番号を選べ。

問題

1～5の数字が1つずつ書かれている5枚のカードがある。この5枚のカードをよく切って，その中から同時に2枚のカードを取り出したとき，2枚のカードに書いてある数の積が偶数になる確率を求めよ。

(蘭子)：桜子先生，まずはじめに5枚のカードから2枚のカードの取り出し方の組合せが何通りあるかを考えます。

(桜子)：そうすると蘭子さんの考えたような選び方は何通りになりますか？

(蘭子)：2枚のカードの取り出し方は (ア) 通りになります。

(桜子)：蘭子さん，次はどうしますか？

(蘭子)：数の積が偶数となる場合だけを考えると (イ) 通りになります。その結果，数の積が偶数になる確率が (ウ) となります。

(桜子)：なるほど…。では蘭子さん，これ以外の解き方はありませんか？

(蘭子)：次のステップ1，2，3のように考えました。

(考え方)

ステップ1　5枚のカードから2枚のカードを取り出して1列に並べる場合の数は (エ) 通りであり，その中には必ず (オ) 通りずつ同じ組合せができるので，(エ) を (オ) で割るとすべての取り出し方が決まる。 ステップ2　数の積が奇数になるのは，2枚とも (カ) のときで，その組合せは (キ) 通りとなり，その確率は (ク) となる。 ステップ3　数の積が偶数になる確率は，(ケ) から (ク) を引いて求める。

(カ) の選択番号 ① 奇数 ② 偶数 ③ 自然数

6 右の図のように放物線 $y=\frac{1}{2}x^2$ と直線 $y=2x+6$ の交点をA，Bとし，点Aの x 座標の方が点Bの x 座標より小さいものとする。このとき，次の各問いに答えよ。

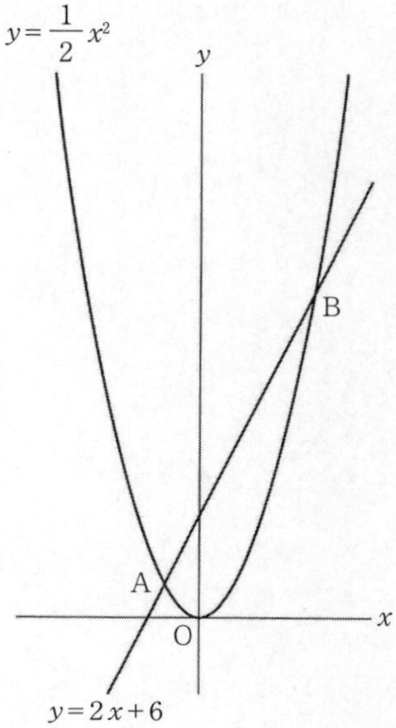

(1) 点Bの座標を求めよ。

(2) 放物線 $y=\frac{1}{2}x^2$ と直線 $y=2x+18$ の交点をC，Dとする。点Cの x 座標の方が点Dの x 座標より小さいとき，△ABCの面積を求めよ。

エ　禁止されている外出なので誰にも気づかれたくなかったから。

問十　本文から読み取れる教訓として最も適当なものを次の中から選び、記号で答えよ。

ア　歌を詠む際には作法を守らなければならない。
イ　常に準備をしておけば万一の時にも安心である。
ウ　見かけで人を嘲るようなことがあってはならない。
エ　苦労して身につけた教養が、自分の身を守ってくれる。
オ　歌とはその出来ばえで、人を生かしも殺しもするものだ。

と(注5)連歌をしかけたりければ、とりあへず、

(注6)星まぼる B の吠《ほ》ゆるに驚きて

と付けたりけり。人々③恥ぢて、逃げにけり。

この女房は(注7)俊成《しゅんぜい》卿の女《むすめ》とて、ⓓいみじき歌よみなりけるが、④深く姿をやつしたりけるとぞ。

(『十訓抄』)

(注1) 最勝光院…京都市東山区今熊野付近にあった寺。

(注2) 釣殿…寝殿造の東西の廊の南端の建物。池に臨んで建てられ、納涼・遊宴に使われた。

(注3) 薄衣…地の薄い衣服。

(注4) 猿丸…猿の愛称。

(注5) 連歌…詩歌の一体。平安時代には和歌の上の句と下の句を二人が詠んで応答し一首とする形式で行われることが多かった。

(注6) 星まぼる…星を見つめている。かなわぬ高望みを抱くという意の当時のことわざ。

(注7) 俊成卿…藤原俊成のこと。平安後期・鎌倉前期の歌人で『千載和歌集』の撰者《せんじゃ》。

問一 ══線ⓐ「うち群れ」・ⓓ「いみじき」をそれぞれ終止形(言い切りの形)に直して答えよ。

問二 A に入る季節を漢字で答えよ。

問三 ——線①「ゆゑづきたる」の意味を次の中から選び、記号で答え、それとは対照的な様子を表す語を本文中から抜き出して記せ。

ア 取るに足りない

イ 高貴な身分の

ウ 妖しいほど美しい

エ 上品な趣きのある

問四 ══線ⓑ「思ひけむ」・ⓒ「笑ひて」とあるが、その主語として適当なものをそれぞれ次の中から選び、記号で答えよ。

ア 女房　イ 男法師　ウ 俊成卿

問五 ——線②「帰り出でける」とあるが、帰りかけたのはなぜか。その理由として最も適当なものを次の中から選び、記号で答えよ。

ア 無作法な連中に、風情のある雰囲気を壊されてしまうと思ったから。

イ こっそり花見をしていたのを、寺の法師にとがめられると思ったから。

ウ 趣きある時間を過ごすことができたので、満足して帰ろうと思ったから。

エ できるだけ多くの人に花を見てもらうために、場所を譲ろうと思ったから。

問六 ……線「猿丸」とは、誰のことを言い表したものか。問四の選択肢の中から最も適当なものを選び、記号で答えよ。

問七 B に入る動物を漢字で答えよ。

問八 ——線③「恥ぢて」とあるが、なぜ恥じたのか。最も適当なものを次の中から選び、記号で答えよ。

ア 女の歌の意味を理解することができず、返歌できない自分たちが情けなかったから。

イ 教養ある者であれば、誰もが知っているはずの俊成の娘のことが分からなかったから。

ウ 相手をみくびり、からかったつもりが、思いがけず皮肉な連歌で見事に切り返されたから。

エ 連歌の知識をひけらかそうとして詠み掛けたが、逆にその歌の不備な点を指摘されたから。

問九 ——線④「深く姿をやつしたりける」とは、「目立たぬようにわざとみすぼらしく姿を変える」という意味であるが、なぜそうしたのか。その理由として最も適当なものを次の中から選び、記号で答えよ。

ア 当時は寺院の中では華美な服装が許されていなかったから。

イ 誰にも邪魔されず一人静かに梅の花を観賞したかったから。

ウ 有名な歌人の娘とは言え、経済的にはかなり苦しかったから。

エ　感情などの要素をまじえず、物事を事務的・効率的に処理することを優先する世界。

問六　［D］について、ここではどんな言葉をかけたらよいか、考えて記せ。

問七　――線③『『なんのために？』という問いが失効する』とあるが、それはどういうことか。その説明として最も適当なものを次の中から選び、記号で答えよ。

ア　間違った意味や目的の代わりに、新たな意味や目的を認識すること。

イ　全ての条件をなくして、利益にとらわれない関係性を築いていくこと。

ウ　意味や効果を求めるのではなく、他者の存在そのものを肯定すること。

エ　生き方に対する迷いが消え去り、他者のために生きる覚悟ができること。

問八　――線④「うつわ」とあるが、よい「うつわ」とはどんな「うつわ」か。これより前の本文中から三十字以内で抜き出して最初と最後の五字を記せ。

問九　――線⑤「厳格な会議の議事進行のなかではなく、ふいの雑談のような場」とあるが、本文における「厳格な会議」と「ふいの雑談」の二つを比較してその違いを記せ。

問十　［F］について、どんな人のケアをするためだと思われるか、考えて記せ。

改札が自動化しても駅員が待機しているのは、［　F　］をケアするため

問十一　――線⑥「利他の宛先のない」とあるが、それはどういうことか。その説明として最も適当なものを次の中から選び、記号で答えよ。

ア　「生活の糧を得るため」という仕事本来の目的が、現代人の中からなくなっているということ。

イ　人に対する信頼に基づく、誰かと「ともにいる」ことの価値が仕事から失われているということ。

ウ　情報技術や人工知能の発達で、直接他人と関わるような機会が仕事から失われているということ。

エ　誰かと「ともにいる」ことに意味を見出《みいだ》せず、個人の持つ興味や関心に価値を置いているということ。

問十二　本文の内容にあうものを次の中から二つ選び、記号で答えよ。

ア　利他とは「うつわ」のようなものであって、その「うつわ」を常に満たすことは難しい。

イ　決められたことしか許されないような組織では、人の持つ可能性を活かすことはできない。

ウ　他人への「ケア」は、対象になる人の事情に応じて特定の目的や必要性を考慮すべきである。

エ　相手のためを思って練った計画に基づきケアをすることで、自分自身を変えることができる。

オ　私たちの中にある「ケア」の概念を改めないかぎり、「利他」の重要性が理解されることもない。

カ　他者への気づかいである「介助」や「介護」が特殊な行為と言われないような社会を目指したい。

キ　利他とは他者本意であるがゆえに、自己の想定外のことに対してもそれを受容することが重要である。

三

次の文章を読んで、後の問いに答えよ。

近ごろ、（注1）最勝光院に梅盛りなる［A］、①ゆゑづきたる女房一人、（注2）釣殿《つりどの》の辺にたたずみて、花を見るほどに、男法師などⓐうち群れて入り来ければ、こちなしとやⓑ思ひけむ、②帰り出でけるを、着たる（注3）薄衣《うすぎぬ》の、ことのほかに黄ばみ、すすけたるをⓒ笑ひて、

花を見捨てて帰る（注4）猿丸《さるまろ》

（注6）ブルシット・ジョブについて指摘したグレーバーは、あらゆる人間的な仕事は本質的にはケアリングであると指摘しています。川に橋をかけるのは、そこを渡りたいと思う人をケアするためでしょう。改札が自動化しても駅員が待機しているのは、[F]をケアするためでしょう。

ところが、人々が数字のために働き、組織が複雑化して余白を失っていくにつれて、仕事からケアが失われていきます。「仕事のケアリング的な価値が、労働のなかでも数量化しえない要素であるようにみえる」（『ブルシット・ジョブ』）からです。その先にあるのは、自分がなんのために働いているのか、⑥利他の宛先のない、虚《むな》しい労働でしょう。仕事は、ただ生活の糧《かて》を得るためだけの手段になってしまうでしょう。

（伊藤亜紗 編 「『利他』とは何か」）

（注1）「宅老所よりあい」…福岡県福岡市にある社会福祉施設の名称。

（注2）村瀬孝生…社会福祉施設「よりあい」代表、作家。

（注3）納期…商品などを納めるべき期限。

（注4）闇舟…合法的な手段を取らずに用意された船。

（注5）アジェンダ…会議における議題。

（注6）ブルシット・ジョブ…意味や必要性がなく、役に立たない仕事のこと。

問一 ═══線ⓐ「潜在」・ⓒ「同朋」・ⓓ「固執」の意味として最も適当なものをそれぞれ後の中から選び、記号で答えよ。

ⓐ 潜在

ア 表面には現れないが、内部に目立たず存在すること
イ 意識しなくとも、当たり前のように存在すること
ウ 周囲から身を隠し、気づかれぬように存在すること
エ 経験の有無に関係なく、生まれつき存在すること

ⓒ 同朋

ア 兄弟・姉妹　イ 知人・隣人
ウ 恩師・師匠　エ 友人・仲間

ⓓ 固執

ア 自分の考えに頑固にこだわり続けること
イ 自分勝手な思い込みに従って判断すること
ウ 強固な態度を崩さず周囲を圧倒すること
エ 他人の事情を考えず身勝手にふるまうこと

問二 ═══線ⓑ「利他」の対義語を漢字で答えよ。

問三 [A]・[B]・[C]・[E]に入る語として最も適当なものをそれぞれ次の中から選び、記号で答えよ。

ア たとえば　イ けれども　ウ ただし
エ それとも　オ やはり　カ さらに
キ いわゆる　ク むしろ

問四 ──線①「『計画倒れをどこか喜ぶ』態度が重要だ」とあるが、それはなぜか。その理由として最も適当なものを次の中から選び、記号で答えよ。

ア そもそも計画の立案を苦手とするお年寄りに、それを無理強いしてしまうと、大きなストレスを与えかねないから。
イ 自分だけで計画するのでなく、お年寄りと一緒に楽しみながら計画を立てることで、より良い人間関係を築けるから。
ウ 計画どおりにいかないことを楽しむような余裕ある態度で接することが、お年寄りの人格を尊重することになるから。
エ 計画には欠陥がつきものだとあらかじめお年寄りに知らせておくことによって、余計ないさかいなどしなくてすむから。

問五 ──線②「ビジネスの世界」とあるが、それはどんな世界か。その説明として最も適当なものを次の中から選び、記号で答えよ。

ア 利益を上げることを目的とし、無駄なことを一切認めず排除してしまう世界。
イ サービスを提供する側が常に顧客の満足を目的とし、そのために努力する世界。
ウ 消費者の意識の動向を分析し、常に時代の最先端を走り続けることを求める世界。

あるいは村瀬さんは、「車に乗ってください」と言っても乗ってくれないお爺《じい》さんのことを語っています。家に帰りたいのに、あるいは施設に行きたいのに、車に乗ってくれないお爺さん。

ところがそのお爺さんは、「　D　」と言うと乗ってくれることが分かったのだそうです。お爺さんは太平洋戦争の敗北を北朝鮮で迎えた方だそうです。すでにソ連軍の支配下にあった港には、日本の船が邦人救出のために寄港することができませんでした。当時、若かりしお爺さんはⓒ同朋《どうぼう》と（注4）闇舟を手配して命からがら脱出してきたのだそうです。

利他についてこのように考えていくと、ひとつのイメージがうかびます。それは、利他とは「うつわ」のようなものではないか、ということです。相手のために何かをしているときであっても、自分で立てた計画にⓓ固執せず、常に相手が入り込めるような余白を持っていること。それは同時に、自分が変わる可能性としての余白でもあるでしょう。この何もない余白が利他であるとするならば、それはまさにさまざまな料理や品物をうけとめ、その可能性を引き出すうつわのようです。

哲学者の鷲田清一《わしだきよかず》は、患者の話をただ聞くだけで、解釈を行わない治療法を例にあげて、ケアというのは、③「なんのために？」という問いが失効するところでなされるものだ、と主張しています。他者を意味の外につれだして、目的も必要もないところで、ただ相手を「享《う》ける」ことがケアなのだ、と言うのです。

> 他人へのケアといういとなみは、まさにこのように意味の外でおこなわれるものであるはずだ。ある効果を求めてなされるのではなく、「なんのために？」という問いが失効するところで、ケアはなされる。こういうひとだから、あるいはこういう目的や必要があって、といった条件つきで世話をしてもらうのではなくて、条件なしに、あなたがいるからという、ただそれだけの理由で享ける世話、それがケアなのではないだろうか。
>
> （『「聴く」ことの力』）

つくり手の思いが過剰にあらわれている④うつわほど、まずいものはありません。特定の目的や必要があらかじめ決められているケアが「押しつけの利他」でしかないように、条件にあったものしか「享け」ないものは、うつわではない。「いる」が肯定されるためには、その条件から外れるものを否定しない、意味から自由な余白が、スペースが必要です。

こうした余白、スペースは、とくに複数の人の「いる」、つまり「ともにいる」を叶《かな》える場面で、重要な意味を持つでしょう。

　E　、会議の場面。もしそこで、事前に決められた役割と（注5）アジェンダにそった発言しか許されないとしたら、その組織は想定外の可能性を受け付けない、硬直した組織ということになるでしょう。管理はされているかもしれませんが、人は活きてきません。

一方、私が先日ある方から聞いた組織のあり方は違っていました。その方は、農場と宿泊施設とレストランが一体となった施設を運営されているのですが、その施設をつくる際、内装のデザインをお願いしていた人が、たまたま料理についても非常によいアイディアを持っていることに気がつきました。そこで、その内装デザイナーも、レストランのメニュー開発のチームに加えたのだそうです。

内装デザイナーが料理についてのよいアイディアを持っていることが分かったのは、おそらく⑤厳格な会議の議事進行のなかではなく、ふいの雑談のような場であったでしょう。当初の計画とは違っていても、よい芽があれば、その可能性をきちんとケアする。こうしたことは、この組織に、計画外を受け入れる「余白」があったからこそできたことでしょう。ここは人に対する確かな信頼があります。

二〇二二年度 十文字高等学校

【国語】（五〇分）〈満点：一〇〇点〉

◎文中からそのまま抜き出して答える場合、句読点や記号は一字とすること。また、ふりがなのある漢字は、ふりがなをつけなくてよい。

一 次の①～⑩の――線部について、カタカナは漢字に直し、漢字はその読みを平仮名で記せ。

① その条約は賛成多数でヒジュンされた。
② 話のミャクラクがさっぱりわからない。
③ 作家としてブンダンで認められたい。
④ フキュウの名作映画を鑑賞する。
⑤ 任務のスイコウに責任を持つ。
⑥ 日本社会の未来を示唆している。
⑦ 日本経済は漸次回復するだろう。
⑧ アルバイトで留学資金を賄う。
⑨ 領収書の但し書きを確認する。
⑩ 言葉は時代と共に変遷する。

二 次の文章を読んで、後の問いに答えよ。

他者のⓐ潜在的な可能性に耳を傾けることである、という意味で、ⓑ利他の本質は他者をケアすることなのではないか、と私は考えています。

ただし、この場合のケアとは、必ずしも「介助」や「介護」のような特殊な行為である必要はありません。［A］、「こちらには見えていない部分がこの人にはあるんだ」という距離と敬意を持って他者を気づかうこと、という意味でのケアです。耳を傾け、そして拾うことです。

ケアが他者への気づかいであるかぎり、そこは必ず、意外性があります。自分の計画どおりに進む利他は押しつけに傾きがちですが、ケアとしての利他は、大小さまざまなよき計画外の出来事へと開かれている。この意味で、よき利他には、必ずこの「他者の発見」があります。

［B］考えを進めてみるならば、よき利他には必ず「自分が変わること」が含まれている、ということになるでしょう。相手と関わる前と関わった後で自分がまったく変わっていなければ、その利他は一方的である可能性が高い。「他者の発見」は「自分の変化」の裏返しにほかなりません。

他者の潜在的可能性に耳を傾け、そして想定外の反応に出会ったときの「他者を発見した」という感触。（注1）「宅老所よりあい」の（注2）村瀬《むらせ》孝生《たかお》さんは、お年寄りたちと関わるなかで、①「計画倒れをどこか喜ぶ」態度が重要だと言います。

たとえば「一〇時までに全員入浴」という計画を立てたとします。［C］、それを実行することを優先してしまうと、それがまるで「（注3）納期」のようになってしまって、お年寄りを物のように扱うことになる。お年寄りは、そんな②ビジネスの世界には生きていません。計画を立てないわけではないけれど、計画どおりにいかないことにヒントがあるのだと村瀬さんは言います。

とくに「ぼけ」のあるお年寄りはこちらの計画に全く乗ってくださらないし、それを真面目に乗せようとすればするほど、非常に強い抗《あらが》いを受けます。その抗いが、僕たち支援する側と対等な形で決着すればいいのですが、最終的には僕らが勝ってしまう。下手をするとお年寄りの人格が崩壊するようなことになります。だから計画倒れをどこか喜ぶところがないと。計画が倒れたときに本人が一番イキイキしていることがあるんです。

（伊藤亜紗《あさ》、村瀬孝生「ぼけと利他(1)」、「みんなのミシマガジン」二〇二〇年八月一三日）

2022年度／十文字高等学校

英語解答

1 問1　Friday　　問2　②…イ　③…オ
問3　エ　　問4　main entrance

2 ①　herself　　②　wrong
③　bought　　④　take　　⑤　saying

3 A　エ　　B　ケ　　C　ウ　　D　ア
E　イ

4 1　F　　2　T　　3　T　　4　T
5　F　　6　F　　7　F　　8　T
9　T　　10　F

5 問1　(A)　depended
(B)　disappearing
(C)　cleaning
問2　They use technology to burn everything that lives in the jungle
問3　ア　　問4　エ
問5　私たちが地球をどのように守ることができるか考えなければならないこと。(34字)
問6　イ　　問7　エ

6 1　Could you show me how to use this computer
2　I want you to help me with my homework
3　The pencil case my father gave me is on the desk
4　Can you imagine what is in the box
5　Ten years have passed since I traveled abroad
6　Why don't we go on a picnic if it is fine

1〔長文読解総合―対話文〕

≪全訳≫十文字高校文化祭／お祭りのテーマは「唯一無二の精神」／十文字：活気のある心温まる学校／「唯一無二の精神」で，世界のために何か良いことをしましょう。／日程：10月23日(金曜日)&10月24日(土曜日)／場所：1日目：池袋コンサートホール／2日目：十文字高校／イベント／1日目／9時～9時30分　開会式／9時40分～10時20分　吹奏楽コンサート／10時40分～11時40分　演劇部の公演／13時～15時30分　合唱コンテスト／2日目／9時～11時30分　討論会：「私たちは世界のために何ができるか」／13時～14時30分　スピーチコンテスト：「東京のいいところ」／☆昼食時，茶室にてお茶会／☆正面玄関で部の展示(書道，美術)／東京　十文字文化祭／生徒がデザインしたロゴ

❶アヤカ(A)：十文字高校で文化祭があるのよ。あなたは行くことに興味ある？❷ケイト(K)：もちろん。楽しそうよね。2日間とも行きたいわ。吹奏楽のコンサートは見逃したくない。1日目の何時に池袋コンサートホールに着かないといけないかな？❸A：そうね，開演の10分くらい前にはいた方がいいから，9時半までにホールに着かないとね。❹K：わかったわ。2日目のスピーチコンテストにも興味があるの。東京のいいところを知りたいから。正午頃に学校に行こうかな。❺A：一緒に行こうよ！私のいとこは今，スピーチを準備しているのよ。❻K：えっ，本当？　聞くのが楽しみ。❼A：ところで，このロゴは好き？❽K：ええ，好きよ。十文字高校の生徒の1人がデザインしたそうよ。私はこのクマがとっても気に入ったわ。

問1＜適語補充＞直後にOctober 24(Saturday)とあるので，23日は金曜日である。

問2＜適語(句)選択＞②この文の動詞missは「～を見逃す」という意味。この後に続くやり取りから1日目の9時半過ぎに始まるイベントだとわかる。　③2日目の出し物について話している部

分。直後で「東京のいいところを知りたい」と言っており，これはスピーチコンテストのテーマである。

問３＜適語句選択＞直後のケイトの発言から，パンフレットにあるクマのロゴについて話していると判断できる。

問４＜英問英答＞「十文字高校の美術展を見るには，どこに行かなければならないか」―「正面玄関に行かないといけない」　パンフレットの最終行参照。

2〔長文読解―適語補充―物語〕

≪全訳≫❶母の日だった。サリーはとても忙しいビジネスウーマンで，彼女は急いでいた。彼女は車を止め，花屋に行った。彼女は忙しすぎて一人暮らしの母親を訪ねに戻ることができなかったので，母親に花を贈りたかったのだ。❷「お母さんに花を送る。それで十分だわ。忙しすぎるもの」とサリーは心の中で思った。❸店に入る途中，彼女は幼い少女に気がついた。彼女は店の外で泣いていた。「どうしたの？」とサリーは尋ねた。「お母さんに花を買いたかったんですけど，75セントしかないんです」と少女が答えた。❹サリーはほほ笑んで彼女に言った。「私が何かできると思うわ」　彼女は花屋の中に少女を連れていき，彼女にバラを買ってあげた。それからサリーは自分の母親のために花を注文し，店員にそれらを母親に送るように頼んだ。❺「乗っていく？」と彼女は尋ねた。「私をお母さんの所に連れていってくれますか？」と，少女は満面の笑みで尋ねた。❻少女は行きたい場所への行き方を女性に伝え，それから墓地に着くと，女性に止まるように頼んだ。少女は車を降りて，母親の新しいお墓にバラを置いた。❼幼い少女はとても寂しそうに見えた。そして女性は，忙しい生活の中で何かとても大切なことをしていないことに気がついた。❽少女に別れを告げた後，女性は花屋に戻り，注文をキャンセルした。彼女は花を選んで，母親の家まで200マイルを運転した。

＜解説＞①say to ～self で「心の中で考える」という意味。「彼女自身」は herself。　②What's wrong?「どうしたの？」は具合の悪そうな人や困っている人を気遣う定型表現。　③お金がなくて母親にあげる花が買えないと泣いている少女に，花を「買ってあげた」という流れ。　buy－bought－bought　④この後，母親のお墓まで連れていってもらっている。'take＋人＋to ～'「〈人〉を～へ連れていく」　⑤say goodbye to ～ で「～にさよならを言う」という意味を表す。前置詞 after の後なので，動名詞(～ing)にする。

3〔対話文完成―適文選択〕

≪全訳≫❶インタビュアー(Ｉ)：ティリー，クライミングに行くには，きっととても健康で体力がないといけないんでしょうね。A どのくらいの頻度で練習しないといけないのですか？❷ティリー(Ｔ)：毎日練習する必要はありません。週に２，３回だけ，それで十分です。私はジムに行きます。週末は街を出て岩に登ろうとはするのですが，ときには病院で働かなければならないこともあります。❸Ｉ：B 病院では何をされているのですか？❹Ｔ：私は循環器系技師です。私は医師が心臓病の人を治療するのを手伝っています。❺Ｉ：へえ，すごい！　興味深いですね。ところで，この写真はすばらしいですね。これはあなたがクライミングをしているときに撮られたものですよね？❻Ｔ：そうです。❼Ｉ：難しいクライミングでしたか？❽Ｔ：難しくもあり，とてもきれいでもありました。❾Ｉ：わかります。まるで絵のようです。C いつ撮られたものですか？❿Ｔ：夜明け直後に撮られたものです。私は早朝に登らなければなりませんでした。遅くなると登れません。暑すぎますから。35度を超えるんです。⓫Ｉ：D この写真は誰がお撮りになったのですか？⓬Ｔ：アダム・プリティというすばらしいスポーツ写真家です。⓭I：勇敢な方ですね。⓮T：あっ，彼は私と一緒に登る必要はなかったんです。近くの観光スポットから写真を撮ったんですよ。⓯I：賢い方ですね！　ロッククライミングは非常に危険なスポーツなのに，あなたは世界で最も困難な場所のいくつかに登ったんですよね。E それはなぜですか？

⓰T：大好きだからです。それは私の人生なんです！

＜解説＞A．この後ティリーは，練習する頻度について話している。　How often「どのくらい(の頻度で)」　B．この後ティリーは，病院で何をしているかを答えている。　C．この後ティリーは，写真が撮られた時間帯について答えている。　D．この後ティリーは，写真を撮った人を答えている。　E．直後のI love it(＝rock climbing). It's my life! は，ティリーがロッククライミングをする理由と考えられる。

4〔長文読解―内容真偽―物語〕

≪全訳≫❶メアリーはたったの8歳だったが，家で何が起きているのか理解した。彼女は両親が，彼女の弟のジョンについて話しているのを盗み聞きしたのだ。彼が病気で，家族には彼が治療を受けるためのお金がないことがわかった。❷彼らはお金を節約するために古いアパートに引っ越そうとしていたが，それでもジョンが必要とする高額の手術には十分ではなかった。❸「ジョンを救うことができるのは奇跡だけだ」と父親は言った。そしてメアリーはたまたまそれを聞いた。彼女は弟のために何かしたかったので，寝室に行き，小さなガラス瓶からお金を取り出して数えた。彼女はたった1ドル15セントしか持っていなかった。彼女はお金を持ち，近所のドラッグストアへ行った。❹ドラッグストアで，彼女は他の人と話していて忙しくしている薬剤師を待っていた。❺メアリーはその男性の注意を引くためにつま先立ちになったが，彼は彼女に気づかなかった。それから彼女はせき払いをしたが，それでも薬剤師は彼女に気づかなかった。❻すると彼女は持っていた瓶を開けて硬貨を取り出し，それをカウンターに打ちつけた。❼「何が欲しいんだ？」と，彼はイライラした声で尋ねた。「私は弟〔兄〕と話しているんだ。彼とは長いこと会っていなかったからね。あっちへ行きな」❽「あの，私にも弟がいるんです。弟はとてもとても具合が悪いんです」とメアリーは答えた。「弟のために奇跡を買いたいんです」❾「何だって？」と薬剤師は驚いて言った。❿「弟の名前はジョンといいます。彼の頭の中には何か悪いものがいるんです。私のパパは奇跡が必要だって言っています。だから，奇跡はいくらですか？」⓫「ここに奇跡はないよ」と薬剤師は言った。「君を助けることはできない」　彼の声は前より穏やかだった。⓬しかし，メアリーは諦めるつもりはなかった。「お金ならいくらかあります」⓭薬剤師と話していた男性がメアリーのところに来て，「弟さんにはどんな奇跡が必要なんだい？」と尋ねた。⓮「わかりません」とメアリーは答えた。「私が知っているのは，弟は重い病気だっていうことだけで，ママは手術が必要だって言っています。でも，パパには十分なお金がないから，私は自分のお金を使いたいんです」⓯「なるほど」と男性は言った。「いくら持っているんだい？」⓰「1ドル15セントです」と彼女は答えた。「私が今持っているお金はこれだけですが，仕事はできます」⓱すると，男性は幼い少女からお金を受け取った。彼は少女の手を取り，「君の家に行こう。弟さんとご両親に会いたいんだ。弟さんに必要な奇跡を私が持っているかどうか確かめよう」と言った。⓲メアリーとジョン，2人の両親は，その日のことをはっきりと覚えている。メアリーは恥ずかしがり屋の少女だったが，その男性と一緒に家に帰った。8歳のメアリーが家に連れてきた男性は，世界的に有名な外科医のアームストロング博士で，彼はジョンの手術を行った。⓳1ドル15セントが奇跡に十分だったのだ。

＜解説＞1．「メアリーはわずか8歳で，兄がいる」…×　第1段落第2文参照。little brother「弟」

である。　2．「ジョンは重い病気だったが，家族は彼が治療を受けるのに十分なお金がなかった」…○　第1段落最終文に一致する。　3．「メアリーは，ジョンを救うことができるのは奇跡だけだということを耳にした」…○　第3段落第1，2文に一致する。　4．「メアリーは自分が持っていた全てのお金を使うことにした」…○　第3段落第3～5文に一致する。　5．「メアリーはいい医者を探すために病院に行くことにした」…×　第3段落最終文参照。メアリーが行ったのはドラッグストア。　6．「メアリーがドラッグストアに着くとすぐに，薬剤師は彼女に気づき，彼女に話しかけた」…×　第4，5段落参照。　as soon as ～「～するとすぐに」　7．「薬剤師がメアリーに何が欲しいか尋ねると，彼女はいい薬が欲しいと答えた」…×　第7，8段落参照。メアリーが欲しいと言ったのは奇跡。　8．「薬剤師は奇跡を持っていないと言ったが，メアリーは諦めなかった」…○　第11，12段落に一致する。　9．「薬剤師と話していた男性は有名な医者だった」…○　第18段落最終文に一致する。メアリーが家に連れてきた男性は，第13段落のThe man who was talking to the pharmacistである。　10．「1ドル15セントは，奇跡を買うには少なすぎた」…×　最終段落参照。

5〔長文読解総合―説明文〕

≪全訳≫❶マクドナルドのロゴは今や世界中でよく知られている。これは，ロンドンや東京，パリにおける都市の風景の一部になっている。それは田舎でも見ることができる。マクドナルドのハンバーガーは，彼らへ投資した人を豊かにし，顧客を太らせた。しかし，何百万個ものハンバーガーのための畜産業の成長は，環境災害を引き起こしている。❷畜産農家は，牛用の広い空き地を得るのに，南米の熱帯雨林に依存してきた。彼らは，ジャングルに住む全てのものを焼くために技術を使う。牛以外にも，ハンバーガーをつくるために他の多くの生物が殺されているのだ。これらには，20種を超える植物，100種の昆虫，および多くの鳥類が含まれる。それゆえ，南米の熱帯雨林とさまざまな生き物の両方が消えつつあるのだ。❸さらに，畜産業はお金がかかり，天然資源を浪費する。1ポンドの牛肉を生産するための草には，2500ガロンの水が必要だ。一方，1ポンドの鶏肉を生産するためのエサは，119ガロンの水しか必要としない。❹なぜ牛肉はそんなに人気があるのだろうか。文化史が答えを教えてくれる。18世紀，イギリスの貴族は牛肉の味を発達させた。19世紀，新世界への貧しい移民は，牛肉を食べることは中産階級である証拠だと考えていた。20世紀には，牛肉の味は工業国に広まった。現在，ファストフード店がグローバル化するにつれ，安価な牛肉の需要が高まっている。❺ビジネスにとっての良いニュースは，環境にとっては悪いニュースだ。「地球の友」という団体は，熱帯雨林を研究している。彼らは，人々が2045年頃に地球上の最後の熱帯雨林で，最後の木を伐採するだろうと述べている。❻熱帯雨林を傷つけるとき，私たちは自分自身を傷つけている。私たちは薬をもたらしてくれる植物を失う。空気をきれいにしてくれる地球のシステムの一部である木を失う。最後に，世界の気候パターンのバランスを損なう。❼ハーバード大学の生物学者であるE.O.ウィルソンによれば，地球が人間によって支配されるという考え方は，根本的な間違いである。地球が人間の要求をどのようにして満たすことができるかを考えるべきではない。そうではなく，私たちが地球をどうやって守れるかを考えなければならない。この考え方を持つことで，私たちは全ての動植物を，責任を持って，そして敬意を持って扱うようになるだろう。

問1＜適語選択・語形変化＞(A) depend on ～で「～に依存する，頼る」。前にhaveがあるので，'have/has＋過去分詞' の現在完了形にする。　(B)この段落では，畜産農家により熱帯雨林のさまざまな動植物が殺されていることが述べられている。これは「熱帯雨林とさまざまな生き物が消失しつつある」ということ。 disappear「消える」 (C) the air を目的語とするのは clean「～をきれいにする」。前置詞 for の後なので，動名詞(～ing)にする。

問２＜整序結合＞They use technology「彼らは技術を使う」が文の骨組み。「全てのものを焼くために」は副詞的用法の to不定詞を使って to burn everything とする。everything を修飾する「ジャングルに住む」は that を主格の関係代名詞として使って that lives in the jungle とまとめ，everything の後に置く。

問３＜適語選択＞ここまでの内容から，牛肉に関係するビジネスが環境破壊の原因になっていることがわかる。ビジネスが好調になるほど，環境に悪い状況になるということ。

問４＜適語(句)選択＞この段落では，熱帯雨林を損なうことにより生じる悪影響が列挙されている。植物を失い，木を失い，「最終的には」気候パターンのバランスを損なう，という文脈を読み取る。

問５＜指示語＞ここに当てはめて意味が通る内容を探す。動植物を責任と敬意を持って扱うことにつながる考え方は直前の文で述べられているので，その内容をまとめる。

問６＜内容真偽＞ア.「畜産業は，農家を豊かにし，太らせた」…× 第１段落第４文参照。 イ.「熱帯雨林と多くの種類の植物や生き物が，ハンバーガーをつくるために失われる」…○ 第２段落第３，４文に一致する。 ウ.「牛肉をつくることは，鶏肉をつくることほど多くの水を必要としない」…× 第３段落第２，３文参照。 'not as ～ as …'「…ほど～でない」 エ.「牛肉の味は，18世紀に世界中に広まった」…× 第４段落参照。

問７＜表題選択＞ハンバーガーの需要の高まりにより，熱帯雨林の環境が侵されている，というのが，この文章の趣旨。この内容に合うのは，エ.「ハンバーガーと熱帯雨林」。

6〔整序結合〕

1．「～していただけませんか」というていねいな依頼は，Could you ～？で表せる。「〈人〉に〈物事〉を教える」は，ここでは 'show＋人＋物事' の形を使い，'物事' の部分に入る「このコンピュータの使い方」は how to ～「～する方法」の形にまとめる。

2．「〈人〉に～してほしい」は 'want＋人＋to ～' で，「〈人〉の～を手伝う」は 'help＋人＋with ～' でそれぞれ表せる。

3．まず「筆箱は机の上にあります」を The pencil case is on the desk とまとめる。「父が私にくれた筆箱」は，目的格の関係代名詞が省略された '名詞＋主語＋動詞...' の形で，The pencil case my father gave me とまとめる。

4．Can you imagine の後，imagine の目的語となる「その箱に何が入っているか」を間接疑問で what is in the box とまとめる。間接疑問は通例 '疑問詞＋主語＋動詞...' の語順になるが，本文のように疑問詞が主語になる場合は，'疑問詞(主語)＋動詞...' の語順になる。

5．「～から(期間が)…過ぎた，～して以来…たつ」は，'期間＋have/has passed since ～' の形で表せる。

6．「(一緒に)～しませんか」は Why don't we ～？で表せる。「ピクニックに行く」は go on a picnic。「もし明日晴れたら」は if it is fine tomorrow とまとまる。このように '条件' を表す副詞節では未来のことでも現在形で表すことに注意。

2022年度／十文字高等学校

数学解答

1 (1) $-\frac{3}{2}$　(2) $4+\sqrt{3}$　(3) $\frac{2x-7y}{12}$
(4) $(x+3)(y-2)$　(5) $x=2\pm\sqrt{3}$
(6) 6　(7) -7　(8) 65°

2 (1) $(-1,\ 0)$　(2) ①，④

3 (1) 16cm^2　(2) 14cm

4 (1) $6\sqrt{2}$ cm　(2) $288\sqrt{2}\ \text{cm}^3$

5 (ア) 10　(イ) 7　(ウ) $\frac{7}{10}$　(エ) 20
(オ) 2　(カ) ①　(キ) 3　(ク) $\frac{3}{10}$
(ケ) 1

6 (1) $(6,\ 18)$　(2) 48

1〔独立小問集合題〕

(1)＜数の計算＞与式 $=-9\times\frac{7}{30}+\frac{3}{5}=-\frac{21}{10}+\frac{6}{10}=-\frac{15}{10}=-\frac{3}{2}$

(2)＜数の計算＞与式 $=(\sqrt{3})^2-2\times\sqrt{3}\times1+1^2+\sqrt{3^2\times3}=3-2\sqrt{3}+1+3\sqrt{3}=4+\sqrt{3}$

(3)＜式の計算＞与式 $=\frac{3(2x-3y)-2(2x-y)}{12}=\frac{6x-9y-4x+2y}{12}=\frac{2x-7y}{12}$

(4)＜式の計算―因数分解＞与式 $=x(y-2)+3(y-2)$ と変形して，$y-2=A$ とおくと，与式 $=xA+3A=A(x+3)$ となる。A をもとに戻して，与式 $=(y-2)(x+3)=(x+3)(y-2)$ である。

(5)＜二次方程式＞解の公式より，$x=\frac{-(-4)\pm\sqrt{(-4)^2-4\times1\times1}}{2\times1}=\frac{4\pm\sqrt{12}}{2}=\frac{4\pm2\sqrt{3}}{2}=2\pm\sqrt{3}$ である。

(6)＜数の性質＞$\sqrt{\frac{147a}{2}}=\sqrt{\frac{3\times7^2\times a}{2}}$ である。a は自然数だから，これが整数となるのは，k を自然数とすると，$a=2\times3\times k^2=6k^2$ と表せるときであり，$\sqrt{\frac{3\times7^2\times a}{2}}=\sqrt{\frac{3\times7^2\times6k^2}{2}}=\sqrt{3^2\times7^2\times k^2}=\sqrt{(3\times7\times k)^2}=3\times7\times k=21k$ となる。よって，最小の自然数 a は，$k=1$ のときで，$a=6\times1^2=6$ である。

(7)＜関数―切片＞y は x の一次関数であり，x の値が1増加するごとに y の値は3ずつ増加するから，傾きが3であり，切片を b とおくと，$y=3x+b$ と表せる。よって，$x=2$ のとき，$y=-1$ より，$-1=3\times2+b$，$b=-7$ となる。

(8)＜平面図形―角度＞右図で，半円の弧に対する円周角は90°だから，∠ACB＝90°であり，△ABCで，∠CAB＝180°－90°－40°＝50°となる。よって，$\overset{\frown}{\text{CB}}$ に対する円周角より，∠CDB＝∠CAB＝50°である。△CDBは，DB＝DCの二等辺三角形だから，∠x＝(180°－50°)÷2＝65°である。

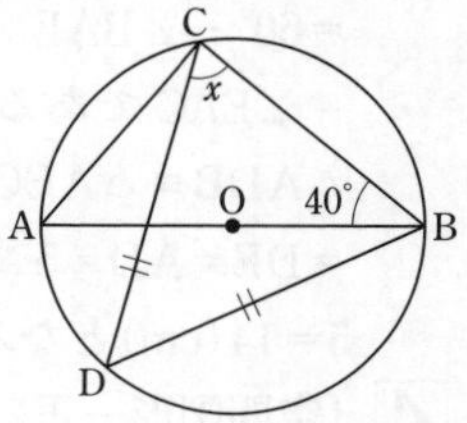

2〔関数―一次関数のグラフ〕

≪基本方針の決定≫(1)　点Bを通り直線 m に平行な直線を a を使った式で表す。

(1)＜座標＞右図で，点Bを通り，直線 $y=ax-1$ に平行な直線の傾きは直線 m と等しく a であり，切片は直線 $y=-x+a$ と等しく a となる。よって，その式は $y=ax+a$ と表せる。点Qはこの直線と x 軸との交点だから，$y=0$ より，$0=ax+a$，$-ax=a$ となり，$a>1$ だから，両辺を a でわると，$x=-1$ となる。よって，Q$(-1,\ 0)$ である。

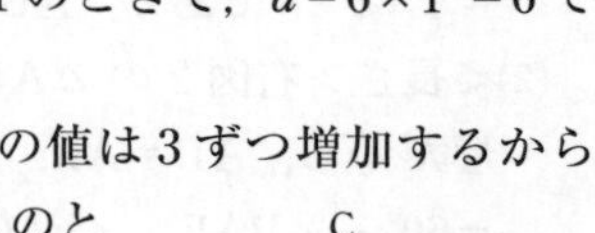

(2)＜正誤問題＞①…正。右図で，点Pは直線 $y=-x+a$ と直線 $y=ax-1$ の交点だから，$ax-1=-x+a$ より，$ax+x=a+1$，$(a+1)x=a+1$ となる。$a>1$ のとき，$a+1>2$ だから，両辺を $a+1$ でわると，$x=1$ となる。よって，点Pの x 座標は，a の値に関係なく1となるので，点Pは直線 $x=1$ 上にある。

②…誤。前ページの図で，点 P から x 軸に垂線 PR を引くと，AP：PB＝AR：RO となる。点 A は，直線 $y=-x+a$ と x 軸の交点だから，$0=-x+a$ より，$x=a$ となり，OA＝a である。①より，点 P の x 座標は 1 であり，RO＝1 だから，AR＝$a-1$ となる。よって，AP：PB＝$(a-1)$：1 である。
③…誤。前ページの図で，直線 $y=ax-1$ の切片より，D(0, −1) である。①より，点 P は直線 $y=-x+a$ 上にあり，x 座標が 1 だから，$y=a\times1-1=a-1$ より，P(1, $a-1$) である。よって，直線 PR に点 D から垂線 DS を引くと，DS＝1，PS＝$(a-1)-(-1)=a$ となるから，△PDS で三平方の定理より，$DP^2=DS^2+PS^2=1^2+a^2=a^2+1$ となる。よって，$OA^2=a^2$ より，$OA^2<DP^2$ だから，OA＜DP である。　④…正。前ページの図で，直線 $y=-x+a$ の傾きは −1 だから，OA＝OB であり，△OAB は直角二等辺三角形だから，∠PAC＝45° である。また，直線 $y=ax-1$ の傾き a は 1 より大きいから，PR＞CR であり，45°＜∠PCR＜90° である。よって，∠PAC＋∠PCR＞90° だから，∠APC＜90° となり，△APC は鋭角三角形である。

3 〔平面図形―三角形〕

≪基本方針の決定≫(1)　△BFC≡△CFE より，△ABE と △BFC の面積比を求める。　(2)　△ADB≡△AEC に気づきたい。

(1)＜面積＞右図 1 で，△ABC，△ADE は正三角形だから，∠BAC＝∠AED＝60° である。AB⊥DE のとき，△ABE で，∠BAE＝180°−90°−60°＝30° だから，線分 AF は∠BAC の二等分線であり，AF⊥BC，BF＝CF となる。よって，FE＝FE より，△BFE と △CFE は 2 組の辺とその間の角がそれぞれ等しく合同となるから，△BFE＝△CFE＝2(cm²) である。また，△BFE と △AFB は 3 辺の比が $1:2:\sqrt{3}$ の直角三角形だから，BF＝$\sqrt{3}$EF であり，AF＝$\sqrt{3}$BF＝$\sqrt{3}\times\sqrt{3}$EF＝3EF となる。よって，AE：EF＝(3EF＋EF)：EF＝4：1 だから，△ABE＝4△BFE＝4×2＝8 であり，AB⊥DE より，DB＝EB だから，△ADE＝2△ABE＝2×8＝16(cm²) となる。

図 1

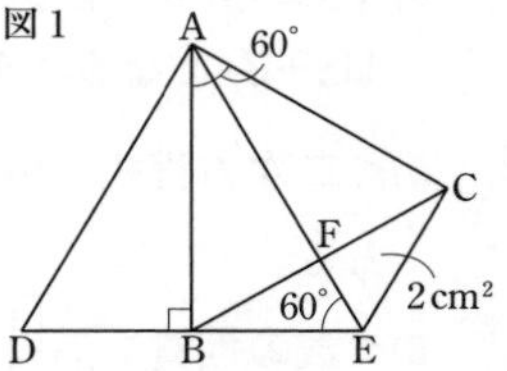

(2)＜長さ＞右図 2 の △ADB と △AEC において，△ABC，△ADE は正三角形だから，AD＝AE，AB＝AC である。また，∠DAB＝∠DAE−∠BAE＝60°−∠BAE，∠EAC＝∠BAC−∠BAE＝60°−∠BAE だから，∠DAB＝∠EAC である。よって，2 組の辺とその間の角がそれぞれ等しいから，△ADB≡△AEC となる。これより，DB＝EC となり，EC＋BE＝DB＋BE＝DE＝AD＝5 である。したがって，四角形 ABEC の周の長さは，AB＋AC＋EC＋BE＝4.5＋4.5＋5＝14(cm) となる。

図 2

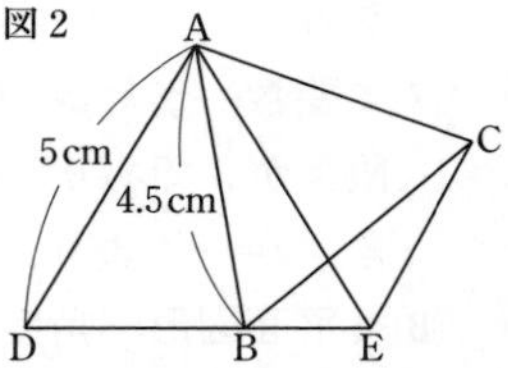

4 〔空間図形―正四角錐〕

≪基本方針の決定≫(1)　△OAC で考える。　(2)　高さは，頂点 O と四角形 ABCD の対角線の交点を結んだ線分の長さとなる。

(1)＜長さ＞右図で，点 P と点 R，点 A と点 C を結ぶ。2 点 P，R は辺 OA，辺 OC の中点だから，△OAC で中点連結定理より，PR＝$\frac{1}{2}$AC である。よって，△BAC が直角二等辺三角形より，AC＝$\sqrt{2}$AB＝$\sqrt{2}\times12=12\sqrt{2}$ となるから，PR＝$\frac{1}{2}\times12\sqrt{2}=6\sqrt{2}$(cm) である。

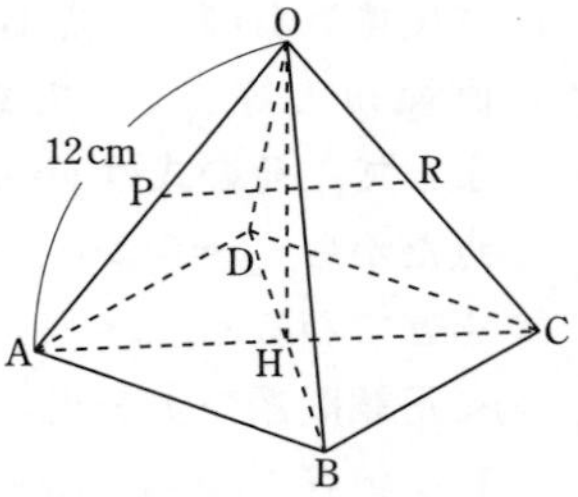

(2)＜体積＞右図で，四角形 ABCD の対角線の交点を H とすると，OH⊥AC，OH⊥BD となり，線分 OH の長さが正四角錐 OABCD の頂点を O としたときの高さとなる。AO＝AB，CO＝CB，AC＝AC より，△OAC≡△BAC だから，△OAC は直角二等辺三角形であり，△HAO も直角二等辺三角形になるから，OH＝AH＝$\frac{1}{2}$AC＝$\frac{1}{2}\times$

$12\sqrt{2}=6\sqrt{2}$ である。よって，正四角錐OABCDの体積は，$\frac{1}{3}\times$〔四角形ABCD〕$\times\mathrm{OH}=\frac{1}{3}\times12\times12\times6\sqrt{2}=288\sqrt{2}$ (cm^3)である。

5〔データの活用―確率―数のカード〕

＜解説＞1～5の数字が1つずつ書かれているカードから同時に2枚のカードを取り出したとき，2枚のカードに書いてある数の組合せは，(1, 2)，(1, 3)，(1, 4)，(1, 5)，(2, 3)，(2, 4)，(2, 5)，(3, 4)，(3, 5)，(4, 5)の(ア)10通りある。このうち，2つの数の積が偶数になるのは，＿＿を引いた(イ)7通りである。(ア)，(イ)より，求める確率は(ウ)$\frac{7}{10}$となる。また，ステップ1として，5枚のカードから2枚のカードを取り出して1列に並べる場合の数は，1枚目のカードの選び方が5通りあり，2枚目のカードの選び方は1枚目のカードを除く4通りあるから，$5\times4=$(エ)20(通り)ある。この20通りの中には，(1, 2)，(2, 1)のように，同じ組合せが(オ)2通りずつあるから，全ての取り出し方は，$20\div2=10$(通り)と決まる。次に，ステップ2として，数の積が奇数になるのは，2枚とも(カ)奇数のときで，(1, 3)，(1, 5)，(3, 5)の(キ)3通りあり，その確率は(ク)$\frac{3}{10}$となる。さらに，ステップ3として，数の積が偶数になる確率は，(ケ)1から数の積が奇数になる確率をひくことで求められる。

6〔関数―関数 $y=ax^2$ と一次関数のグラフ〕

≪基本方針の決定≫(2)　△ABCの底辺を辺ABと見て，等しい面積の三角形を考える。

(1)＜座標＞右図で，点Bは放物線 $y=\frac{1}{2}x^2$ と直線 $y=2x+6$ の交点だから，2式より y を消去して，$\frac{1}{2}x^2=2x+6$，$x^2-4x-12=0$，$(x-6)(x+2)=0$　$\therefore x=6,\ -2$　よって，点Bの x 座標は6であり，$y=2\times6+6=18$ だから，B(6, 18)である。

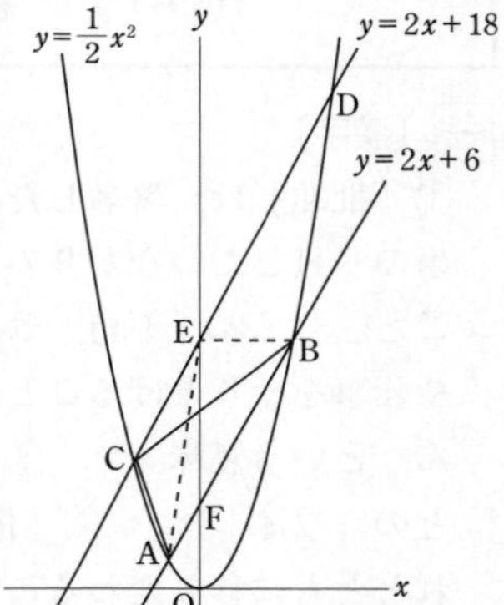

(2)＜面積＞右図で，直線 $y=2x+18$ と y 軸の交点をEとし，直線 $y=2x+6$ と y 軸の交点をFとすると，E(0, 18)，F(0, 6)である。直線 $y=2x+18$ と直線 $y=2x+6$ は傾きが等しいので，CE∥ABである。よって，△ABCと△ABEは，底辺を辺ABと見ると高さが等しくなり，△ABC＝△ABEとなる。次に，△ABEを，y 軸で△AEFと△BEFに分ける。EF＝18－6＝12であり，(1)より，点Bの x 座標は6，点Aの x 座標は－2である。これより，それぞれの三角形の底辺をEF＝12と見ると，△AEFの高さは点Aの x 座標より2，△BEFの高さは点Bの x 座標より6となるから，△ABE＝△AEF＋△BEF＝$\frac{1}{2}\times12\times2+\frac{1}{2}\times12\times6=48$ となる。したがって，△ABC＝△ABE＝48である。

2022年度／十文字高等学校

国語解答

一 ① 批准 ② 脈絡 ③ 文壇
④ 不朽 ⑤ 遂行 ⑥ しさ
⑦ ぜんじ ⑧ まかな ⑨ ただ
⑩ へんせん

二 問一 ⓐ…ア ⓒ…エ ⓓ…ア
問二 利己
問三 A…ク B…カ C…イ E…ア
問四 ウ 問五 エ
問六 (例)そろそろ船が出ますよ
問七 ウ
問八 さまざまな～出すうつわ
問九 厳格な会議は，事前に決められた役割とアジェンダに沿った発言しか許されず〔想定外の可能性を受けつけず〕，組織を硬直化しかねない〔人を生かすことができない〕。ふいの雑談は，計画外を受け入れる「余白」を持つことで，よいアイディアを生み出す可能性がある。
問十 (例)［改札が自動化しても駅員が待機しているのは，］重い荷物を持った人〔その土地に不案内な観光客〕［をケアするため］
問十一 イ 問十二 イ，キ

三 問一 ⓐ うち群る ⓓ いみじ
問二 春 問三 エ・こちなし
問四 ⓑ…ア ⓒ…イ 問五 ア
問六 ア 問七 犬 問八 ウ
問九 イ 問十 ウ

一〔漢字〕

①「批准」は，署名した条約に対する国家の最終的確認，同意手続きのこと。 ②「脈絡」は，物事の一貫したつながりのこと。 ③「文壇」は，作家や批評家など，文筆活動を行う人々の社会のこと。 ④「不朽」は，いつまでも価値を失わず，長く後世に残ること。 ⑤「遂行」は，任務や仕事をやりとげること。 ⑥「示唆」は，それとなく知らせること。 ⑦「漸次」は，だんだん，という意味。 ⑧「賄う」は，費用や人手をやりくりする，という意味。音読みは「賄賂」などの「ワイ」。 ⑨「但し書き」は，説明や条件などを書き添えた文。 ⑩「変遷」は，時の流れとともに移り変わること。

二〔論説文の読解―社会学的分野―社会活動〕出典；伊藤亜紗「『うつわ』的利他―ケアの現場から」(伊藤亜紗編『「利他」とは何か』所収)。

≪本文の概要≫利他の本質は他者をケアすることである。ケアとは，介助や介護のことではなく，他者を気づかうことである。自分の計画を押しつけるのではない，よき利他には，必ず意外性があり，その意外性によって導かれる「他者を発見」，さらには自分が変わることが含まれている。利他とは，「うつわ」のようなものである。「うつわ」がさまざまな料理や品物を受け止め，その可能性を引き出すように，常に相手が入り込めるような余白を持っていることが，利他には必要である。余白は，複数の人がともにいる場面で重要な意味を持つ。会議の際，事前に決められた発言しか許されないような厳密な組織では，想定外の可能性は受けつけられず，人は生かされない。一方，計画外を受け入れる余白のある組織には，人に対する確かな信頼があり，人は生かされる。グレーバーは，あらゆる人間的な仕事は本質的にはケアリングであると指摘しているが，人々が数字のために働き組織が複雑化して余白を失うと，仕事からケアが失われて，仕事は利他のないむなしい労働となり，生活の糧を得るためだけの手段になってしまうのである。

問一<語句>ⓐ「潜在」は，表面には現れず内にひそんで存在すること。 ⓒ「同朋」は，仲間，友人のこと。　ⓓ「固執」は，自分の意見にこだわり，譲らないこと。

問二＜語句＞「利他」は，他人に利益を与えること。自分のことよりも他人の幸福を願うこと。「利己」は，自分の利益だけを考え，他人のことを顧みないこと。

問三．Ａ＜表現＞この場合のケアとは，「『介助』や『介護』のような特殊な行為である必要」はなく，どちらかというと，「距離と敬意を持って他者を気づかうこと，という意味でのケア」である。

Ｂ＜接続語＞「よき利他には，必ずこの『他者の発見』」があり，もっと考えを発展させると，「よき利他には必ず『自分が変わること』が含まれて」いる。　Ｃ＜接続語＞お年寄りを「『一〇時までに全員入浴』という計画を立てた」として，しかし，その計画を「実行することを優先してしまう」と，「お年寄りを物のように扱うこと」になる。　Ｅ＜接続語＞余白が，複数の人がいる場面で「重要な意味を持つ」ことの例として，「会議の場面」が挙げられる。

問四＜文章内容＞計画を実行することを優先してしまうと，「お年寄りを物のように扱うこと」になり，「お年寄りの人格が崩壊するようなこと」にもなりかねない。お年寄りの想定外の反応に対して，計画どおりにいかないことを喜ぶような余裕があってこそ，敬意を持ってお年寄りを気づかうことができるのである。

問五＜文章内容＞計画どおりに進むことを優先して，「お年寄りを物のように扱う」ようなビジネスの世界とは，お年寄りの事情を考慮するようなこともなく，計画を「納期」のようにとらえ，事務的に効率よく物事が進められる世界である。

問六＜文章内容＞おじいさんには，敗戦後，北朝鮮で日本に帰る船になかなか乗れなかった経験があった。だから，船が出ますよ，というような声をかけると，おじいさんは，移動する気持ちになり，車に乗ったのである。

問七＜文章内容＞「なんのために？」という問いは，「こういうひとだから」や「こういう目的や必要があって」という条件を引き出すものである。ケアは，「条件なしに，あなたがいるからという，ただそれだけの理由」でなされるべきものである。

問八＜文章内容＞「条件にあったものしか『享け』ないものは，うつわではない」のである。よいうつわとは，「さまざまな料理や品物をうけとめ，その可能性を引き出すうつわ」である。

問九＜文章内容＞「事前に決められた役割とアジェンダにそった発言しか許されない」ような厳格な会議では，「想定外の可能性」を受けつけない。そのような「硬直した組織」では，人は生かされない。一方，ふいの雑談では，「当初の計画とは違っていても，よい芽があれば，その可能性をきちんとケア」できる。このような柔軟な組織には，「計画外を受け入れる『余白』」があり，「人に対する確かな信頼」がある。

問十＜文章内容＞あらゆる人間的な仕事は，「本質的にはケアリング」である。改札が自動化しても駅員が待機しているのは，困ることなく改札を通れる人ばかりではないからである。障害や重い荷物等の理由で，改札を通るのにサポートが必要な人や，その路線を使い慣れていなくて周辺の案内が必要な人などのためが考えられる。

問十一＜文章内容＞計画外を受け入れる余白のある組織には，「人に対する確かな信頼」がある。また，あらゆる人間的な仕事は，本質的には他者へのケアである。けれども組織が「余白を失っていく」と，他者への気づかいも，人に対する信頼も軽んじられて，仕事は，「生活の糧を得るためだけの手段」となり，むなしい労働になってしまうのである。

問十二＜要旨＞「利他の本質は他者をケアすること」であるが，ケアの概念を変えないかぎり，利他の重要性が理解されないとは述べられていない(オ…×)。ケアとは，介助や介護ではなく，他者への気づかいである(カ…×)。ケアは，自分の計画を押しつけることではなく，計画外の出来事を喜ぶ態度を必要とする(キ…○)。ケアとは，他者の潜在的な可能性に耳を傾け，想定外の反応から「他者を発見」することであり，さらには「自分が変わること」である(エ…×)。利他とは，相手が入り込めたり，自分が変わることができたりする余白のある，まさに「さまざまな料理や品物をうけとめ，その可能性を引き出すうつわのよう」である(ア…×)。他人へのケアは，目的や必要のないところで，ただ相手を「享ける」ことであり(ウ…×)，利他には意味から自由な余白が必要である。余白のない，想定外の可能性を受けつけない硬直した組織では，人は生かされない(イ…○)。

三 〔古文の読解―説話〕出典；『十訓抄』三ノ八。

≪現代語訳≫最近，最勝光院で梅の花が最盛期の春に，上品な趣のある女性が一人，釣殿の辺りにたたずんで，花を見るうちに，男法師たちが群がって入ってきたので，(女性は)興ざめだと思ったのだろう，帰って出たのを，(男法師たちは女性が)着ている薄衣の，ひどく黄ばみ，汚れているのを笑って，／花を見捨てて帰るお猿さん／と連歌をしかけたので，(女性は)すぐさま／星を見つめている〈犬〉が吠えるのに驚いて／とつけたのだった。(からかった)人々は恥ずかしく思って，逃げてしまった。／この女性は藤原俊成卿の娘で，すばらしい歌人なのだが，目立たぬようにわざとみすぼらしく姿を変えていたのだということだ。

問一＜古語＞ⓐ「うち群れ」は，動詞「うち群る」の連用形。群がる，という意味。　ⓓ「いみじき」は，形容詞「いみじ」の連体形。並々でない，すばらしい，という意味。

問二＜古典の知識＞「梅」は，春に咲く花で，春の季語。旧暦の一月から三月が春とされる。

問三＜古語＞「ゆゑづき」は，動詞「ゆゑづく」の連用形で，趣がある，由緒ありげである，という意味。「こちなし」は，形容詞で，無作法だ，興ざめだ，という意味。梅の花を見ていた，趣のある女性が帰ろうとしたのは，男法師たちがたくさんやってきたので，「こちなし」と思ったからである。

問四＜古文の内容理解＞ⓑ男法師たちが入ってきたのを見て，「こちなし」と思ったのは，女性である。　ⓒ女性の服装がみすぼらしく汚れていることを笑ったのは，男法師たちである。

問五＜古文の内容理解＞女性は，一人で梅の花を観賞していたところに男法師たちが群がって入ってきたので，騒がしくなって興ざめになってしまうだろうと思って，帰ろうとした。

問六＜和歌の内容理解＞男法師たちは，女性の服がみすぼらしいことから，女性のことを，花を楽しまずに帰る，風情のわからないお猿さんとからかったのである。

問七＜和歌の内容理解＞「吠ゆる」は，動詞「吠ゆ」の連体形で，吠える，という意味。女性は，猿と言われて，星のような自分に対して大した存在ではない男法師たちが，犬のようにうるさく吠えるから帰るのだと，言い返したのである。

問八＜古文の内容理解＞男法師たちは，みすぼらしい服装だからと軽んじて，女性をからかったところ，すぐさま見事な上の句を返されやり込められたので，恥ずかしく思って逃げ出したのである。

問九＜古文の内容理解＞藤原俊成の娘もまた，歌人として活躍した。女性は，俊成の娘が梅を見に来ていると騒がれるのを避けるために，みすぼらしい格好をしていたと考えられる。

問十＜古文の内容理解＞男法師たちが，女性をからかったのは，衣服がみすぼらしかったからである。服装という見かけで人を判断して，女性をからかった結果，男法師たちは，恥ずかしい思いをして逃げ出すことになったのである。見かけで人を判断してからかうようなことをするものではないのである。

2021年度 十文字高等学校(推薦)

【英　語】　(45分)　〈満点：100点〉

1　次の1～15の単語のうち，イの部分を最も強く発音する語を5つ選び，番号順に答えよ。

1．con-tin-ue	2．de-li-cious	3．dis-ap-pear	4．en-cour-age
ア イ ウ	ア イ ウ	ア イ ウ	ア イ ウ
5．en-gi-neer	6．fa-vor-ite	7．fi-nal-ly	8．how-ev-er
ア イ ウ	ア イ ウ	ア イ ウ	ア イ ウ
9．In-ter-net	10．in-tro-duce	11．jour-nal-ist	12．med-i-cine
ア イ ウ	ア イ ウ	ア イ ウ	ア イ ウ
13．re-al-ize	14．re-cy-cle	15．un-der-stand	
ア イ ウ	ア イ ウ	ア イ ウ	

2　①～⑤の(　)内に最も適切な単語を入れよ。ただし，与えられた文字で書き始めること。

Do you know when restaurants were invented? The first restaurants were invented thousands of years ago. However, they were very ①(d　　) from restaurants today.

The first restaurants were in *ancient Greece and Rome. These restaurants served food in large stone *bowls. People didn't order food from a menu. Everyone used to share the food from big bowls. These places were very popular because most people in ancient Greece and Rome did not have ②(k　　) and couldn't cook at home. Also, people didn't have to keep food at home if they ate their meals at these restaurants.

Later, restaurants began to open in China. In the early 1100s, more than one million people lived in the city of *Hangzhou, China. It was a very busy city and people had money. All of these people had to eat. Smart cooks came up with a good idea to make money. They cooked and ③(s　　) good food along the Imperial Way, a very big street in the city. Busy people were happy to buy the food. *Unlike in ancient Greece and Rome, people in China could ④(c　　) their favorite food from a menu. They didn't have to eat the same food as everyone else.

Now, there are restaurants all over the ⑤(w　　). You can buy *a variety of foods. You can use *a delivery service. But remember it wasn't always like that.

[注]　ancient Greece and Rome　古代ギリシアとローマ　　bowls　底が深い食器
　　Hangzhou　杭州《こうしゅう》市(中国の都市)　　unlike ～　～とは違って　　a variety of ～　様々な～
　　a delivery service　宅配サービス

3　次の文は，a thief(泥棒)と a hotelkeeper(ホテル経営者)に関するものである。文中の[Ａ]～[Ｅ]に入る最も適切なものを，あとのア～カのうちからそれぞれ一つずつ選び，記号で答えよ。ただし，同じ記号を2度使ってはならない。

Once there was a thief. He needed a place to sleep, so he stayed in a hotel. The next morning, he had no money to pay for the room. He looked around the hotel. What could he do?

Then he saw a man. The man was the hotelkeeper and he was sitting just outside the door. He was wearing a very nice, new coat. The thief had an idea, and he sat down beside the hotelkeeper. They talked about the weather and about the town. Then the thief opened his mouth wide — a very big *yawn. And right after that, he *howled like a *wolf.

The hotelkeeper asked him, "[　A　]"

"I will tell you," said the thief. "[　B　]" The thief took it off.

"I will *gladly hold your jacket," said the hotelkeeper. "[　C　]"

"So I don't want to *tear it to pieces," said the thief. "[　D　]" Then the thief yawned a second time, and again howled like a wolf.

The hotelkeeper jumped up from his chair. He started to run away, but the thief *got hold of his nice, new coat.

The thief said, "[　E　]" and then he started to yawn and howl a third time.

The hotelkeeper *was very frightened. He *pulled away from the thief and left his coat in the thief's hands. Then he ran inside the hotel and closed the door with a *bang.

The thief put on the hotelkeeper's nice, new coat and walked away.

［注］ yawn　あくび　howled　遠吠えした　wolf　オオカミ　gladly　喜んで
tear it to pieces　それをずたずたに引き裂く　got hold of ～　～をつかんだ
was very frightened　とてもおびえていた　pulled away from ～　力ずくで～から離れた
bang　バタンという音

ア. But first, please hold my jacket.
イ. But why?
ウ. I'm afraid of wolves!
エ. Wait, sir!
オ. When I yawn for the third time, I become a wolf, and I attack everything.
カ. Why do you howl like a wolf?

4　次の文を読んで，あとの１～10の各文が本文の内容と一致するものにはT，一致しないものにはFの記号を用いて答えよ。

*Buckingham Palace is in London, England. Buckingham Palace was built around 1705. It is famous because Queen Elizabeth of England lives there. She became a queen in 1952.

Buckingham Palace is a big and beautiful building. A *flag flies over the palace. It flies on top of the palace when the Queen is there. Queen Elizabeth and her family live on the second floor of the palace. The Queen also has her office at the palace. Presidents, kings, and politicians *meet with her. Queen Elizabeth often asks important people to eat dinner at the palace. She also has three garden parties in the summer. She invites 9,000 people to each party! A lot of people meet the Queen.

Buckingham Palace is like a small town. It has a police station, a hospital, two post offices, a movie theater, a swimming pool, two sports clubs, a garden, and a lake. The palace has about 600 rooms. Almost 400 people work there. Two of them have very *unusual jobs. They take care of the clocks. There are 300 clocks in Buckingham Palace!

Queen Elizabeth's day starts at 7:00 in the morning. Seven people take care of her. One person prepares her bath, and another person prepares her clothes. Another person takes care of her dogs. The Queen loves dogs. Right now, she has eight dogs. Every day, a man brings food for the dogs to Queen Elizabeth's room. The Queen puts the food in the bowls with a silver spoon.

At 8:30 every morning, Queen Elizabeth has breakfast with her husband, *Prince Philip. They drink a special coffee with hot milk. During breakfast, a musician plays *Scottish music outside. The Queen works in her office for the rest of the morning. After lunch, she visits hospitals, schools, or new buildings.

It is very interesting to eat dinner at Buckingham Palace. You have to follow rules. Queen Elizabeth starts to eat first, and then everybody else can eat. When the Queen finishes eating, everybody finishes eating. You can't leave the table during dinner. The Queen never accepts a telephone call during dinner, even in an emergency.

Parts of Buckingham Palace are open to visitors in August and September. But, visitors, don't think you are going to see the Queen. In August and September, she is *on vacation.

［注］ Buckingham Palace バッキンガム宮殿　flag flies 旗がひるがえっている
meet with ～ ～と会見する　unusual 珍しい　Prince Philip フィリップ殿下
Scottish music スコットランド音楽　on vacation 休暇中で

1. Queen Elizabeth of England lives at Buckingham Palace, so it is famous.
2. The flag on top of the palace doesn't mean that the Queen is at the palace.
3. Important people often ask Queen Elizabeth to eat dinner at the palace.
4. The Queen invites 27,000 people to the three garden parties in summer.
5. Buckingham Palace has 300 clocks, so two people work to take care of them.
6. A man takes care of the Queen's dogs, and he gives food to them with a silver spoon.
7. While Queen Elizabeth and Prince Philip are having breakfast, Scottish music is played outside.
8. At dinner at the palace, everybody has to eat first and then Queen Elizabeth eats.
9. When there is an emergency, the Queen accepts a telephone call even during dinner.
10. The Queen is on vacation in August and September, so you cannot see her at Buckingham Palace between them.

5 次の文を読んで，あとの問いに答えよ。

We must eat food in order to live. However, sometimes, people *are confused about what type of food is healthy, and what kind of food is bad to our health. *The USDA has prepared a food guide to tell people which types of food are the healthiest to eat. The food guide shows us six basic food groups: meat and fish, dairy (milk, yogurt, cheese, and so on), grains (bread, *cereal, rice, and so on), fruit, and vegetables. The last group is *fats, oil, and sweets. The USDA also gives (1)advice about how much of each food group we should eat every day to be healthy. Although this guide was (2)prepare by the U.S. government, it is very useful for people in all countries.

*As a result of years of research, we know that too much animal fat is bad for our health. For example, Americans eat a (A) *amount of meat and only a (B) amount of grains, fruit and vegetables. Because of their *diet, they *have a high rate of cancer and heart disease. In Japan, *in contrast, people eat a (C) amount of grains and a (D) amount of meat. The Japanese have a very low rate of cancer and heart disease. In fact the Japanese live longer than almost anyone else on earth. *Unfortunately, when Japanese people move to the United States, the rate of heart disease and cancer increases *as their diet changes. In addition, as hamburgers, ice cream, and other high-fat foods become popular in Japan, the rate of heart disease and cancer is (3)<u>increase</u> there as well. *Consequently, doctors everywhere tell people to eat more grains, fruit, and vegetables, and eat less meat and fewer dairy products. (4)<u>A healthy diet is important for not [ア] adults [イ] also children.</u> When adults have a poor diet, their children usually do, too. This is because children eat *the same way as their parents. When parents eat healthy food, the children will learn to enjoy it, too. Then (5)<u>they</u> will learn how to have a good diet. (6)<u>Doctors [their children / tell / to / healthier snacks / give / parents] like fruit and vegetables.</u>

Everyone (7)<u>want</u> to live a long healthy life. We know that the food *affects our health. For example, doctors believe that fruit and vegetables can (8)<u>prevent</u> many diseases. We can improve our diet now and enjoy many years of healthy living.

［注］ are confused 混乱する　the USDA 米国農務省　cereal シリアル　fats 脂肪
as a result of years of research 長年の研究の結果　amount 量　diet （健康面からみた日常の）食事
have a high rate of ～ ～の割合が高い　in contrast 対照的に　unfortunately 不幸にも
as ～ ～につれて　consequently それゆえ　the same way as ～ ～と同じ方法で
affects ～ ～に影響を与える

問１　下線部(1)の内容を説明する文を完成させるため，指定の語数で下の①②に最も適切な日本語を入れよ。

（ ① ）ために，それぞれの食品群を（ ② ）に関する助言

【語数】 ①　５字以内　　②　15字以内

問２　下線部(2)，(3)，(7)の動詞を適切な形に変えよ。

問３　(A)～(D)に入る単語の組み合わせとして最も適切なものを，次のア～オのうちから選び，記号で答えよ。

ア．A：small　B：small　C：large　D：large
イ．A：small　B：large　C：small　D：large
ウ．A：large　B：large　C：small　D：small
エ．A：large　B：small　C：large　D：small
オ．A：large　B：small　C：small　D：large

問４　文脈に合うように，下線部(4)のア，イに最も適切な単語を入れよ。

問５　下線部(5)が指す最も適切なものを，次のア～エのうちから選び，記号で答えよ。

ア．adults　イ．parents　ウ．children　エ．doctors

問６　下線部(6)が次の日本語の意味に合うように，[　]内の語句を並べかえよ。

「医者は親に，子どもには果物や野菜のような，より健康的なおやつを与えるように言っている」

問７　下線部(8)の本文中の意味として最も適切なものを，次のア～エのうちから選び，記号で答えよ。

ア．検査する　イ．発症させる　ウ．予防する　エ．感染させる

問８　本文の内容に最も合うものを，次のア～エのうちから選び，記号で答えよ。

ア．私たちは食べるために生きている。
イ．米国農務省の食生活指針では，三つの食品群を示している。
ウ．日本人の平均寿命は世界一長い。
エ．医者が勧める健康によい食事は国によって異なる。

問9　この文のタイトルとして最も適切なものを，次のア～エのうちから選び，記号で答えよ。

ア．Animal Fat　　イ．Healthy Diet

ウ．Japanese Food　　エ．Cancer and Heart Disease

6　日本文の意味に合う英文になるように，次の1～6の(　)内の語句を並べかえよ。ただし，文頭に来るべき語もすべて小文字で始めている。

1．もう教室の掃除は終わりましたか。
(your classroom / you / yet / cleaning / finished / have)?

2．テーブルの上の飲み物や食べ物をご自由にどうぞ。
Please (on / yourself / the food and drinks / help / to) the table.

3．そのバスに乗れば20分で動物園に着きます。
(the bus / you / the zoo / will / to / take) in twenty minutes.

4．私は，彼が何回中国へ行ったことがあるのか知りたい。
I want (know / times / been / how / to / has / many / he) to China.

5．東京スカイツリーに行くにはどの地下鉄に乗ればよいか教えてください。
Could you (subway / tell / which / take / to / me / to) get to Tokyo Skytree?

6．ここで話されている言語は話すには難しすぎる。
(to / the language / here / difficult / spoken / too / is) speak.

【数　学】（45分）〈満点：100点〉

〔注意〕 1．円周率を使う場合は，πで表すこと。

2．下図の通り，直角三角形の辺の長さの比を参考にしてよい。

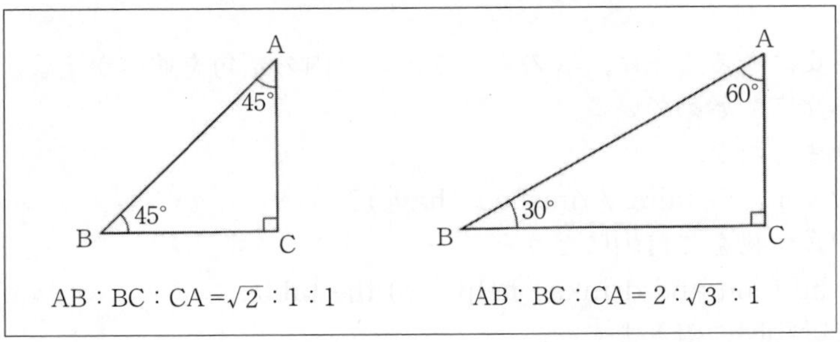

1　次の各問いに答えよ。

(1)　$2^2-\left(\frac{3}{2}\right)^2\div(0.5)^2$ を計算せよ。

(2)　$\frac{a-2b}{2}-\frac{a-3b}{3}$ を計算せよ。

(3)　$(x-6)^2-5(x-6)+6$ を因数分解せよ。

(4)　2次方程式 $x^2+2x-2=0$ を解け。

(5)　1つのさいころを2回投げるとき，1回目に出る目の数を a，2回目に出る目の数を b とする。$a+b$ が4の倍数になる目の出方は何通りあるかを求めよ。

(6)　$3\sqrt{5}-2$ の整数部分を求めよ。

(7)　右の図のように，点Oを中心とする円周上に4点A，B，C，Dがある。線分BDは直径で，C，Dを含まない弧を$\overset{\frown}{AB}$とし，A，Dを含まない弧を$\overset{\frown}{BC}$とする。$\overset{\frown}{AB}:\overset{\frown}{BC}=3:2$ であるとき，$\angle x$ の大きさを求めよ。

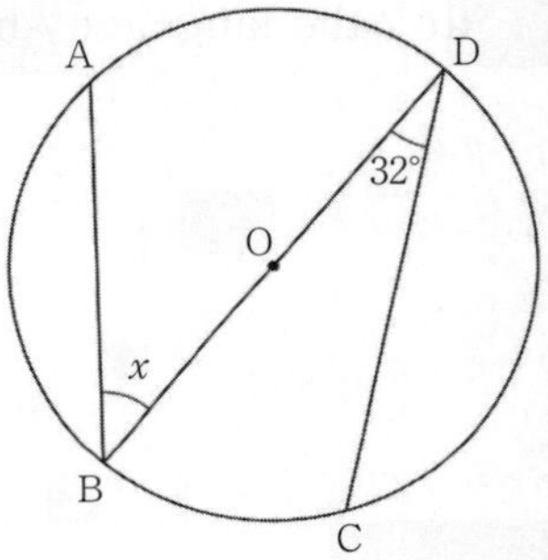

2　下の表は3月から5月までのJ食堂の定食と弁当の売上個数を示したものである。弁当の販売は4月からスタートし，弁当の値段は定食よりも100円引きで販売している。5月の売上個数の合計は，4月よりも定食が20%減少し，弁当が25%増加した。このとき，次の問いに答えよ。（ただし，下の表の定食の個数は1人前を1個としている。）

	店内での定食の売上個数	テイクアウトでの弁当の売上個数	売上個数の合計
3月	600個	販売なし	600個
4月	x 個	y 個	350個
5月			370個

(1)　表の x，y に当てはまる値を求めよ。

(2)　4月の合計の売上金額は3月の売上金額の半分だった。弁当の値段は定食の値段を何割何分引きして販売したか求めよ。

3　右の図のように，2点A$(-4,\ 0)$，B$(-1,\ 6)$を通る直線がy軸と点Cで交わっている。x軸上に点Pをとり，直線BPとy軸の交点をQとする。ただし，点Pのx座標は正の値である。このとき，次の問いに答えよ。

(1)　直線ABの式を求めよ。

(2)　△BQCと△OPQの面積が等しいとき，点Pの座標を求めよ。

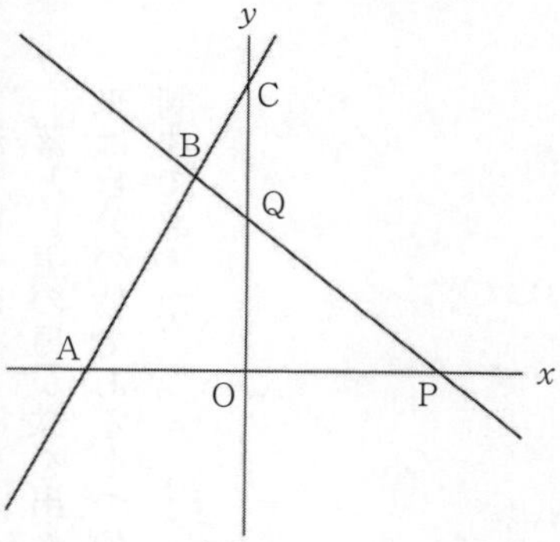

4　下の図のように，放物線$y=ax^2\ (a<0)$…①と2直線$y=-x$…②，$y=x-4$…③がある。放物線①と直線③は2点A，Bで交わり，さらに直線②は点Bを通る。このとき，次の問いに答えよ。

(1)　aの値を求めよ。

(2)　原点を通り，△OABの面積を二等分する直線の式を求めよ。

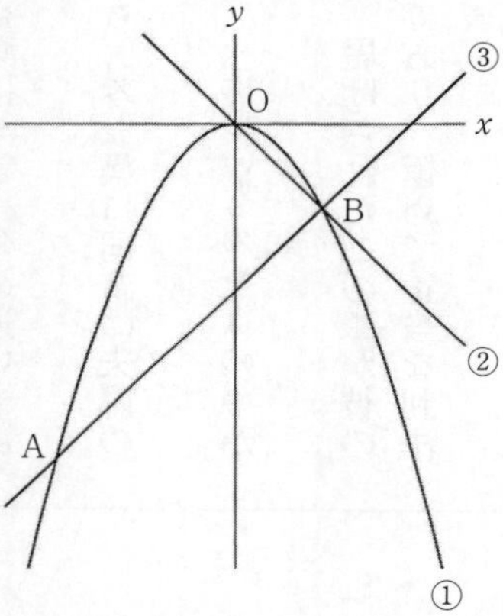

5　右の図のように，∠B＝30°，∠C＝90°の直角三角形ABCがある。辺ABの中点をD，辺BCを3等分する点を点Bの方からE，Fとし，点A，F，Cを通る円をO_1，点D，E，Fを通る円をO_2とする。円O_1は点D，Fで円O_2と交わっている。このとき，次の問いに答えよ。

(1)　△DBEと四角形ADFCの面積比を求めよ。

(2)　円O_2の半径が3のとき，$\overset{\frown}{DF}$(太線の部分)の長さを求めよ。

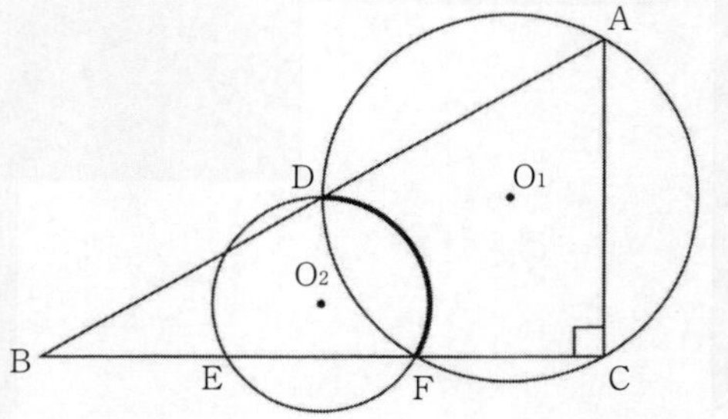

6　右の図のように，AB＝4，BC＝6，CD＝5，DA＝3，さらにAD∥BCである台形ABCDがある。この台形の辺ABを含む直線を軸として1回転させてできる立体について，次の問いに答えよ。

(1)　この立体の体積を求めよ。

(2)　この立体の表面積を求めよ。

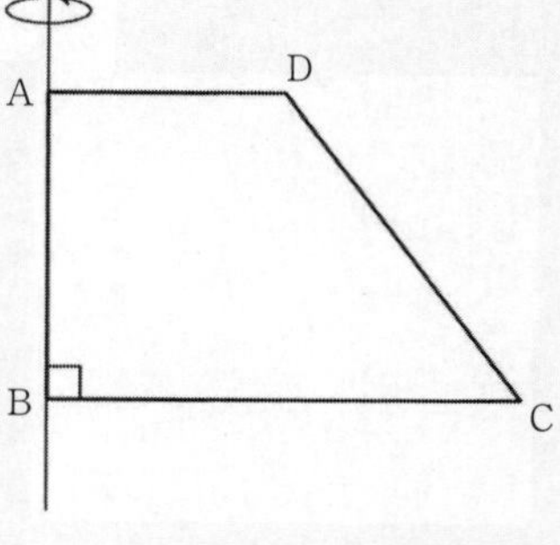

ウ　夫婦に何度話を聞いても、二人の言葉に一言一句の違いも認められなかったということ。

エ　この夫婦のことを知る者に聞いても、みな異口同音に夫婦のことをほめていたということ。

問九　「国の守」によるこの判決について、正しいものを次の中から二つ選び、記号で答えよ。

ア　落とし主の行いに難はあるものの、届けられたこの銀が彼の物であることは疑いようもない事実であり、極めて正当な判決となった。

イ　落とし主が主張する「銀七つ」と拾い主が届け出た「銀六つ」は別の物とし、届けられた銀を正直者の夫婦に与えるという判決であった。

ウ　落とし主と拾い主と、両者の言い分のわずかな食い違いを見逃さず、落とし主の嘘をはっきりと示したうえで下した冷静な判決となった。

エ　確証がないため、届けられた六つの銀を一旦国の守が預かり、正直者であることの褒美として両者に銀三つずつを与えるという判決であった。

オ　持ち主だと名乗り出た男と拾い主の夫婦と、どちらの言い分も正しいものとすることで、強欲な男に反論の余地を与えない判決となった。

カ　落とし主の男が欲を出して言いがかりをつけたばかりに、本来は自分の物である七つの銀すべてを没収されてしまうという判決であった。

し。ただし、共に正直の者と見えたり。④夫妻また詞《ことば》変らず、主の詞も正直に聞こゆれば、七つあらん軟挺を尋ねて取るべし。これは六つあれば、別の人のにこそ」とて、六つながら夫妻に給はりけり。

（『沙石集』）

（注1）事も欠けず…不足はしていない。
（注2）主…落とし主。
（注3）普く触れける…言い広めた。
（注4）煩ひを出さんがため…面倒を引き起こすため。
（注5）断らしむ…事の正否を判断してもらう。
（注6）眼…眼力。物事を見定める力。
（注7）状…文書。

問一 ═線A「商《あきな》うて」を現代仮名遣いに直せ。

問二 ═線B「過ぐれ」・C「尋ね」をそれぞれ終止形（言い切りの形）に直して答えよ。

問三 〰〰線ⓐ「いとほしき」・ⓑ「奉《たてまつ》らん」・ⓒ「子細」の意味として最も適当なものをそれぞれ後の中から選び、記号で答えよ。

ⓐ いとほしき
ア 気の毒な　イ 愛すべき
ウ 手に入れたい　エ もったいない

ⓑ 奉らん
ア 探してほしい　イ お返しします
ウ 受け取りたい　エ 差し上げよう

ⓒ 子細
ア 些細《ささい》な相違　イ 特別な理由
ウ 詳しい事情　エ 確かな証拠

問四 〰〰線ⓓ「正直」と反対の意味を持つ語を本文中から抜き出して答えよ。

問五 ──線①「まことに」とあるが、その後に補う言葉として最も適当なものを次の中から選び、記号で答えよ。
ア よい物を拾ったものだ。これで私たちは金持ちになれる。
イ そのとおりだ。拾った銀は落とし主に返すことにしよう。
ウ 落とし主は困っているはずだ。どうしたらいいのだろう。
エ 正直者だなあ。この性格が世間に認められればいいのに。

問六 ──線②「あまりに嬉しくて」とあるが、その心情の説明として最も適当なものを次の中から選び、記号で答えよ。
ア なくしたはずの銀が自分のもとに返ってきたという、落とし主の気持ち。
イ 自分がこれまで思い描いていたとおりに事が運んだという、妻の気持ち。
ウ 自分が落とし主だという嘘がばれなかったという、名乗り出た男の気持ち。
エ 高価な銀を預かっていることの責任から解放されたという、夫婦の気持ち。

問七 ──線③「さる事なし」とあるが、それはどういうことか。その内容として最も適当なものを次の中から選び、記号で答えよ。
ア このような人が本当に銀を落としたなどとはとても考えられないということ。
イ 拾った者への謝礼として銀三つももらえるのは信じられないということ。
ウ 七つあった銀のうちの一つを自分が隠し持っていることなどないということ。
エ もともと礼をもらうことを期待して銀を拾ったわけではないということ。

問八 ──線④「夫妻また詞変らず」とあるが、それはどういうことか。その説明として最も適当なものを次の中から選び、記号で答えよ。
ア 夫婦それぞれに別の場所で事実関係を尋問したが、その証言は一致していたということ。
イ 銀の落とし主も拾った夫婦も、ともに事実を正直に話しているように思われたということ。

が分かる可能性が出てきたということ。

ウ「死」の定義が医学や生物学的な根拠に基づくものでなく、死を前にしたその人自身が定義すべきであるという考え方が認知され始めてきたということ。

エ　心肺および脳の機能停止をもって「死」としていたのが、臓器移植を前提とした「脳死」という新しい概念によって、死を判定する時期が早まったということ。

問六　――線③「ヒトがずっと蔑んできた」とあるが、そのような「ヒト」の態度を何と表現しているか。その言葉を本文中から五字前後で探し、抜き出して答えよ。

問七　E に入る四字熟語として、最も適当なものを次の中から選び、記号で答えよ。

ア　因果応報　　イ　紆余《うよ》曲折　　ウ　一喜一憂

エ　猪突《ちょとつ》猛進　　オ　試行錯誤

問八　――線④「小さな豚は～知らないフリをして歩き回る」とあるが、それはなぜか。その理由にあたる部分を、解答欄に合うように本文中から三十字以上、三十五字以内で探し、最初と最後の三字を抜き出して答えよ。

問九　――線⑤「第二の解釈にくみしたい」とあるが、それはどういうことか。その説明として最も適当なものを次の中から選び、記号で答えよ。

ア　豚は、他の豚が何を考えているかが理解できているという解釈に同意したいということ。

イ　豚は、小さなものの方が学習能力が高いのだという解釈に疑問を呈したいということ。

ウ　豚は、生きていくために餌の横取りなど平気なのだという解釈を承認したいということ。

エ　豚は、一度失敗を経験すると本能的に同じ行動を避けるという解釈に注目したいということ。

問十　――線⑥「さらに別の実験が行われた」とあるが、この実験は何のためのものか。それを示す部分を、解答欄に合うように本文中から二十五字以上、三十字以内で探し、最初と最後の三字を抜き出して答えよ。

問十一　――線⑦「豚はこの課題を解くことができる」とあるが、この説に従って二匹の豚それぞれの行動を予測し、三十字以内でそれを記せ。

問十二　ⅠとⅡの文章を比較して、「カルティジアン」と「ライアル・ワトソン」の考えの違いについて説明せよ。

三

次の文章を読んで、後の問いに答えよ。

身分の低い夫婦が餅《もち》を売って暮らしていた。ある時、夫が道端で餅を売っていたところ、誰かが落としたと思われる袋を見つけた。これを拾い、中を見ると軟挺《なんてい》(上質な銀)が六つ入っていた。夫はこれを家に持ち帰った。

妻、心すなほに欲なき者にて、「我等《われら》は A 商《あきな》うて B 過ぐれば、(注1)事も欠けず。この主、いかばかり歎《なげ》き求むらん。ⓐいとほしき事なり。(注2)主《ぬし》を C 尋ねて返し給へ」と云《い》ひければ、「①まことに」とて、(注3)普《あまね》く触れけるに、主と云ふ者出来《いでき》て、これを得て、②あまりに嬉《うれ》しくて、「三つをばⓑ奉《たてまつ》らん」と云ひて、すでに分《わか》つべかりける時、思ひ返して、(注4)煩《わづら》ひを出《いだ》さんがために、「七つこそ有りしに、六つあるこそ不思議なれ。一つは隠されたるにや」と云ふ。「③さる事なし。本《もと》より六つこそ有りしか」と論ずる程に、果ては、国の守《かみ》の許《もと》にして、これを(注5)断らしむ。

国の守、(注6)眼《まなこ》賢《さかし》くして、「この主は不実の者なり。この男は正直の者」と見ながら、不審なりければ、かの妻を召して別の所にて、事のⓒ子細を尋ぬるに、夫が(注7)状に少しもたがはず。「この妻は極《きは》めたるⓓ正直の者」と見て、かの主、不実の事確かなりければ、国の守の判に云はく、「この事、確かの証拠なければ判じがた行われた。

その実験ではまず豚を二匹用意する。豚Aには、どこに餌が隠されたか見えるようにしておく。もう一方の豚Bには餌の隠し場所は見えないようにしておくが、豚Aが隠し場所を見ていることがわかるようにしておくのである。そして、二匹の豚を同時に実験場に放し、行動を観察する。

つまり、この実験は、豚が他の豚の頭の中を推理する能力があるかどうかを調べるものであり、非常に高度、かつ大きな成果が期待できるものだ。もちろん、⑦豚はこの課題を解くことができると、私は思っている。

カルティジアンへの(注1)アンチ・テーゼとして「新自然学」の再構築を(注2)期していたライアル・ワトソンはたいへん惜しまれることに、二〇〇八年六月にガンのため、この世を去った。ワトソンの最後の著作となった二つの書物『エレファントム』と『思考する豚』は、私自身の翻訳で、二〇〇九年に木楽舎から刊行された。

(福岡伸一『動的平衡』)

(注1) アンチ・テーゼ…ある主張に対してそれを否定する主張。
(注2) 期していた…実現しようと決意していた。

問一 [A]～[D]に入る語として最も適当なものをそれぞれ次の中から選び、記号で答えよ。

ア いささか　イ あたかも　ウ とりわけ
エ はたして　オ むしろ　カ たとえば
キ かろうじて　ク さらに　ケ かりに
コ すなわち

問二 〰〰線ⓐ「切り札」・ⓑ「先鋭化」・ⓒ「邁進」・ⓓ「一線を画した」の意味として最も適当なものを、それぞれ後の中から選び、記号で答えよ。

ⓐ 切り札
ア もっとも先進的な手立て
イ めったに使わないやり方
ウ とっておきの有効な手段
エ だれもが認めている方策

ⓑ 先鋭化
ア 過激になっていくこと
イ 浸透していくこと
ウ 難解になっていくこと
エ 実現していくこと

ⓒ 邁進
ア ゆっくり前進すること
イ 恐れずに突き進むこと
ウ 慎重に歩を進めること
エ 効率的に推進すること

ⓓ 一線を画した
ア 重要な立場を退いた
イ 限界を超えてしまった
ウ はっきりと区別した
エ あいまいにごまかした

問三 ══線「感染」と同じ意味で用いられている熟語を、これより前の本文中から抜き出して答えよ。

問四 ──線①「この考え方」とあるが、これを端的に説明した部分を、解答欄に合うように本文中から十八字で探し、最初と最後の三字を抜き出して答えよ。

問五 ──線②「死の定義が前倒しされ」とあるが、それはどのようなことか。その説明として最も適当なものを次の中から選び、記号で答えよ。

ア 生命現象について、人間もまた機械論的に理解すべきだという観点から、人間の「死」が他の動物と同等に扱われるようになってしまったということ。
イ いつ我が身に降りかかるか分からなかった「死」が、病気の進行具合を正確に分析できる技術の進歩により、前もって死期体し、部品を交換し、発生を操作し、場合によっては商品化さえ行う。遺伝子に特許をとり、臓器を売買し、細胞を操作する。これらの営みの背景にデカルト的な、生命への機械論的な理解がある。
この考え方に立つ思考は現在、一種の制度疲労に陥《おちい》っていると私は思う。効率的な臓器移植を推進するために②死の定義が前倒しされ、ES細胞確立の激しい先陣争いが繰り広げられることが、[D]私たちの未来を幸福なものにしてくれるのだろうか。

（注1）ルポルタージュ…現地報告。
（注2）ES細胞…さまざまな組織の細胞へと分化できる能力を持つ未分化細胞の一種。再生医療に役立つとして研究されている。
（注3）バイオテクノロジー…生物の機能を工業的に利用・応用する技術。
（注4）ふいご…火力を強くするための送風装置。長方形の箱の中のピストンを動かして風を送る。
（注5）アナロジー…類似・類推。
（注6）創造主を措定する…万物を創造した神を存在するものとして考えること。
（注7）信奉…宗教・思想を心から信じ、それに従うこと。
（注8）メカニズム…装置・仕組み。
（注9）唯物論…物事のもとになっているのを物質とし、精神の実在を否定する考え。

Ⅱ

ワトソンは『思考する豚』では、もっと声高《こわだか》にカルティジアン的な生命観にノーを表明する。生命とは決してそのようなものではない。③ヒトがずっと蔑《さげす》んできた豚はひょっとすると、ヒト以上に繊細で、知的で、上品な生き物であるかもしれないのだ。豚たちはその繊細さ、知的さ、上品さゆえに、ずっとヒトの蛮行《ばんこう》と非寛容に対して寛容であり続けたにすぎないのだ。
豚たちは、ヒトが、ヒトをヒトたらしめていると考えている「心の理論(theory of mind)」すら理解しているのだ。ワトソンはこんなエピソードを記している。
「次のような実験がある。二匹の豚を使う。一匹は大きい個体、他方は小さな個体。実験場の一定の場所、何ヵ所かに餌《えさ》が隠されている。まず、小さな豚をその場所で遊ばせ、[E]を繰り返しながら隠し場所を発見できるようにしておく。
次の実験で、その場所に小さな豚と大きな豚を同時に放す。どこに餌があるかよくわかっている小さな豚は、いち早く隠し場所に行って餌の大半を食べることができる。同じ実験をもう一度行う。すると、今度は、大きな豚は小さな豚の後をつけて行って、小さな豚が餌場を見つけるとたんに乗り出してきて、小さな豚を押しのけて餌を横取りする。
実験はしかし、これで終わりではない。この実験をさらに繰り返す。すると④小さな豚は聡明《そうめい》にもすぐに餌の場所に行かず、知らないフリをして歩き回る。やがて大きな豚は、彼の後をつけ回すのに飽《あ》きて別行動をとるようになる。その瞬間を見計らって、小さな豚は餌の場所に行って食事にありついたのである」
この実験を行ったブリストル大学のマイク・メンデルは解説する。「この結果には二通りの解釈が可能だ。小さな豚が体得したのは、単に、直接、餌の場所に行くと、大きな豚が監視していて横取りされてしまうという経験だ、とする考え方。もう一つの考え方は、非常に高いレベルの説明で、大きな豚が何を考えているのかが、小さな豚にはわかった、という解釈だ」
ワトソンもメンデルに賛成して⑤第二の解釈にくみしたいと述べている。そして、心理学者たちが用いている言葉、すなわち「心の理論」と呼ばれるものが、豚にも備わっているのだと思うと。
人間の子供は七歳くらいまでに「他人にも自分と同じ心がある。しかし他人はそこに自分とは違う考え方を持っている」ということが理解できるようになる。これが「心の理論」である。豚の実験は豚にもこれと同じような思考能力があることを示すものだと言える。
このことを確かめるため、ブリストル大では⑥さらに別の実験が

二〇二一年度 十文字高等学校（推薦）

【国語】（四五分）〈満点：一〇〇点〉

◎文中からそのまま抜き出して答える場合、句読点や記号は一字とすること。また、ふりがなのある漢字は、ふりがなをつけなくてよい。

一 次の①～⑩の――線部について、漢字はその読みを平仮名で、カタカナは漢字に直して記せ。

① この記事で権力者の悪事が暴露された。
② それは彼の汚職を糾弾するものだった。
③ この事件は現代社会への警鐘といえるだろう。
④ ただちに訴訟の手続きが始められた。
⑤ 取り調べ期間中は身柄を拘束される。
⑥ この件に関するガイトウ者を探した。
⑦ 容疑者の態度はかなりゴウマンだった。
⑧ しかし彼の証言にはアイマイな点が多かった。
⑨ 弁護士はソウサ資料の開示を求めた。
⑩ その資料は事件のコンカンをなすものだった。

二 次のⅠ・Ⅱの文章を読んで、後の問いに答えよ。

Ⅰ もうかなり前のことになるが、私は『ヒューマンボディショップ』（アンドリュー・キンブレル著、化学同人）という書物を翻訳した。タイトルはヒューマン・ボディ（人体）とボディ・ショップ（自動車の板金・修理工場）が掛《か》けてあり、[A]機械部品を修理交換するような感覚で、生命の「パーツ」が商品化され、操作されるに至った経緯と、主に米国の状況を（注1）ルポルタージュしたものだった。

生命部品の商品化は売血という形で始まり、やがて臓器の売買、生殖医療を担う精子、卵子、受精卵、そして細胞へと波及していった。

現在、私たちは、遺伝子が特許化され、（注2）ES細胞が再生医《い》療《りょう》の ⓐ切り札だと喧伝《けんでん》される（注3）バイオテクノロジー全盛期の真《ま》っ只中《ただなか》にある。私たちが、ここまで生命をパーツの集合体として捉え、パーツが交換可能な一種のコモディティ（所有可能な物品）であると考えるに至った背景には明確な出発点がある。それがルネ・デカルトだった。

彼は、生命現象はすべて機械論的に説明可能だと考えた。心臓はポンプ、血管はチューブ、筋肉と関節はベルトと滑車、肺は（注4）ふいご。すべてのボディ・パーツの仕組みは機械の（注5）アナロジーとして理解できる。そして、その運動は力学によって数学的に説明できる。自然は（注6）創造主を措定《そてい》することなく解釈することができる――。

①この考え方は瞬《またた》く間に当時のヨーロッパ中に感染した。そして、デカルトを（注7）信奉《しんぽう》する者、[B]カルティジアン（デカルト主義者）たちは、この考え方を ⓑ先鋭化させていった。

デカルト主義者は言う。[C]、イヌは時計と同じだ。打ちすえると声を発するのは身体の中のバネが軋《きし》む音にすぎない。イヌ自身は何も感じてはいないのだ。イヌには魂《たましい》も意識もない。あるのは機械論的な（注8）メカニズムだけだ――。

デカルト主義者たちは進んで動物の生体解剖を行い、身体の仕組みを記述することに ⓒ邁進《まいしん》した。デカルト本人は人間と動物とのあいだに ⓓ一線を画したが、カルティジアンの中には、やがてそれを乗り越える者たちが現れた。

十八世紀前半を生きたフランスの医師ラ・メトリー（（注9）唯物《ゆいぶつ》論の哲学者として知られている）は、人間を特別扱いする必然は何もなく、人間もまた機械論的に理解すべきものだとした。

現在の私たちもまた紛《まぎ》れもなく、この延長線上にある。生命を解

英語解答

1 1，2，4，8，14

2 ① different　② kitchens
③ sold〔served〕　④ choose
⑤ world

3 A カ　B ア　C イ　D オ
E エ

4 1 T　2 F　3 F　4 T
5 T　6 F　7 T　8 F
9 F　10 T

5 問1　①（例）健康である
②（例）毎日どのくらい食べるべきか
問2　(2) prepared
(3) increasing　(7) wants
問3　エ　問4　ア…only　イ…but
問5　ウ
問6　tell parents to give their children healthier snacks
問7　ウ　問8　ウ　問9　イ

6 1　Have you finished cleaning your classroom yet
2　help yourself to the food and drinks on
3　The bus will take you to the zoo
4　to know how many times he has been
5　tell me which subway to take to
6　The language spoken here is too difficult to

1〔単語のアクセント〕

1．con-tín-ue　2．de-lí-cious　3．dis-ap-péar　4．en-cóur-age
5．en-gi-néer　6．fá-vor-ite　7．fí-nal-ly　8．how-év-er
9．Ín-ter-net　10．in-tro-dúce　11．jóur-nal-ist　12．méd-i-cine
13．ré-al-ize　14．re-cý-cle　15．un-der-stánd

2〔長文読解─適語補充─説明文〕

≪全訳≫❶レストランがいつ発明されたかご存じだろうか。最初のレストランは何千年も前に発明された。しかし，それらは今日のレストランとはずいぶん違うものだった。❷最初のレストランは古代ギリシアとローマにあった。これらのレストランは，大きな石の椀に入れて食べ物を出した。人々はメニューから食べ物を注文するのではなかった。大きな椀から食べ物を一緒に食べたのだ。古代ギリシアとローマのほとんどの人は台所を持たず，家で料理ができなかったので，これらの場所はとても人気があった。また，これらのレストランで食事をすれば，家に食べ物を保存する必要もなかった。❸後に，中国でレストランが開店し始めた。1100年代初頭，中国の杭州市には100万人を超える人々が暮らしていた。そこはとてもにぎやかな街で，人々はお金を持っていた。これらの人々は皆食べる必要があった。賢い料理人がお金を稼ぐよい方法を思いついた。彼らは「皇帝の道」という，街のとても大きな通り沿いでおいしい食べ物を料理し，それを販売した。忙しい人々は喜んでその食べ物を買った。古代ギリシアとローマとは違い，中国の人々はメニューから好きな食べ物を選ぶことができた。彼らは他の人と同じ食べ物を食べる必要がなかった。❹今では，世界中にレストランがある。さまざまな食べ物を買うことができる。宅配サービスを利用できる。しかし，いつもそうだったわけではないということを覚えておいてほしい。

＜解説＞① be different from ～「～と異なる」 ②直後に続く「家で料理ができなかった」のは，「台所がなかった」からだと考えられる。前にaがないので，複数形にする。③前の文に「お金を稼ぐ方法を思いついた」とあるので，食べ物を料理して「販売した」のだと考えられる。sell－sold－sold もしくは，「食べ物を料理して出した」と考えて，servedとしてもよい。④ Unlike in ancient Greece and Rome「古代ギリシアとローマと異なり」，from a menu「メニューから」という表現から，中国のレストランでは「好きな食べ物を選べた」のだと考えられる。⑤ all over the world「世界中に」

3〔長文読解─適文選択─物語〕

≪全訳≫❶昔，1人の泥棒がいた。眠る場所が必要だったので，彼はホテルに泊まった。翌朝，彼には部屋代を支払うためのお金がなかった。彼はホテルを見回した。彼に何ができるだろう。❷すると，1人の男性が見えた。男性はそのホテルの経営者で，ドアのすぐ外で座っていた。彼はとてもすてきな新しいコートを着ていた。泥棒はある考えを思いつき，そのホテル経営者のそばに腰かけた。彼らは天気について，そして町について話した。それから，泥棒は口を大きく開けた。とても大きなあくびだった。その直後に，彼はオオカミのように遠吠えをした。❸ホテルの経営者は彼に「A なぜオオカミのように遠吠えをするんですか？」と尋ねた。❹「お教えしましょう」と泥棒は言った。「B でもまず，私の上着を持っていてください」 泥棒は上着を脱いだ。❺「喜んであなたの上着をお持ちしましょう」とホテルの経営者は言った。「C でもなぜ？」❻「それをずたずたに引き裂きたくないのです」と泥棒は言った。「D 3度目のあくびをしたら，私はオオカミになってあらゆるものを攻撃してしまうんですよ」それから泥棒は2度目のあくびをし，再びオオカミのように遠吠えをした。❼ホテルの経営者は椅子から跳び上がった。彼は逃げ出したが，泥棒は彼のすてきな新しいコートをつかんだ。❽泥棒は「E お待ちください」と言い，それから3度目のあくびをして遠吠えをし始めた。❾ホテルの経営者はとてもおびえていた。彼は泥棒から力ずくで離れ，泥棒の手の中にコートを残していった。それから彼はホテルの中へと逃げ込み，バタンという音を立ててドアを閉めた。❿泥棒はホテルの経営者のすてきな新しいコートを着て，歩き去った。

＜解説＞A．直前にaskedとあるので，疑問文が入る。ホテルの経営者は，話をしていた相手がいきなりオオカミのように遠吠えをしたので，驚いてその理由を尋ねたのである。イは何の理由を尋ねているかわからないので，不適。　B．直後の文にあるitが，アのmy jacketを受けていると考えられる。take ～ off〔take off ～〕「～を脱ぐ」　C．直後の男の返答から，ホテルの経営者は上着を持っていてほしいと言われた理由を尋ねたのだとわかる。　D．前で「ずたずたに引き裂きたくない」と言った理由になるオが入る。　E．泥棒はホテルの経営者のコートをつかんでいるので，「お待ちください」と言って引きとめていると考えられる。

4〔長文読解─内容真偽─説明文〕

≪全訳≫❶バッキンガム宮殿はイギリスのロンドンにある。バッキンガム宮殿は1705年頃に建てられた。それはイギリスのエリザベス女王がそこに住んでいるので有名だ。彼女は1952年に女王になった。❷バッキンガム宮殿は大きくて美しい建物だ。宮殿の上では，旗がひるがえっている。女王がそこにいるとき，宮殿のてっぺんで旗がひるがえる。エリザベス女王とその家族は宮殿の2階で暮らしている。

宮殿には女王の事務室もある。大統領，王，政治家たちが彼女と会見する。エリザベス女王はよく重要人物に宮殿で夕食を食べるように言う。また，夏には３つのガーデンパーティーを開催する。１回のパーティーには9000人を招待するのだ。多くの人々が女王に会う。❸バッキンガム宮殿は小さな町のようだ。警察署，病院，２つの郵便局，映画館，水泳用プール，２つのスポーツクラブ，庭，そして湖があるのだ。宮殿には約600部屋ある。およそ400人の人がそこで働いている。そのうちの２人は，大変珍しい仕事をしている。彼らは掛け時計の手入れをするのだ。バッキンガム宮殿には，300個もの掛け時計がある。❹エリザベス女王の１日は，朝７時に始まる。７人の人が彼女の世話をする。１人が風呂の準備をし，もう１人が服を用意する。もう１人は女王のイヌの世話をする。女王はイヌが大好きなのだ。現在，彼女はイヌを８匹飼っている。毎日，１人の男性がエリザベス女王の部屋にイヌのエサを持ってくる。女王は銀のスプーンでエサをお椀に入れる。❺毎朝８時30分に，エリザベス女王は夫のフィリップ殿下と朝食を食べる。彼女たちは熱いミルクを入れた特別なコーヒーを飲む。朝食の間，音楽家が外でスコットランド音楽を演奏する。女王は午前の残りの時間，事務所で仕事をする。昼食後は病院や学校，新しい建物を訪ねる。❻バッキンガム宮殿で夕食を食べるのはとても興味深い。規則に従わなければならないのだ。エリザベス女王が最初に食べ始め，その後で他の者は食べることができる。エリザベス女王が食べ終わると，全員が食べ終わる。夕食の間はテーブルを離れることができない。女王は夕食の間，電話を受けつけない。たとえ緊急事態であってもだ。❼バッキンガム宮殿の一部は８月と９月，観光客に開放される。しかし，観光客の皆さん，女王に会おうなんて考えてはいけない。８月と９月，彼女は休暇中なのだ。

＜解説＞１.「イギリスのエリザベス女王はバッキンガム宮殿に住んでいるので，そこは有名だ」…○　第１段落第３文に一致する。　２.「宮殿のてっぺんの旗は，女王が宮殿にいることを意味しない」…×　第２段落第３文参照。　３.「重要人物はよくエリザベス女王に宮殿で夕食を食べるように頼む」…×　第２段落第７文参照。女王が重要人物に頼む。　４.「女王は夏の３つのガーデンパーティーへ２万7000人の人を招待する」…○　第２段落最後から３，２文目に一致する。５.「バッキンガム宮殿には300個の掛け時計があるので，２人の人がそれを手入れするために働いている」…○　第３段落最後の３文に一致する。　６.「１人の男性が女王のイヌの世話をし，銀のスプーンでエサをやる」…×　第４段落最終文参照。銀のスプーンでエサをあげるのは女王である。７.「エリザベス女王とフィリップ殿下が朝食を食べているとき，外でスコットランド音楽が演奏される」…○　第５段落第３文に一致する。　８.「宮殿での夕食では，誰もが最初に食べなければならず，その後でエリザベス女王が食べる」…×　第６段落第３文参照。女王が最初に食べ始める。９.「緊急事態の場合，女王は夕食中でも電話を受けつける」…×　第６段落最終文参照。　10.「女王は８月と９月は休暇中なので，その間はバッキンガム宮殿で彼女に会えない」…○　最終段落最後の２文に一致する。

5 〔長文読解総合―説明文〕

≪全訳≫❶私たちは生きるために食べ物を食べなければならない。しかし，ときに，人々はどんな食品が健康によく，どんな食品が健康に悪いのか，混乱することがある。米国農務省は，どの食品が最も健康によいのか人々に伝えるため，食品ガイドを作成した。食品ガイドは私たちに６つの基礎的な食品群を教えてくれる。それは，肉と魚，乳製品(牛乳，ヨーグルト，チーズなど)，穀物(パン，シリアル，米など)，果物，野菜である。最後のグループは脂肪，油，甘いものである。米国農務省はまた，健康でいるためには毎日それぞれの食品群をどのくらい食べるべきかについての助言もしている。このガイドは米国政府が作成したものだが，あらゆる国の人々にとても役立つ。❷何年もの調査の結果として，動物性脂肪が多すぎるのは健康に悪いことがわかっている。例えば，アメリカ人は大量の肉を食べるが，穀物と果物と野菜はほんの少量しか食べない。その食事のため，彼らはがんや心臓病の割合が高い。日本では対照的に，穀物を多く食べるが，肉は少ししか食べない。日本人はがんや心臓病の割合がとても低い。実際，日本人は地球の他の誰よりも長生きだ。あいにく，日本人がアメリカに引っ越すと，食事が変化するにつれ，心臓病とがんの割合が高くなる。また，ハンバーガーやアイスクリーム，その他の脂肪分の多い食品が日本で人気になるにつれ，日本でも心臓病とがんの割合が高くなりつつある。それゆえ，どこの医者も，人々に穀物と果物，野菜をもっとたくさん食べ，肉と乳製品を減らすように言う。❸健康的な食事は大人だけではなく子どもにとっても大切だ。大人の食事が貧しいと，たいてい子どもの食事も貧しくなる。これは，子どもは両親と同じように食べるからだ。両親が健康的な食べ物を食べると，子どももそれを楽しむようになる。すると，子どもたちはよい食事のとり方を学ぶ。医者は親たちに，子どもには果物や野菜のような，より健康的なおやつを与えるように言っている。❹誰もが健康的な生活を送り，長生きしたいと思っている。私たちは食品が私たちの健康に影響を与えることを知っている。例えば医者は，果物や野菜は多くの病気を予防することができると考えている。私たちは今，食事を改善し，健康的な生活を何年も楽しむことができるのだ。

問１＜語句解釈＞advice about ～「～についての助言」となっているのでabout以下の内容を空所に合うようにまとめる。how much of each food group we should eat ... は‘疑問詞＋主語＋動詞...’の間接疑問。how muchは「どれくらい(たくさん)」。to be healthyは‘目的’を表す副詞的用法のto不定詞。

問２＜語形変化＞⑵直前にwas，直後にby「～によって」があることから，「～によって…された」という意味を表す受け身形(‘be動詞＋過去分詞’)にする。　⑶直前のisに着目する。「心臓病やがんが増えている」という文脈を読み取り，現在進行形にする。　⑺everyoneは３人称単数扱い。文の内容から現在の文とわかるので３単現のsをつける。

問３＜適語選択＞A・B．第２段落第１文より，動物性脂肪のとりすぎは健康に悪いことがわかる。また，同じ段落第３文には「その食事のため，彼ら(＝アメリカ人)はがんと心臓病の割合が高い」とあるので，アメリカ人は肉をたくさん食べていて，その反対に穀物や野菜は少ししか食べていないと判断できる。amount「量」の「多い」「少ない」はこのようにlarge，smallで表すことに注意。C・D．空所Cの前にin contrast「対照的に」とあることから，日本人はアメリカ人とは反対だとわかる。

問４＜適語補充＞‘not only *A* but also *B*’「*A*だけでなく*B*も」

問５＜指示語＞「よい食事のとり方を学ぶ」のは，ウ．「子どもたち」。

問６＜整序結合＞まず‘tell＋人＋to＋動詞の原形’「人に～するように言う」の形でDoctors tell parents toとまとめ，この後に‘give＋人＋物’「〈人〉に〈物〉を与える」の形でgive their children healthier snacksと続ける。

問７＜語句解釈＞第２段落最終文の「医者は人々に果物や野菜をもっと食べるように言う」という内

容から，果物や野菜が健康によいことがわかる。prevent「～を防ぐ，予防する」

問８＜内容真偽＞ア…×　第１段落第１文参照。生きるために食べている。　イ…×　第１段落第４文参照。食品群は６つ。　ウ…○　第２段落第６文に一致する。　エ…×　第２段落最終文参照。どこの医者も同じものを勧めている。

問９＜表題選択＞第１段落第２文 what type of food is healthy，第３段落第１文 A healthy diet is important ... などの記述に見られるように，全体を通して，イ.「健康的な食事」について述べられている文章である。

6〔整序結合〕

１.「もう～しましたか」は，現在完了(‘完了’用法)の疑問文‘Have/Has＋主語＋過去分詞 ... yet ?’で表せる。「～し終わる」は finish ～ing。

２.‘help ～self to …’で「…を自由にとって食べる」。「テーブルの上の」は on the table で，これが the food and drinks「食べ物や飲み物」を後ろから修飾している。

３.語群に take があるので，「そのバスがあなたを動物園に連れていく」と読み換えて‘take＋人＋to ～’「人を～に連れていく」の形で表す。

４.I want to know「私は知りたい」の後に，‘疑問詞＋主語＋動詞’の語順の間接疑問を続ける。‘疑問詞’は how many times「何回」。「～へ行ったことがある」は have/has been to ～(現在完了の‘経験’用法)。

５.「～を(私に)教えてください」は，‘tell＋人＋物事’「〈人〉に〈物事〉を教える」の形で表せる。‘物事’の部分にあたる「どの地下鉄に乗ればよいか」は‘疑問詞＋to不定詞’の形で表せる。‘疑問詞’は which subway「どの地下鉄」。「東京スカイツリーに行くには」は‘目的’を表す副詞的用法の to不定詞で表せる。

６.主語の「ここで話されている言語」は，過去分詞の形容詞的用法を用いて The language spoken here とまとめる。このように分詞で始まる２語以上の語句が名詞を修飾するときは，名詞の後ろに置かれる。「…には～すぎる」は‘too ～ to …’。

2021年度／十文字高等学校（推薦）

数学解答

1 (1)　-5　(2)　$\dfrac{a}{6}$

(3)　$(x-8)(x-9)$

(4)　$x=-1\pm\sqrt{3}$　(5)　9通り

(6)　4　(7)　42°

2 (1)　x…150，y…200　(2)　2割5分

3 (1)　$y=2x+8$　(2)　$\left(\dfrac{4}{3},\ 0\right)$

4 (1)　$-\dfrac{1}{2}$　(2)　$y=5x$

5 (1)　1：4　(2)　2π

6 (1)　84π　(2)　90π

1〔独立小問集合題〕

(1)＜数の計算＞$0.5^2=\left(\dfrac{5}{10}\right)^2=\left(\dfrac{1}{2}\right)^2=\dfrac{1}{4}$より，与式$=4-\dfrac{9}{4}\div\dfrac{1}{4}=4-\dfrac{9}{4}\times4=4-9=-5$となる。

(2)＜式の計算＞与式$=\dfrac{3(a-2b)-2(a-3b)}{6}=\dfrac{3a-6b-2a+6b}{6}=\dfrac{a}{6}$

(3)＜因数分解＞$x-6=A$とおくと，与式$=A^2-5A+6=(A-2)(A-3)$となるから，Aをもとに戻して，与式$=(x-6-2)(x-6-3)=(x-8)(x-9)$である。

(4)＜二次方程式＞解の公式より，$x=\dfrac{-2\pm\sqrt{2^2-4\times1\times(-2)}}{2\times1}=\dfrac{-2\pm\sqrt{12}}{2}=\dfrac{-2\pm2\sqrt{3}}{2}=-1\pm\sqrt{3}$となる。

(5)＜場合の数―さいころ＞a，bは1から6までの整数だから，$a+b$が4の倍数になるのは，$a+b=4$，8，12のときである。よって，$(a,\ b)=(1,\ 3)$，$(2,\ 2)$，$(3,\ 1)$，$(2,\ 6)$，$(3,\ 5)$，$(4,\ 4)$，$(5,\ 3)$，$(6,\ 2)$，$(6,\ 6)$の9通りある。

(6)＜平方根＞$3\sqrt{5}=\sqrt{9\times5}=\sqrt{45}$であり，$6^2=36$，$7^2=49$だから，$36<45<49$より，$6<\sqrt{45}<7$である。よって，$6<3\sqrt{5}<7$であり，$6-2<3\sqrt{5}-2<7-2$より，$4<3\sqrt{5}-2<5$だから，$3\sqrt{5}-2$の整数部分は4である。

(7)＜図形―角度＞右図で，2点A，Dを結ぶと，線分BDが直径だから，$\angle BAD=90°$である。また，1つの円において，円周角の大きさは弧の長さに比例するから，$\overset{\frown}{AB}:\overset{\frown}{BC}=3:2$より，$\angle ADB:\angle BDC=3:2$となるから，$\angle ADB=\dfrac{3}{2}\angle BDC=\dfrac{3}{2}\times32°=48°$である。よって，△ABDで，$\angle x=180°-90°-48°=42°$となる。

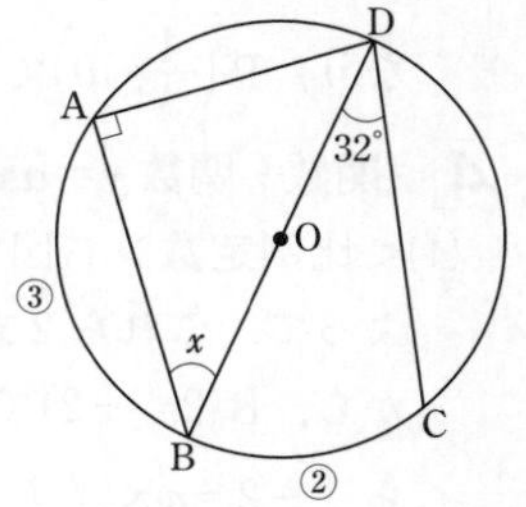

2〔方程式〕

(1)＜連立方程式の応用＞表の4月の定食と弁当の売上個数より，$x+y=350$……①が成り立つ。また，5月の定食の売上個数は$\left(1-\dfrac{20}{100}\right)\times x=\dfrac{80}{100}x$(個)，弁当の売上個数は$\left(1+\dfrac{25}{100}\right)\times y=\dfrac{125}{100}y$(個)だから，売上個数の合計について，$\dfrac{80}{100}x+\dfrac{125}{100}y=370$……②が成り立つ。②より，$80x+125y=37000$，$16x+25y=7400$……②′　②′－①×16より，$25y-16y=7400-5600$，$9y=1800$　∴$y=200$　これを①に代入して，$x+200=350$　∴$x=150$

≪別解≫5月の定食の売上個数は$\dfrac{20}{100}x$個減少し，弁当の売上個数は$\dfrac{25}{100}y$個増加した。その結果売上個数が4月より，$370-350=20$(個)増えたことから，$-\dfrac{20}{100}x+\dfrac{25}{100}y=20$……③が成り立つ。①，③を連立方程式として解くと，$x=150$，$y=200$となる。

(2)＜一次方程式の応用＞定食の値段を1個a円とすると，弁当の値段は1個$a-100$円と表される。(1)より，4月は定食が150個，弁当が200個売れ，売上金額は3月の売上金額の半分だったから，a

$\times 150+(a-100)\times 200=a\times 600\times\frac{1}{2}$が成り立つ。これを解くと，$150a+200a-20000=300a$ より，$a=400$ となり，定食の値段は1個400円である。弁当の値段はこの100円引きだから，$100\div 400=0.25$ より，定食の値段を2割5分引きして販売したことになる。

3〔関数―一次関数〕

≪基本方針の決定≫(2)　△BQC を含む △AOC と，△OPQ を含む △APB の面積は等しい。

(1)<直線の式>直線 AB の式を $y=ax+b$ とする。直線 AB は，A$(-4,\ 0)$を通るから，$0=-4a+b$……①，B$(-1,\ 6)$を通るから，$6=-a+b$……②が成り立つ。①，②を連立方程式として解くと，$a=2$，$b=8$ となるから，直線 AB の式は $y=2x+8$ である。

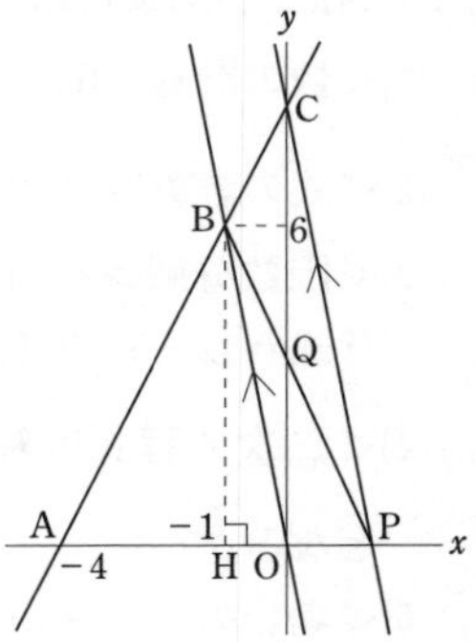

(2)<座標>右図で，△OPQ＝△BQC となるとき，△OPQ＋〔四角形 AOQB〕＝△APB，△BQC＋〔四角形 AOQB〕＝△AOC より，△APB＝△AOC である。A$(-4,\ 0)$，B$(-1,\ 6)$，(1)より C$(0,\ 8)$ だから，$\mathrm{AO}=0-(-4)=4$，$\mathrm{CO}=8$ で，点 B から x 軸に垂線 BH を引くと，$\mathrm{BH}=6$ となる。これより，$\triangle\mathrm{APB}=\frac{1}{2}\times\mathrm{AP}\times\mathrm{BH}=\frac{1}{2}\times\mathrm{AP}\times 6$，$\triangle\mathrm{AOC}=\frac{1}{2}\times\mathrm{AO}\times\mathrm{CO}=\frac{1}{2}\times 4\times 8$ となるから，$\frac{1}{2}\times\mathrm{AP}\times 6=\frac{1}{2}\times 4\times 8$ が成り立つ。よって，$\mathrm{AP}=\frac{16}{3}$だから，点 P の x 座標は $\mathrm{AP}-\mathrm{OA}=\frac{16}{3}-4=\frac{4}{3}$であり，P$\left(\frac{4}{3},\ 0\right)$となる。

≪別解≫右図で，△BQC＝△OPQ のとき，△BQC＋△BOQ＝△BOC，△OPQ＋△BOQ＝△BOP より，△BOC＝△BOP だから，CP∥BO となる。B$(-1,\ 6)$より，直線 BO の傾きは$-\frac{6}{1}=-6$ である。よって，(1)より C$(0,\ 8)$ だから，直線 CP の式は $y=-6x+8$ となる。したがって，点 P は直線 $y=-6x+8$ 上にあり，y 座標は 0 だから，$0=-6x+8$ より，$x=\frac{4}{3}$となり，P$\left(\frac{4}{3},\ 0\right)$である。

4〔関数―関数 $y=ax^2$ と直線〕

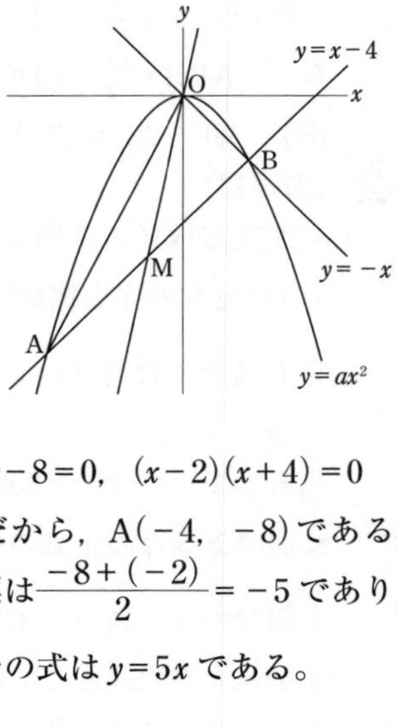

(1)<比例定数>右図で，点 B は，2直線 $y=-x$，$y=x-4$ の交点である。よって，これら2式を連立方程式として解くと，$x=2$，$y=-2$ となるから，B$(2,\ -2)$である。したがって，放物線 $y=ax^2$ が点 B を通るから，$-2=a\times 2^2$ より，$a=-\frac{1}{2}$となる。

(2)<直線の式>右図で，原点 O を通り，△OAB の面積を二等分する直線は，辺 AB の中点を通る。辺 AB の中点を M とすると，点 M の座標を求めるため，まず，点 A の座標を求める。(1)より，放物線の式は $y=-\frac{1}{2}x^2$ である。点 A は放物線 $y=-\frac{1}{2}x^2$ と直線 $y=x-4$ の交点だから，2式から y を消去して，$x-4=-\frac{1}{2}x^2$ より，$2x-8=-x^2$，$x^2+2x-8=0$，$(x-2)(x+4)=0$　$\therefore x=2,\ -4$　よって，点 A の x 座標は -4 であり，$y=-4-4=-8$ だから，A$(-4,\ -8)$である。これと(1)より B$(2,\ -2)$だから，点 M の x 座標は$\frac{-4+2}{2}=-1$，y 座標は$\frac{-8+(-2)}{2}=-5$ であり，M$(-1,\ -5)$となる。したがって，直線 OM の傾きは$\frac{5}{1}=5$ となり，その式は $y=5x$ である。

5〔平面図形―円〕

≪基本方針の決定≫(1)　△BDF≡△ADF≡△ACF であることに気づきたい。

⑴＜面積比＞右図で，点Aと点F，点Dと点Fを結ぶ。∠ACF＝90°より，線分AFは円O_1の直径である。よって，∠ADF＝90°となり，∠ADF＝∠BDF＝90°，AD＝BD，DF＝DFより，2辺とその間の角がそれぞれ等しいので，△ADF≡△BDFとなり，∠FAD＝∠FBD＝30°である。これより，∠FAC＝60°－30°＝30°となり，∠ADF＝∠ACF＝90°，AF＝AF，∠FAD＝∠FAC＝30°だから，直角三角形の斜辺と1鋭角がそれぞれ等しく，△ADF≡△ACFである。したがって，BE＝EFより，△DBE＝$\frac{1}{2}$△BDF＝$\frac{1}{2}$△ADFであり，〔四角形ADFC〕＝2△ADFだから，△DBEと四角形ADFCの面積比は$\frac{1}{2}$△ADF：2△ADF＝1：4である。

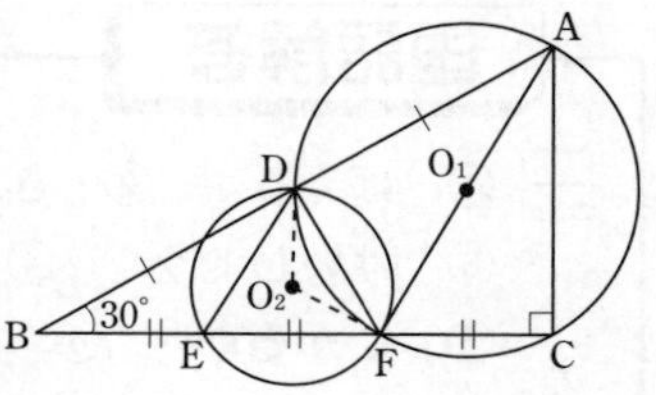

⑵＜長さ＞右上図の△ABFで，点D，Eはそれぞれ辺BA，BFの中点だから，中点連結定理より，DE∥AFである。これと⑴より∠FAD＝30°だから，同位角は等しく，∠EDB＝∠FAD＝30°である。よって，△BEDで，内角と外角の関係より，∠DEF＝∠EBD＋∠EDB＝30°＋30°＝60°となる。ここで，中心O_2と2点D，Fをそれぞれ結ぶと，円周角の定理より，$\angle DO_2F$＝2∠DEF＝2×60°＝120°となる。したがって，円O_2の半径が3より，$\overset{\frown}{DF}=2\pi\times3\times\frac{120^\circ}{360^\circ}=2\pi$となる。

6 〔空間図形―回転体〕

⑴＜体積＞右図1で，2直線BA，CDの交点をPとする。台形ABCDを直線ABを軸として1回転させてできる立体は，頂点がPで底面が円Bの円錐から，頂点がPで底面が円Aの円錐を除いた立体である。図1のように，点Dから辺BCに垂線DHを引くと，四角形ABHDは長方形となり，DH＝AB＝4，BH＝AD＝3，HC＝BC－BH＝6－3＝3となる。よって，AD＝HC＝3，∠PAD＝∠DHC＝90°，AD∥BCより，∠PDA＝∠DCHより，△PAD≡△DHCだから，PA＝DH＝4より，PB＝PA＋AB＝4＋4＝8となる。したがって，求める体積は，$\frac{1}{3}\times(\pi\times6^2)\times8-\frac{1}{3}\times(\pi\times3^2)\times4=84\pi$である。

図1

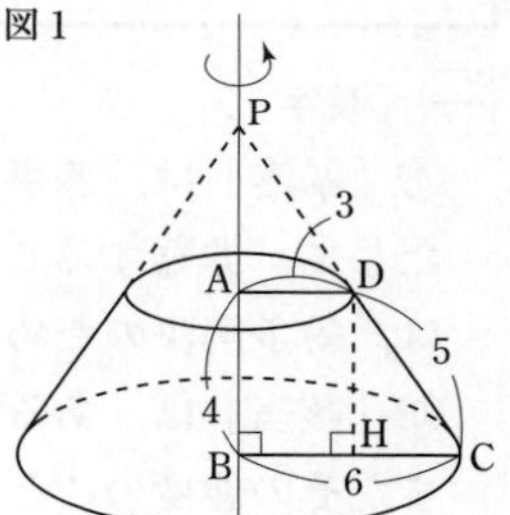

⑵＜面積＞右上図1で，⑴よりPA＝4，PB＝8であり，△PAD≡△DHCよりPD＝DC＝5で，PC＝PD＋DC＝5＋5＝10である。よって，この立体の展開図は，右図2のようになる。2つの底面は円Aと円B，側面はおうぎ形PCC′からおうぎ形PDD′を除いたものである。おうぎ形PDD′の中心角をxとすると，弧の長さは底面の円Aの周の長さに等しいから，$2\pi\times5\times\frac{x}{360^\circ}=2\pi\times3$より，$\frac{x}{360^\circ}=\frac{3}{5}$となり，側面積は，$\pi\times10^2\times\frac{x}{360^\circ}-\pi\times5^2\times\frac{x}{360^\circ}=\pi\times10^2\times\frac{3}{5}-\pi\times5^2\times\frac{3}{5}=45\pi$となる。よって，表面積は$\pi\times3^2+\pi\times6^2+45\pi=90\pi$である。

図2

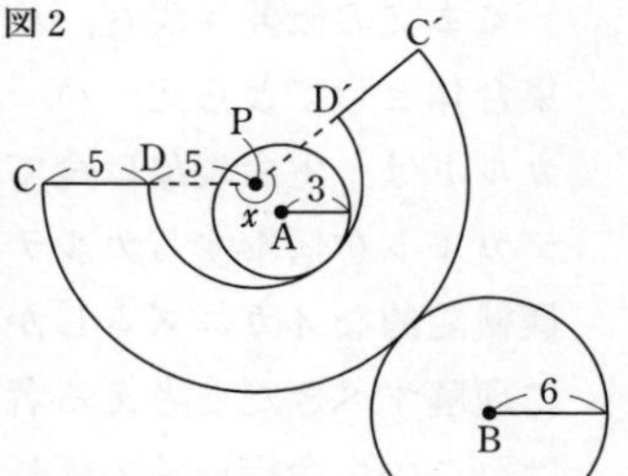

2021年度／十文字高等学校（推薦）

国語解答

一 ① ばくろ　② きゅうだん
③ けいしょう　④ そしょう
⑤ こうそく　⑥ 該当　⑦ 傲慢
⑧ 曖昧　⑨ 捜査　⑩ 根幹

二 問一 A…イ　B…コ　C…カ　D…エ
問二 ⓐ…ウ　ⓑ…ア　ⓒ…イ　ⓓ…ウ
問三 波及
問四 生命現～可能だ［という考え方］
問五 エ　問六 蛮行と非寛容
問七 オ
問八 直接，～しまう［から］
問九 ア
問十 豚が他～調べる［ため］
問十一 豚Aは餌の隠し場所には行かず，豚Bは豚Aの後ろをつけ回す。（29字）
問十二 カルティジアンが，動物には魂も意識もなく何も感じないと考えているのに対し，ワトソンは，動物にも人間と同じように別の個体にも心があることを理解する思考能力があると考えている。

三 問一 あきのうて
問二 B 過ぐ　C 尋ぬ
問三 ⓐ…ア　ⓑ…エ　ⓒ…ウ
問四 不実　問五 イ　問六 ア
問七 ウ　問八 ア　問九 イ，オ

一〔漢字〉
①「暴露」は，悪事や秘密などをあばいて明るみに出すこと。　②「糾弾」は，罪や責任を問いただして，非難すること。　③「警鐘」は，危険を予告し，警戒を促すもののこと。　④「訴訟」は，紛争解決のために裁判を申し立てること。　⑤「拘束」は，行動の自由を制限すること。　⑥「該当」は，ある条件に当てはまること。　⑦「傲慢」は，おごりたかぶって人を見下すこと，またその態度のこと。　⑧「曖昧」は，態度や物事がはっきりしないこと。　⑨「捜査」は，捜査機関が犯人を発見，確保し，証拠を収集すること。　⑩「根幹」は，物事の大もと，根本のこと。

二〔論説文の読解―自然科学的分野―人類〕出典；福岡伸一『動的平衡―生命はなぜそこに宿るのか』。

≪本文の概要≫現在，私たちは，バイオテクノロジー全盛期の真っただ中にある。生命をパーツの集合体としてとらえ，パーツの交換が可能であるとする考え方は，デカルトを出発点としている。デカルトは，生命現象は全て機械論的に説明可能だと考えた。この考え方は，ヨーロッパ中に広まった。デカルトを信奉するカルティジアンは，デカルトの考え方を先鋭化させ，イヌには魂も意識もなく，機械論的なメカニズムしかないと考えた。さらに，人間を特別扱いする必然はなく，人間も機械論的に理解すべきだと考える者も出てきた。生命を解体したり，部品を交換したりしている現代の私たちは，この生命機械論の延長線上にある。一方，ワトソンは，生命とはそのような機械論的に理解できるものではないと考えた。人間は，他人にも自分と同じ心があり，他人は自分とは違う考え方を持つという心の理論を理解する。ワトソンは，豚にも，他の豚の頭の中を推理する思考能力があると考えた。ワトソンの豚の実験は，非常に高度で多大なる成果をあげると，私は考えている。

問一．A＜表現＞キンブレルは著書で，人体について，まるで自動車の「機械部品を修理交換するような感覚で，生命の『パーツ』が商品化され，操作され」ていることを明らかにした。　B＜接続語＞「デカルトを信奉する者」，言い換えると「カルティジアンたち」は，デカルトの考え方を先鋭化させた。　C＜接続語＞デカルト主義者は，生命現象を機械論的に説明できる例として，「イヌは時計と同じ」で，「イヌには魂も意識もない」と考えた。　D＜表現＞人間を機械論的に理解し，「臓器移植を推進するために死の定義が前倒しされ，ES細胞確立の」争いが繰り広げられることは，結果的に，「私たちの未来を幸福なもの」にするのだろうか。

問二ⓐ＜語句＞「切り札」は，とっておきの最も有力な手段のこと。　ⓑ＜語句＞「先鋭化」は，思想や行動が過激になること。　ⓒ＜語句＞「邁進」は，恐れることなくつき進むこと。　ⓓ＜慣用句＞「一線を画す」は，はっきり区別する，という意味。

問三＜表現＞「感染」は，影響を受けて，それにそまること。ここでは，デカルトの「生命現象はすべて機械論的に説明可能だ」という考え方が，当時のヨーロッパ中に広がった様子を表している。「波及」は，物事の影響が波のように徐々に広がること。

問四＜指示語＞デカルトの「生命現象はすべて機械論的に説明可能だ」という考え方は，ヨーロッパ中に広がり，デカルトを信奉する者(＝カルティジアン)が出てきて，さらにその考え方を先鋭化させたのである。

問五＜文章内容＞「効率的な臓器移植」を行うために，死と見なす「定義」が，心臓や呼吸停止より前の脳死の段階に早まっているのである。

問六＜文章内容＞人間は，豚を食肉用の家畜として扱い，「蔑んで」きた。しかし，豚は「ヒト以上に繊細で，知的で，上品な生き物であるかも」しれず，そのために，豚は，蔑むという「ヒトの蛮行と非寛容に対して寛容であり続け」ているのかもしれないのである。

問七＜四字熟語＞「試行錯誤」は，いろいろな方法を試して失敗を繰り返しながら解決方法を追求すること。小さな豚は，実験場で遊んでいるうちに，隠された餌を発見するのである。「因果応報」は，よい行いをすればその報いとしてよい結果となり，悪い行いをすればその報いとして悪い結果になること。「紆余曲折」は，物事が順調に運ばず，複雑な経過をたどること。「一喜一憂」は，状況の変化に応じて，喜んだり心配したりすること。「猪突猛進」は，周囲の状況を考えずに，一つのことに向かって猛烈な勢いでつき進むこと。

問八＜文章内容＞小さな豚は，「直接，餌の場所に行くと，大きな豚が監視していて横取りされてしまう」という経験をしたので，大きな豚に餌を横取りされないように，餌の場所を「知らないフリをして歩き回る」ようになったと考えられる。

問九＜文章内容＞小さな豚が，すぐに餌の場所に行かずに歩き回るようになるという実験の結果から，メンデルは，二通りの解釈をした。二番目の解釈は，「大きな豚が何を考えているのかが，小さな豚にはわかった」というものであり，この解釈にワトソンも賛同している。「くみする」は，同意する，味方する，という意味。

問十＜文章内容＞別の実験は，「豚が他の豚の頭の中を推理する能力があるかどうかを調べる」ためのものである。豚Bは，餌の場所を知らないが，豚Aが餌の場所を知っている，ということは知っている。豚Bに，豚Aの頭の中を推理する能力があれば，豚Aの後をつけるはずである。

問十一＜文章内容＞豚に，他の豚の頭の中を推理する能力があるならば，豚Aは，豚Bが自分を追って餌を取ると考えて，餌を取られないように餌の場所に直行せず，豚Bは，豚Aが餌の場所に行くと考えて，豚Aの後をつけ回すと考えられる。

問十二＜要旨＞カルティジアンは，「イヌには魂も意識もない」のであり，機械的なメカニズムによって，たたくと声を発するだけで「何も感じてはいない」と考えた。一方，ワトソンは，生命とは決して機械的なものではなく，豚にも，「他人にも自分と同じ心が」あるが「他人はそこに自分とは違う考え方を持っている」ことを理解する人間の「心の理論」と，「同じような思考能力がある」と考えた。

三 〔古文の読解―説話〕出典；無住法師『沙石集』巻第七ノ三。

≪現代語訳≫妻は，心が真っすぐで欲のない者で，「私たちは商いをして暮らしているので，不足はしていない。この(銀の)落とし主は，どれほど嘆いて捜し求めているでしょう。気の毒なことです。落とし主を捜してお返しください」と言ったので，(夫は)「本当に(そのとおりだ)」と思い，(銀を拾ったことを)言い広めたところ，落とし主と言う者が出てきて，これ(＝落とした銀の入った袋)を手に入れて，とてもうれしくて，「(銀を)三つ差し上げよう」と言って，いよいよ分けようとしたときに，思い直して，面倒を引き起こすために，「(銀は)七つあったのに，(ここに)六つあるというのは変だ。一つはお隠しになったのではないか」と言う。(夫が)「そのようなことはない。もとから六つだった」と(落とし主と)言い争ううちに，ついには，国の守のもとで，このことの正否を判断してもらう(ことになった)。／国の守は，物事を見定める力があり，「この落とし主は誠実さに欠ける者である。この男(＝夫)は正直な者」と思いながら，疑わしいので，男(＝夫)の妻を呼んで別の所で，事の詳しい事情を尋ねたところ，夫の(言い分を書いた)文書と少しも違わない。(国の守は)「この妻は非常に正直な者」と思い，あの落とし主が，誠実さに欠けることは確かなので，国の守が判決で言うには，「この件は，確かな証拠がないので判断が難しい。ただし，二人とも正直な者と思われる。(拾った)夫妻の話は変わらず，落とし主の言葉も正直に聞こえるので，七つあるであろう銀を捜して手に入れるがよい。これは(銀が)六つなので，別の人のものであろう」と言って，六つをそのまま全て夫妻にお与えになった。

問一＜歴史的仮名遣い＞歴史的仮名遣いの「au」は，現代仮名遣いでは「ou」となるので，「なう」は，「のう」と表記する。

問二＜古典文法＞Ｂ．「過ぐれ」は，動詞「過ぐ」の已然形。ここでは，暮らす，という意味。
Ｃ．「尋ね」は，動詞「尋ぬ」の連用形。捜し求める，という意味。

問三＜古語＞ⓐ「いとほしき」は，形容詞「いとほし」の連体形で，気の毒だ，かわいそうだ，という意味。　ⓑ「奉らん」は，差し上げるという意味の動詞「奉る」の未然形と，意志の助動詞「ん」の終止形で，差し上げよう，という意味。　ⓒ「子細」は，物事の詳しい事情のこと。

問四＜古文の内容理解＞銀の入った袋を拾った夫とその妻が「正直」であるのに対して，落とし主は「不実」で，最初の銀は七つあったとうそをついた。

問五＜古文の内容理解＞銀の入った袋を拾った夫は，妻に，落とし主が嘆いて捜しているだろう，気の毒なことだ，落とし主を捜してお返しくださいと言われ，本当にそのとおりだ，落とし主に銀を返そうと思ったのである。

問六＜古文の内容理解＞落とし主は，銀を落としてしまったが，拾った人が返してくれたので，とても喜んだのである。

問七＜古文の内容理解＞夫は，銀が六つ入った袋を拾い，落とし主にそれを返そうとしたのに，落とし主に，もともと銀は七つあったのに六つしかない，一つ隠し持っているのだろうと言われたので，七つのうちの一つを隠すようなことはしていない，もとから六つだったと主張した。

問八＜古文の内容理解＞国の守は，妻を夫とは別の所に呼んで事情を確認したが，夫の言うことと同じであったので，夫婦ともに信用できると考えたのである。

問九＜古文の内容理解＞国の守は，銀が七つあったという落とし主の発言はうそだと見抜いていたが，落とし主も夫も正直に述べているのだから，落とし主の銀七つは，夫が拾った銀六つとは別のものであるという理由で，銀六つ全てを夫に与えた(イ…○)。落とし主は，欲張ったために，銀六つを失うことになったが，国の守に正しいことを言っていると認められた以上，反論ができない(オ…○)。

2021年度 十文字高等学校

【英　語】（50分）〈満点：100点〉

1　次の各組で，下線部の発音が他の３つと異なるものを１つ選び，記号で答えよ。

1.	ア those	イ then	ウ there	エ through
2.	ア children	イ price	ウ think	エ little
3.	ア hold	イ joke	ウ front	エ most
4.	ア spread	イ health	ウ heat	エ heavy
5.	ア nature	イ patient	ウ national	エ station

2　次の「Helen Keller（ヘレン・ケラー）」に関する英文を読んで，①～⑤の（　）内に，最も適切な英語１語を入れよ。ただし，与えられた文字で書き始めること。

Helen Keller was born in *Alabama, USA on June 27, 1880. When she was a baby, Helen became *deaf and blind because of her illness. Helen's friend, Martha, *helped her to create a sign ①(l　　). *By the time she was seven, Helen could use more than sixty signs to talk to her family.

In 1886, *the Kellers met an amazing teacher ②(c　　) Anne Sullivan. They asked her to teach Helen. Anne used her finger to 'write' words on Helen's hand. The first word Helen learned was '③(w　　)'. Anne spelled the word on Helen's hand while she *ran water over her ④(o　　) hand. Soon Helen was able to go to school, then university. Later, Helen became a famous speaker and writer. She worked hard to ⑤(m　　) life better for people with *disabilities.

［注］ Alabama, USA　アメリカのアラバマ州　　deaf　耳が聞こえない
helped ～ to …　～が…するのを手助けした　　by the time ～　～までには
the Kellers　ケラー家　　ran ～　～を流す　　disabilities　障害

3　次の対話文を読んで，［Ａ］～［Ｅ］の空所に入る最も適切なものを，あとのア～キの中から１つずつ選び，記号で答えよ。ただし，同じ記号を２度使ってはならない。

*Jane is in the watch *department of a large store.*

Jane　　: Excuse me. Do you repair watches?
salesman : Yes, we do.
Jane　　: Oh, good. Would you look at mine? It's stopped.
salesman : Certainly. ［　Ａ　］
Jane　　: Only yesterday. Can you do anything about it?
salesman : I think so. Just leave it with me.
Jane　　: Oh, good. ［　Ｂ　］
salesman : This time next week. Now, you'll need a *receipt.
Jane　　: Oh, yes. I mustn't forget that.
salesman : No. You won't be able to get your watch back without it.
Jane　　: All right. Well, thank you. Good-bye.

salesman : Good-by. . . . Wait a minute, Miss! You've dropped something. Excuse me! Miss! You've dropped something!

One week later

salesgirl : May I help you?

Jane : I hope so. I brought my watch in, but now I've lost the receipt.

salesgirl : Lost the receipt? [C]

Jane : Can I just *describe the watch to you?

salesgirl : I'm afraid not. Only the manager can help you and he's gone to lunch. He left only five minutes ago.

Jane : Oh, no! I think the manager was waiting for me.

salesgirl : Just a minute. [D]

Jane : A week ago at this time, during my lunch hour.

salesgirl : And was your watch a small gold *Automex*?

Jane : Yes, that's right. [E]

salesgirl : Because your receipt is still here. You dropped it when you left. The manager tried to catch you, but he couldn't.

［注］ *department* 売り場　receipt レシート　describe～ ～を説明する

ア. When did you bring the watch in?

イ. Oh, that's right.

ウ. When will it be ready?

エ. Oh, that's too bad.

オ. How long does it take?

カ. How did you know?

キ. Hmm . . . when did it stop?

4 次の英文は「Comfort Food(ほっとする食べ物)」について書かれたものである。これを読んで，あとの１～10の中から本文の内容と一致するものを５つ選び，番号順に答えよ。

It is natural for people to eat when they are hungry, but people eat for other reasons, too. Do you ever eat because you are with friends and everyone else is eating? Do you ever eat because you feel tired, or because you are *under stress? Many people do. Maybe they have too much to do, or they feel nervous. Maybe they are having problems in a *relationship. So they eat to feel better. But they do not eat just anything. They want a *specific kind of food. They want food that *helps them relax. They want comfort food.

What is comfort food? Eating it gives most people a warm feeling. It is often a type of food that they loved when they were children. Maybe they ate it at specific times or places. Maybe it is food their mother made. When people eat it, they feel, "Somebody's taking care of me."

Researchers at *the University of Illinois did a *survey on comfort food in the United States. They asked over 1,000 people about it. They wanted to know two things: What comfort foods did people want, and when did they want them? The *results of the survey were surprising.

The researchers *expected people's favorite comfort food to be soft and warm, like, for example, the most popular comfort foods in Japan, miso soup and soba noodles. But the number one U.S. comfort food was not soft and warm. It was potato chips. Another favorite was ice cream, especially among people ages 18 to 34. *Not all comfort foods are snack foods, however. Almost half of the comfort foods that people *described were healthy, homemade foods, such as chicken soup and *mashed potatoes.

The survey showed that people of different ages want different comfort foods. It also showed that men and women make different choices. *In general, women choose sweet comfort foods. The women in the survey *mentioned ice cream most often (74% of them put it on their list), then chocolate (69%), and cookies (66%). Ice cream was very popular with the men, too : 77% of the men in the survey mentioned it. However, men do not choose sweet foods as often as women do. Men often want hot and salty comfort foods such as soup (73%) and pizza or pasta (72%).

The researchers also found out when the people in the study wanted comfort food most. You may think that comfort food is usually eaten when someone feel bored or lonely. However, the researchers say that the *opposite is true. Yes, people eat to feel better, but more often, they eat comfort foods when they already feel happy. They eat them to celebrate or to *reward themselves.

［注］ under stress　ストレスを受けて　　relationship　人間関係　　specific　特定の
helps ～ relax　～がリラックスするのを手助けする　　the University of Illinois　イリノイ大学
survey　調査　　results　結果　　expected ～ to be …　～が…であると期待した
not all comfort foods ～　すべてのほっとする食べ物が～であるわけではない
described　思い描いた　　mashed potatoes　マッシュポテト　　in general　一般に
mentioned ～　～と述べた　　opposite　反対，逆　　reward ～　～にほうびを与える

1．People eat for many different reasons.
2．Many people want comfort food because they want to help people with it.
3．Most people loved comfort food when they were little.
4．The researchers did a study of all kinds of food.
5．Researchers in the U.S. asked more than 1,000 people about comfort food.
6．The top comfort food in the United States is potato chips.
7．All the comfort foods in the U.S. are snack foods.
8．The women in the survey choose chocolate more often than cookies.
9．Hot and salty comfort foods aren't popular for both men and women.
10．The researchers say that people want comfort food most when they feel sad.

5　次の英文を読み，あとの問いに答えよ。

Cancer is a terrible disease that *occurs when *something goes wrong with the cells in a person's body and it *causes them to attack *surrounding tissue. About 25 percent of all human deaths in Western countries are caused by cancer. It is also a serious problem in Asia. Many people believe that cancer is a bigger *threat to human health than global warming.

(1)[people / before / getting / are / than / more / why / cancer]? The answer probably *has something to do with *modern lifestyles. (A) cigarettes, breathing *polluted air and not eating enough fresh fruit and vegetables can all (B) your chances of getting cancer. *Recent research has even (C) that the *frequent use of a cell phone can also (B) cancer risks.

A person's lifestyle or environment doesn't always cause cancer. (2)Cancer can also be hereditary. This means people have a higher chance of getting cancer if their parents had it. *Therefore, a healthy lifestyle may not be enough [X] your family has a history of cancer.

Lots of people survive cancer, [Y] it can sometimes come back. However, there are things that people can do to reduce their risk. Medical research says that if you *avoid smoking, pollution, and stress, and have a healthy *diet, (3)[cancer / getting / reduce / of / you / your chances / can].

If everyone becomes a little healthier, they will feel much better about themselves and the cancer *rate may go down, too. That means exercising every day, getting about eight hours of sleep every night, drinking clean water, eating healthy foods, and [Z].

［注］ occurs　発症する　　something goes wrong with the cells　細胞に問題が生じる
causes ～ to …　～に…させる　　surrounding tissue　周辺組織　　threat　脅威
has something to do with ～　～と関係がある　　modern　現代の
polluted　汚染された　　recent　最近の　　frequent　頻繁な　　therefore　それゆえ
avoid ～　～を避ける　　diet　食事　　rate　割合

問１　下線部(1)が次の意味になるように，［　］内の語句を正しく並べかえよ。ただし，文頭に来る語も小文字で始めてある。
「なぜ以前よりもがんになる人が増えているのでしょうか。」

問２　(A)～(C)に入れるのに最も適切な語を次から選び，必要があれば正しい形に直し，それぞれ１語で答えよ。ただし，同じ単語を２度使ってはならない。
show　　increase　　smoke

問３　下線部(2)の文が表す内容として最も適切なものを次の中から選び，記号で答えよ。
ア．がんになる可能性は，すべて生活習慣や環境によるということ。
イ．両親ががんを患った場合，自分自身もがんを患う可能性が高いということ。
ウ．両親ががんを患った場合，自分自身はがんを患う可能性はなくなるということ。
エ．両親ががんを患っても，健康な生活習慣を送れば，自分ががんを患う可能性はないということ。

問４　［X］と［Y］に入れるのに最も適切な語を次の中からそれぞれ選び，記号で答えよ。
ア．so　　イ．but　　ウ．if　　エ．because

問５　下線部(3)の［　］内の語句を並べかえ，意味の通る文にせよ。

問６　文中の [Z] に入る最も適切な語句を次の中から選び，記号で答えよ。
ア．staying up all night
イ．breathing polluted air
ウ．using your cell phone more often
エ．reducing the amount of fat, salt, and sugar in your diet

問７　次のア～カの文で，本文の内容と一致しないものを２つ選び，記号で答えよ。
ア．西欧諸国の人々の死因の５分の一はがんによるものだ。
イ．がんは地球温暖化よりも深刻な問題だと考える人は多い。
ウ．現代の生活習慣は，人々ががんを患う原因の一つである。
エ．がんは遺伝性であるが，それを患う可能性は極めて低い。
オ．がんを克服する人は多く存在する。
カ．定期的に運動し，よく寝て，健康的な食事をすれば，がんを患う可能性は少なくなる。

6 日本文の意味に合うように，次の１～６の(　)内の語句を並べかえよ。ただし，文頭に来る語も全て小文字で始めてある。

1．私が高校を卒業してから，彼からは便りがありません。
(have / him / not / graduated / from / I / I / heard / since) from high school.

2．私は何かわくわくすることをしようかなと考えています。
(something / thinking / doing / exciting / I'm / of).

3．ケーキをもう一切れいかがですか。
(you / of / would / like / cake / another / piece)?

4．壁に掛かっている絵は私がおばにもらったものです。
(the wall / was / the picture / me / given / by / on / to) my aunt.

5．彼はクラスの中で，一番速く走ることができます。
(class / fastest / his / he / in / run / can).

6．学ぶのに遅いということはない。
(never / late / it / to / learn / is / too).

【数　学】（50分）〈満点：100点〉

〔注意〕　1．円周率を使う場合は，πで表すこと。

2．下図の通り，直角三角形の辺の長さの比を参考にしてよい。

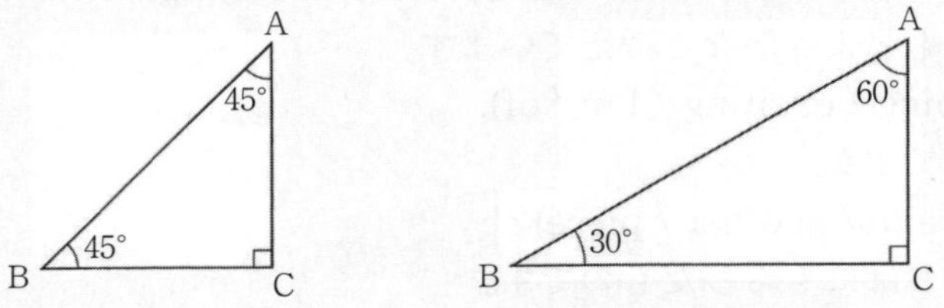

AB：BC：CA＝$\sqrt{2}$：1：1　　AB：BC：CA＝2：$\sqrt{3}$：1

1　次の各問いに答えよ。

(1)　$-2^2\times\left\{-\left(-\dfrac{1}{2}\right)^2+0.125\right\}$ を計算せよ。

(2)　$a\div(-ab)^3\times(3ab^2)^2$ を計算せよ。

(3)　$x^2+y^2-2xy-3(x-y)$ を因数分解せよ。

(4)　$x^2+2x-5=0$ を解け。

(5)　$x=\dfrac{\sqrt{5}-\sqrt{2}}{2}$，$y=\dfrac{\sqrt{5}+\sqrt{2}}{2}$ のとき，x^2-y^2 の値を求めよ。

(6)　$y=ax+b\,(a<0)$ の x の変域が $-6\leqq x\leqq 2$，y の変域が $0\leqq y\leqq 8$ であるとき，定数 a，b の値を求めよ。

(7)　$\sqrt{\dfrac{a}{6}}$ が自然数となる自然数 a のうち，3番目に小さいものを求めよ。

(8)　右の図のように，平行な2直線 l と m が正五角形と正三角形に交わっている。このとき，$\angle x$ の大きさを求めよ。ただし，直線 l は，正五角形の1つの頂点を通っている。

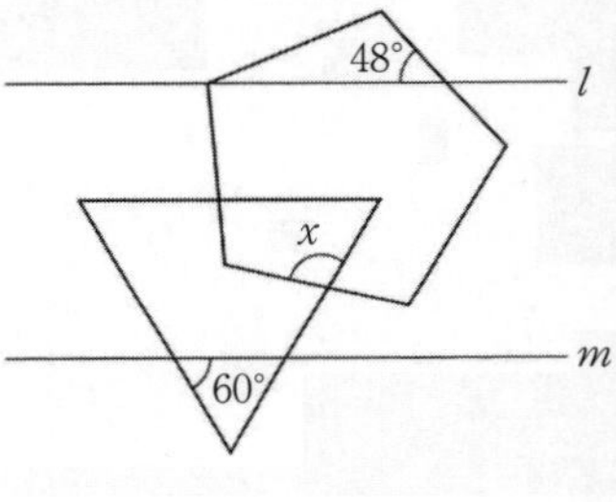

2　〈図1〉の円錐の展開図を考えたとき，〈図2〉のような，縦12 cm，横15 cmの長方形におさまった。扇形の半径は長方形の辺上に，扇形と円，円と長方形は接しているものとして，次の問いに答えよ。

(1)　〈図1〉の底面の円の半径の長さを求めよ。

(2)　〈図1〉の点Aから円錐の側面にひもを回したとき，ひもの長さが最短になる長さを求めよ。

〈図1〉

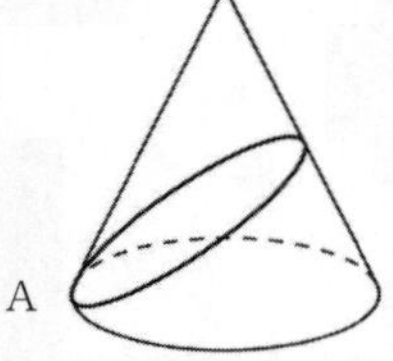

〈図2〉

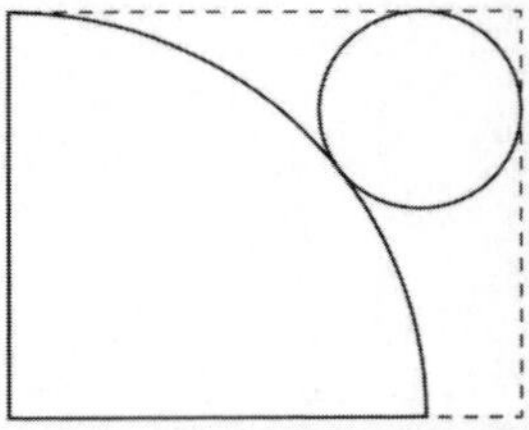

3　右の図のように，すべての辺の長さが等しい正四角錐O-ABCDがある。この5つの頂点O，A，B，C，Dから3つの点を結んで三角形を作る。このとき，次の問いに答えよ。

(1)　3つの点の選び方は何通りあるか答えよ。

(2)　3つの点を選んで作った三角形が二等辺三角形になる確率を答えよ。ただし，正三角形になる場合のものは含めないものとする。

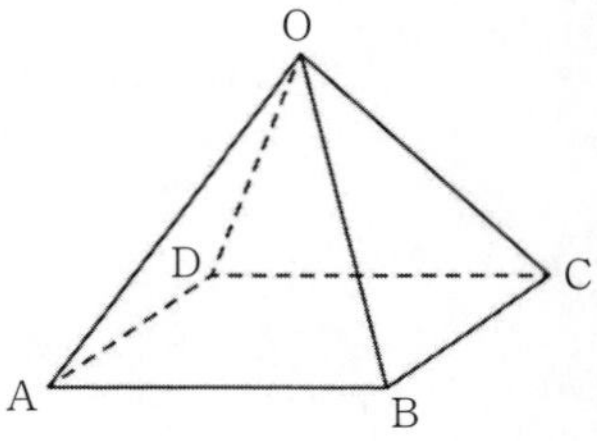

4 放物線 $y=x^2$ 上に２点A，Bがある。点Aの y 座標は９であり，点Cは x 座標が正の数である x 軸上の点である。四角形ABOCが平行四辺形になるとき，次の問いに答えよ。

(1) 点Cの x 座標を求めよ。

(2) 放物線上の点Oから点Aの間に点Dをとる。このとき，線分BDと線分CDの長さの和が最小となるような，点Dの座標を求めよ。

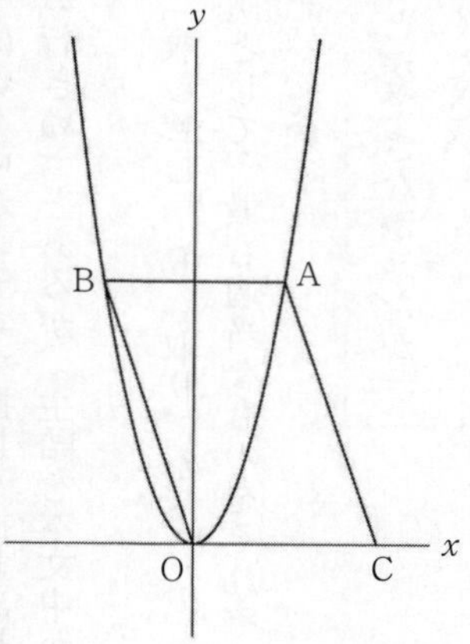

5 ２つの直線 $y=2x+1$ …① と $y=-x+k\ (k>0)$ …② があり，直線①と y 軸，直線②と y 軸，直線①と②の交点をそれぞれA，B，Cとする。また，直線②と x 軸との交点をDとし，Dを通り y 軸に平行な直線と直線①の交点をEとする。このとき，次の問いに答えよ。

(1) 点Cの x 座標を，k を用いて表せ。

(2) △ACBと△ECDの面積比が１：４のとき，k の値を求めよ。

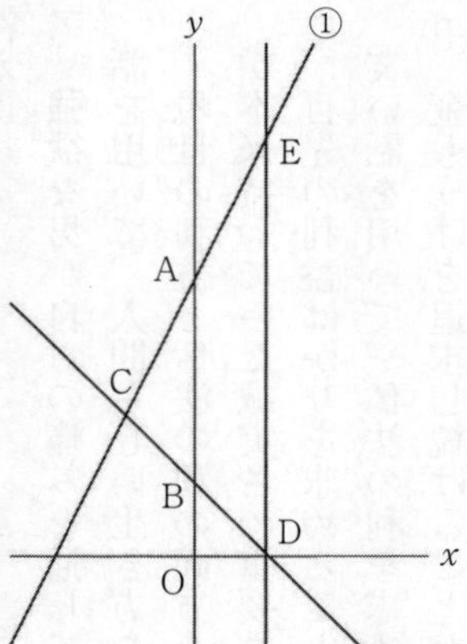

6 右の図のように，円周を８等分する点A，B，C，D，E，F，G，Hのうち，３点A，D，Gを頂点とする△ADGを作る。次に，辺DGを直径とする円をかき，辺AD，AGとの交点をそれぞれI，Jとする。DG＝４cmであるとき，次の問いに答えよ。

(1) AIの長さを求めよ。

(2) △AIJの面積を求めよ。

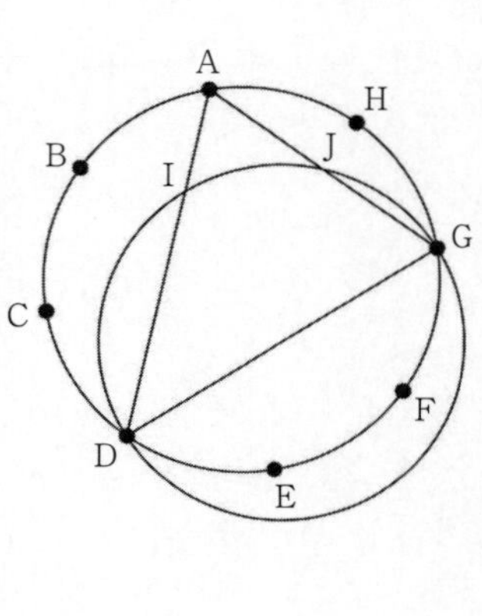

につながるように本文中から五字で探し、抜き出して答えよ。

問四　――線②「行きぬ」とあるが、主語を本文中から探し、抜き出して答えよ。

問五　〰〰線ⓐ「取らせむ」・ⓑ「取りてたべ」・ⓒ「取るべけれども」の現代語訳として、最も適当なものをそれぞれ次の［　］の中から選び、記号で答えよ。

ア「取ることができなかったが」
イ「取ってください」
ウ「取ってもらえるか」
エ「取ってみせよう」
オ「取らせてください」
カ「取らないほうがよいのだが」
キ「取らせよう」
ク「取り捨てよう」
ケ「取って食べよう」
コ「取ってもよいのだが」

問六　――線③「心様」とあるが、誰のどのような心のことか。最も適当なものを次の中から選び、記号で答えよ。

ア　治療費を値切ろうとする在家人の根性
イ　他人を言いくるめようとする在家人の根性
ウ　一文でも多く金をとろうと考える唐人の根性
エ　他人を困らせてやろうと考える唐人の根性

問七　――線④「ふつと、一文にては取らじ」の現代語訳として最も適当なものを次の中から選び、記号で答えよ。

ア　いっそ一文で抜いてしまおう
イ　けっして一文では抜くまい
ウ　おそらく一文では抜けないだろう
エ　絶対一文で抜いてみせよう

問八　本文の趣旨として最も適当なものを次の中から選び、記号で答えよ。

ア　強欲な男が自らの痛みを通して真の幸福の意味を知るという話を用いて、人間らしい生き方を説いている。
イ　現世の利益と仏法の利の両方を求める人間の欲望を嘆き、人が本来持っていた誠実さの重要性を説いている。
ウ　目先の利益ばかりを求めることがかえって大損を生むという笑い話を用いて、仏法の利を求めることを説いている。
エ　金もうけを追求し続けることが、商売を成功させるためには必要であるという考え方のむなしさを説いている。

問九　――線⑤「不在と留守が別物だということだ」とあるが、ここでの「不在」と「留守」の違いについて説明せよ。

問十　――線⑥「留守電クンの力」とはどのようなものか。本文中から十七字で探し、最初と最後の三字を抜き出して答えよ。

問十一　═══線「松尾芭蕉」について、次の〔Ⅰ〕・〔Ⅱ〕の問いに答えよ。

〔Ⅰ〕松尾芭蕉の活躍した時代として最も適当なものを次の中から選び、記号で答えよ。

ア　江戸時代　　イ　鎌倉時代

ウ　平安時代　　エ　室町時代

〔Ⅱ〕松尾芭蕉の作品を次の中から選び、記号で答えよ。

ア　方丈記　　イ　おらが春

ウ　奥の細道　　エ　浮世草紙

問十二　本文の内容として一致するものを次の中から二つ選び、記号で答えよ。

ア「留守」という存在の仕方を受け入れる大らかさは、人間関係を保つうえで、大きな意味を持っていた。

イ　現代は機械化が進み「留守」であっても他人の要求に忠実に対応できるようになり、ストレスがなくなった。

ウ　ゴッホの絵は、もう帰ってくることのない故人を待つ空虚感を、一つの椅子を描くことで表現したものである。

エ　生真面目な現代人は「狂言」の笑いを楽しむことができず、すぐに教訓としての価値を見出そうとしてしまう。

オ　落柿舎の入り口の蓑は、ここか、あるいはここではないどこかにいる芭蕉の存在を表すという役割を果たしていた。

カ　書留や配達証明という制度は、無駄を減らしたいと考える現代人が生み出した最も優れた制度であると評価できる。

三　次の文章を読んで、後の問いに答えよ。

(注1)南都《なんと》に、歯取る(注2)唐人《たうじん》有りき。ある(注3)在家人《ざいけにん》の、(注4)慳貪《けんどん》にして、利養《りやう》を先《さき》とし、事に触《ふ》れて、①商《あきな》ひ心《こころ》のみありて、徳もありけるが、虫の食ひたる歯をⓐ取らせむとて、唐人がもとに②行きぬ。歯一つ取るには、(注5)銭《ぜに》二文《にもん》にⒶ定めたるを、「一《いち》文《もん》にてⓑ取りてたべ」と云ふ。少分《せうぶん》の事なれば、ただもⓒ取るべけれども、③心様《こころざま》の憎さに、「④ふつと、一文にては取らじ」と云ふ。やや久しく論ずる程に、Ⓑおほかた取らざりければ、「さらば三文にて、歯二つ取り給へ」とて、虫も食はぬに良き歯を取り添へて、二つ取らせて、三文取らせつ。心には利分《りぶん》とこそ思ひけめども、疵《きず》なき歯を失《うしな》ひぬる、大きなる損なり。此《これ》は申すに及ばず、大きに愚かなる事、(注6)嗚呼《をこ》がましきわざなり。

但《ただ》し、世間《せけん》の人の利養の心Ⓒ深き、事に触れて利分を思ふ程に、(注7)因果《いんぐわ》の道理《だうり》も知らず、当来《たうらい》の苦報《くほう》をも弁《わきま》へず、ただ眼前《がんぜん》の幻《まぼろし》の利《り》にふけりて、身の後《のち》の(注8)菩提《ぼだい》の財宝を失ひ、仏法の利を得《え》ざる事のみこそ多けれ。

（『沙石集』）

(注1)　南都…平城京・奈良の異称。
(注2)　唐人…唐から渡来した人。
(注3)　在家人…出家せずに家庭にあって仏道修行する人。
(注4)　慳貪…けちで貪欲。
(注5)　銭二文…「文」は銭貨の単位のこと。
(注6)　嗚呼がましき…馬鹿げた仕業《しわざ》。
(注7)　因果の道理…善い行為に対しては善い結果が、悪い行為に対しては悪い結果が生じるということ。
(注8)　菩提…生まれ変わった死後の世界。

問一　═══線Ⓐ「定め」・Ⓒ「深き」をそれぞれ終止形（言い切りの形）に直して答えよ。

問二　═══線Ⓑ「おほかた」を現代仮名遣いに直せ。

問三　――線①「商ひ心」とあるが、どのような心か。「〜する心」

問一 〰〰線ⓐ「沽券にかかわる」・ⓑ「うそも方便」のここでの意味として最も適当なものをそれぞれ後の中から選び、記号で答えよ。

ⓐ「沽券にかかわる」

ア 地位が危《あや》うくなる
イ 本性が現れる
ウ 許すことができない
エ 体面に傷がつく

ⓑ「うそも方便」

ア 嘘《うそ》も、時に都合のよい手段となるということ
イ 嘘をつくのも、避けられない場合があるということ
ウ 嘘をつくのも、知恵が必要であるということ
エ 嘘も、信じることで真実になるということ

問二 〰〰線ⓒ「拍子抜けして」と同じ意味を表す慣用表現として最も適当なものを後の中から選び、記号で答えよ。

ⓒ「拍子抜けして」

ア 揚げ足を取られて
イ 肩透かしを食って
ウ さじを投げて
エ 後ろ盾を失って

問三 [ア]・[イ]それぞれに入る漢字一字の語を答えよ。

[ア]込み
[イ]も承知

問四 [A]〜[C]に入る語として最も適当なものをそれぞれ次の中から選び、記号で答えよ。

ア もちろん　イ ところで　ウ けっして
エ しかし　オ たとえば　カ さらに
キ むしろ　ク あたかも　ケ すでに
コ すると

問五 ——線①「当の男の声」とあるが、「当の男」とは何をした男か。その説明として最も適当なものを次の中から選び、記号で答えよ。

ア 口うるさい男に暴力をふるった男
イ 空威張りで仲間から敬遠された男
ウ 妻に励まされて自信を取り戻した男
エ 争いごとを避けたがっていた男

問六 ——線②「留守をよそおう智恵がすべてを救ったのである」とあるが、ここで登場人物たちは何から救われたのか。その内容として適当なものを次の中から三つ選び、記号で答えよ。

ア 夫の誇りが傷つけられること
イ 仲間からの信頼が失われること
ウ 負傷者が出てしまうこと
エ 夫婦仲が険悪になること
オ 女房がわがままになること
カ 喧嘩の決着がつかなくなること

問七 ——線③「人生観察の達人」とあるが、それはどのような人のことか。その説明として最も適当なものを次の中から選び、記号で答えよ。

ア その時々の機転によってうまく危機をやり過ごし、いかにして利を得るかが人生においては重要であると熟知している人。
イ 人生におけるさまざまなことは、どんな手段を使っても最後は勝利を得ることが幸せへの近道だということを分かっている人。
ウ 人生においては事実よりも多少のごまかしを巧みに交えたほうが、ものごとが丸く収まる場合もあるということを知っている人。
エ 見栄や体裁《ていさい》といったものに縛られている人生が、いかに苦しくむなしいものであるかということを十分に理解している人。

問八 ——線④「留守を描く」とあるが、この場合の「留守」とはどのようなことか。本文中から六字で探し、抜き出して答えよ。

（注9）落柿舎《らくししゃ》をいとなみ、一時のかりのやどりとした。その時（注10）蓑《みの》を入口の横にかけ、出かける時はそれを外し、いる時はそれをかけておいたという。もちろん晴雨にかかわらずだから、蓑を実用として使ったのではない。

蓑の有無《うむ》によって、訪れた者は芭蕉の二つの存在を知らされ、思い描いたのである。いずれの時も画面に芭蕉像はないが、二つの別々の芭蕉像が蓑によって表現されたこととなる。

〈中略〉

さて、こんなことを今話題にするのは、「留守」が日本人の生活から、だんだん消えていこうとしているのではないか、と思うからである。

たとえば郵便物に（注11）書留とか（注12）配達証明とかという制度がある。これは徹底的に相手の存在を要求する。もっとも、判子《はんこ》を実物と見なすのだから他愛《たあい》もないといってしまえばそれまでだが、とにかく受取り手の実在が絶対に必要で、留守ではいけない。

電話にまでも、実在の要求は及んだ。留守電と愛称される機械が発明されて、機械が（注13）バーチャルな相手と化して、いないはずの受け手が送信を聞く。いない相手まで、いさせてしまう威力を、近代化の機械が発揮するようになった。

もちろん大事な郵便は確実な存在を要求すべきだし、いかに不在でも必要な発信はすべて聞く必要がある。⑥留守電クンの力は絶大で、情報社会のみごとな組織化である。

しかし反面、生まれてしまった以上、こうまで存在することを求められたり、自ら存在に忠実に、相手が届けたいと思う発信に対応しなければならないとなると、人間、とても息ぐるしい。

居留守を使うなど、何とも大らかではないか。その（注14）便法で夫婦も仲間も、喧嘩しなくてすんだ。

ゴッホだって、椅子に託《たく》して孤独を描いた。

みんなみんな、昔の人が「留守」という存在の仕方の有効性を大いに認めていた結果である。

中国に有名な話がある。（注15）王子猷《おうしゆう》という人はふと親友を尋ねたいと思い、門前まで行って帰ってきた、という。ふしぎがった周辺の人がわけを聞くと、私は行きたいと思っていったのだから、行きさえすればよいのだと答えた。

現代人だって、そんな心のゆとりがほしい。（注16）アポをとらなければいけない、とは悲しい現代の（注17）さがだろう。行ってみたが留守だったという遊びも、あっていい。留守とは人間関係の、一つの間奏曲のようなものだから。

（中西　進『日本人の忘れもの』）

（注1）「千切木」…狂言の題目。

（注2）定紋…家によって決まっている紋章。

（注3）フェイント…相手を惑わす見せかけの動作。

（注4）要諦…ものごとの大事な点、要。

（注5）条文…箇条書きの文章。

（注6）ゴッホ…オランダの画家。（一八五三～一八九〇）

（注7）アルル…南フランスのプロヴァンス地方にある都市名。

（注8）縄張りの椅子…縄で編まれた椅子。

（注9）落柿舎…芭蕉の弟子向井去来《むかいきょらい》の別荘。

（注10）蓑…雨具の一種。

（注11）書留…「書留郵便」のこと。引受から配達までを記録に残して送り届ける郵便。

（注12）配達証明…「書留郵便」を配達した事実を証明するサービス。

（注13）バーチャルな相手…いかにも現実の世界にいるような、仮想的な相手。

（注14）便法…便利な方法。

（注15）王子猷…王徽之（おうきし）、中国東晋《とうしん》の文人。

（注16）アポ…アポイントメントの略。

（注17）さが…性質・性格。

守」だとは［イ］も承知である。承知の上で、空威張りをする夫を頼もしい男だという。女だって、ほんとうは留守を願っていたのかもしれない。「居留守」を使われて、女もほっとしていたことだろう。

つまり②留守をよそおう智恵《ちえ》がすべてを救ったのである。

そんな時、この「居留守」は責められるだろうか。「居留守」など、まったくもって、けしからん！　と、とかく生真面目《きまじめ》な現代人からは非難されがちだが、留守なら留守、いるならいると、事実そのままがたった一つの価値だとなると、さていかがなものか。

ⓑうそも方便というではないか。

のみならず、この場合は、「留守」こそが必要だった。復讐しなければ男が立たない。そんな時に、ふと(注3)フェイントをかけるものが「留守」だった。急にⓒ拍子《ひょうし》抜けして殺気が笑いに代わる。人生に時折り仕組まれるフェイントを巧みに使って、喜劇を作り上げていくみごとさが、狂言にはある。

これも、狂言作者が③人生観察の達人だった結果である。

どうも「留守」というのは、これほど大事な人生の(注4)要諦《ようてい》らしい。

それでは留守とはいったい何なのだろう。

そもそも人間がいないことを留守というのは、腑《ふ》に落ちない。ことばどおりにいえば、「留《とど》まって守る」というのだから。

そのとおりで、調べてみると「留守」はもともと法律用語だった。むかし、天皇が旅行に出た後、出かけずに都を守った役人のことである。「留守の者は送迎をしなくてよい」という(注5)条文に見えるから、よほど重大な役目をもたされていたらしい。

ところがだんだん、いないこと自体を「留守」というようになった。「留まって守る」どころか、出かける方の状態である。

むずかしくいうと、不在というあり方をいうことばである。

すると、これまたおもしろくなる。何かがない、あるいは人間がいない、ということはどんな存在感をあたえるのだろう。

たとえば、世の中によく椅子《いす》の画《え》がある。そういう時私がまっ先に思い出すのは(注6)ゴッホだ。彼は(注7)アルルで(注8)縄張りの椅子の画をかいている。

画面にたった一つ描かれた椅子。それを見ていると孤独感にあふれている。そもそも椅子は人間が座ることで完全になるのだから、空っぽの椅子は、いつも不完全である。つねに人間を待ちつづける姿でしかない。言葉をかえれば、椅子を描くということは、④留守を描くということだ。

この空虚感は、つねに愛されることを願い、やって来てくれる人間を恋《こ》い慕っている人間の、運命になってしまっている空虚感を表現するものかもしれない。

とくにゴッホを考えてみると、人間への飢《う》えが、椅子の中に湛《たた》えられていると思えてならない。

そう思うと、座るべき物に座る人がいないという不在は、さびしい。

しかしそこで重大なことは、⑤不在と留守が別物だということだ。

［A］故人が愛用した椅子。残念ながら、もう故人が帰ってくることはない。人間はついに、不在である。

［B］不在と違って留守だというと、今よそに出かけているだけで、帰ってくるから、かりに留守なのである。故人の椅子を留守の椅子だといえば、故人はかりにしばらく別の世にいっているにすぎないという思い入れを語ることになろう。

［C］留守とは、けっしてさびしいばかりのものではなくなる。留守ということでむしろ空虚はかりのものになり、帰ってくることを待ち望んでいるものになる。

本来はこちらがふつうの居場所だという主張もある。

〈中略〉

話は代わるが、十七世紀の俳人・松尾芭蕉《まつおばしょう》は京都嵯峨野《さがの》に

二〇二一年度 十文字高等学校

【国語】（五〇分）〈満点：一〇〇点〉

◎文中からそのまま抜き出して答える場合、句読点や記号は一字とすること。また、ふりがなのある漢字は、ふりがなをつけなくてよい。

◎問題作成の都合上、一部省略した部分がある。

一

次の①～⑩の――線部について、カタカナは漢字に直し、漢字はその読みを平仮名で記せ。

① 入学式に市長もリンセキされる。

② 緊張でイシュクする。

③ 自信をソウシツする。

④ ヤワらかな笑顔で話しかける。

⑤ ショウガイ忘れられない思い出だ。

⑥ 細面の美しい人。

⑦ 桁外れの優しさを持つ。

⑧ 善人の仮面を剥ぐ。

⑨ 互いの距離を狭める。

⑩ 襟を開いて話し合う。

二

次の文章を読んで、後の問いに答えよ。

狂言に（注1）「千切木《ちぎりぎ》」というお芝居がある。

登場人物のある男は、とかく口うるさいものだから仲間から敬遠されがちで、ついにたまりかねた仲間から、ある時蹴るわなぐるわの目に、遭わされてしまう。

そこへ女房《にょうぼう》が来る。びっくりした女房、夫の身を気づかうが、男たるもの、なぐられたとあっては ⓐ沽券《こけん》にかかわる。何でもないといいはるが、「それではこの着物の泥の足あとは何じゃ」と問いつめられると、「これは（注2）定紋《じょうもん》にしろと皆がつけたものだ」とごまかす。

「足の定紋をつけられたとあっては、たまらない。復讐《ふくしゅう》しよう」と女房がいうと、[ア]込みして「お前が代わりにいってくれ」という男。

そんな男は家に入れないと言われると、男は「それではお前もいっしょに行ってくれ」と、だらしない。

さて二人、相手の男の家に到着、戸をドンドンと叩く。中から返事がある。「留守《るす》じゃ」。①当の男の声である。

留守では復讐もできない。「いれば散々やっつけてやれたものを」と男が刀をふり廻《まわ》すと、「それでこそわらわの夫でござる」と女房。

さっきの喧嘩《けんか》もどこへやら、円満な夫婦となって退場する。

狂言の、いつもながらのほほえましい笑いがあるが、さてこのハッピーエンドは、相手が留守だったことによる。もしいれば一喧嘩しなければならないし、男は勝てっこない。そうなると女房が頼もしい夫だというわけにもいかず、男も空いばりしてはいられない。

夫婦和合にとっては、留守サマサマ、ということになろう。

ところが、すでにおわかりのとおり、本当は留守ではなかった。いわゆる「居留守」である。しかも当の本人が「留守じゃ」というのだから、見物客は大わらいになる。

つまり留守を、あえて演出したのである。

そのことで血の雨も降らずにすんだ。もちろん、女房も「居留

英語解答

1 1 エ　2 イ　3 ウ　4 ウ
5 ア

2 ① language　② called
③ water　④ other　⑤ make

3 A キ　B ウ　C エ　D ア
E カ

4 1, 3, 5, 6, 8

5 問1 Why are more people getting cancer than before
問2 A Smoking　B increase
C shown〔showed〕
問3 イ　問4 X…ウ　Y…イ
問5 you can reduce your chances of getting cancer
問6 エ　問7 ア, エ

6 1 I have not heard from him since I graduated
2 I'm thinking of doing something exciting
3 Would you like another piece of cake
4 The picture on the wall was given to me by
5 He can run fastest in his class
6 It is never too late to learn

1 〔単語の発音〕

1. ア. those[ð]　イ. then[ð]　ウ. there[ð]　エ. through[θ]
2. ア. children[i]　イ. price[ai]　ウ. think[i]　エ. little[i]
3. ア. hold[ou]　イ. joke[ou]　ウ. front[ʌ]　エ. most[ou]
4. ア. spread[e]　イ. health[e]　ウ. heat[iː]　エ. heavy[e]
5. ア. nature[tʃə]　イ. patient[ʃə]　ウ. national[ʃə]　エ. station[ʃə]

2 〔長文読解─適語補充─伝記〕

≪全訳≫❶ヘレン・ケラーは1880年６月27日，アメリカのアラバマ州で生まれた。赤ん坊のとき，ヘレンは病気のために耳が聞こえなくなり，目も見えなくなった。ヘレンの友達であるマーサは，彼女が手話をつくり出すのを助けた。７歳になるまでに，ヘレンは家族に話すのに60以上の手話を使うことができるようになった。❷1886年，ケラー家の人々は，アン・サリバンと呼ばれるすばらしい教師に出会った。彼らは彼女に，ヘレンを教えてくれるよう頼んだ。アンは指を使い，ヘレンの手に言葉を「書いた」。ヘレンが学んだ最初の言葉は，「水」だった。アンは，ヘレンの片方の手の上に水を流しながら，もう片方の手にその語をつづったのだ。まもなくヘレンは学校に行くことができるようになり，その後，大学へ進んだ。後に，ヘレンは有名な講演者兼著作家となった。彼女は障害のある人々のために，生活をよくするよう懸命に働いた。

＜解説＞① sign language「手話，身ぶり言語」　② an amazing teacher＝Anne Sullivan の関係を読み取る。「～と呼ばれる」という意味を表す過去分詞 called を入れる。　③直後の文から判断できる。直後の文にある the word とはこの空所に入る語のこと。サリバンはこの言葉をヘレンの手に「水」を流しながら書いて教えたのである。　④水を流す手は，water のつづりを指で書かれていた手とは「別の」手であると考えられる。　⑤‘make＋目的語＋形容詞’「～を…(の状態)にする」の形。better は形容詞 good の比較級。

3〔対話文完成―適文選択〕

≪全訳≫❶ジェーンは大きな店の腕時計売り場にいる。❷ジェーン（J）：すみません。時計の修理はされていますか？❸男性店員（Sm）：はい，しております。❹J：ああ，よかった。私の時計を見ていただけますか？ 止まってしまったんです。❺Sm：かしこまりました。Aふーむ…いつ止まったのですか？❻J：つい昨日です。どうにかなりそうですか？❼Sm：そう思います。お預かりさせてください。❽J：ああ，よかった。Bいつできますか？❾Sm：来週の今頃になりますね。レシートが必要になります。❿J：ああ，はい。忘れないようにしないと。⓫Sm：ええ。それがないと時計をお受け取りになれませんので。⓬J：わかりました。ありがとう。さようなら。⓭Sm：さようなら…。お待ちください，お客様！ 何か落とされましたよ。すみません！ お客様！ 何か落とされましたよ！⓮1週間後⓯女性店員（Sg）：ご用をおうかがいしましょうか？⓰J：お願いします。時計を修理に出したのですが，レシートをなくしてしまったんです。⓱Sg：レシートをなくされたのですか？ Cああ，それは困りましたね。⓲J：あなたにその時計の説明をしてもいいですか？⓳Sg：申し訳ございませんが，そういうわけにはいかないのです。マネージャーでないとお役に立てないのですが，ただいま昼食に出ておりまして。ほんの5分前に出たところなんです。⓴J：えっ，そんな！ マネージャーさんは私のことを待ってくれていたと思うんですが。㉑Sg：少々お待ちください。D時計を持ち込まれたのはいつですか？㉒J：1週間前のこの時間です。私の昼休みの間でした。㉓Sg：お客様の時計は小さな金色のオートメックスでしたか？㉔J：はい，そのとおりです。Eどうしてわかったのですか？㉕Sg：お客様のレシートがまだここにございますので。ここを離れる際に落とされたのですね。マネージャーはお客様を引き止めようとしたのですが，できなかったのです。

＜解説＞A．止まってしまった時計の修理に来たジェーンに対する男性店員の言葉。直後でジェーンが「昨日」と答えているので，時計がいつ止まったのかを尋ねているとわかる。　B．直後の「来週の今頃」という男性店員の返答から，ジェーンは，修理が終わるのがいつか尋ねたのだとわかる。

C．ジェーンから時計の引き取りに必要なレシートをなくしたと聞いた女性店員の応答。同情を示すエが適切。　D．直後の「1週間前のこの時間」というジェーンの返答から，女性店員はジェーンが時計を持ち込んだのはいつかを尋ねたのだとわかる。　E．女性店員がこの前でジェーンの時計を言い当て，空所の後でその理由を述べていることから，ジェーンは女性店員に，なぜわかったのかを尋ねたのだとわかる。

4〔長文読解―内容真偽―説明文〕

≪全訳≫❶おなかがすいたとき物を食べるのは人にとって自然なことだが，人は他の理由でも食べる。友達と一緒にいて他の誰もが食べているから自分も食べるということはないだろうか。疲れているから，またはストレスを受けているから食べるということはないだろうか。多くの人はそうしている。彼らはすることが多すぎたり，緊張したりしているのかもしれない。人間関係で問題を抱えているのかもしれない。だから，気分をよくするために食べるのだ。しかし，何でも食べるわけではない。特定の種類の食べ物を欲しがるのだ。彼らは自分がリラックスするのを助ける物を欲しいと思う。彼らはほっとする食べ物を欲しがるのだ。❷ほっとする食べ物とは何だろうか。それを食べると，ほとんどの人は温かい気持ちになる。それは，子どものときに大好きだった種類の食べ物であることが多い。それを特定のときに，もしくは特定の場所で食べたのかもしれない。お母さんがつくってくれた食べ物かもしれない。人はそれを食べると，「誰かが自分の世話をしてくれている」と感じるのだ。❸イリノイ大学の研究者たちはアメリカで，ほっとする食べ物について調査を行った。彼らはそれについて1000人以上の人に尋ねた。彼らが知りたかったのは次の２つ，つまり，人はどんなほっとする食べ物を欲しがったのか，いつそれらを欲しがったのか，ということだ。調査の結果は驚くべきものだった。❹研究者たちは，人々の好みのほっとする食べ物がやわらかくて温かいものだと思っていた。例えば，日本で最も人気のほっとする食べ物であるみそ汁とそばのようなものだと。しかし，アメリカで１位のほっとする食べ物は，やわらかく温かいものではなかった。それはポテトチップスだったのだ。もう１つはアイスクリームで，これは特に18歳から34歳の間の人々が大好きだった。しかし，全てのほっとする食べ物がおやつというわけではない。人々が思い描いたほっとする食べ物のほぼ半分は，チキンスープやマッシュポテトのような，健康的な家庭料理だった。❺調査によれば，年代が違えば，欲しがるほっとする食べ物も異なるということだ。また，男女でも選択に違いがあるということもわかった。一般に，女性は甘いほっとする食べ物を選ぶ。調査を受けた女性はアイスクリームと述べた人が最も多く(74％の人がリストに入れた)，次にチョコレート(69％)，そしてクッキー(66％)だった。アイスクリームは男性にも大変人気で，調査を受けた男性の77％がアイスクリームを答えた。しかし，男性は女性ほど多く甘い食べ物を選んでいない。男性はしばしば，スープ(73％)やピザ・パスタ(72％)のような，温かくて塩気のあるほっとする食べ物を求める。❻研究者たちはまた，調査に参加した人がほっとする食べ物を最も欲しがるのはいつかについても発見した。あなたは，ほっとする食べ物はたいてい，退屈していたり寂しかったりするときに食べられると思うかもしれない。しかし，実際はその逆だと研究者たちは言う。そう，人は気分をよくするために食べるが，しかしそれ以上にすでに気分がいいときにほっとする食べ物を食べることの方が多いのだ。お祝いをするときや，自分にご褒美を与えるためにそれらを食べるのだ。

＜解説＞１.「人は多くの異なる理由から，物を食べる」…○　第１段落に一致する。　２.「多くの人がほっとする食べ物を欲しがるのは，その食べ物で人を助けたいからだ」…×　そのような記述はない。　３.「ほとんどの人は小さいとき，ほっとする食べ物が大好きだった」…○　第２段落第３文に一致する。　４.「研究者たちは，あらゆる種類の食べ物について調査を行った」…×　第３段落第１文参照。調査は「ほっとする食べ物」に限定している。　５.「アメリカの研究者たちは1000人以上の人に，ほっとする食べ物について尋ねた」…○　第３段落第２文に一致する。　６.「アメリカで１位のほっとする食べ物は，ポテトチップスだ」…○　第４段落第３文に一致する。　７.「アメリカのほっとする食べ物は全ておやつだ」…×　第４段落最後から２文目参照。　８.「調査に参加した女性は，クッキーよりチョコレートをより多く選んでいる」…○　第５段落第４文に一致する。　９.「温かく塩気のあるほっとする食べ物は，男女ともに人気がない」…×　第５段落最終文参照。男性には人気がある。　10.「人々がほっとする食べ物を最も欲しがるのは悲しいときだと研究者たちは言っている」…×　第６段落参照。

5〔長文読解総合―説明文〕

≪全訳≫❶がんは，人の体の細胞に問題が生じるときに発症する恐ろしい病気で，それは細胞に周辺組織を攻撃させる。西洋諸国における人の死亡の約25％が，がんによるものだ。それはまた，アジアでも深刻な問題である。がんは地球温暖化以上に人の健康にとっての大きな脅威であると，多くの人が信じている。❷なぜ以前よりもがんになる人が増えているのだろうか。その答えはおそらく，現代の生活様式と関係があるだろう。喫煙，汚染された空気を吸うこと，新鮮な果物や野菜を十分に食べないことは，全てがんになる可能性を増加させうる。最近の研究が示すところでは，携帯電話の頻繁な使用も，がんのリスクを増加させる可能性があるということだ。❸人の生活様式や環境が，常にがんを引き起こす原因であるというわけではない。がんは，遺伝性のものである可能性もある。これは，両親ががんだったら，あなたもがんにかかる可能性が高いということだ。それゆえ，家族にがんの既往歴がある場合，健康的な生活様式だけでは十分ではないかもしれない。❹多くの人はがんを生き延びるが，がんはときに再発する。しかし，そのリスクを減らすためにできることはある。医療の研究によると，喫煙や汚染，ストレスを避けて健康的な食事をすれば，(3)がんにかかる可能性を低くすることができるということだ。❺誰でも今より少し健康になれば，今よりずっと自分に安心でき，がんの割合も下がるかもしれない。それは，毎日運動し，毎晩約８時間寝て，きれいな水を飲み，健康的な食べ物を食べて，食事において脂肪，塩分，砂糖の量を減らすということだ。

問１＜整序結合＞疑問詞 why「なぜ」を文頭に置く。動詞は are と getting で現在進行形をつくることができるので，これを‘be動詞＋主語＋～ing …?’の疑問文の語順にする。「がんになる人が増えている」は「より多くの人々ががんになる」と読み換えて主語を more people とする。「以前より」は than before。

問２＜適語選択・語形変化＞Ａ．直後に cigarettes「たばこ」があるので，smoke「(たばこを)吸う」が入る。この部分は，この後に並列されている breathing polluted air and not eating enough fresh fruit and vegetables とともに文全体の主語となる部分なので，動名詞(～ing)にする。文頭なので大文字にするのを忘れないこと。　Ｂ．最初の空所の直後にある your chances of getting cancer は「あなたががんになる可能性」という意味。この文の主語はいずれも健康によくないことなので，「がんになる可能性を増やす」とする。前に助動詞 can があるので原形のままでよい。２つ目の空所も，the frequent use of a cell phone が「がんのリスクを増す」という文意である。　Ｃ．主語の Recent research「最近の調査」が，that 以下のことを示しているという文になると判断できる。空所の前に has があるので，‘has＋過去分詞’の現在完了形にする。 show－showed－shown〔showed〕

問３＜英文解釈＞下線部の内容は，次の文で説明されている。

問４＜適語選択＞Ｘ．がんの原因として遺伝の可能性があると述べた段落。家族にがんの既往歴があれば，健康的な生活をしていても十分ではないかもしれない，という内容。　Ｙ．空所直後の it は cancer を受ける。come back は「戻る，よみがえる」という意味。つまり「再発する」ということ。空所前後が相反する意味になるので‘逆接’の but が適切。

問５＜整序結合＞直前の if 以下の内容と語群から，「がんになる可能性を減らせる」という内容になると推測できる。「がんになる可能性」は第２段落第３文や第３段落第３文を参考に your chances of getting cancer とまとめられる。 reduce「～を減らす」

問６＜適語句選択＞この前で述べられている exercising 以下の内容が全て健康的な内容になっていて，空所はこれらの内容と and で並列される部分なので，健康的な内容を選ぶ。健康的な内容となっているのは，エだけである。

問７＜内容真偽＞ア…×　第１段落第２文参照。25％は４分の１。　イ…○　第１段落最終文に一致する。　ウ…○　第２段落に一致する。　エ…×　遺伝性のものだけではない。また「可能性が低い」という記述はない。　オ…○　第４段落第１文に一致する。　カ…○　第４段落第２文～第５段落に一致する。

6〔整序結合〕

１．語群にhaveとsinceがあるので，「～して以来ずっと…ない」という現在完了(‘継続’用法)の否定文にする。「～から便りがある」はhear from ～，「～を卒業する」はgraduate from ～でそれぞれ表せる。

２．think of ～で「～について考える」という意味なので，まずこれを現在進行形にしてI'm thinking ofとまとめる。「しようかな」は「すること」と読み換えて，ofの後にdoingを置き，その目的語の「何かわくわくすること」をsomething excitingとまとめる。このように-thingで終わる代名詞を修飾する形容詞は後ろに置かれることに注意する。

３．「～はいかがですか」と何か物を勧めるときは，Would you like ～？と表せる。「ケーキをもう一切れ」はanother piece of cake。

４．主語の「壁に掛かっている絵」は‘接触’を表すonを用いてThe picture on the wallとまとめられる。「おばにもらった」は，語群に過去分詞givenがあるので‘be動詞＋過去分詞’の受け身形でwas givenとし，byは文末のmy auntにつながるので，その前にto me「私に」を置く。

５．文の骨組みは「彼は走ることができる」He can run。この後は‘(the＋)最上級＋in ～’「～の中で最も…」の形でfastest in his classと続ける。fast「速く」のような副詞の最上級にはtheをつけないこともある。

６．「学ぶことは決して遅すぎるということはない」と読み換え，‘It is ～ to …’「…することは～だ」と‘too ～ to …’「…するには～すぎる」の形を組み合わせる。「遅いということはない」という否定文なのでIt is never too late ... とする。

数学解答

1 (1) $\frac{1}{2}$　(2) $-9b$
(3) $(x-y)(x-y-3)$
(4) $x=-1\pm\sqrt{6}$　(5) $-\sqrt{10}$
(6) $a=-1$, $b=2$　(7) 54
(8) $108°$

2 (1) 3cm　(2) $12\sqrt{2}$ cm

3 (1) 10通り　(2) $\frac{3}{5}$

4 (1) 6　(2) (2, 4)

5 (1) $\frac{k-1}{3}$　(2) $\frac{1}{4}$

6 (1) $4-2\sqrt{2}$ cm　(2) $2\sqrt{2}-2$ cm^2

1〔独立小問集合題〕

(1)<数の計算>与式$=-4\times\left(-\frac{1}{4}+\frac{125}{1000}\right)=-4\times\left(-\frac{1}{4}+\frac{1}{8}\right)=-4\times\left(-\frac{2}{8}+\frac{1}{8}\right)=-4\times\left(-\frac{1}{8}\right)=\frac{1}{2}$

(2)<式の計算>与式$=a\div(-a^3b^3)\times 9a^2b^4=-\frac{a\times 9a^2b^4}{a^3b^3}=-9b$

(3)<因数分解>与式$=(x^2-2xy+y^2)-3(x-y)=(x-y)^2-3(x-y)$として，$x-y=A$とおくと，与式$=A^2-3A=A(A-3)$となる。$A$をもとに戻して，与式$=(x-y)(x-y-3)$である。

(4)<二次方程式>解の公式より，$x=\frac{-2\pm\sqrt{2^2-4\times 1\times(-5)}}{2\times 1}=\frac{-2\pm\sqrt{24}}{2}=\frac{-2\pm 2\sqrt{6}}{2}=-1\pm\sqrt{6}$となる。

(5)<式の値>与式$=(x+y)(x-y)$とする。$x+y=\frac{\sqrt{5}-\sqrt{2}}{2}+\frac{\sqrt{5}+\sqrt{2}}{2}=\frac{\sqrt{5}-\sqrt{2}+\sqrt{5}+\sqrt{2}}{2}=\frac{2\sqrt{5}}{2}=\sqrt{5}$，$x-y=\frac{\sqrt{5}-\sqrt{2}}{2}-\frac{\sqrt{5}+\sqrt{2}}{2}=\frac{\sqrt{5}-\sqrt{2}-(\sqrt{5}+\sqrt{2})}{2}=\frac{\sqrt{5}-\sqrt{2}-\sqrt{5}-\sqrt{2}}{2}=\frac{-2\sqrt{2}}{2}=-\sqrt{2}$だから，与式$=\sqrt{5}\times(-\sqrt{2})=-\sqrt{10}$である。

(6)<関数―傾き，切片>関数$y=ax+b$は，$a<0$より，xの値が増加するとyの値は減少する。xの変域が$-6\leqq x\leqq 2$のときのyの変域が$0\leqq y\leqq 8$だから，$x=-6$のときyの値は最大で8，$x=2$のときyの値は最小で0となる。よって，$y=ax+b$に$x=-6$，$y=8$を代入して，$8=-6a+b$……①となり，$x=2$，$y=0$を代入して，$0=2a+b$……②となる。①，②を連立方程式として解く。①－②より，$8-0=-6a-2a$，$8=-8a$　$\therefore a=-1$　これを②に代入して，$0=-2+b$　$\therefore b=2$

(7)<数の性質>$\sqrt{\frac{a}{6}}$が自然数となるとき，自然数aは，nを自然数とすると，$a=6\times n^2$と表される。このとき，$\sqrt{\frac{a}{6}}=\sqrt{\frac{6n^2}{6}}=\sqrt{n^2}=n$となる。よって，3番目に小さいものは，$n=3$のときだから，$a=6\times 3^2=54$である。

(8)<図形―角度>右図のように，点A～Mを定める。五角形の内角の和は$180°\times(5-2)=540°$だから，正五角形の1つの内角の大きさは$540°\div 5=108°$となる。△FGHは正三角形だから，∠FGH＝∠LMH＝60°より，FG∥m∥lとなる。△ABIの内角の和より，∠ABI＝180°－∠AIB－∠BAI＝180°－48°－108°＝24°となり，∠IBJ＝∠ABJ－∠ABI＝108°－24°＝84°である。平行線の同位角は等しいので，∠FJC＝∠IBJ＝84°となる。よって，四角形FJCKの内角の和より，∠x＝360°－∠FJC－∠JCK－∠KFJ＝360°－84°－108°－60°＝108°である。

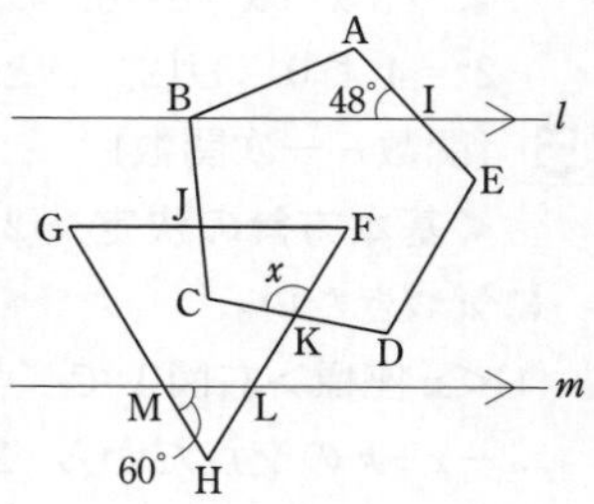

2〔空間図形―円錐〕

(1)<長さ>次ページの図で，底面の円の半径を$r$cmとする。円錐の展開図が縦12cm，横15cmの長方形におさまったことから，側面のおうぎ形の半径は12cm，中心角は90°となる。側面のおうぎ形の弧の長さは，底面の円の周の長さと等しいから，$2\pi \times 12 \times \frac{90°}{360°} = 2\pi r$が成り立ち，これを解くと，$6\pi = 2\pi r$より，$r = 3$(cm)となる。

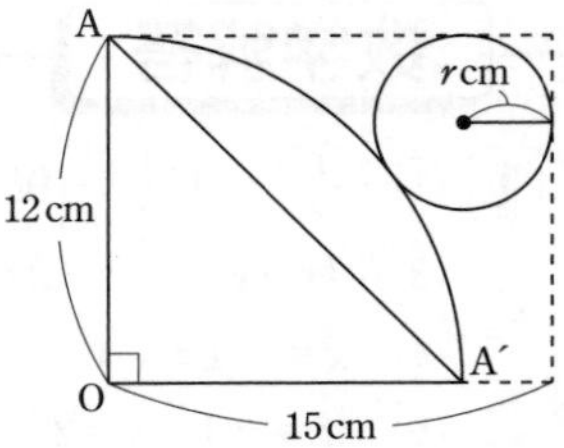

(2)＜長さ—特別な直角三角形＞点Aから円錐の側面にひもを回したとき，ひもの長さが最短になるのは，右図で，線分AA′となるときである。円錐の頂点をOとすると，OA＝OA′＝12より，△OAA′は直角二等辺三角形となるので，OA：AA′＝1：$\sqrt{2}$より，AA′＝$\sqrt{2}$OA＝$\sqrt{2} \times 12 = 12\sqrt{2}$(cm)である。

3〔確率—正四角錐〕

(1)＜場合の数＞5つの頂点O，A，B，C，Dから3つの点を選ぶ選び方は(O，A，B)，(O，A，C)，(O，A，D)，(O，B，C)，(O，B，D)，(O，C，D)，(A，B，C)，(A，B，D)，(A，C，D)，(B，C，D)の10通りある。

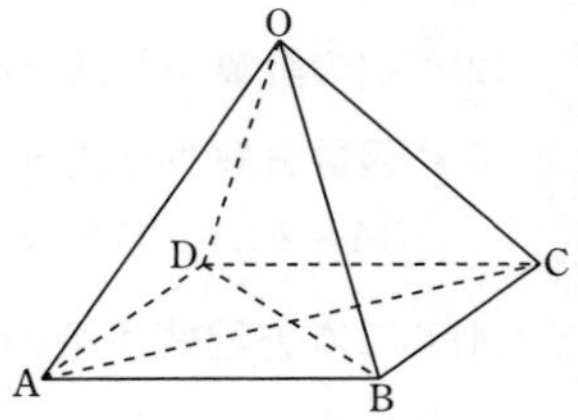

(2)＜確率＞右図で，正四角錐O-ABCDは全ての辺の長さが等しいので，側面の三角形は全て正三角形となる。よって，3つの点を選んでつくった三角形が二等辺三角形になるのは，(1)で下線を引いた6通りだから，求める確率は$\frac{6}{10} = \frac{3}{5}$である。

4〔関数—関数$y = ax^2$と直線〕

≪基本方針の決定≫(1)　2点A，Bはy軸について対称な点である。　(2)　BD＋CDが最小となるときの3点B，C，Dの位置関係を考える。

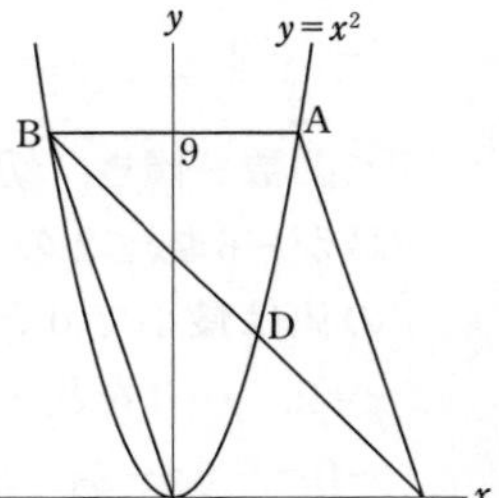

(1)＜x座標＞右図で，四角形ABOCが平行四辺形になるとき，AB＝CO，AB∥〔x軸〕である。よって，放物線$y = x^2$はy軸について対称だから，2点A，Bはy軸について対称な点となる。2点A，Bは放物線$y = x^2$上にあり，y座標が9だから，$9 = x^2$，$x = \pm 3$より，A(3，9)，B(−3，9)となる。したがって，CO＝AB＝3−(−3)＝6だから，点Cのx座標は6である。

(2)＜交点の座標＞右図で，線分BDと線分CDの長さの和が最小となるとき，3点B，D，Cは一直線上に並ぶので，放物線$y = x^2$と直線BCの交点がDとなる。(1)より，B(−3，9)，C(6，0)だから，直線BCの傾きは$\frac{0-9}{6-(-3)} = -1$となり，その式は$y = -x + b$とおける。これがC(6，0)を通るので，$0 = -6 + b$，$b = 6$より，直線BCの式は$y = -x + 6$である。放物線と直線BCの式からyを消去して，$x^2 = -x + 6$より，$x^2 + x - 6 = 0$，$(x+3)(x-2) = 0$　∴$x = -3$，2　よって，点Dのx座標は$x = 2$であり，$y = 2^2 = 4$より，D(2，4)となる。

5〔関数—一次関数〕

≪基本方針の決定≫(2)　△ACB∽△ECDとなることに気づきたい。

図1

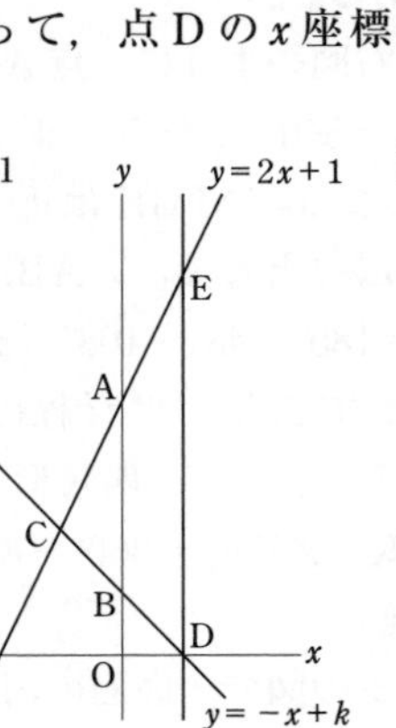

図2

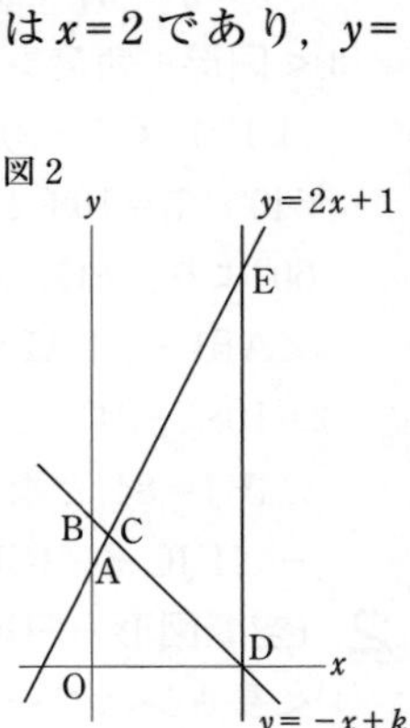

(1)＜x座標＞右図1で，点Cは直線$y = 2x + 1$と直線$y = -x + k$の交点だから，2式からyを消去して，$2x + 1 = -x + k$より，$3x = k - 1$，$x = \frac{k-1}{3}$となる。

(2)＜切片＞右図1で，点A，Bはそれぞれ直線$y = 2x + 1$，直線$y = -x + k$とy軸の交点だから，A(0，1)，B(0，

$k)$である。また，点Dは直線$y=-x+k$とx軸の交点だから，$0=-x+k$，$x=k$より，D$(k,\ 0)$となる。このとき，ED∥〔y軸〕より，点Eのx座標もkとなり，点Eは直線$y=2x+1$上の点だから，E$(k,\ 2k+1)$である。ここで，$k>0$より，点Bのy座標は，(i)図1のように，点Aのy座標より小さい場合と，(ii)前ページの図2のように，点Aのy座標より大きい場合が考えられる。(i)のとき，〔y軸〕∥EDより，△ACB∽△ECDである。相似な図形の面積比は相似比の2乗となるので，△ACB：△ECD＝1：4＝1^2：2^2より，これらの三角形の相似比は1：2となる。よって，AB：ED＝1：2であり，点A，B，Eのy座標より，AB＝$1-k$，ED＝$2k+1$だから，$(1-k):(2k+1)=1:2$が成り立つ。これを解くと，$(1-k)\times2=(2k+1)\times1$より，$k=\frac{1}{4}$である。(ii)のとき，〔$y$軸〕∥EDより，△ACB∽△ECDだから，(i)と同様に考えると，AB：ED＝1：2より，2AB＝EDとなる。このとき，AB＝$k-1$，ED＝$2k+1$より，2AB＝$2(k-1)=2k-2$となり，$2k-2<2k+1$で，2AB＜EDだから，これは成り立たない。したがって，$k=\frac{1}{4}$である。

6 〔平面図形―円と三角形〕

≪基本方針の決定≫(1)　$\overset{\frown}{\mathrm{DA}}=\overset{\frown}{\mathrm{DG}}$だから，DA＝DGである。　(2)　点Jが二等辺三角形ADGの底辺AGの中点であることに気づきたい。

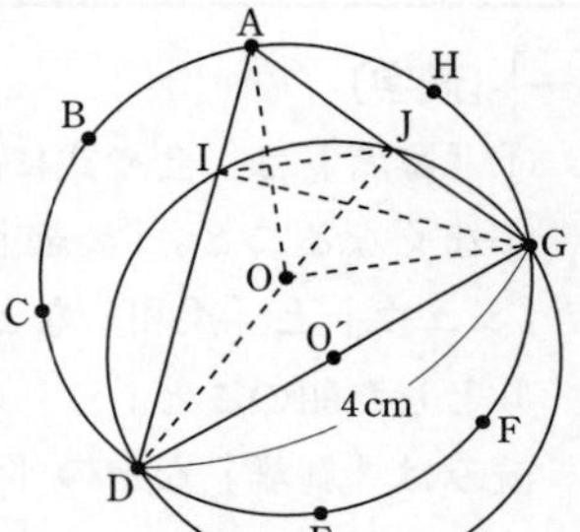

(1)＜長さ―特別な直角三角形＞右図で，円周が8等分されている円の中心をO，辺DGを直径とする円の中心をO′とし，点Oと2点A，G，点Iと点Gを結ぶ。$\overset{\frown}{\mathrm{DA}}$，$\overset{\frown}{\mathrm{DG}}$はともに円Oの周の長さの$\frac{3}{8}$だから，$\overset{\frown}{\mathrm{DA}}=\overset{\frown}{\mathrm{DG}}$であり，DA＝DG＝4となる。また，$\angle\mathrm{AOG}=360^\circ\times\frac{2}{8}=90^\circ$だから，$\overset{\frown}{\mathrm{AG}}$に対する円周角と中心角の関係より，$\angle\mathrm{ADG}=\frac{1}{2}\angle\mathrm{AOG}=\frac{1}{2}\times90^\circ=45^\circ$となる。さらに，線分DGは円O′の直径だから，$\angle\mathrm{DIG}=90^\circ$である。よって，△DGIは直角二等辺三角形となるから，$\mathrm{DI}=\frac{1}{\sqrt{2}}\mathrm{DG}=\frac{1}{\sqrt{2}}\times4=2\sqrt{2}$であり，$\mathrm{AI}=\mathrm{DA}-\mathrm{DI}=4-2\sqrt{2}$(cm)となる。

(2)＜面積＞右上図で，点Jと2点D，Iを結ぶ。(1)より，△ADGはDA＝DGの二等辺三角形であり，線分DGが円O′の直径であることより，$\angle\mathrm{DJG}=90^\circ$だから，線分DJは二等辺三角形の頂点から底辺に引いた垂線である。よって，点Jは底辺AGの中点となるから，$\triangle\mathrm{AIJ}=\frac{1}{2}\triangle\mathrm{AIG}$である。また，(1)より，$\mathrm{AI}=4-2\sqrt{2}$，$\mathrm{GI}=\mathrm{DI}=2\sqrt{2}$だから，$\triangle\mathrm{AIG}=\frac{1}{2}\times(4-2\sqrt{2})\times2\sqrt{2}=4\sqrt{2}-4$である。よって，$\triangle\mathrm{AIJ}=\frac{1}{2}\times(4\sqrt{2}-4)=2\sqrt{2}-2$(cm²)となる。

国語解答

一 ① 臨席 ② 委〔萎〕縮
③ 喪失 ④ 柔 ⑤ 生涯
⑥ ほそおもて ⑦ けたはず
⑧ は ⑨ せば ⑩ えり

二 問一 ⓐ…エ ⓑ…ア 問二 イ
問三 ア 尻[込み] イ 百[も承知]
問四 A…オ B…エ C…コ
問五 ア 問六 ア，ウ，エ
問七 ウ 問八 人間への飢え
問九 「不在」とは，いるべき人がいない「さびしい」という感覚を伴うものであるのに対し，「留守」とは，今そこに人がいないのは一時的なことで，やがて帰ってくるということを待ち望むものである。
問十 いない～う威力
問十一 〔Ⅰ〕…ア 〔Ⅱ〕…ウ
問十二 ア，オ

三 問一 Ⓐ 定む Ⓒ 深し
問二 おおかた
問三 利養を先と[する心]
問四 (ある)在家人
問五 ⓐ…キ ⓑ…イ ⓒ…コ
問六 ア 問七 イ 問八 ウ

一〔漢字〕

①「臨席」は，会や式に出席すること。 ②「萎縮」は，相手の勢いや雰囲気などの影響で，元気がなくなること。「委縮」とも書く。 ③「喪失」は，失うこと。 ④音読みは「柔道」などの「ジュウ」と「柔和」などの「ニュウ」。 ⑤「生涯」は，一生のこと。 ⑥「細面」は，ほっそりとした顔のこと。 ⑦「桁外れ」は，価値や規模などが，他からかけ離れていること。 ⑧音読みは「剝離」などの「ハク」。 ⑨「狭める」は「せばめる」と読み，「狭い」は「せまい」と読む。音読みは「偏狭」などの「キョウ」。 ⑩「襟を開く」は，胸中を隠さずうちあける，という意味。

二〔論説文の読解―教育・心理学的分野―心理〕出典；中西進『日本人の忘れもの』。

≪本文の概要≫「千切木」という狂言では，「居留守」が笑いのポイントになっている。「留守」とは，もともとは出かけずに都を守る役人を表す法律用語であった。しかし，しだいに，いないこと自体を「留守」というようになった。つまり，「留守」は，人間の不在を表す言葉になった。しかし，不在と留守とは別物である。不在は，人がいないことを表す言葉であるが，留守とは，不在の人が帰ってくることを前提とした言葉である。ところで，現代では，「留守」が生活から消えていこうとしている。書留郵便や配達証明郵便は，徹底的に相手の存在を要求する。留守番電話は，バーチャルな相手として送信を聞き，いない相手までいさせてしまうようなものである。しかし，常に存在することを求められるのは，息苦しい。「留守」とは，ゆとりであり，人間関係の一つの間奏曲のようなものなのである。

問一．ⓐ＜慣用句＞「沽券にかかわる」は，品位や体面が傷つけられる，という意味。 ⓑ＜ことわざ＞「うそも方便」は，良い結果を得るために，ときにはうそも必要である，という意味。

問二＜慣用句＞「拍子抜けする」は，張り合いがなくなる，という意味。「肩透かしを食う」は，意気込んでいたが，勢いをそらされ，無駄に終わる，という意味。「揚げ足を取る」は，人の言い間違いや言葉尻をとらえて非難したりからかったりする，という意味。「さじを投げる」は，思うような結果になる見込みがないと諦めて手を引く，という意味。「後ろ盾を失う」は，支援している人がいなくなる，という意味。

問三＜慣用句＞ア.「尻込み」は，気後れしてためらうこと。　イ.「百も承知」は，言われるまでもなく十分わかっていること。

問四＜接続語＞A.「不在と留守が別物だ」ということの例として，「故人が愛用した椅子」は，「不在」であって「留守」でないことが挙げられる。　B.「不在」というと故人のように帰ってくることのない状態も表すけれども，「留守」は，帰ってくることを前提とした言葉である。　C.「留守」という言葉が，帰ってくることを前提としていると考えると，「留守」とは，「さびしいばかりのものではなくなる」といえる。

問五＜文章内容＞口うるさい「ある男」は，「たまりかねた仲間」から，「蹴るわなぐるわの目」に遭わされる。「ある男」の妻は，相手の男に仕返ししようと言い，夫婦で，相手の男の家に行き，戸をたたくが，相手の男本人が「留守じゃ」と答えて居留守を使ったのである。

問六＜文章内容＞夫婦が，暴力を振るった男に仕返しするために，相手の男の家に行ったときに，相手の男が留守でなかったならば，「ある男」と相手の男は，けんかをすることになり，もし，けんかをしていたら，けが人が出たはずである(ウ…○)。「ある男」は，相手の男に「勝てっこない」のであり，誇りを保つことができない(ア…○)。そうなると，女房は「頼もしい夫だというわけにも」いかなくなり，夫婦円満にはならなかったのである(エ…○)。

問七＜文章内容＞「千切木」の作者は，居留守によって，物事を解決させた。「留守じゃ」と言ったのは暴力を振るった男本人であり，明らかなうそである。女房も「居留守」である，つまり，うそであるとわかったうえで，夫をほめている。狂言の作者は，物事の解決には，事実の追求よりも，「うそも方便」という柔軟さが必要である場合もあると，示したのである。

問八＜文章内容＞ゴッホの描いた「空っぽの椅子」は，「つねに人間を待ちつづける姿」を示しており，「つねに愛されることを願い，やって来てくれる人間を恋い慕っている」ゴッホの，「人間への飢え」が，描かれているように感じさせるのである。

問九＜文章内容＞「不在」とは，「座るべき物に座る人がいない」というような状態を表し，「さびしい」ものである。また，故人のように，帰ってくることがないという状態も表す。一方，「留守」とは，今いないけれども帰ってくるという状態であり，「けっしてさびしいばかりのものでは」ないし，「本来はこちらがふつうの居場所だ」ということを主張する言葉でもある。

問十＜文章内容＞留守電は，相手が不在でも，機械が相手として送信を聞くので，「いない相手まで，いさせてしまう威力」を発揮するかのようである。

問十一＜文学史＞〔Ⅰ〕松尾芭蕉は，江戸時代の俳人。　〔Ⅱ〕『おくのほそ道』は，江戸時代の松尾芭蕉による俳諧紀行文。『方丈記』は，鎌倉時代の鴨長明による随筆。『おらが春』は，江戸時代の小林一茶による俳文集。「浮世草子」は，江戸時代につくられた小説の一種で，娯楽的な要素の強い町人文学を指す。

問十二＜要旨＞生真面目な現代人は「居留守」といううそを非難するかもしれないが，狂言「千切木」では，「留守」こそが必要な要素であり，「留守」によるフェイントが笑いを生んでいる(エ…×)。ゴッホの椅子の絵は，やってきてくれる人間を恋い慕う，ゴッホの人間への飢えが表現されている(ウ…×)。松尾芭蕉の落柿舎を訪れた人は，入り口横の「蓑」の有無によって，落柿舎にいる芭蕉の存在，あるいは出かけている芭蕉の存在を感じた(オ…○)。書留郵便や配達証明郵便，留守番電話のように，相手が届けたいと思う発信に，存在することを求められ，忠実に対応しなければならないというのは，息苦しいものである（イ・カ…×）。昔の人は，大らかに「留守」の有効性を認めていたのであり，現代人にもそんな心のゆとりが必要である（ア…○）。

三 〔古文の読解―説話〕出典；無住法師『沙石集』巻第八ノ五。

≪現代語訳≫奈良に，歯を取る唐からの渡来人がいた。ある在家人で，けちで貪欲で，利益を得ることを第一として，何かにつけ，商売の心ばかりあって，財産もあった人が，虫が食った歯を取らせようとして，渡来人のところへ行った。（渡来人が）歯を一つ取るのに，銭二文と決めているのを，（在家人は）「一文で取ってください」と言う。（渡来人は）少しのことだから，ただ取ってもよいのだが，（在家人の）根性の悪さに，「決して，一文では抜くまい」と言う。しばらく言い争ううちに，（渡来人が）一向に（歯を）取らないので，（在家人が）「それでは三文で，歯を二つ取ってください」と，虫が食っていない良い歯をつけ加えて，（渡来人に）二つ（歯を）取らせて，三文取らせた。（在家人の）気持ちは利益を得たと思ったのだろうけれども，傷のない歯を失ったのであり，大きな損である。これは申し上げるまでもなく，とても愚かなことで，馬鹿げた仕業である。／ただし，世間の人の利益を求める心は深く，何かにつけて利益を思ううちに，因果の道理もわからず，将来のつらい報いも理解せず，ただ目の前の幻の利益にひたり，死後の世界における財産を失い，仏法の利益を得ないことが多いということだ。

問一＜古典文法＞Ⓐ「定め」は，動詞「定む」の連用形。決める，という意味。　Ⓒ「深き」は，形容詞「深し」の連体形。ここでは，著しい，という意味。

問二＜歴史的仮名遣い＞歴史的仮名遣いの語頭以外のハ行は，原則として現代仮名遣いでは「わいうえお」になるので，「おほかた」は「おおかた」となる。下に打ち消しの語を伴って，全く，という意味。

問三＜古文の内容理解＞在家人の，「利養を先と」する，利益ばかりを優先する心構えが，「商ひ心」と称されている。

問四＜古文の内容理解＞唐からの渡来人に歯を抜いてもらいに行ったのは，「ある在家人」である。

問五＜現代語訳＞ⓐ「せ」は使役の助動詞「す」の未然形，「む」は意志を表す助動詞の終止形。全体で，取らせよう，という意味である。　ⓑ「て」は，～して，という意味の接続助詞，「たべ」は，補助動詞「たぶ」の命令形で，～してください，という意味。全体で，取ってください，という意味である。　ⓒ「べけれ」は，助動詞「べし」の已然形で，ここでは，～するのがよい，という適当の意味を表し，「ども」は，～だけれども，という意味の接続助詞。全体で，取ってもよいのだが，という意味である。

問六＜古文の内容理解＞唐からの渡来人は，歯を一つ取るのに二文と決めているのに，在家人に，歯を一つ一文で取ってください，と言われて，値切ろうとする在家人の態度を嫌だと思って，在家人の歯を取るのを断ったのである。

問七＜現代語訳＞「ふつと」は，副詞で，下に打ち消しの言葉を伴って，全く，決して，という意味。「にて」は，～で，という手段や方法を表す格助詞，「は」は係助詞，「じ」は打ち消しの意志を表す助動詞で，～するつもりはない，という意味。全体で，決して一文では抜くまい，という意味である。

問八＜古文の内容理解＞在家人は，歯を抜く費用を値切って，得をしたと思っているが，実際は，虫歯になっていない良い歯を失って大損したのである。目先の利益ばかりを求めると損をするのであり，目先の利益ではなく仏の徳を得ようとすべきであるという教訓が，本文の趣旨である。

●要点チェック●　図形編―合同

◎図形の合同

合同……一方の図形を移動させて(ずらしたり《平行移動》，回したり《回転移動》，裏返したり《対称移動》して)，他方の図形に重ね合わせることのできるとき，この２つの図形は合同である。

・合同な図形の性質

１．対応する線分の長さは等しい。

２．対応する角の大きさは等しい。

・三角形の合同条件

２つの三角形は次のどれかが成り立つとき合同である。

１．３組の辺がそれぞれ等しい。

２．２組の辺とそのはさむ角がそれぞれ等しい。

３．１組の辺とその両端の角がそれぞれ等しい。

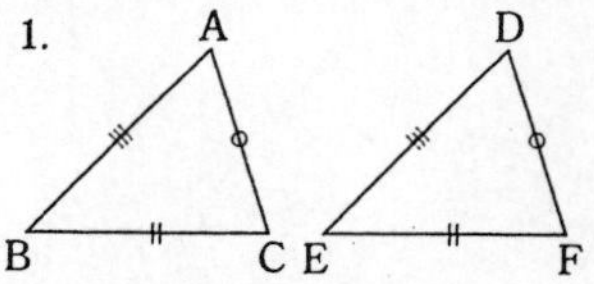

$AB=DE$
$BC=EF$
$AC=DF$

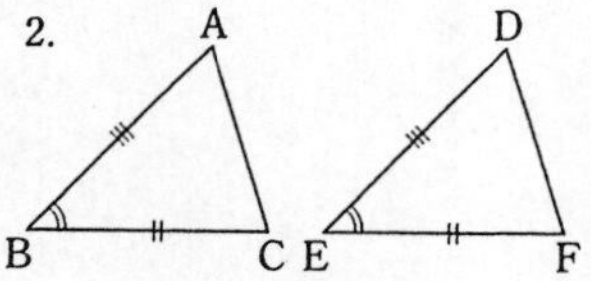

$AB=DE$
$BC=EF$
$\angle ABC=\angle DEF$

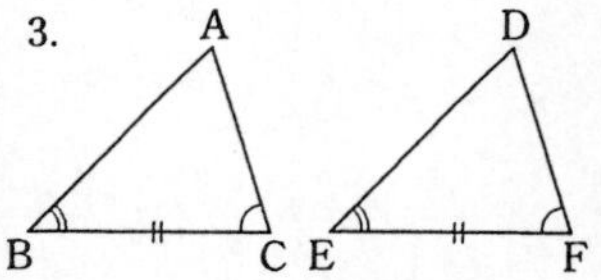

$BC=EF$
$\angle ABC=\angle DEF$
$\angle ACB=\angle DFE$

・直角三角形の合同条件

２つの直角三角形は次のどちらかが成り立つとき合同である。

１．斜辺と１鋭角がそれぞれ等しい。

２．斜辺と他の１辺がそれぞれ等しい。

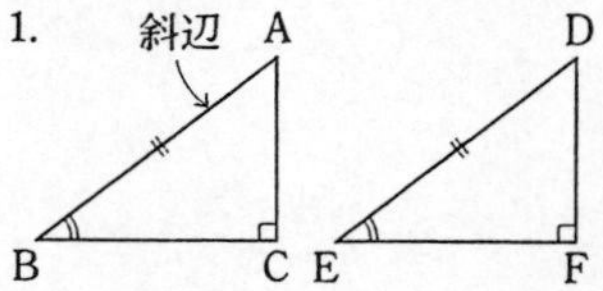

$\angle ACB=\angle DFE=90^\circ$
$AB=DE$
$\angle ABC=\angle DEF$

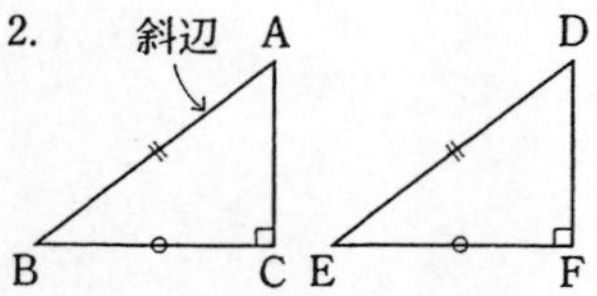

$\angle ACB=\angle DFE=90^\circ$
$AB=DE$
$BC=EF$

Memo

高校を受験する生徒とご父母のための…

2025年度用 高校合格資料集

■首都圏有名書店にて今秋発売予定！

内容目次

※表紙は昨年のものです。

1 まず試験日はいつ？ 推薦ワクは？競争率は？

2 この学校のことは どこに行けば分かるの？

3 かけもち受験のテクニックは？

4 合格するために大事なことが二つ！

5 もしもだよ！ 試験に落ちたらどうしよう？

6 勉強しても成績があがらない

7 最後の試験は面接だよ！

定価1430円（税込）

当社発行物の無断使用は固くお断りいたします。御使用の前はまずご相談ください。

当社発行物には500点余の首都圏中・高過去問をはじめ、6点の学校案内、そのほかいくつかの情報誌などがございます。その多くが年度版で、限られたスタッフが来るべき受験シーズン前に余裕を持って受験生へ届けられるよう、日夜作業にあたり出版を重ねております。

最近、通塾生ご父母や塾内部からの告発によって、いくつかの塾が許諾なしに当社過去問を複写（コピー）し生徒に配布、授業等にも使用していることが発覚し、その一部が紛争、係争に至っております。過去問には原著作者や管理団体、代行出版等のほか、当社に著作権がございます。当社としましては、著作権侵害の発覚に対しては著作権を有するこれらの著作権関係者にその事実を開示して、マスコミにリリースする場合や法的な措置を取る場合がございます。その事例としましては、毎年当社過去問の発行を待って自由にシステム化使用していたＡ塾、個別教室でコピーを生徒に解かせ指導していたＢ塾、冊子化していたＣ社、生徒の希望によって書籍の過去問代わりにコピーを配布していたＤ塾などがあります。

当社発行物の全部もしくは一部を無断使用することは固くお断りいたします。

当社コンテンツの中にはリーズナブルな設定で紙面の利用を許諾している塾もたくさんございますので、ご希望の方は、お気軽にご相談くださいますようお願いします。同時に、当社発行物を無断で使用している会社などにつきましての情報もお寄せいただければ幸いです。

株式会社 声の教育社

スーパー過去問の **解説執筆・解答作成スタッフ（在宅）募集！** ※募集要項の詳細は、10月に弊社ホームページ上に掲載します。

2025年度用
高校スーパー過去問

■編集人 声の教育社・編集部
■発行所 株式会社 声の教育社
〒162-0814 東京都新宿区新小川町8-15
☎03-5261-5061㈹ FAX03-5261-5062
https://www.koenokyoikusha.co.jp

※本書の内容についての一切の責任は当社にあります。内容・解説・解答その他の質問等は文書にて当社に御郵送くださるようお願いいたします。

カコを追いかけ
ミライをつかめ

十文字高等学校

別冊解答用紙

丁寧に抜きとって、別冊としてご使用ください。

★教科別合格者平均点＆合格者最低点　※ — は非公表。

推薦

年度		英語	数学	国語	合格者最低点
2024	自己発信	59.6	40.7	71.9	—
	特選				175
	リベラルアーツ				140
2023	自己発信	69.3	45.8	59.6	—
	特選				190
	リベラルアーツ				160
2022	自己発信	68.5	42.4	56.3	—
	特選				190
	リベラルアーツ				160

一般

年度		英語	数学	国語	合格者最低点
2024	自己発信	64.4	56.3	67.9	—
	特選				185
	リベラルアーツ				140
2023	自己発信	64.2	64.1	70.1	—
	特選				190
	リベラルアーツ				160
2022	自己発信	68.3	74.9	63.3	—
	特選				190
	リベラルアーツ				160

解けると春が来るんだね。

注意

- ○ 解答用紙は、収録の都合により縮小したものや、小社独自に作成したものもあります。
- ○ 学校配点は学校発表のもの、推定配点は小社で作成したものです。
- ○ 無断転載を禁じます。
- ○ 解答用紙を拡大コピーする場合、表示した拡大率に対応する用紙サイズは以下のとおりです。
  101%～102%＝B5　103%～118%＝A4　119%～144%＝B4　145%～167%＝A3
  (タイトルと配点表は含みません)

２０２４年度　　十文字高等学校　推薦Ａ・Ｂ

英語解答用紙

番号		氏名	

評点	／100

1

問1	問2	問3	問4	問5	問6

2

①（n　　　　）　②（s　　　　）　③（n　　　　）

④（w　　　　）　⑤（m　　　　）　⑥（w　　　　）

3

A	B	C	D	E	F

4

1	2	3	4	5	6	7	8	9	10

5

問１．＿＿＿＿＿　問２．＿＿＿＿＿　問３．＿＿＿＿＿

問４．paper furniture is (　　　　　) light (　　　　　) even a child can easily move or carry it.

問５．Paper shelves or cabinets (

＿＿＿＿＿＿＿＿＿＿＿＿＿＿＿＿＿＿＿＿),

問６．＿＿＿＿＿　問７．＿＿＿＿＿　問８．＿＿＿＿＿

問９．＿＿＿＿＿　＿＿＿＿＿

6

1．I (　　　　　　　　　　　　　　).

2．He (　　　　　　　　　　　　　　).

3．(　　　　　　　　　　　　　　) Tokyo Dome?

4．I (　　　　　　　　　　　　　　).

5．Mr.Tanaka (　　　　　　　　　　　　　　) now.

（注）この解答用紙は実物を縮小してあります。A３用紙に154％拡大コピーすると、ほぼ実物大で使用できます。（タイトルと配点表は含みません）

推定配点		計
	1, 2　各２点×12　3　各３点×６　4　各２点×10 5　問１～問４　各２点×４　問５　３点　問６～問８　各２点×３ 問９　各３点×２ 6　各３点×５	100点

2024年度　十文字高等学校　推薦A・B

数学解答用紙

番号

氏名

評点　／100

1
(1)
(2)
(3)
(4)
(5)
(6)
(7)

2
(1)
(2)

3
(1)
(2) ア　イ　ウ　エ　オ

4
(1)
(2)

5
(1)
(2)

6
(1) ア　イ
(2)

（注）この解答用紙は実物を縮小してあります。A３用紙に161%拡大コピーすると、ほぼ実物大で使用できます。（タイトルと配点表は含みません）

推定配点

1～5　各6点×15〔3は各6点×2〕
6　各5点×2〔(1)は完答〕

計　100点

二〇二四年度　十文字高等学校　推薦A・B

国語解答用紙

番号　　氏名　　評点　/100

一

① キソ（う）
② ギョウコ
③ ソウニュウ
④ イコ（い）
⑤ ナグサ（め）
⑥ 含有
⑦ 欺（く）
⑧ 疫病
⑨ 怠惰
⑩ 厳（かに）

二

問一　ⓐ　ⓑ　ⓓ

問二

問三　A　B　C　D

問四　（10字）

問五

問六

問七　ⓐ　ⓘ

問八

問九

問十

問十一

三

問一　ⓐ あひかたらひていはく

問二　ⓑ　ⓒ

問三　ⓓ　ⓔ

問四　（1）　（2）　のため

問五　（1）　（2）

問六　料　紙　還　本　土

問七　（15字）

問八

（注）この解答用紙は実物を縮小してあります。A3用紙に159%拡大コピーすると、ほぼ実物大で使用できます。（タイトルと配点表は含みません）

推定配点	計
一　各2点×10 二　問一～問三　各2点×8　問四、問五　各4点×3　問六　3点 問七　各2点×2　問八～問十一　各3点×5 三　問一～問三　各2点×5　問四、問五　各3点×4　問六　2点 問七、問八　各3点×2	100点

２０２４年度　十文字高等学校

英語解答用紙

番号		氏名		評点	／100

1

1	2	3	4	5

2

①(**o**) ②(**d**) ③(**l**)

④(**c**) ⑤(**f**)

3

A	B	C	D	E

4

1	2	3	4	5	6	7	8	9	10

5

問1．A ______ B ______ C ______

問2．______

問3．Ben was ______ on ~ shop!

問4．

客	に								
							集	い	

問5．

ベ	ン	と	ジ	ェ	リ	ー	は				
		会	社	に	し	た	か	っ	た	。	

問6．______ ______ ______

6

1．I (______) garden.

2．Japan (______) the world.

3．USJ (______).

4．(______) for me?

5．I'd (______) there.

6．(______).

（注）この解答用紙は実物を縮小してあります。175%拡大コピーすると、ほぼ実物大で使用できます。（タイトルと配点表は含みません）

推定配点		計
	1 各２点×５　2 各３点×５　3, 4 各２点×15 5 問１，問２　各２点×４　問３　３点　問４　４点　問５，問６　各３点×４ 6 各３点×６	100点

2024年度 十文字高等学校

数学解答用紙

番号　　氏名　　評点 /100

1
(1)
(2)
(3)
(4)
(5)
(6)
(7)
(8)

2
(1)
(2)

3
(1)
(2)

4
(1)
(2)

5
(1)
(2)

6
(1) ア　イ　ウ　エ　オ　カ
(2) 2年生　3年生

（注）この解答用紙は実物を縮小してあります。172%拡大コピーすると、ほぼ実物大で使用できます。（タイトルと配点表は含みません）

推定配点

1 各5点×8
2〜6 各6点×10〔6(1)、(2)はそれぞれ完答〕

計 100点

二〇二四年度　十文字高等学校

国語解答用紙

番号		氏名	

評点	/100

一

① ハンエイ
② ボウガイ
③ キンコウ
④ フサ（ぐ）
⑤ オサ（え）
⑥ 威嚇
⑦ 締（めて）
⑧ 掌握
⑨ 閲覧
⑩ 来（す）

二

問一　A　B　C

問二　ⓐ　ⓑ　ⓒ

問三　D　E　F　G

問四　(1)　30　20
(2)

問五　〜

問六　(1)　(2)

問七　(1)　(2)

問八

問九

問十　〜　思考

三

問一　ⓐ　ⓑ　ⓒ

問二

問三　あ　い　う　え

問四

問五

問六

問七　A　B

（注）この解答用紙は実物を縮小してあります。A３用紙に159％拡大コピーすると、ほぼ実物大で使用できます。（タイトルと配点表は含みません）

推定配点	
	一　各２点×10
	二　問一〜問三　各２点×10　問四　各４点×２　問五、問六　各３点×３
	問七　各２点×２　問八〜問十　各３点×３
	三　問一〜問三　各２点×８　問四〜問六　各３点×３
	問七　A　３点　B　２点
計	100点

２０２３年度　十文字高等学校　推薦Ａ・Ｂ

英語解答用紙

番号		氏名	

評点	／100

1

問1	問2	問3	問4	問5	問6

2

①（ **t** ）　②（ **o** ）　③（ **d** ）

④（ **h** ）　⑤（ **g** ）　⑥（ **l** ）

3

A	B	C	D	E

4

1	2	3	4	5	6	7	8	9	10

5

問１．＿＿＿＿　問２．＿＿＿＿

問３．＿＿＿＿　問４．＿＿＿＿

問５．＿＿＿＿＿＿＿＿

問６．＿＿＿＿＿＿＿＿　＿＿＿＿＿＿＿＿

問７．＿＿＿＿　問８．＿＿＿＿　＿＿＿＿

6

１．（＿＿＿＿＿＿＿＿＿＿＿＿＿＿＿＿）?

２．（＿＿＿＿＿＿＿＿＿＿＿＿＿＿＿＿）?

３．（＿＿＿＿＿＿＿＿＿＿＿＿＿＿）in our class.

４．（＿＿＿＿＿＿＿＿＿＿＿＿＿）every morning.

５．（＿＿＿＿＿＿＿＿＿＿＿＿＿＿＿＿）.

（注）この解答用紙は実物を縮小してあります。Ａ３用紙に152%拡大コピーすると、ほぼ実物大で使用できます。（タイトルと配点表は含みません）

推定配点		計
	1, 2　各２点×12　3　各３点×５　4　各２点×10 5　問１～問４　各２点×４　問５～問８　各３点×６ 6　各３点×５	100点

2023年度　十文字高等学校　推薦A・B

数学解答用紙

番号		氏名		評点	/100

5
(1) cm^3
(2)

6
(1)
(2)

3
(1)
(2) ：

4
(1)
(2) a =

1
(6)
(7) y =
(8) ∠BAE=　　°

2
(1) 通り
(2) 通り

1
(1)
(2)
(3)
(4)
(5) x =

（注）この解答用紙は実物を縮小してあります。Ａ３用紙に161%拡大コピーすると、ほぼ実物大で使用できます。（タイトルと配点表は含みません）

推定配点	
1、2 各6点×10　3〜6 各5点×8	
計	100点

二〇二三年度　十文字高等学校　推薦A・B

国語解答用紙

番号　　氏名　　評点　／100

一

①カンゲン　②チクセキ　③サイバイ　④マサツ　⑤コチョウ

⑥健　気　⑦憤　（り）　⑧風　情　⑨尚　早　⑩素　人

二

問一　ⓐ　ⓑ　ⓒ

問二　A　B　C　D

問三

問四　20

問五

問六　反感を

問七　〜

問八

問九

問十

問十一　20　40　45

三

問一　ⓐ　くづほれて　ⓑ　見るやう

問二　あ　い

問三

問四

問五　〜

問六　15

問七

問八　が　に

問九

（注）この解答用紙は実物を縮小してあります。A3用紙に159％拡大コピーすると、ほぼ実物大で使用できます。（タイトルと配点表は含みません）

推定配点

一　各2点×10

二　問一、問二　各2点×7　問三　3点　問四　5点　問五、問六　各3点×2
問七　4点　問八、問九　各3点×2　問十、問十一　各6点×2

三　問一、問二　各2点×4　問三〜問五　各3点×3　問六　4点
問七〜問九　各3点×3

計　100点

２０２３年度　十文字高等学校

英語解答用紙

番号		氏名		評点	／100

1

Ann	Ken	Kate	John
A ／ B	A ／ B	A ／ B	A ／ B

2
①（ c　　　　）　②（ e　　　　）　③（ h　　　　）

④（ h　　　　）　⑤（ m　　　　）

3

A	B	C	D	E

4

5
問１．【A】＿＿＿＿　【B】＿＿＿＿　【C】＿＿＿＿

問２．企業は得た情報をもとに（＿＿＿＿＿＿＿＿）を提示してくれるため，私たちは好みに合った商品を見つけることができる。

問３．[＿＿＿＿＿＿＿＿＿＿＿＿＿＿＿＿＿＿＿＿

＿＿＿＿＿＿＿＿＿＿＿＿＿＿＿＿＿＿＿＿].

問４．A. They find out（＿＿＿＿），（＿＿＿＿），and（＿＿＿＿）.

B. They guess（＿＿＿＿）and（＿＿＿＿）.

C. They collect it through（＿＿＿＿）.

問５．＿＿＿＿

問６．①（ d＿＿＿＿）　②（ f＿＿＿＿）　③（ p＿＿＿＿）

6
1．（＿＿＿＿＿＿＿＿＿＿＿＿＿＿＿＿）five?

2．（＿＿＿＿＿＿＿＿＿＿＿＿＿＿＿＿）and go on.

3．（＿＿＿＿＿＿＿＿＿＿＿＿＿＿＿＿）?

4．The（＿＿＿＿＿＿＿＿＿＿＿＿＿＿＿＿）.

5．（＿＿＿＿＿＿＿＿＿＿＿＿＿＿＿＿）the last three months?

（注）この解答用紙は実物を縮小してあります。172％拡大コピーすると、ほぼ実物大で使用できます。（タイトルと配点表は含みません）

推定配点		計
	1～3　各３点×14 4　各５点×４ 5　問１～問３　各３点×３　問４～問６　各２点×７〔問４は各２点×３〕 6　各３点×５	100点

2023年度　十文字高等学校

数学解答用紙

番号		氏名		評点	/100

1

(1)

(2)

(3) $x =$

(4)

(5)

(6) 個

(7)

(8) cm

2

(1) ㋐

㋑ cm^2

(2) ㋒

㋓ cm^2

3

(1) A(,)

B(,)

C(,)

(2)

4

(1)

(2)

5

(1) cm^2

(2) cm^3

6

(1) 万トン

(2) 万トン

(注) この解答用紙は実物を縮小してあります。Ａ３用紙に161%拡大コピーすると、ほぼ実物大で使用できます。(タイトルと配点表は含みません)

推定配点	
1 各5点×8 2 (1) ㋐ 2点 ㋑ 4点 (2) ㋒ 2点 ㋓ 4点 3 (1) 各2点×3 (2) 6点 4〜6 各6点×6	
100点	計

二〇二三年度　十文字高等学校

国語解答用紙

番号　　氏名　　評点　／100

一

① 鎮守　② 押印　③ 便宜　④ 委（ねる）　⑤ 分別

⑥ フウブツシ　⑦ ムヒ　⑧ ショウレイ　⑨ カタヨ（った）　⑩ オド（かす）

二

問一　［　　　］しないで、［　　　］行動

問二　a（た）　b（て）　c（て）

問三　（20）（35）

問四　問五　問六 ㋐ ㋑ ㋒　問七　問八

問九　問十　問十一　問十二　問十三

三

問一 ⓐ ⓑ ⓒ　問二　問三　問四

問五　問六　問七　問八

問九　問十　［　　］〜［　　］

（注）この解答用紙は実物を縮小してあります。A3用紙に159%拡大コピーすると、ほぼ実物大で使用できます。（タイトルと配点表は含みません）

推定配点	
一 各2点×10 二 問一、問二 各2点×5 問三 4点 問四、問五 各3点×2 問六、問七 各2点×4 問八〜問十 各3点×3 問十一 2点 問十二、問十三 各3点×2 三 問一〜問七 各3点×9 問八 2点 問九、問十 各3点×2	計 100点

2022年度　十文字高等学校　推薦A・B

英語解答用紙

番号		氏名	

評点	／100

1

問1	問2	問3	問4	問5	問6	問7	問8

2

①(**c**)　②(**p**)　③(**k**)

④(**p**)　⑤(**r**)

3

A	B	C	D	E

4

1	2	3	4	5	6	7	8	9	10

5

問1．＿＿＿＿　問2．**(2)** ＿＿＿＿　**(4)** ＿＿＿＿

問3．＿＿＿＿　問4．＿＿＿＿　問5．＿＿＿＿

問6．＿＿＿＿＿＿＿＿

問7．＿＿＿＿＿＿＿＿＿＿＿＿＿＿＿＿

問8．＿＿＿＿　問9．＿＿＿＿　問10．＿＿＿＿　＿＿＿＿

6

1．(＿＿＿＿＿＿＿＿＿＿＿＿＿＿＿＿) last night.

2．(＿＿＿＿＿＿＿＿＿＿＿＿＿＿＿＿).

3．(＿＿＿＿＿＿＿＿＿＿＿＿＿＿＿＿).

4．(＿＿＿＿＿＿＿＿＿＿＿＿＿＿＿＿).

(注) この解答用紙は実物を縮小してあります。A３用紙に147%拡大コピーすると、ほぼ実物大で使用できます。(タイトルと配点表は含みません)

推定配点		計
	1, 2　各２点×13　3　各３点×５　4　各２点×10 5　問１～問３　各２点×４　問４　３点　問５，問６　各２点×２ 問７　３点　問８　２点　問９　３点　問10　各２点×２ 6　各３点×４	100点

2022年度　十文字高等学校　推薦A・B

数学解答用紙

番号	
氏名	

評点	/100

1
(1)
(2)
(3) $x =$
(4)
(5) $a =$

1
(6) $n =$
(7) $\angle x =$ °

2
(1) :
(2) cm^2

3
(1)
(2)

4
(1)
(2) 個

5
(1) 面の数 個
表面積 cm^2
(2) cm

6
(1)
(2) 最も高いもの
最も低いもの

(注) この解答用紙は実物を縮小してあります。A３用紙に161%拡大コピーすると、ほぼ実物大で使用できます。(タイトルと配点表は含みません)

推定配点

1 (1)〜(5) 各6点×5　(6)、(7) 各5点×2
2〜4 (1) 各6点×6　(2) 各6点×3
5 (1) 各3点×2　(2) 6点
6 (1) 6点　(2) 各3点×2

計
100点

二〇二二年度　十文字高等学校　推薦Ａ・Ｂ

国語解答用紙

番号　　氏名　　評点　/100

一

① メイ　② コウミョウ　③ ギシン　④ フクスイ　⑤ クチク

⑥ 嘱望　⑦ 折衷　⑧ 破綻　⑨ 進捗　⑩ 辛辣

二

問一　ⓐ　ⓑ　ⓒ

問二　若い人に多い［　　　　　］物言い。

問三

問四　A　B　C　D

問五

問六

問七　(1)　(2)

問八

問九

問十

問十一

問十二　（10字）

三

問一　ⓐ おほむ　ⓓ かやうに

問二　ⓑ 負け　ⓒ 若き

問三　あ　い

問四　(誰)［　　　］が(誰)［　　　］から奪はせ給ふ

問五

問六

問七

問八

問九

（注）この解答用紙は実物を縮小してあります。Ａ３用紙に161％拡大コピーすると、ほぼ実物大で使用できます。（タイトルと配点表は含みません）

推定配点	
一　各２点×10 二　問一　各２点×３　問二　３点　問三、問四　各２点×５ 問五　３点　問六～問八　各２点×５　問九、問十　各３点×２ 問十一　８点　問十二　４点 三　問一～問五　各２点×９　問六～問九　各３点×４	計 100点

2022年度　十文字高等学校

英語解答用紙

番号		氏名	

評点	／100

1

問1．＿＿＿＿　問2．② ＿＿＿＿　③ ＿＿＿＿

問3．＿＿＿＿　問4．I have to go to the (　　　　) (　　　　).

2

①(**h**　　　　)　②(**w**　　　　)　③(**b**　　　　)

④(**t**　　　　)　⑤(**s**　　　　)

3

A	B	C	D	E

4

1	2	3	4	5	6	7	8	9	10

5

問1．**(A)** ＿＿＿＿　**(B)** ＿＿＿＿　**(C)** ＿＿＿＿

問2．＿＿＿＿＿＿＿＿＿＿＿＿

＿＿＿＿＿＿＿＿＿＿＿＿.

問3．＿＿＿＿　問4．＿＿＿＿

問5．

20

35

問6．＿＿＿＿　問7．＿＿＿＿

6

1．(　　　　　　　　　　)?

2．(　　　　　　　　　　).

3．(　　　　　　　　　　).

4．(　　　　　　　　　　)?

5．(　　　　　　　　　　) last.

6．(　　　　　　　　　　) tomorrow?

（注）この解答用紙は実物を縮小してあります。Ａ３用紙に156%拡大コピーすると、ほぼ実物大で使用できます。（タイトルと配点表は含みません）

推定配点		計
	1　各２点×５〔問４は完答〕 2，3　各３点×10 4　各２点×10 5　問１～問４　各２点×６　問５　４点　問６，問７　各３点×２ 6　各３点×６	100点

2022年度 十文字高等学校

数学解答用紙

番号 　　氏名

評点 　/100

5
(カ)
(キ) 通り
(ク)
(ケ)

6
(1) (,)
(2)

4
(1) cm
(2) cm^3

5
(ア) 通り
(イ) 通り
(ウ)
(エ) 通り
(オ) 通り

1
(7)
(8) ∠x = °

2
(1) (,)
(2)

3
(1) cm^2
(2) cm

1
(1)
(2)
(3)
(4)
(5)
(6) a =

(注) この解答用紙は実物を縮小してあります。A３用紙に164%拡大コピーすると、ほぼ実物大で使用できます。(タイトルと配点表は含みません)

推定配点	
1、2 各6点×8　3 各5点×4　4 各6点×2　5 (ア)、(イ) 各1点×2　(ウ) 2点　(エ)～(ケ) 各1点×6　6 各5点×2	
100点	計

二〇二三年度 十文字高等学校

国語解答用紙

番号　　氏名　　評点 /100

一

① ヒジュン　② ミャクラク　③ ブンダン　④ フキュウ　⑤ スイコウ

⑥ 示唆　⑦ 漸次　⑧ 賄（う）　⑨ 但（し）　⑩ 変遷

二

問一 ⓐ ⓒ ⓓ

問二

問三 A B C E

問四

問五

問六

問七

問八 〜

問九

問十 改札が自動化しても駅員が待機しているのは、　　を ケアするため

問十一

問十二

三

問一 ⓐ うち群れ　ⓓ いみじき

問二

問三（記号）（対照的な語）

問四 ⓑ ⓒ

問五

問六

問七

問八

問九

問十

（注）この解答用紙は実物を縮小してあります。A3用紙に159%拡大コピーすると、ほぼ実物大で使用できます。（タイトルと配点表は含みません）

推定配点

一 各2点×10

二 問一 各2点×3　問二 3点　問三 各2点×4
問四～問八 各3点×5　問九 6点　問十～問十二 各3点×4

三 問一～問四 各2点×7　問五 3点　問六、問七 各2点×2
問八～問十 各3点×3

計 100点

２０２１年度　　十文字高等学校　推薦Ａ・Ｂ・Ｃ

英語解答用紙

番号		氏名	

評点	／100

1

2　①（**d**　　　）　②（**k**　　　）　③（**s**　　　）

④（**c**　　　）　⑤（**w**　　　）

3

A	B	C	D	E

4

1	2	3	4	5	6	7	8	9	10

5　問１．①

②

									10
				15					

問２．**(2)** ＿＿＿＿　**(3)** ＿＿＿＿　**(7)** ＿＿＿＿

問３．＿＿＿＿　問４．ア ＿＿＿＿　イ ＿＿＿＿　問５．＿＿＿＿

問６．Doctors [＿＿＿＿＿＿＿＿＿＿＿＿＿＿＿＿＿＿＿＿

＿＿＿＿＿＿＿＿＿＿＿＿＿＿＿＿＿＿＿＿] like fruit and vegetables.

問７．＿＿＿＿　問８．＿＿＿＿　問９．＿＿＿＿

6　１．（　　　　　　　　　　　　　　　　）?

２．Please（　　　　　　　　　　　　　　　　）the table.

３．（　　　　　　　　　　　　　　　　）in twenty minutes.

４．I want（　　　　　　　　　　　　　　　　）to China.

５．Could you（　　　　　　　　　　　　　　　　）get to Tokyo Skytree?

６．（　　　　　　　　　　　　　　　　）speak.

（注）この解答用紙は実物を縮小してあります。Ａ３用紙に149％拡大コピーすると、ほぼ実物大で使用できます。（タイトルと配点表は含みません）

推定配点		計
	1　各２点×５　2　各３点×５　3，4　各２点×15 5　問１，問２　各２点×５　問３　３点　問４，問５　各２点×２ 問６　３点　問７，問８　各２点×２　問９　３点 6　各３点×６	100点

2021年度　十文字高等学校　推薦A・B・C

数学解答用紙

番号	
氏名	

評点	/100

1

(1)

(2)

(3)

(4) $x =$

(5) 通り

(6)

(7) $\angle x =$ °

2

(1) x　y

(2) 割　分

3

(1)

(2) (　,　)

4

(1) $a =$

(2)

5

(1) :

(2)

6

(1)

(2)

(注) この解答用紙は実物を縮小してあります。A３用紙に152%拡大コピーすると、ほぼ実物大で使用できます。(タイトルと配点表は含みません)

推定配点	
	1 各6点×7　2 (1) 6点 (2) 5点　3～5 各6点×6　6 (1) 6点 (2) 5点
計	100点

二〇二二年度　十文字高等学校　推薦A・B・C

国語解答用紙

番号　氏名　評点 /100

一

① 暴露　② 糾弾　③ 警鐘　④ 訴訟　⑤ 拘束

⑥ ガイトウ　⑦ ゴウマン　⑧ アイマイ　⑨ ソウサ　⑩ コンカン

二

問一 A B C D

問二 ⓐ ⓑ ⓒ ⓓ

問三

問四 ～ という考え方

問五

問六 5

問七

問八 ～ から

問九

問十 ～ ため

問十一 30

問十二

三

問一 A 商うて

問二 B 過ぐれ　C 尋ね

問三 ⓐ ⓑ ⓒ

問四

問五

問六

問七

問八

問九

（注）この解答用紙は実物を縮小してあります。A3用紙に159%拡大コピーすると、ほぼ実物大で使用できます。（タイトルと配点表は含みません）

推定配点

一　各2点×10

二　問一、問二　各2点×8　問三～問十　各3点×8　問十一　4点　問十二　6点

三　問一～問四　各2点×7　問五～問八　各3点×4　問九　各2点×2

計　100点

２０２１年度　　十文字高等学校

英語解答用紙

番号		氏名	

評点	／100

1

1	2	3	4	5

2

①（ **l** ）　②（ **c** ）　③（ **w** ）

④（ **o** ）　⑤（ **m** ）

3

A	B	C	D	E

4

5

問１．[ ]?

問２．**A** ＿＿　**B** ＿＿　**C** ＿＿

問３．＿＿　問４．**X** ＿＿　**Y** ＿＿

問５．[ ].

問６．＿＿　問７．＿＿　＿＿

6

1．( ) from high school.

2．( ).

3．( )?

4．( ) my aunt.

5．( ).

6．( ).

（注）この解答用紙は実物を縮小してあります。A３用紙に145％拡大コピーすると、ほぼ実物大で使用できます。（タイトルと配点表は含みません）

推定配点		計
	1　各２点×５　2～4　各３点×15 5　問１，問２　各３点×４　問３，問４　各２点×３ 問５　３点　問６，問７　各２点×３ 6　各３点×６	100点

2021年度　十文字高等学校

数学解答用紙

番号　氏名　評点 /100

1

(1)

(2)

(3)

(4) $x =$

(5)

(6) $a =$ 　$b =$

(7) $a =$

(8) $\angle x =$ °

2

(1) cm

(2) cm

3

(1) 通り

(2)

4

(1)

(2) (,)

5

(1)

(2) $k =$

6

(1) cm

(2) cm^2

推定配点

1、2 各6点×10

3〜6 各5点×8

100点　計

二〇二一年度　十文字高等学校

国語解答用紙

番号　氏名　評点 /100

一

① リンセキ

② イシュク

③ ソウシツ

④ ヤワ（らかな）

⑤ ショウガイ

⑥ 細面

⑦ 桁外（れ）

⑧ 剥（ぐ）

⑨ 狭（める）

⑩ 襟

二

問一 ⓐ ⓑ

問二

問三 ア 込み　イ も承知

問四 A B C

問五

問六

問七

問八

問九

問十 〜

問十一 〔Ⅰ〕〔Ⅱ〕

問十二

三

問一 Ⓐ 定め　Ⓒ 深き

問二 おほかた

問三 する心

問四

問五 ⓐ ⓑ ⓒ

問六

問七

問八

推定配点

一 各2点×10

二 問一〜問四 各2点×8 問五 3点 問六 各2点×3 問七、問八 各3点×2 問九 6点 問十 3点 問十一 各2点×2 問十二 各3点×2

三 問一、問二 各2点×3 問三〜問八 各3点×8

100点　計

高校後見返し